Tiranos e tiranetes

Carlos Taquari

Tiranos e tiranetes
A ascensão e queda dos ditadores latino-americanos e sua vocação para o ridículo e o absurdo

1ª edição

CIVILIZAÇÃO BRASILEIRA
Rio de Janeiro
2012

Copyright © Carlos Taquari, 2012

PROJETO GRÁFICO DE MIOLO
Evelyn Grumach e João de Souza Leite

DIAGRAMAÇÃO DE MIOLO
Abreu's System

                    CIP-Brasil. Catalogação-na-fonte
          Sindicato Nacional dos Editores de Livros, RJ

R367t
    Ribeiro, Cláudio Magno Taquari.
      Tiranos e tiranetes / Cláudio Magno Taquari Ribeiro. – Rio de Janeiro :
    Civilização Brasileira, 2012.
    368p.

    Inclui bibliografia
    ISBN 978-85-200-0990-1

    1. Militarismo – América Latina. 2. Ditadura e ditadores – América Latina.
    3. América Latina – Política e governo – Século XX. 4. América Latina –
    História. I. Título.

10-3849.   CDD: 980.035
                                                            CDU: 94(8)"1950/..."

EDITORA AFILIADA

Todos os direitos reservados. Proibida a reprodução, armazenamento ou transmissão de partes deste livro, através de quaisquer meios, sem prévia autorização por escrito.

Este livro foi revisado segundo o novo Acordo Ortográfico da Língua Portuguesa.

Direitos desta edição adquiridos pela
EDITORA CIVILIZAÇÃO BRASILEIRA
Um selo da
EDITORA JOSÉ OLYMPIO LTDA.
Rua Argentina, 171 – Rio de Janeiro, RJ – 20921-380
Tel.: 2585-2000

Seja um leitor preferencial Record.
Cadastre-se e receba informações sobre nossos lançamentos e nossas promoções.

Atendimento e venda direta ao leitor:
mdireto@record.com.br ou (21) 2585-2002

Impresso no Brasil
2012

Agradecimentos

Levar adiante o projeto deste livro teria sido impossível sem a ajuda de um incansável grupo de amigos. Entre eles quero destacar o trabalho de Roberto Mazzucco Muniz, que participou de forma decisiva com os conhecimentos acumulados no trato com o noticiário internacional ao longo de décadas, e de Roberto Pompeu de Toledo, que contribuiu com valiosas observações.

De Santiago do Chile, recebi a colaboração de Cristian Bofill, com quem tive o privilégio de trabalhar em *O Estado de S. Paulo*. As caríssimas Márcia Arida e Priscila Arida bem sabem quanto devo a delas. Durante a etapa de pesquisas, em Nova York, contei com o apoio dos queridos Marilla Maia e Victor Solano. No Rio de Janeiro, na etapa final do projeto, tive a sorte de contar com a ajuda da incansável Marina Vargas, que se dedicou intensamente ao projeto, a exemplo do restante da equipe da Record, Civilização Brasileira.

Ao longo de toda a trajetória pude contar, ainda, com aqueles que percorreram livrarias ou sebos no exterior, despacharam exemplares pelo correio ou os trouxeram em mãos, aumentando o peso de suas bagagens. Outros contribuíram com empréstimos de livros, traduções e correções no uso do português, do espanhol e do inglês. Quero manifestar meu reconhecimento também a todos que me ofereceram palavras de estímulo e cobrança durante a longa jornada de pesquisa para preparação deste livro. Aqui vai meu abraço a: Ana Cardilho, Caio Maron, Christiane Hato, Ciro Fiúza, Daniel Grecco, Daniela Vieira, Denise Silveira, Eliana Fajardo, Fabiana Costa, Farid Maron, Gabriela Arbex, Helena Rezek, Helio Soares, Ismael Pfeiffer, Jaqueline Rodrigues, Luiz Gustavo Ribeiro Augusto, Marcelo Bonfá, Marcelo Bairão, Marici Arruda, Miriam Marum, Nelson Mocayar, Ricardo Taíra, Rui Rebelo, Roberto Pereira de Souza, Samir Maron e Vanessa Oliveira.

Um trabalho como este depende, também, do esforço inestimável dos bibliotecários que me atenderam de forma tão gentil em todas as cidades por onde andei.

Finalmente, devo agradecer à minha família — Marlene, Camila e Fernando, Maria Carmem, Wanderley Augusto e Eduardo Ribeiro Augusto — o apoio recebido durante os anos em que me dediquei a essa tarefa. A todos, muito obrigado.

A minha mãe, Sônia Taquari Ribeiro

Sumário

INTRODUÇÃO 11

HAITI
No reino dos tonton macoutes 13

REPÚBLICA DOMINICANA
As artes da tirania 27

GUATEMALA
Um terrível estigma 45

NICARÁGUA
Uma herança de ódio 63

CHILE
A era da escuridão 79

PARAGUAI
Os mortos também votam 109

URUGUAI
Como el Uruguay, no hay 123

ARGENTINA
A tentação totalitária 141

MÉXICO
Monarcas sem coroa 167

VENEZUELA
Um século de caudilhismo 187

PERU
Promessas não cumpridas   209

COLÔMBIA
Vaias ao general   229

BOLÍVIA
Pela força das armas   245

CUBA
A liberdade sempre distante   263

PANAMÁ
A questão estratégica   287

EQUADOR
A herança do populismo   297

HONDURAS
Bananas, bênção ou castigo?   313

EL SALVADOR
Terra banhada em sangue   319

BRASIL
Tempo de contradições   323

OS VALORES DEMOCRÁTICOS   367

BIBLIOGRAFIA   369

Quero imaginar sob que novos traços o despotismo poderia produzir-se no mundo... Depois de ter colhido em suas mãos poderosas cada indivíduo e de moldá-lo a seu gosto, o soberano estende seus braços sobre toda a sociedade... não quebra as vontades, mas as amolece, submete e dirige... raramente força a agir, mas opõe-se sem cessar a que se aja; não destrói, impede que se nasça; não tiraniza, incomoda, oprime, extingue, abestalha e reduz enfim cada nação a não ser mais que um rebanho de animais tímidos, do qual o governo é o pastor.

(...)

A imprensa é, por excelência, o instrumento democrático da liberdade.

Alexis de Tocqueville (1805-1859)

Introdução

A Venezuela detém o recorde de tempo passado sob o governo de caudilhos: mais de um século. A Bolívia coleciona o maior número de golpes militares. O México guarda o título do partido que ficou mais tempo no poder. A Argentina é destaque no número de mortos vítimas da repressão política. O Chile não deixou por menos. Cuba atravessou meio século com um único governante, sem liberdade de imprensa e com a oposição silenciada. Todos os países da América Latina padeceram sob o mando de ditadores ou homens fortes que sempre recorreram à força ou a manobras oportunistas para impor suas decisões.

Um regime sem oposição e sem imprensa livre era o ideal de todos eles. Para completar, um judiciário manipulado e um partido único que os consagrasse a cada eleição, ainda que à custa de fraude, do uso da máquina oficial ou de táticas populistas. Os personagens são inúmeros e todos carregam a marca do ridículo e do absurdo. A dinastia Somoza, da Nicarágua, não bastasse um, teve dois Anastasios; Marcos Pérez Jiménez, da Venezuela; Gustavo Rojas Pinilla, na Colômbia; José Gaspar Rodríguez de Francia e Alfredo Stroessner, no Paraguai; Papa e Baby Doc, no Haiti; Juan Perón e as ditaduras militares na Argentina; Augusto Pinochet, no Chile; Rafael Trujillo, na República Dominicana; Manuel Odría e Velasco Alvarado, no Peru; o regime cubano de Fidel Castro; o Estado Novo de Getúlio Vargas e a ditadura militar no Brasil. Esses são apenas alguns exemplares dessa estirpe. A maioria chegou ao poder pela força das armas. Outros, pelo voto dado em troca de promessas ou arrancado em eleições manipuladas. Nem todos se assumiram como ditadores e a maioria tentou algum disfarce que desse ao regime uma aparente legalidade. A herança que deixaram é a de um continente empobrecido, onde a maioria da população ainda permanece mergulhada na pobreza. Nem de longe pensar que os ditadores e populistas profissionais foram os únicos responsáveis pela indigência do continente. Enormes contribuições foram dadas pelas grandes potências da Europa e pelos Estados Unidos, além das elites conservadoras locais que, na lógica distorcida de alguns, justificariam as ditaduras. Dois títulos de nobreza criados por um dos primeiros ditadores do Haiti, Henry Christophe, no princípio do século XIX, poderiam ser atribuídos a muitos dos antigos tiranos do continente. Ex-escravo, que assumira o poder prometendo um governo voltado para o povo, tratou logo de se autodesignar rei e tornou-se Henry I. Construiu palácios e distribuiu títulos como Duque de Marmelada e Conde de Limonada. Era premonitório. Duques de Marmelada seriam todos aqueles que mancharam a história dos países do continente ao longo dos séculos, com o uso da violência, a ilusão da retórica ou os truques para se perpetuar no poder.

Haiti

> *Para escrever nossa declaração de independência é preciso ter a pele de um homem branco como pergaminho, seu crânio como tinteiro, o sangue como tinta e uma baioneta como pena.*
>
> Jean Jacques Dessalines, ex-escravo e libertador do Haiti

NO REINO DOS TONTON MACOUTES

Quando uma certa Ferrari vermelha deslizava pelas elegantes avenidas de Cannes, sempre no mesmo percurso, ali pelo fim dos anos 1980, a impressão deixada era a de que o homem ao volante e sua acompanhante eram pessoas tocadas pela sorte, felizes moradores da Côte D'Azur. Afinal, se o automóvel já dizia alguma coisa, o percurso dizia mais. Ligava uma elegante *villa* de 12 quartos, em Mougins, nos Alpes Marítimos, a 20 minutos de Cannes, aos endereços mais exclusivos do Boulevard de La Croisette, debruçado sobre o Mediterrâneo. A casa, alugada, pertencia a um bilionário saudita, comerciante internacional de armas. Poucos sabiam o que o destino havia reservado aos ocupantes da Ferrari, Jean Claude e Michelle Duvalier. Mais conhecido como Baby Doc, ele herdara a presidência vitalícia do Haiti do pai, Papa Doc, em 1971, quando tinha apenas 19 anos e mal conseguia compreender uma manchete de jornal. Ficou 15 anos no cargo, até ser defenestrado, em 1986.

No suposto exílio dourado na Côte D'Azur, Baby Doc lutava para preencher o tempo. Levantava sempre depois do meio-dia e à tarde dava seus costumeiros passeios de carro. No início do exílio, ficava horas ao telefone com as irmãs, que moravam em Miami.* A rotina exaustiva também incluía um longo tempo diante da televisão. Esnobado pelos moradores da região depois que sua identidade foi revelada, o casal nunca conseguiu vencer a barreira imposta pelo círculo fechado dos milionários locais. Nos restaurantes, eram explorados pelos proprietários, que aproveitavam para empurrar os vinhos e champanhes mais caros, em troca de alguma camaradagem.

Confinados, inicialmente, ao pequeno círculo ao redor da *villa*, como parte de um acordo com o governo francês, os Duvalier se transformaram em párias. A França concedeu-lhes apenas um asilo que deveria ser temporário, enquanto tentava convencer outros países a recebê-los. Mas a sequência de pedidos negados era interminável. Ninguém os queria. Suíça, Espanha, Mônaco, Grécia e Marrocos foram os primeiros a dizer não. A Libéria ensaiou um sim, mas queria em troca uma ajuda financeira extra dos Estados Unidos. Ao ver negado o pedido, retirou a oferta. Omar Bongo, ex-presidente do Gabão, país da costa ocidental da África, ao ser perguntado se receberia o casal, respondeu: "Não somos uma lata de lixo." Diante de tanta rejeição, Baby Doc comentou com seu advogado: "Se soubesse que o único país do qual me sinto mais próximo [a França] não quer me receber, jamais teria deixado o poder."

Na verdade, ele não tinha escolha. Quando telefonou para a Embaixada dos Estados Unidos, em 6 de fevereiro de 1986, implorando por ajuda para deixar o Haiti, Baby Doc estava jogando a última cartada. O regime apodrecera, em meio à corrupção e à violência, e seus aliados temiam um levante popular que poderia terminar em banho de sangue. Quatro horas após a chegada do pedido a Washington, já estava tudo preparado. O governo do presidente Ronald Reagan autorizou a ida de um avião militar a Porto Príncipe para retirar Baby Doc e família. Mas os Estados Unidos só ofereciam o transporte para a fuga. Não iriam conceder asilo. Reagan não queria correr o risco de prejudicar sua imagem com a proximidade de figuras como aquelas, que haviam comandado uma ditadura sanguinária.

---

* As três irmãs de Jean Claude, Marie Denise, Nicole e Simone, deixaram o Haiti antes da queda do governo.

NA BAGAGEM, OS DIAMANTES

Na madrugada de 7 de fevereiro de 1986, na semiescuridão de um hangar do aeroporto de Porto Príncipe, diplomatas e militares norte-americanos aguardavam ansiosos pelo casal Duvalier. Os funcionários da embaixada temiam que os adversários do regime tentassem interceptar Baby Doc se vazasse a informação sobre a fuga. Por volta de 3h30, com duas horas de atraso, uma BMW prateada, com o próprio Baby Doc ao volante, estacionou junto ao hangar. Ele e Michelle desceram alegres, como se estivessem a caminho de férias nas Bahamas. Diante da surpresa dos americanos pelo atraso, revelaram que, na última hora, haviam decidido oferecer uma festa regada a champanhe "aos amigos que deixavam em Porto Príncipe".

O casal embarcou com apenas duas valises, onde estavam a coleção de diamantes e outras joias de Michelle. Uma coleção que surpreenderia qualquer integrante da realeza europeia. Outros bens do casal, como pratarias, louças e tapeçarias, já haviam sido embarcados num avião da Força Aérea do Haiti, com destino à França. Em bancos norte-americanos, suíços e de mais cinco países da Europa, estavam depositados cerca de 400 milhões de dólares (795 milhões em 2010),* fortuna acumulada pela família ao longo das três décadas em que ocupou o poder no país mais pobre do continente, onde a maioria da população sempre lutou para não morrer de fome.

Quando o C-141 da Força Aérea americana decolou de Porto Príncipe, às 3h46 daquela madrugada de 7 de fevereiro de 1986, chegava ao fim um dos mais tenebrosos regimes na história do continente. Durante três décadas, a ditadura esmagou e explorou os haitianos, mantendo a população na miséria, enquanto os Duvalier acumulavam fortuna. Jean Claude havia sido aconselhado a renunciar, diante da crescente revolta da população. Diplomatas norte-americanos e europeus explicaram a ele que o regime só poderia se sustentar se houvesse mais repressão. Ou seja, mais mortes e prisões. Michelle exigia vingança e chegou a desafiar Jean Claude, dizendo que ele

---

* A atualização dos valores em dólares para o ano de 2010 foi feita com base no cálculo oficial de inflação do Departamento de Trabalho dos Estados Unidos.

não "honrava as calças que vestia". Também declarou que, se tivesse de partir, preferia "ir do palácio ao aeroporto sobre uma poça de sangue". O casal se sentia "injustiçado" e dizia que os haitianos não reconheciam "tudo que eles haviam feito pelo Haiti".*

A sede de vingança de Michelle era intensa. Antes da partida, ela encomendou uma cerimônia de vodu, durante a qual dois bebês recém-nascidos, raptados de um hospital de Porto Príncipe, teriam sido sacrificados no palácio. A cerimônia, de acordo com a crença, iria assegurar que qualquer governante que se apossasse do palácio morresse de doenças terríveis.

UM FLAGRANTE NA PRIVADA

Depois de 14 horas de voo, o avião C-141 da Força Aérea norte-americana deixou a comitiva em Grenoble. Inicialmente, as 22 pessoas se instalaram num antigo mosteiro transformado em hotel, em Talloires, nas proximidades de Grenoble, onde ficaram confinadas durante semanas até que foi alugada a *villa* em Mougins.

Desde o princípio, o governo francês fez questão de deixar claro que eles não eram bem-vindos. A irritação das autoridades francesas cresceu à medida que foram descobertas estranhas transações financeiras feitas pelo casal. Duvalier não tinha contas bancárias na França, mas gastava fortunas em joalherias, casas de moda, restaurantes e outros locais. O dinheiro circulava de um lado para outro sem que o fisco francês, um dos mais gulosos da Europa, soubesse de onde vinha e pudesse cobrar os impostos.

O mistério foi desvendado numa manhã de março de 1988, quando agentes franceses invadiram a mansão em Mougins e flagraram Baby Doc, bastante atrapalhado, tentando destruir provas de transações financeiras num dos banheiros. Ele dava seguidas descargas para tentar sumir com um livro de anotações, cor-de-rosa e roxo, de Michelle. O volume era grande demais para passar pelo pequeno espaço e foi recuperado pelos agentes. Nele, estavam registradas algumas das extravagâncias do casal: 455 mil dó-

---

* Elizabeth Abbott, *Haiti: Duvaliers and Their Legacy*, Nova York, Londres, Simon & Schuster, 1988/1991.

lares (838 mil em 2010) gastos de uma só vez na Boucheron, a joalheria preferida de Michelle, em Paris. Por um par de brincos de diamantes, ela pagou 200 mil dólares (368 mil em 2010). Por um isqueiro, 13 mil, entre outros mimos. Outros papéis, certamente reveladores, tinham sido queimados no banheiro.

Os agentes fazendários franceses descobriram como o casal movimentava a fortuna, escapando da maioria dos impostos, a partir de bancos dos Estados Unidos, do Canadá, da Suíça e de Luxemburgo, entre outros. Eram 14 bancos em sete países. Um escritório de advocacia de Londres fazia as retiradas e entregava grandes volumes de dinheiro ao casal ou pagava diretamente aos credores pelas compras feitas.

AMANTES E ESCÂNDALO

O exílio do casal, que já não era tão dourado, logo iria mostrar um lado mais amargo. Além de não conseguirem se misturar aos moradores da região e de ficarem o tempo todo tentando escapar das malhas do fisco, outros problemas iriam afligir a dupla. A situação se complicou quando Michelle descobriu que seus dois irmãos andavam muito ocupados arranjando moças para fazer companhia a Jean Claude num apartamento que ele mantinha em Cannes. As moças eram escolhidas no Haiti e em outros países e levadas para a França com a ajuda dos irmãos de Michelle, que, é claro, também participavam da festa.

Não que Michelle morresse de amores por Jean Claude. Na verdade, só havia se casado com ele para desfrutar da condição de primeira-dama e aumentar a fortuna construída pelo pai dela, que dominava o comércio de importação e exportação do país. Além disso, era divorciada, tinha dois filhos e era mais velha do que ele. Michelle humilhava Jean Claude frequentemente no círculo restrito do palácio e chegou a despachar a sogra, Simone, para o exterior porque ela insistia em dividir o título de primeira-dama.

Na França, porém, não estava disposta a aceitar que Jean Claude passasse parte do tempo esbanjando dinheiro com moças trazidas do exterior enquanto ela ficava vendo televisão. Após os primeiros anos de exílio, nem mesmo as compras que fazia com frequência nas grandes casas de moda de

Paris eram suficientes para afastar o tédio. Por telefone ou pessoalmente, ela torrava fortunas em vestidos, casacos de pele e sapatos, mesmo sem ter aonde ir com todo aquele guarda-roupa.

Quando descobriu o passatempo de Jean Claude e dos irmãos na *garçonnière* que eles haviam montado, Michelle gritou, fez escândalo e ameaçou o marido com uma faca, expulsando-o da mansão. Em seguida, pediu o divórcio e mudou-se para Paris, levando um amante a tiracolo e a maior parte da fortuna. Os Estados Unidos ainda tentaram bloquear, a pedido do governo haitiano, uma conta em nome de Michelle num banco de Nova York. Mas, dos 6 milhões de dólares (11,6 milhões em 2010) que deveriam estar depositados, só restavam 350 mil. Em meio aos trâmites do divórcio, Jean Claude se queixou com os mais próximos, afirmando que Michelle estava "feia, amarga e... sem utilidade".

Antes da separação, Michelle tinha devaneios de virar modelo ou artista. Em entrevista à *Vanity Fair*, revelou que sonhava em se mudar para Los Angeles, onde poderia ser "descoberta" por algum produtor de cinema. Um sonho um tanto difícil de se concretizar para uma mulher então com 37 anos, sem qualquer experiência em cinema e com quatro filhos (dois com Jean Claude).

Cerca de dez anos após a chegada à França, Jean Claude enfrentava dificuldades financeiras. A maior parte da fortuna havia sido dissipada ou levada por Michelle. Ele se mudou para um pequeno apartamento distante do centro de Cannes, onde só moravam funcionários de serviços locais, lojas e restaurantes. Depois de seis meses no primeiro endereço, foi expulso por falta de pagamento. Em seguida, trocou de endereço inúmeras vezes e acredita-se que suas pequenas despesas eram pagas pelas irmãs, que viviam em Miami. A certa altura, devia até contas de mercado e do açougue, além de enfrentar processos trabalhistas de ex-empregados que não haviam recebido os salários. Foi visto algumas vezes num bairro de imigrantes de Paris, no fim dos anos 1990, e, em seguida, mergulhou no anonimato. Só reapareceu em setembro de 2007, por meio de uma gravação divulgada pelas emissoras de rádio haitianas, na qual pediu desculpas ao governo do presidente René Préval por "um eventual mal" que pudesse ter causado ao povo haitiano. Préval revelou, então, que o governo haitiano estava travando nova batalha judicial com bancos suíços para tentar congelar e repatriar 6,2 milhões de dólares (6,5 milhões em 2010) depositados em nome de Jean Claude. Em março de 2010, os advogados de Duvalier entraram com recurso na Justiça Federal da Suíça para tentar liberar o dinheiro, mas o governo suíço anunciou que estudava a possibilidade de devolver o montante ao governo do Haiti. Acredita-se que houve algum acordo entre os advogados e o governo haitiano, uma vez que Baby Doc retornou ao Haiti em janeiro de 2011 e chegou a interferir nas eleições que levaram ao poder o presidente Michel Martelly. Na ocasião, já não parecia enfrentar problemas financeiros e estava até acompanhado de uma nova mulher.

PAPA DOC, O SANGUINÁRIO

Ninguém jamais saberá quantas pessoas morreram durante a ditadura dos Duvalier no Haiti. Estima-se que, só no período de Papa Doc, de 1957 a 1971, mais de 30 mil pessoas tenham sido assassinadas nas mãos dos agentes do regime. Algumas por tentarem se rebelar contra a opressão, outras por simples oposição ou até por se recusarem a ser extorquidas pelos agentes da ditadura. Quando foi eleito presidente, em 1957, com a bênção de Washington, François Duvalier era um pacífico médico do interior — daí o apelido, que equivale a algo próximo de "papai doutor" — que havia cuidado da administração de vários programas de saúde voltados para a população rural, patrocinados pelos Estados Unidos. Era impossível imaginar que aquele homem de fala mansa, que transmitia uma aura de tranquilidade, iria se transformar num dos tiranos mais sanguinários do continente. Ao assumir, prometeu trabalhar para que todos os haitianos tivessem acesso às condições mínimas de educação e saúde. Mas uma de suas primeiras providências foi criar a milícia dos Tonton Macoutes (bichos-papões, no dialeto creole), braço armado do regime, responsável por assassinatos, sequestros e torturas. Seus integrantes ficaram famosos pelos óculos escuros e pelas armas de grosso calibre que exibiam pelas ruas de Porto Príncipe. Nas horas vagas, quando não estavam encarregados das prisões e dos assassinatos dos adversários do regime, ocupavam o tempo aterrorizando a população humilde, estuprando jovens ou extorquindo comerciantes.

Em 1964, Papa Doc se autodesignou presidente vitalício. Era o oitavo presidente haitiano a recorrer a esse expediente para se perpetuar no poder. Seu regime se sustentava, de um lado, nas Forças Armadas e nos Tonton Macoutes. De outro, na ignorância e na miséria em que era mantida a população.

Papa Doc incentivava o culto ao vodu e induzia o povo a acreditar que ele era dotado de poderes mágicos. Se alguém ousasse duvidar em público, sofria um corretivo dos Tonton. Em geral, o desafiante terminava morto ou marcado pelas torturas. O homem que ordenava tudo isso nem parecia o mesmo que figurava ao lado de Jesus Cristo num quadro pendurado no salão principal do palácio presidencial, em Porto Príncipe. O Cristo da pintura apoiava uma das mãos no ombro de Papa Doc, que morreu de ataque cardíaco em 1971.

Ao assumir o governo, após a morte do pai, Baby Doc não revelava a menor aptidão para o cargo e passava a maior parte do tempo preocupado com festas no palácio, carros e motocicletas. A princípio, as tarefas do dia a dia do governo eram tocadas pela irmã, Marie Louise, que já assessorava o pai. Nos bastidores, diversas figuras disputavam o poder e o controle do caixa do governo. Uma das mais notórias era Luckner Cambrone. Com um nome que parecia inspirado na máfia italiana, Cambrone se tornou amante da mãe de Baby Doc, Simone, o que lhe abriu as portas para inúmeras negociatas. Uma delas lhe valeu o apelido de "O Vampiro do Caribe". Montou bancos de sangue para os haitianos pobres venderem o próprio sangue, destinado, supostamente, aos hospitais do país. A população miserável descobriu na venda do sangue uma fonte de renda. Acontece que o sangue comprado pelo equivalente a alguns centavos de dólar era vendido por preços altos para laboratórios dos Estados Unidos, o que acabou se transformando num escândalo internacional. Não satisfeito com essa fonte de renda, Cambrone mandou remover mais de 100 quilômetros de trilhos de uma linha ferroviária, construída pelos Estados Unidos, e vendeu-os para negociantes africanos, embolsando o produto do roubo. Em 1972, foi expulso do país.

MADAME MAX

Por mais de 15 anos, os Tonton Macoutes foram chefiados por uma mulher escolhida a dedo por Papa Doc para o cargo: Rosalie Adolphe, ou Madame Max, conhecida pela crueldade com que tratava os opositores do regime. Ela foi indicada para chefiar a polícia secreta por uma razão muito especial: era tida como a maior especialista em vodu no país e por isso era admirada por Papa Doc. Madame Max acompanhava pessoalmente as sessões de tortura e, em inúmeras ocasiões, mandava retirar os órgãos das vítimas, incluindo corações ainda pulsando, para as cerimônias do vodu. Após a queda da ditadura, em 1986, Madame Max foi deixada para trás pelo casal Jean Claude e Michelle e teve de fugir para o exterior, sob disfarce, para não ser capturada pelos que exigiam vingança por seus crimes.

Antes da ditadura dos Duvalier, o Haiti esteve por seis anos, de 1950 a 1956, nas mãos de Paul Magloire, um próspero empresário que tinha uma fatia de todos os negócios do país. Magloire e dois irmãos controlavam o comércio e a exportação de produtos agrícolas do país, além dos poucos manufaturados. Entre seus feitos inclui-se a construção de uma estrada de acesso ao porto, na capital. Antes de iniciar a construção, Magloire, os irmãos e amigos se apossaram de todos os terrenos ao longo do trecho principal da rodovia, com o objetivo de desfrutar da valorização. Era impossível fazer qualquer transação comercial ou financeira no país sem pagar um pedágio ao presidente ou aos integrantes do grupo no poder. Ao ser deposto e partir para o exílio, primeiro na Jamaica e depois nos Estados Unidos, ele saiu com algumas dezenas de milhões de dólares, depositados em bancos de Miami, Boston, Paris e Genebra.

DUQUE DE MARMELADA E CONDE DE LIMONADA

"Lá, naquelas montanhas altas, fica a terra de Deus." A frase é de Cristóvão Colombo e foi pronunciada em 12 de setembro de 1504, quando ele encerrava a última visita que faria à ilha que descobrira em 1492. Encantado, batizou-a de Hispaniola, porque lhe lembrava a Espanha. Colombo foi, sem dúvida, um grande navegador, mas no campo das premonições não poderia estar mais enganado. O Haiti sempre esteve mais para um inferno do que para um paraíso. Arderam naquele inferno os índios arawak, os primeiros a ser encontrados por Colombo no Novo Mundo; os espanhóis, que, após inúmeras derrotas, acabaram transferindo o lado ocidental da colônia para os franceses, com base num tratado de 1697; os escravos africanos levados pelos franceses; os próprios colonos e soldados franceses; e mais tarde todo o povo haitiano. Hispaniola tornou-se a primeira colônia permanente da Espanha no Novo Mundo. Por lá passaram, entre outros, Hernán Cortés, que conquistou o México, e Francisco Pizarro, que tomou o Peru.

Durante mais de dois séculos, espanhóis e franceses tiraram de lá grandes fortunas em açúcar e café. Em fins do século XVIII, a então colônia francesa de São Domingos era conhecida como a Pérola das Antilhas e respondia por três quartos de todo o açúcar consumido na época.

Na noite de 22 de agosto de 1791, armados de facões, machados e tochas de fogo, milhares de escravos se ergueram contra os opressores franceses. Gritando pragas tiradas das crenças tribais, eles massacraram 2 mil proprietários de terra franceses e suas famílias. A França mandou milhares de soldados para esmagar a revolta, mas muitos nem chegaram a entrar em combate. Foram dizimados pela febre amarela e pela diarreia. Após o levante, começou a se destacar a figura de um ex-escravo, Toussaint Louverture, que passou a liderar o movimento dos negros pela libertação. Aos poucos, os rebeldes foram ocupando pontos importantes do território até que, em 1801, Louverture assumiu o posto de governador-geral. A princípio, os franceses acreditavam que ele poderia ser usado como parte de um plano para pacificar a ilha, impedir a invasão pelos ingleses e espanhóis e continuar enviando os produtos agrícolas para a França. Mas, ao perceber que o ex-escravo tinha sonhos de independência, Napoleão Bonaparte enviou uma força de cerca de 20 mil homens para sufocar a revolta. As tropas francesas desembarcaram em janeiro de 1802. Com melhores armamentos e grande poder de fogo, os franceses esmagaram o exército improvisado de Louverture, que assinou uma rendição em maio daquele ano. Antes da derrota final, dois ex-comandantes das tropas rebeldes, Jean Jacques Dessalines e Henry Christophe, já haviam sinalizado aos franceses que estavam prontos para trocar de lado. No momento em que assinou a rendição, Louverture recebeu a promessa dos franceses de que ficaria livre. Um mês depois, foi preso e despachado para a França. Lá, foi atirado numa cela, sem agasalhos e subalimentado. Morreu na prisão, em abril de 1803.

A prisão de Louverture mostrou a Dessalines que os franceses não cumpriam o prometido. Em vez de negociar com eles, manteve a luta contra a ocupação, dessa vez ajudado por dois fatores externos: a França tinha de concentrar esforços na guerra contra a Inglaterra e, em 1803, Napoleão assinou o tratado que estabelecia a venda da Louisiana aos Estados Unidos. Os franceses estavam limitando seus interesses na América a algumas possessões nas Antilhas. Os chefes militares franceses em São Domingos chegaram a solicitar reforços, que nunca chegaram. Incentivados pelo lema de Dessalines, "queimem as casas, cortem as cabeças", os rebeldes esmagaram os últimos focos de resistência dos franceses. A independência do Haiti foi proclamada em 1º de janeiro de 1804. Foi o primeiro país a se formar a partir de uma revolta de escravos e o segundo a se tornar independente na América, depois dos Estados Unidos. Essa vitória iria custar caro aos haitianos. A França promoveu uma campanha de isolamento do novo país, que atraiu até os Estados Unidos. Ao longo de décadas, diversos presidentes norte-americanos acharam melhor deixar de lado o trecho da Constituição dos Estados Unidos que diz "Todos os homens são iguais...". Nem mesmo o pai da pátria, Thomas Jefferson, que tinha seus próprios escravos, entre eles algumas amantes, estendeu a mão à nova república. As potências da época temiam o exemplo da vitória conquistada a partir de uma revolta de escravos. O novo país só foi reconhecido pelos norte-americanos quase seis décadas após a independência, em 1862, por decisão do presidente Abraham Lincoln. Durante duas décadas, a França ameaçou invadir novamente o Haiti se não recebesse uma "compensação" pelas terras cultivadas e pelos escravos perdidos.

Dessalines, ex-escravo, assumiu o poder prometendo uma era de liberdade e bem-estar para seus ex-companheiros de luta. Mas logo se autodesignou imperador e passou a desfrutar das delícias do poder até ser assassinado a tiros, três anos depois. Sua herança principal foi a frase carregada de ódio que resume parte da história do Haiti: "Para escrever nossa declaração de independência é preciso ter a pele de um homem branco como pergaminho, seu crânio como tinteiro, o sangue como tinta e uma baioneta como pena."

O sucessor de Dessalines também era um ex-escravo: Henry Christophe. Foi outro que ignorou as aspirações de seu povo por dias melhores. Proclamou-se monarca, com o título de Henry I, Rei do Haiti, e criou uma aristocracia para abrigar os parentes e amigos, distribuindo títulos como Duque de Marmelada e Conde de Limonada. A corte formada por ex-escravos, que passaram a dominar seus antigos pares e a viver num luxo incompatível com a miséria do país, incluía quatro príncipes, oito duques, 22 condes e 37 barões. Christophe construiu oito palácios para seu próprio desfrute. Gostava de se comparar a Napoleão e vestia-se com trajes copiados do imperador francês. Reinou como um déspota até 1820, quando sofreu um derrame. Ao perceber que os comandantes militares armavam um golpe para derrubá-lo, trancou-se no palácio e suicidou-se — com uma bala de prata.

Christophe dominou apenas a metade oeste da ilha. A leste, havia sido instalado outro regime, chefiado por Alexandre Pétion, um mulato. Oficialmente, Pétion designou sua fatia do território como uma república. Mas na prática era quase uma propriedade particular, onde tudo era organizado de modo a atender à elite dos mulatos. Essa divisão entre negros e mulatos acabou se perpetuando na história do país.

Com a morte de Christophe, Jean Pierre Boyer, que havia sucedido a Pétion na parte leste da ilha, reunificou o Haiti sob um único governo republicano. Invadiu o lado oeste e passou a governar todo o território. Os dois lados só iriam se separar em 1865, quando os vizinhos do leste declararam a independência e criaram a República Dominicana.

Em 1825, em troca do reconhecimento diplomático e do fim do isolamento, o governo haitiano concordou em pagar à França uma indenização pelas terras cultivadas e pelos escravos perdidos. O rei Carlos X exigiu, inicialmente, 150 milhões de francos, mais tarde reduzidos para 90 milhões. Esse valor era equivalente a duas vezes a quantia paga pelos Estados Unidos à França pelo território da Louisiana, uma terra maior e mais rica.

Para pagar essa dívida, o Haiti chegou a transferir aos franceses, em alguns anos, 80% do valor arrecadado com as exportações. O compromisso levou os diversos governos haitianos a apostarem apenas na exportação de açúcar e de madeira bruta, porque isso significava ingressos rápidos. A monocultura e a devastação das florestas esgotaram o solo, que já não era tão fértil como no lado leste da ilha. O pagamento da dívida, que se estendeu por quase um século, asfixiou a economia do país e desviou recursos que poderiam ter sido investidos em educação e saúde, entre outros setores.

Em 2004, um grupo de advogados haitianos e norte-americanos tentou entrar com um processo contra a França para reaver o valor da dívida, então calculado em 21 bilhões de dólares. A petição se baseava na ilegalidade da cobrança, uma vez que em 1825, quando o acordo foi assinado, a França já era signatária de três tratados reconhecendo o fim da escravidão. Em 2006, a chancelaria francesa respondeu que "esse assunto", da dívida haitiana, já havia sido resolvido em 1886.

Ao longo de todo o século XIX e começo do XX, a história do Haiti se limitou a uma troca de guarda entre tiranos e tiranetes de todos os matizes. Até 1910, 13 dos 18 governantes haitianos tinham sido depostos em golpes militares. De 1910 a 1914, uma bomba matou um presidente no interior do palácio, outro foi envenenado e três foram depostos. Quando o sexto presidente nessa sequência, Guillaume Sam, foi arrancado da embaixada da França — onde havia se refugiado —, arrastado pelas ruas e teve o corpo cortado em pedaços, os Estados Unidos decidiram ocupar a ilha. O então presidente norte-americano, Woodrow Wilson, dizia que sua intenção era apenas combater a violência, restabelecer a ordem e retirar suas tropas. Mas o fato é que os norte-americanos andavam preocupados com a presença na ilha de alemães, que estavam controlando cada vez mais o comércio de exportação dos produtos agrícolas haitianos e estariam planejando instalar lá uma base naval. Os fuzileiros navais americanos chegaram em 1915 e ficaram por 19 anos.

Durante esse período, os Estados Unidos mandaram no país por intermédio de uma série de presidentes-marionetes. Mas não há como ignorar o fato de que as matanças pararam e o país teve, nessas duas décadas, um raro intervalo de paz. Os fuzileiros navais desarmaram os rebeldes que disputavam o controle do território, construíram estradas, escolas, hospitais e uma rede de distribuição de água e energia. Quando os *marines* voltaram para casa, em 1934, por ordem de Franklin Roosevelt, o Haiti retornou à antiga rotina: nove governantes em 20 anos, quase todos derrubados ou emparedados por rebeliões militares. Até que, em 1957, os Estados Unidos apoiaram a eleição de François Duvalier.

A IGREJA CATÓLICA

A queda de Baby Doc, em 1986, encerrando as três décadas de ditadura, ocorreu num momento de exaustão do regime. Os poucos aliados estrangeiros, incluindo conselheiros militares, já haviam alertado para o crescimento da revolta popular. Baby Doc, mais preocupado com sua coleção de Harley-Davidsons, BMWs e Maserattis, começou a sonhar com uma vida de milionário no exterior. Pensava em deixar seus aliados no poder, cuidando de manter o controle da família sobre os principais negócios no país, enquanto iria flanar pelos paraísos do Mediterrâneo e do Caribe. Uma aposta errada.

O conselho de cinco integrantes indicados pela família para tomar conta do país durou poucos meses. Um levante popular, com o apoio da Igreja

Católica, começou a tomar forma para impedir a instalação de uma nova ditadura. Essa revolta vinha sendo cultivada desde que o Papa João Paulo II visitara o Haiti, em 1983, e declarara durante cerimônia pública: "As coisas aqui precisam mudar."

Em 1991, o ex-padre Jean-Bertrand Aristide, que liderara os protestos contra a ditadura no fim da era Duvalier, elegeu-se presidente do Haiti, mas foi deposto pouco depois. Uma junta militar tomou o poder, até que os Estados Unidos invadiram mais uma vez o país e devolveram a presidência a Aristide, em 1994. Seguiram-se várias trocas de comando até que, em 1996, assumiu o governo o ex-primeiro-ministro René Préval, aliado de Aristide. Aristide foi o primeiro presidente democraticamente eleito na história do Haiti. Préval foi o primeiro presidente eleito a completar o mandato. Os anteriores morreram no cargo, foram assassinados, depostos ou estenderam sua permanência por meio de golpe.

Em 2001, Aristide voltou ao poder em eleições contestadas pela oposição, que denunciou inúmeras fraudes. Ele negou e acusou seus adversários de conspiração para derrubar o governo. Em 2004, Aristide foi deposto e despachado para o exílio. Assumiu interinamente o presidente da Suprema Corte, Boniface Alexandre, com apoio dos Estados Unidos, do Canadá e da França. Em 2006, René Préval foi mais uma vez eleito presidente. Em 2004, a ONU enviou ao Haiti uma força internacional de paz, comandada pelo Brasil, com a missão de evitar o confronto entre os grupos rivais.

A longa trajetória de violência sempre marcou o Haiti, desde o descobrimento. Para quem acredita em pragas e maldições, é como se os índios arawak, que habitavam a ilha quando ela foi descoberta por Cristóvão Colombo — e que foram massacrados pelos espanhóis e franceses — tivessem recomendado aos seus deuses um castigo eterno a quem ocupasse o território. Daqueles índios só restou uma herança: o nome Haiti é uma forma aproximada da designação que os arawak davam para a ilha: Ayiti, ou terra das altas montanhas. Na realidade, com exceção de desastres como o terremoto que devastou o país em janeiro de 2010 e dos frequentes furacões que varrem o Caribe, a maioria das tragédias que assolaram o povo haitiano ao longo dos séculos foi provocada pela ação do homem, e não pela natureza.

República Dominicana

O preso foi surrado com tacos de beisebol, mergulhado em ácido, exposto a formigas graúdas, recebeu choques elétricos e, finalmente, foi perfurado com 56 balas de submetralhadora.

Tratamento dispensado a um acusado de fazer oposição à ditadura de Trujillo

Gostaria que existisse um Trujillo em cada país da América Central e do Sul.

Allen Ellender, ex-senador democrata dos Estados Unidos

AS ARTES DA TIRANIA

Os relógios se aproximavam da meia-noite quando o carro transportando o general entrou na estrada para San Cristóbal, a caminho de uma de suas fazendas, distante cerca de 20 quilômetros da capital, Ciudad Trujillo. O general tinha encontro marcado com Suzi Sanchez, que ocupava lugar de destaque entre suas inúmeras amantes. Quando o automóvel saiu de uma curva, no começo da estrada, e pegou uma reta, ouviram-se os tiros. Foram muitos disparos de fuzis-metralhadora, que vararam o veículo, pelo vidro traseiro e pela lateral. O motorista parou o carro. Ferido, o general abriu a porta, saiu e tentou disparar com um revólver na direção dos sete homens que, a essa altura, cercavam o carro. Houve uma saraivada de balas e o homem que se autointitulava Generalíssimo, O Chefe, O Benfeitor, Pai da Nova Pátria, Reconstrutor da Independência Financeira da República, Protetor-Mor da Classe Trabalhadora Dominicana e Gênio da Paz, Rafael Leónidas Trujillo, tombou morto com a cara no asfalto. Vinte e sete balas perfuraram seu corpo.

Terminou assim, na noite de 30 de maio de 1961, a ditadura de Rafael Leónidas Trujillo, que durante 31 anos dominou a República Dominicana. Curiosamente, os fuzis utilizados no atentado foram fornecidos aos conspiradores pela Agência Central de Inteligência dos Estados Unidos (CIA), que nas três décadas de ditadura apoiara Trujillo, como aliado fiel e baluarte na luta contra o comunismo na América Central e no Caribe.

O homem que mandava queimar vivos os adversários políticos, que estimulava seus asseclas a inventar as mais bárbaras torturas, admirador de Hitler, Mussolini e Franco, morria, aos 70 anos, baleado numa estrada. Com ele estava o capitão do exército dominicano Zacarias de La Cruz, que escapou ferido para contar a história e denunciar um dos atiradores. O chefe da conspiração era o general Juan Tomás Diaz, que chegara a frequentar os círculos do poder, mas caíra em desgraça depois que um de seus parentes foi preso, acusado de participar de outro atentado contra Trujillo, um ano antes.

Sobre o caixão do pai, o filho mais velho, Rafael Trujillo Jr., conhecido como Ramfis, com os olhos inflamados, jurou vingança. Horas depois do funeral, centenas de suspeitos de fazer oposição ao regime foram presos e levados para a prisão de La Cuarenta, conhecido centro de torturas. O filho do general Juan Tomás Diaz foi fuzilado sumariamente e a mulher dele violentada e morta.

Um mês após o atentado, quase todos os envolvidos estavam presos, além de seus parentes e amigos. Todos foram torturados, mortos ou cometeram suicídio nos intervalos das sessões de tortura. Em 18 de novembro de 1961, quase seis meses após o assassinato, os últimos seis acusados de participação no complô foram levados para uma propriedade de Ramfis, no litoral. Amarrados a árvores, foram espancados, seviciados e, depois, cortados em pedaços. As partes foram atiradas aos tubarões.

Com o atentado, chegava ao fim a era Trujillo, que deixara dezenas de milhares de mortos e desaparecidos, mas a violência continuaria atormentando o povo dominicano ainda por longo tempo. De junho a novembro, Ramfis Trujillo tentou sustentar a ditadura, à custa de uma brutal repressão. Em novembro, dois tios de Ramfis, Héctor e José Arismendi Trujillo, voltaram do exterior na esperança de se apossar do governo. Mas foram despachados de volta por ordem do governo dos Estados Unidos. Navios da Marinha norte-americana foram deslocados para a costa dominicana a fim de deixar claro que a continuação da ditadura não seria permitida. Ramfis, Héctor e José, acompanhados de todo o clã, deixaram o país às pressas, sob proteção militar norte-americana.

ESTRANHA TRAJETÓRIA

Poucos chefes de governo tiveram um currículo tão diversificado, com alguns acréscimos de prontuário policial, como Rafael Leónidas Trujillo. Evidentemente, os registros policiais foram apagados, mas os contemporâneos do jovem Trujillo contavam histórias de pequenos furtos e prisões por roubo. Outra atividade não incluída na biografia oficial do presidente era exercida junto aos oficiais dos navios da Marinha dos Estados Unidos, que ocupavam o país desde 1916. Trujillo, segundo relatos de ex-companheiros, costumava agenciar mulheres para os oficiais. Também servia como informante dos militares encarregados de garantir a ordem no porto. Dessa época, guardou o ensinamento de um militar americano que viria a utilizar por toda a vida: "Se deseja impor a ordem, mate os agitadores."

A biografia oficial divulgada nos tempos da ditadura exibia certa criatividade em relação à origem da família. Dizia que entre os ancestrais de Trujillo figuravam um destacado oficial do Exército espanhol e um marquês das cortes francesas. Na verdade, ele era um dos onze filhos de um carteiro mestiço, chamado José Trujillo Valdez, de quem herdou, além da pele escura, o físico atarracado.

Em meio às atividades de proxeneta e informante, o jovem Trujillo descobriu que os americanos estavam convocando voluntários para a nova Guarda Nacional que os Estados Unidos tinham decidido organizar. Inscreveu-se e, graças aos contatos anteriores, chegou ao posto de major. Daí escalou rapidamente a hierarquia até alcançar o comando das Forças Armadas, quando os *marines* deixaram o país, em 1924.

Do posto de comandante, saltou para a presidência, à custa de fraude nas eleições de 1930. Para alcançar seu objetivo, utilizou os militares para aterrorizar os eleitores. Seus homens de confiança assumiram o controle das urnas e das juntas eleitorais. O resultado não poderia ser diferente. Trujillo anunciou a "vitória" com 95% dos votos.

Uma das primeiras medidas que tomou ao assumir a presidência foi determinar rigorosa censura à imprensa. Também ordenou à Guarda Nacional que acabasse com qualquer oposição política. Estavam proibidos atividades partidárias, reuniões, encontros de caráter político e, acima de tudo, manifestações em locais públicos. Foi criado um serviço secreto denominado SIM (Serviço de Inteligência Militar), que iria ganhar notoriedade pelas prisões arbitrárias, torturas e pelos assassinatos de opositores do regime.

Entre as tarefas do SIM estavam o controle da imprensa, a cobrança de "contribuições" dos comerciantes e a criação de um clima de terror, para evitar qualquer forma de contestação ao regime. Em 1937, agentes do SIM estavam à procura de supostos opositores do governo que teriam se refugiado no Haiti. Durante a operação, dois agentes foram mortos. Em represália, Trujillo ordenou o massacre de todos os haitianos que viviam na região da fronteira, onde disputavam empregos de cortadores de cana nas plantações do lado dominicano. Milhares de haitianos, incluindo homens, mulheres e crianças, foram mortos a tiros ou golpes de facão. O massacre foi divulgado no exterior e chegou a provocar algum incômodo em Washington, mas não o suficiente para justificar qualquer admoestação ao fiel aliado.

CÂMARAS DE TORTURA

O número de vítimas da ditadura Trujillo nunca será conhecido. A cada descoberta de conspiração ou suspeita, as celas ficavam lotadas. A maioria morria por fuzilamento, tortura ou espancamento. Outros, em misteriosos "acidentes" de carro. Os jornais, que eram apenas porta-vozes do governo, noticiavam casos de "atropelamento", destacando que as vítimas tinham ficado "com todos os ossos quebrados", numa espécie de mensagem cifrada a eventuais opositores. Com frequência, um incinerador instalado na base aérea vizinha à capital entrava em operação para eliminar os corpos e qualquer vestígio da passagem dos opositores pelos presídios, incluindo documentos. Cinco meses após a queda da ditadura, um relatório oficial, elaborado pela Procuradoria Geral, registrava 5.700 mortos e desaparecidos apenas nos últimos cinco anos da era Trujillo. O total de vítimas nos 31 anos da ditadura é calculado em dezenas de milhares.

As celas dos cárceres dominicanos eram planejadas de maneira que o preso não pudesse ficar de pé nem se deitar. Só conseguia ficar sentado ou de cócoras. Os dois mais conhecidos centros de torturas da ditadura se chamavam La Cuarenta, assim denominada porque ficava na Rua Quarenta, na capital, e o Nove, instalado no km 9 de uma das estradas que deixavam a cidade. Os dois locais funcionavam como uma espécie de parque de diversões macabras dos agentes do SIM. Um dos equipamentos era uma cadeira elétrica usada para choques e execuções lentas. Sabia-se que eram lentas porque os gritos dos torturados eram transmitidos por alto-falantes para que os demais presos ouvissem. Também era utilizado o "polvo", uma espécie de capacete cheio de pontas que eram fixadas no crânio por meio de parafusos. Outra peça muito utilizada era um "colar" desenhado para ser apertado aos poucos até separar a cabeça do corpo. Havia, ainda, um bastão para aplicar choques nos genitais ou para sodomia, alicates para arrancar unhas e tesouras para castração. Porretes cobertos de arame farpado eram usados nos espancamentos.

TUBARÕES, ÁCIDO E FORMIGAS

Às vezes, o próprio ditador participava das sessões. Em 1959, oito oficiais foram presos e acusados de participar de uma conspiração contra o regime. Todos foram levados para o Nove. Trujillo cuidou pessoalmente do caso. Chegou ao presídio à noite e mandou queimar vivos os oito suspeitos.

Após o atentado que resultou na morte do ditador, as duas prisões ficaram superlotadas. Entre os detidos estava o general René Roman Fernandez, ex-secretário-geral das Forças Armadas, acusado de planejar o atentado. O general foi surrado com tacos de beisebol, mergulhado em ácido, exposto a formigas graúdas, submetido a choques na cadeira elétrica e, finalmente, perfurado com 56 balas de submetralhadora.

"SE O FAZENDEIRO NÃO VENDE, SUA VIÚVA VENDE"

Se a população vivia assustada, Trujillo também sofria com a insegurança e o medo de atentados. Andava sempre armado com uma pistola e cercado por guarda-costas. Não dispensava os serviços de um provador de refeições, já que temia ser envenenado. Nem mesmo sua bebida preferida podia tomar em paz. Cabia ao provador de plantão sorver o primeiro gole do conhaque espanhol Carlos I antes que ele pudesse tomar.

Trujillo dispunha de vinte residências, nas quais distribuía a esposa do momento — teve três oficialmente —, filhos legítimos e ilegítimos e as inúmeras amantes. Fascinado por fazendas e gado desde os tempos de juventude, quando consta que se dedicava a roubar vacas nos pastos, tornou-se o maior proprietário de terras do país. Quando se interessava por uma fazenda, era melhor para o proprietário vender logo, ainda que por um preço bem abaixo do valor da propriedade, enquanto estivesse vivo. "Se o fazendeiro não vende, sua viúva vende", diziam os dominicanos.

Em cada uma das residências a criadagem era obrigada a preparar todas as refeições, diariamente, para o caso de *El Jefe* resolver aparecer. O tratamento dispensado aos parentes, amigos e criados era peculiar. As pessoas só podiam sorrir se ele estivesse de bom humor. Rir alto era arriscado. Ele podia não gostar da piada ou observação. Dado a acessos de raiva, gritava com assessores e ministros, que eram humilhados em público. Chegava a dar tapas no rosto ou chutar a canela de funcionários. Uma vez estapeou Joaquín Balaguer, que interpretava o papel de presidente-marionete quando ele precisava se afastar temporariamente do poder, para simular uma alternância na presidência, mas sempre mantendo o cargo de comandante das Forças Armadas.

CULTO À PERSONALIDADE

Grande admirador de si próprio, Trujillo mandou espalhar estátuas e bustos de sua imagem em cada praça das cidades dominicanas e em prédios públicos, todas com uma inscrição em homenagem ao Benfeitor. "Só Trujillo pode curá-lo", dizia a inscrição escolhida para os hospitais. Letreiros em neon diziam aos dominicanos em quem eles deveriam confiar: "Deus e Trujillo." As lojas de todo o país eram obrigadas a pendurar letreiros onde se lia: "Nesta casa, Trujillo é o Chefe." Ao longo das estradas, cartazes proclamavam: "Obrigado, Trujillo." Nenhum dominicano ousava desafiar essas normas, e qualquer piada a respeito poderia significar a morte.

O culto à personalidade ultrapassava os limites do ridículo. Numa agressão à história, rebatizou a cidade mais antiga da América, fundada em 1496 por Bartholomeo Colombo, irmão de Cristóvão. A cidade de São Domingos tornou-se, durante a ditadura, Ciudad Trujillo. Além da capital, centenas de cidades, ruas e praças foram rebatizadas para receber o nome de Trujillo, de seu pai, de sua mãe ou de seu santo preferido, São Rafael.

O único partido político autorizado a funcionar era o Partido Dominicano, que ele comandava. Toda a população era obrigada a se filiar ao partido sob pena de não conseguir tirar um documento, trabalhar ou mesmo se deslocar de um lugar para outro. Os funcionários públicos eram forçados a destinar 10% do salário ao partido. Qualquer reclamação resultava em prisão ou morte. Os dominicanos tinham medo de reclamar em público até do calor ou das chuvas. Se a queixa fosse mal interpretada por algum policial ou informante, o reclamante ia parar na cadeia ou, na melhor das hipóteses, tinha de pagar propina para escapar da denúncia.

COMO BARBAROSSA

Para um homem habituado a controlar o país inteiro, foi uma surpresa o desafio enfrentado por Trujillo, em 1960, quando a Igreja Católica decidiu publicar uma carta pastoral defendendo a "liberdade de consciência, de expressão e de reunião". A polícia secreta havia acusado cinco padres de atividades contra o regime. Três deles foram deportados, e a Igreja, que, a exemplo dos Estados Unidos, até então fechara os olhos para os abusos cometidos pela ditadura, resolveu reagir. A carta pastoral pedia a Trujillo que "suspendesse os excessos, secasse as lágrimas e curasse as feridas".

Foi o bastante para que a ditadura desencadeasse uma violenta campanha contra todos os padres e bispos católicos. Após dois meses de perseguições e ameaças de violência, os bispos cederam e divulgaram um documento afirmando que pretendiam "continuar cooperando" com o governo. Diante da capitulação, o ditador aproveitou para dar vazão a mais um de seus delírios. Exigiu que lhe fosse dado o título de Benfeitor da Igreja, para que pudesse ser comparado ao imperador romano Federico Barbarossa,* um dos detentores dessa distinção.

Diante da resistência dos bispos, Trujillo lançou outra campanha, que incluía manifestações de rua em seu favor e uma avalanche de cartas, preparadas por seus assessores e enviadas aos jornais, que ele também controlava, defendendo a concessão do título. No fim, os bispos não cederam, mas também não assumiram abertamente a negativa. Disseram que a Igreja se reservava o direito de conceder honrarias, mas que Trujillo era livre para atribuir a si mesmo os títulos que desejasse.

LUXO, ZSA ZSA & HOLLYWOOD

Durante três décadas, os Estados Unidos ignoraram as atrocidades cometidas por seu parceiro no Caribe. O importante, para Washington, era que ele continuasse como um fiel aliado contra o comunismo e a favor dos interesses econômicos dos Estados Unidos. Mas a entrada desastrada de Trujillo no cenário internacional iria causar problemas ao regime. Principalmente ao mexer com o bolso do contribuinte americano.

Em maio de 1958, a Câmara de Representantes (deputados) dos Estados Unidos analisava um pacote de ajuda externa de 2,9 bilhões de dólares (23 bilhões em 2010). Desse montante, 600 mil (4,5 milhões em 2010) deveriam ser destinados à Republica Dominicana. Durante os debates, o representante democrata de Ohio, Wayne Hays, se opôs à concessão da ajuda ao ditador. Ele não estava preocupado com o fato de que se tratava de uma das ditaduras mais cruéis do continente. O que irritava Hays era que o montante coincidia exatamente com o valor da retirada anual de Rafael Trujillo Jr., que recebia 600 mil dólares por ano para manter sua vida de luxo no exterior, de acordo com informações levantadas a pedido da Câmara.

O deputado de Ohio se mostrou escandalizado com uma notícia divulgada com destaque pelas colunas de jornais e revistas que acompanhavam a vida das estrelas de Hollywood. Ramfis tinha acabado de dar dois presentes

---

* Federico I, conhecido como Federico Barbarossa (1123-1190), coroado Imperador do Sacro Império Romano em 18 de junho de 1155.

à atriz Zsa Zsa Gabor: um Mercedes-Benz e um casaco de chinchilla. Os dois presentes tinham custado algumas dezenas de milhares de dólares.

O deputado chegou a declarar: "Se ele continuar circulando com Zsa Zsa Gabor, que aparentemente é a cortesã mais cara desde Madame de Pompadour,* o velho vai ter que aumentar a mesada." A ajuda norte-americana foi mantida, mas Hays impôs uma emenda para evitar que o dinheiro do contribuinte americano continuasse sustentando as farras do filho do ditador. A emenda assegurava que 400 mil dólares seriam dados em forma de apoio militar (armas e munição de fabricação norte-americana) e 200 mil em assistência técnica, supervisionada por especialistas dos Estados Unidos.

Ao ser informada de que seu nome havia sido mencionado de forma negativa durante debate no Congresso, Zsa Zsa Gabor, vênus platinada, de origem húngara e famosa pelas medidas avantajadas, respondeu no melhor estilo hollywoodiano: "As cerejeiras já estão florindo em Washington? Essa é a única coisa de que me lembro daquela maravilhosa cidade."

Trujillo Jr., na época comandante da minúscula Força Aérea da República Dominicana, havia passado por escolas militares norte-americanas e tinha patente de general — desde os 5 anos o pai já havia lhe garantido as divisas de coronel —, mas passava a maior parte do tempo circulando entre Hollywood e Paris. Embora fosse visto com frequência na companhia de atrizes de cinema, o filho do ditador era ofuscado por outro dominicano mais famoso: o playboy internacional Porfirio Rubirosa. Filho de um antigo funcionário de Trujillo que trabalhou na embaixada dominicana em Paris, Rubirosa chegou a estudar na França durante a adolescência, onde tomou gosto pelas noitadas e por um padrão de vida muito acima do que a família podia manter.

Para decepção de Trujillo pai, Rubirosa se saía muito melhor no cenário internacional do que Ramfis. Além disso, em vez de gastar fortunas com presentes, era Rubirosa quem costumava receber agrados caríssimos. O velho ditador queria esse papel para o filho. Mas na Hollywood fora das telas eram as estrelas que escolhiam seu papel e também quem seria seu coadjuvante.

---

* Amante de Luis XV, rei da França, por vinte anos. Chamava-se Jeanne-Antoinette Poisson d'Etioles. Ao morrer, aos 42 anos, era dona de uma fortuna em joias e sete palácios, entre eles o Palácio do Eliseu, que veio a se tornar a residência oficial dos presidentes franceses.

A crônica palaciana dava conta de que o velho tinha uma relação de admiração, inveja e ódio com Rubirosa. A princípio, detestava-o porque sua filha, Flor de Oro, se apaixonara perdidamente por ele. Descoberto o romance, Rubirosa chegou a se esconder, temendo ser assassinado por ordem de Trujillo, mas acabou se casando com a jovem. Como presente de casamento, *El Chefe* deu a Rubirosa um cargo diplomático em Berlim. Ele costumava dizer que Rubirosa daria um bom diplomata, porque mentia muito e era adorado pelas mulheres.

O casamento durou pouco mais de um ano. Desde as primeiras semanas, Rubirosa deixava a mulher em casa e saía pela noite, retornando ao amanhecer, coberto de manchas de batom. Flor de Oro, que logo abandonou a Alemanha e voltou para casa, fez duas revelações às amigas. A primeira era que, se reclamasse das noitadas de Rubi, como o chamava, ele a surrava. A segunda confirmava um dos motivos da inveja que Rubirosa despertava em Trujillo. Flor de Oro contou que, na semana da lua de mel, passou várias noites correndo em volta da cama para fugir do marido, porque, nas palavras dela, "ele ficava apontando aquela coisa enorme para mim". Já as atrizes americanas tinham sua própria maneira de se referir ao assunto e diziam, entre gargalhadas, que ele carregava meio bastão de beisebol entre as pernas. Rubirosa era baixinho — media 1,60 metro —, mas consta que era superdotado, não em termos cerebrais.

Após a separação, o genro ficou um tempo na geladeira, mas logo Trujillo o destacou para outros cargos. Na verdade, *El Viejo* utilizava contatos que Rubirosa abria em várias capitais, para negócios ou mesmo para circular no jet-set internacional. Rubirosa serviu em várias embaixadas e correm histórias de que se aproveitava da imunidade diplomática para fazer contrabando de diamantes, vender passaportes e outros negócios que o cargo lhe facilitava.

Além de namorar algumas estrelas de Hollywood, Rubirosa se casou com as herdeiras de duas das maiores fortunas dos Estados Unidos: Doris Duke e Barbara Hutton, donas de contas bancárias na casa dos bilhões. No intervalo entre os casamentos, era visto em companhia de Ava Gardner, Jane Mansfield, Dolores del Rio, Veronica Lake e consta que até Eva Perón — para decepção dos argentinos, que a viam como uma santa.

Após a morte de Trujillo, em 1961, a carreira do playboy internacional entrou em declínio. Para manter o alto padrão de vida a que estava habituado, vendeu a maioria dos bens, incluindo a mansão que ocupava em Paris, onde era adido comercial da embaixada. Embora suas contas bancárias perdessem os zeros rapidamente, ele não abria mão dos torneios de polo. Em 1965, ao voltar de uma festa de madrugada, morreu ao bater sua Ferrari contra uma árvore no Bois du Boulogne, em Paris. Estava com 57 anos.

AÇÃO DESASTRADA

As estripulias da dupla Ramfis e Rubirosa ocupavam muito espaço na imprensa americana e acabavam desviando a atenção do que acontecia no país caribenho. Mas a ditadura acabou voltando ao primeiro plano quando Rafael Trujillo se envolveu numa aventura desastrada que iria contribuir para a queda do regime. Irritado com as denúncias feitas na Venezuela sobre as atrocidades registradas na República Dominicana, o general desencadeou uma campanha contra o presidente venezuelano, Rómulo Betancourt. Político de sólida formação cultural e uma exceção na América Latina dos anos 1950/1960, Betancourt se mostrava escandalizado com os crimes cometidos por ordem de Trujillo. A Venezuela chegou a receber exilados dominicanos que fugiam da perseguição do regime e, por conta disso, Trujillo despachou seus agentes da polícia secreta com ordens de matar o presidente.

Um atentado a bomba contra o automóvel presidencial, em 24 de junho de 1960, feriu Betancourt e matou um funcionário do governo. A Venezuela apresentou queixa à Organização dos Estados Americanos (OEA), que chegou a aprovar sanções econômicas ao regime dominicano. Importante fornecedor de petróleo para os Estados Unidos, a Venezuela também pediu ao governo norte-americano que pusesse um fim aos horrores do regime caribenho. Foi por essa época que Washington, depois de três décadas, começou a pôr na balança os prós e contras de um aliado tão incômodo. O governo norte-americano chegou a encomendar ao serviço secreto planos para derrubar Trujillo. No entanto, os adversários do ditador iriam agir primeiro, na noite de 30 de maio de 1961. Os dedos que apertaram os gatilhos eram de opositores dominicanos, mas as armas tinham sido fornecidas pela CIA.

Ao morrer, Trujillo deixou uma fortuna estimada em 800 milhões de dólares (5,8 bilhões em 2010). O Benfeitor recebia 10% de todos os contratos para obras públicas. A família controlava 70% das terras plantadas, além dos negócios nas áreas de açúcar — o principal produto de exportação do país —, têxteis, gado, seguros, sal, cigarros e a pequena indústria alimentícia local.

Em 1949 e 1959, houve tentativas de desembarque de forças rebeldes em território dominicano. Na última, exilados tentaram colocar em prática um plano semelhante ao de Fidel Castro em Cuba. Mas, ao desembarcar numa praia dominicana, foram esmagados pela Força Aérea e os sobreviventes presos, torturados e mortos.

Nas três décadas em que dominou o país, Trujillo exerceu um poder absoluto, mas em duas ocasiões deixou as tarefas do dia a dia para dois presidentes-marionetes. Seu irmão, Héctor Bienvenido Trujillo, apelidado de *El Negro*, que serviu entre 1952 e 1960, e Joaquín Balaguer, entre 1960 e 1961. Balaguer iria entrar para a história do país, mas não por alguma contribuição significativa para o desenvolvimento da República Dominicana.

OS MARINES, DE NOVO

Como parte do faz de conta montado por Trujillo, quem ocupava a cadeira presidencial na época do atentado, em maio de 1961, para dar a impressão de alternância no poder, era Joaquín Balaguer, antigo funcionário do governo que, na condição de presidente-tampão, se limitava a cumprir as ordens do ditador. A ideia inicial após a morte de Trujillo era manter o mesmo arranjo. Balaguer ficaria, oficialmente, na presidência, mas Trujillo Jr. seria o novo homem-forte. Correndo por fora estavam os tios Héctor e José Trujillo, que retornaram do exterior com o objetivo de disputar uma fatia do espólio. Mas o arranjo não teve o carimbo de aprovação de Washington, e o trio foi posto para fora.

Balaguer deveria permanecer no cargo até que fossem convocadas eleições. Identificado com a figura do ditador, passou a enfrentar dificuldades para controlar a situação. Os trabalhadores convocaram greve geral e, diante de um quadro de instabilidade, os militares formaram um Conselho de

Estado de sete integrantes para dar sustentação ao regime. Duas semanas depois, o general Pedro Rodríguez Echavarría tentou um golpe de Estado. Houve protestos nas ruas e o golpe fracassou diante da oposição dos Estados Unidos. Rodríguez foi preso e deportado. O Conselho de Estado retomou suas funções, embora sem a presença de Balaguer, que havia fugido para o exterior assim que correram os primeiros rumores de movimentação nos quartéis.

O conselho dirigiu o país até as eleições de 1963. O vencedor foi o professor e poeta Juan Bosch. Era a primeira vez na história da República Dominicana que um candidato, escolhido em eleições livres e democráticas, falava em direitos civis e expressava preocupação com a situação dos trabalhadores. Bosch, que havia organizado a oposição no exílio, liderava o Partido Revolucionário Dominicano (PRD), que obteve 64% dos votos, contra o conservador Viriato Fiallo, da União Cívica Nacional (UCN), identificada como herdeira de Trujillo.

A Constituição aprovada em 1963 garantia o controle civil sobre as instituições militares e estabelecia a separação entre Igreja e Estado. O governo anunciou um plano de reforma agrária e prometeu enviar ao Legislativo um projeto que permitia o divórcio. Era querer muito para um governante latino-americano na década de 1960. Ao anunciar esses propósitos, Bosch estava, na prática, decretando o fim de seu governo. Sete meses depois de tomar posse, o presidente foi derrubado por um golpe militar apoiado pela Igreja Católica e pelos Estados Unidos. Não era surpresa, já que em pouco tempo ele tentou mexer com os interesses dos militares, dos grandes proprietários de terra e da Igreja. A desculpa para o golpe foi, mais uma vez, o fantasma da "ameaça comunista".

Deposto o presidente, seguiram-se dois governos efêmeros, em meio a uma luta pelo poder entre grupos ligados à ditadura e diversas forças políticas e militares. A instabilidade iria culminar com a rebelião de abril de 1965, liderada pelo coronel Francisco Caamaño Deño, que representava uma corrente de esquerda. Alarmados com a possibilidade de surgir um novo Fidel Castro, os Estados Unidos, por decisão do presidente Lyndon B. Johnson, invadiram a ilha em abril de 1965. Mais de 20 mil fuzileiros navais norte-americanos participaram do desembarque, quatro décadas depois da última retirada. Para tentar emprestar alguma legitimidade à invasão, os Estados

Unidos trataram de arranjar um carimbo de aprovação da Organização dos Estados Americanos, com sede em Washington. A OEA providenciou a criação de uma força de paz integrada por diversos países — entre eles o Brasil —, de modo a transmitir a impressão de que a operação era de interesse dos povos da América Latina.

APRENDIZ DE FEITICEIRO

Um governo provisório foi instalado pelos Estados Unidos e encarregado de organizar as novas eleições, realizadas em 1º de julho de 1966. O ex-pupilo de Trujillo, Joaquín Balaguer, com a simpatia dos norte-americanos, da Igreja Católica e dos grupos conservadores, venceu a eleição. Juan Bosch se candidatou, mas os partidários de Balaguer acenavam com a volta dos conflitos internos e a ameaça de guerra civil, caso ele fosse eleito. O Partido Reformista, de Balaguer, também conquistou maioria no Legislativo. Dessa vez Balaguer iria permanecer no poder por 12 anos, de 1966 a 1978. Para evitar novas tentativas de golpe, ele usou os métodos que havia aprendido com Trujillo. Aumentou os soldos dos militares, distribuiu benefícios, comprou novos equipamentos de defesa — com a ajuda financeira de Washington — e afastou os suspeitos de não simpatizar com o governo. Também promoveu frequentes rodízios nos principais postos de comando das Forças Armadas.

Nas eleições de 1970 e 1974, quando foi reeleito, recorreu às mesmas táticas de intimidação dos eleitores e cuidou para que gente de sua estrita confiança chefiasse as juntas eleitorais responsáveis pela apuração dos votos. Com a imprensa sob censura, não se ouvia falar em fraude. A oposição boicotou os dois pleitos, alegando falta de condições mínimas de participação democrática. Em 1978, Balaguer tentou utilizar os mesmos métodos. Mas os tempos eram outros. O presidente dos Estados Unidos era o democrata Jimmy Carter, empenhado na defesa dos direitos humanos e em tentar afastar o governo norte-americano dos regimes ditatoriais.

Ao perceber os ventos de mudanças que sopravam de Washington, a oposição indicou Antonio Guzmán para enfrentar Balaguer nas eleições de 1978, realizadas em 16 de maio. Guzmán liderava a apuração com 70% dos votos quando entrou em cena a mão pesada de Balaguer, como nos velhos tempos. Na manhã de 17 de maio, forças militares ocuparam a sede da Junta Eleitoral e confiscaram as urnas. O plano era reiniciar a contagem, descartando boa parte dos votos dados a Guzmán. Mas o golpe fracassou. As mensagens que chegavam do governo Carter eram claras: o processo eleitoral deveria seguir livremente seu curso. Para não deixar dúvidas, a Marinha norte-americana deslocou algumas fragatas para pontos estratégicos na costa. Reiniciada a contagem, Guzmán foi eleito presidente por ampla margem.

Antonio Guzmán tomou posse em 16 de agosto de 1978, para cumprir mandato até 1982. Como representante do mesmo PRD que havia sido deposto em 1963, ele sabia que deveria fazer mudanças graduais na economia e na área social para conseguir se manter no poder. Iniciou um processo de despolitização das Forças Armadas e de promoção de oficiais jovens, não comprometidos com as estruturas herdadas de Balaguer e Trujillo.

O governo de Guzmán se defrontou com sérias dificuldades na área econômica, diante do aumento nos preços do petróleo e da queda nos preços do açúcar. Seus críticos o acusavam de não apresentar respostas adequadas aos problemas econômicos e, nas eleições de 1982, ele resolveu não se candidatar. Dessa vez, os candidatos eram Salvador Jorge Blanco, do PRD, o partido do presidente, Joaquín Balaguer e Juan Bosch. Blanco foi o vencedor. A principal herança deixada por Guzmán foi a estabilidade política. Deprimido com as denúncias de corrupção e nepotismo em seu governo, Guzmán suicidou-se naquele mesmo ano de 1982. Sua morte impediu o que seria a primeira transmissão de poder de um presidente eleito a outro, também escolhido livremente, na história da República Dominicana.

Embora duro crítico de Guzmán no partido do governo, Salvador Jorge Blanco também fracassou na tarefa de promover o desenvolvimento econômico e social, como havia cobrado tantas vezes de seu antecessor. Seu governo se perdeu em meio a denúncias de corrupção e uma crise econômica. Depois de deixar o poder, ele acabou sendo condenado por envolvimento na venda de armas superfaturadas para o Exército. Com o desgaste do PRD, estava aberto o caminho para o retorno ao poder de Joaquín Balaguer, nas eleições de 1986. Foram mais quatro anos de turbulência econômica e agravamento dos problemas sociais.

OS FANTASMAS

Em 1990, mais uma vez o eterno Balaguer conseguiu se reeleger, em meio a denúncias de fraude. As pesquisas indicavam a vantagem do candidato da oposição, Juan Bosch, do Partido da Libertação, com mais de dez pontos sobre Balaguer, mas quando as urnas foram abertas houve uma surpresa. Primeiro, foi anunciada a vitória de Balaguer por ampla margem. Na recontagem, estranhamente, a diferença caiu para 35% a 34%, contra Bosch.

Em 1994, nova eleição e nova vitória de Balaguer. Diante da onda de protestos, ele aceitou a convocação de novas eleições, que acabaram sendo realizadas em maio de 1996. O vencedor foi Leonel Fernández Reyna, do Partido da Libertação Dominicana. Ele tomou posse em agosto de 1996. Finalmente, Balaguer deixava o poder, depois de cumprir sete mandatos.

Nas eleições de 2000, o vencedor foi o candidato do Partido Revolucionário Dominicano, Hipólito Mejía. Aos 93 anos, Balaguer também havia se candidatado, mas ficou em terceiro lugar. Em 2004, o escolhido foi novamente Leonel Fernández Reyna, que, já revelando um certo apego pelo poder, foi reeleito, em 2008, para um terceiro mandato.

DE COLOMBO A DRAKE, O PIRATA

Cristóvão Colombo chegou à ilha que batizou de Hispaniola em 1492. Construiu um forte com as sobras de uma de suas caravelas e deu início à primeira colonização europeia na América. O descobridor previa um grande futuro para a ilha, mas a realidade sempre foi bem diferente. Primeiro foram os espanhóis que tomaram conta do território, para a exploração agrícola e das minas de ouro. A população indígena foi dizimada pelo trabalho escravo ou por epidemias disseminadas pelos europeus. Depois que os índios foram exterminados, os espanhóis levaram escravos africanos para substituí-los. A ideia de importar escravos da África teve apoio da Igreja Católica, mais especificamente de Frei Bartolomeu de Las Casas. Defensor inicial da exploração da mão de obra indígena, Las Casas mudou de ideia mais tarde e chegou a entrar em conflito com os colonos porque queria poupar os índios, ainda que à custa da exploração dos escravos africanos. Com terras férteis e grande produtora de ouro e açúcar, a ilha passou a ser cobiçada pelas potências rivais da Espanha. Em 1586, o pirata inglês Francis Drake, que desfrutava da proteção da rainha Elizabeth, invadiu e saqueou São Domingos. Os franceses também ocuparam a ilha, no fim do século XVII. A independência do lado leste, com a criação da República Dominicana, só foi conquistada em 1865. Quando os Estados Unidos saíram da guerra civil e começaram a expandir sua influência sobre os países vizinhos, foram assinados diversos tratados comerciais com a nova República. Esses acordos foram se tornando cada vez mais leoninos, até que, ao ver seus interesses contrariados, os norte-americanos acabaram invadindo a ilha em 1916. A ocupação iria se estender até 1924. Ao se retirar, deixaram o país sob o comando da Guarda Nacional, criada e treinada por eles. Depois de ascender rapidamente nas fileiras da guarda, Rafael Leónidas Trujillo tomou o poder em 1930, à custa de fraude nas eleições, iniciando a ditadura que durou 31 anos.

GUATEMALA

Se possível, fabriquem histórias de grande interesse, como a descoberta de discos-voadores ou o nascimento de sêxtuplos em regiões distantes.

Recomendação da CIA aos encarregados de tramar o golpe de Estado na Guatemala, em 1954, para distrair a atenção da população

Não podemos permitir que uma república soviética seja estabelecida entre o Texas e o Canal do Panamá.

John Peurifoy, embaixador dos Estados Unidos na Guatemala (1954)

UM TERRÍVEL ESTIGMA

Na noite de 26 de julho de 1957, o presidente da Guatemala, Carlos Castillo Armas, e sua mulher deveriam jantar sozinhos no palácio presidencial. Nem ministros nem assessores eram esperados. No caminho entre os aposentos reservados e o salão de jantar, teriam de cruzar um longo corredor, que também conduzia aos jardins do palácio. Ao entrarem no corredor, a guarda presidencial apresentou armas e bateu continência. Assim que passaram, um dos guardas apagou uma parte das luzes. Ao se voltar para ver o que estava acontecendo, o casal se deparou com um dos guardas, Romeo Vásquez Sánchez, com um fuzil apoiado no ombro, apontado para o presidente. O guarda disparou, atingindo Castillo no peito. Ele morreu na hora. Sánchez se aproximou e fez mais um disparo contra o corpo caído. Em seguida, saiu correndo pelos corredores e deu mais dois tiros, contra uma camareira e um coronel da guarda, mas errou ambos. Por último, encostou o cano da arma na garganta e explodiu o crânio.

Três anos antes, Castillo havia sido colocado no poder pelos Estados Unidos, que financiaram, apoiaram militarmente e orientaram — por meio da CIA — o golpe de Estado que derrubou o então presidente Jacobo Arbenz. Para os Estados Unidos, Arbenz era um perigoso comunista que colocava em risco os interesses norte-americanos na América Central. Na verdade, Arbenz nunca pertenceu ao Partido Comunista. Tinha um perfil de centro-esquerda, mas cometeu vários pecados previstos na cartilha anticomunista preparada em Washington para os tempos da Guerra Fria. Desapropriou terras da United Fruit, empresa norte-americana que havia décadas mantinha extensas plantações nos países da América Central. Também anunciou planos para quebrar o monopólio da empresa que controlava as ferrovias, o telégrafo, a distribuição de energia e o único porto do país, Puerto Barrios, e que por isso era conhecida como "O Polvo". Para completar, permitiu a atividade do Partido Comunista, que chegou a integrar a coalizão no poder e eleger representantes para o Parlamento. Foi o suficiente para despertar a ira de setores ultraconservadores internos e de seus aliados em Washington.

Filho de um empresário suíço com uma guatemalteca, Arbenz era coronel do Exército durante o movimento nacionalista que culminou com a Revolução de 1944 e pôs fim a quase um século de regimes ditatoriais. O primeiro presidente eleito após a revolução foi Juan José Arévalo (1945-1951). Arévalo se equilibrou no poder até o fim do mandato, fato raro na Guatemala, mas para isso enfrentou trinta rebeliões e tentativas de golpe de Estado, uma delas comandada por Carlos Castillo Armas, que acabou preso, mas fugiu da cadeia por um túnel. Em 1951, Jacobo Arbenz, que desfrutava de grande prestígio no Exército — se tornou professor de história na Academia Militar —, foi eleito democraticamente. Ficou três anos no poder, até ser deposto pelo golpe arquitetado pelos Estados Unidos, em parceria com grupos conservadores locais. À frente do golpe estava o coronel Carlos Castillo Armas. O lema de seu movimento era "Deus, pátria e liberdade". Durante o regime de Castillo, depois de serem espancados pela polícia durante manifestações de rua na capital, estudantes da Universidade de San Carlos mudaram o lema para "Adeus, pátria e liberdade". Castillo impôs a censura à imprensa, fechou jornais da oposição e tratou de devolver rapidamente as terras da United Fruit desapropriadas por Arbenz como parte do programa de reforma agrária.

A trama do golpe de Estado contra Arbenz, comandada pela CIA, parece um roteiro de tragicomédia, repleto de ingredientes que dão o tom do ridículo e da farsa. Durante meses, o quartel-general da Agência Central de Inteligência dos Estados Unidos, em Washington, planejou a conspiração, denominada Operação Sucesso, enviando frequentes mensagens para seus agentes na Guatemala e para o então embaixador norte-americano no país, John Peurifoy. Os rebeldes partiram de Honduras, armados e treinados por comandos americanos, e utilizaram uma base aérea na Nicarágua, com a permissão do ditador Anastácio Somoza, aliado de Washington, para bombardear posições das tropas leais ao governo.

Nos arquivos da CIA estão registradas as ordens sobre quem deveria ser "eliminado" (assassinado) e sobre a neutralização de possíveis focos de resistência. Os agentes norte-americanos ajudaram a escolher o ponto de desembarque dos rebeldes procedentes de Honduras e a estabelecer as bases. Os oficiais do Alto Comando na Guatemala eram divididos entre os envolvidos na conspiração, os que iriam receber recompensas financeiras e aqueles leais a Arbenz, que deveriam ser mortos durante o golpe.

Os conspiradores eram orientados pela CIA a divulgar falsas notícias nos dias anteriores ao golpe com o objetivo de desviar a atenção da população. Entre elas, a descoberta de discos voadores que estariam se aproximando do país ou o nascimento de sêxtuplos em cidades do interior. Havia, ainda, a recomendação explícita para plantar notícias nos jornais envolvendo colaboradores de Arbenz com supostos desvios de dinheiro para contas secretas na Suíça.

O BRAÇO ARMADO

A seguir, o resumo de algumas mensagens trocadas entre o quartel-general da CIA em Washington, o escritório da agência na Cidade da Guatemala, o embaixador norte-americano, John Peurifoy, o secretário de Estado, John Foster Dulles, e seu irmão, o diretor da CIA, Allen W. Dulles. Todas elas estão relacionadas com os detalhes do golpe, da ajuda financeira e logística.

Tanto John como Allen Dulles tinham trabalhado anos antes num escritório de advocacia que defendia os interesses da United Fruit.

(1) Doc. 79. Carta do embaixador na Guatemala John E. Peurifoy para o Departamento de Estado.[1]

Cidade da Guatemala, 28 de dezembro de 1953.
Caro Jack:*

Você deve ter visto meu Telegrama Secreto de n° 163, de Dezembro/23, no qual recomendo certas iniciativas que acreditamos vão criar o clima favorável para uma mudança de governo na Guatemala [...] Nesta mensagem agora quero reforçar a importância de que o governo dos Estados Unidos trabalhe rápida e decisivamente no sentido de assegurar a tomada do governo da Guatemala por elementos fortemente comprometidos com a eliminação da influência comunista na política guatemalteca [...] e precisamos estar seguros de que os elementos favoráveis aos nossos objetivos sejam os vencedores [...] O principal desafio agora é encontrar uma força, se possível local, capaz de assumir o controle do governo, com a nossa ajuda [...]

Sincerely yours,
John Peurifoy

(2) Doc. 84. Memorando da Agência Central de Inteligência (CIA)[2]

Washington, 23 de janeiro de 1954.

[...] É preciso assegurar a utilização de todo nosso potencial para atuar a partir do princípio de que milhares de abelhas matam o tigre, usado com sucesso por Mao Tsé-Tung para enfrentar forças superiores** [...]

[...] Planejamento da operação

---

* A carta era dirigida a John Foster Dulles. Jack é uma forma familiar para o nome John.
** Curiosamente, aqui eram forças ultraconservadoras querendo usar a cartilha do comunista Mao.

A. Os alvos principais a serem controlados para assegurar o sucesso da operação são os seguintes: guarnições militares terrestres e aéreas da Cidade da Guatemala; portos, guarnições terrestres e bases aéreas em Puerto Barrios, Jutiapa, Zacapa, Mazatenango, Quezaltenango, Quiche, Cobanair e San José.

[...] Ataquem os alvos relacionados, ocupem todas as posições estratégicas e espalhem sabotadores ao longo dos pontos remanescentes para futuras ocupações [...]

Artigo publicado pelo jornal *The New York Times* informa que o governo da Guatemala obteve informações de que um golpe está sendo tramado com a participação e o financiamento dos governos da Nicarágua, de El Salvador, da República Dominicana e da Venezuela, com apoio do governo do Norte, para derrubar o regime do presidente Arbenz. O governo guatemalteco acusa a empresa United Fruit de fornecer armas aos golpistas.

Se possível, fabriquem histórias de interesse humano, como discos voadores, nascimento de sêxtuplos em áreas distantes, para distrair a atenção...

(5) Doc. 99. Telegrama da Agência Central de Inteligência para as estações da CIA em ... [dois locais não revelados][3]

Washington, 12 de fevereiro de 1954.

38175. 1. Major Alfonso Martinez (Estevez), Diretor do Departamento Nacional Agrário, que estaria na Suíça. Ele estava no voo 650, da KLM, de Montreal para Amsterdã, em 20 de janeiro de 1954. Viajava sozinho.

2. Idade, 30 anos, ex-secretário particular do presidente Jacobo Arbenz. Objetivos da viagem:
A. Depositar fundos para oficiais do comando das forças guatemaltecas.
B. Comprar armas para o governo.

3. Para [...] (orientação para um agente da CIA de identidade não revelada): Acompanhar a chegada dele a Amsterdã e o roteiro da viagem.

Para [...] (outro agente não identificado): Seguir os passos dele, incluindo todos os movimentos, contatos etc. [...] que vão confirmar ou não as linhas 2A e 2B.

/2/ Telegrama DIR 38178 enviado há menos de uma hora transmite instruções para fabricar uma história de que Martinez estava na Suíça depositando dinheiro em nome dos integrantes do governo da Guatemala, para o caso de eles terem de se refugiar nesse país, se Arbenz e outros membros do governo tiverem que abandonar o governo. Além disso, Martinez deve ser retratado como um comprador de armas, encarregado de adquirir aviões e armamentos para o governo de Arbenz.

(6) Doc. 208. Telegrama do chefe da agência local da CIA na Guatemala para o comando da agência em Washington[4]

Cidade da Guatemala, 19 de junho de 1954, 2042Z.

6. Perdemos a oportunidade de bombardear, principalmente ontem à noite. Ainda temos chance hoje ou amanhã.
7. Várias fontes me disseram que apenas uma bomba lançada no palácio será suficiente.
8. Bombardeiem, repito, bombardeiem.

(7) Doc. 233. Telegrama da Agência Central de Inteligência para Operação PBSUCCESS — Quartel-General na Flórida[5]

Washington, 24 de junho de 1954, 2330Z.

[...] Ao mesmo tempo a CIA autorizou o uso de aviões com pilotos não guatemaltecos para missões de apoio tático: "Nós damos essa aprovação com relutância, diante dos sérios riscos de segurança existentes e insistimos na substituição desses pilotos assim que outros possam ser recrutados."
[...] Outros alvos a serem considerados: depósitos de petróleo em Adam. Pelas fotos aéreas é possível observar que os tanques estão bem distantes das áreas residenciais. Um bombardeio direto vai produzir resultados espetaculares. A destruição das reservas de petróleo e os ataques subsequentes a

instalações petrolíferas terão efeito paralisante sobre a economia e as atividades militares.

(8) Doc. 243. Memorando de [nome não revelado] da Agência Central de Inteligência para J.C. Esterline, da CIA /1/[6]

Washington, 27 de junho de 1954.

/1/Fonte: Central Intelligence Agency, Job 79-01025A, Box 154, Folder 2.

[...] Espalhem para a população que o comunista Arbenz renunciou, a vitória está assegurada e todos devem se juntar ao movimento de libertação [...] O governo está obviamente desmoronando e mais derramamento de sangue é inútil. Preparem panfletos para serem lançados sobre as tropas.

(9) Doc. 252. Memorando de conversação telefônica entre o secretário de Estado, John Foster Dulles, e o diretor da Agência Central de Inteligência, Allen Dulles /1/[7]

Washington, 28 de junho, 1954, 9h39 a.m.

/1/Fonte: Eisenhower Library, John Foster Dulles Papers, General Telephone Conversations, Box 2, A67-28.

Telefonema para o sr. Allen Dulles

O secretário pergunta se há novidades e AWD responde que há muitas mensagens — com boas notícias dadas por Peurifoy... Eles estão tentando manter nossas forças intactas e não se envolver diretamente. Estão distribuindo propaganda para alertar os oficiais em campo de que é melhor irem embora para casa ou serão capturados. Eles têm forças superiores — o outro lado — e os nossos precisam usar mais poderio aéreo. Pode ser necessário um bombardeio à emissora de rádio. Os bombardeios têm sido um sucesso e muito produtivos.

/2/ Entre outras razões, a CIA criticou Diaz (um dos oficiais no comando das forças governamentais, mas já contatado pela agência) por ter permitido a Arbenz fazer uma despedida pelo rádio, na qual culpava os Estados Unidos pela crise e dizia que "pilotos americanos e outros mercenários despejaram fogo e morte sobre civis".

TRAPALHADA, ANTES DO DESFECHO

Nos meses que antecederam o golpe, a CIA pagou milhares de dólares em subornos a oficiais do Exército guatemalteco para que aderissem à conspiração. Além disso, contratou mercenários para o desembarque terrestre e para pilotar os aviões. Apesar de todo o empenho da agência, a operação em terra foi um fracasso do ponto de vista militar. Os rebeldes não chegaram a tomar uma única unidade militar importante e bombardearam, por engano, o cargueiro *Springfjord*, de bandeira britânica, que deixava Puerto Barrios com destino à Inglaterra com uma carga de café e algodão. O navio foi a pique, o que levou o primeiro-ministro Winston Churchill a se queixar ao presidente Dwight Eisenhower. Meses depois do golpe, a CIA pagou 1,5 milhão de dólares (12 milhões em 2010) à seguradora Lloyds pelo afundamento do navio. Nunca foi revelado quantos tripulantes morreram. Ao bombardear o cargueiro, os pilotos mercenários acreditavam estar "atacando um navio que transportava armas do bloco comunista para o governo".

Arbenz ainda estava no palácio quando os americanos e seus comandados locais já anunciavam a renúncia do presidente. "O comunista Arbenz já renunciou", diziam os panfletos da CIA lançados sobre a cidade. O governo caiu por causa dos bombardeios aéreos e do controle da principal emissora de rádio, que passou a anunciar com insistência a vitória da rebelião. Arbenz disse que renunciava para evitar um banho de sangue. Na última semana de junho de 1954, o presidente pediu asilo na embaixada do México. Como ele, dezenas de integrantes do governo se asilaram nas embaixadas do México e da Argentina, que ficaram superlotadas, com gente espalhada pelos corredores e pelas escadas. Os golpistas venceram e prevaleceu a posição dos Estados Unidos, conforme estabelecida no memorando 243 da CIA: "*Only way to stop bloodshed is to drive communism out. No other solution acceptable.*" (A única maneira de impedir o banho de sangue é expulsar os comunistas. Nenhuma outra solução será aceita.) Logo depois, o embaixador norte-americano, John Peurifoy, se apresentou como "mediador", com o objetivo de instalar seu protegido, o coronel Carlos Castillo Armas, na cadeira presidencial. Os partidários de Arbenz que não conseguiram chegar a alguma embaixada foram presos e torturados para confessar supostas ligações com o movimento comunista.

Dois meses e meio depois, Arbenz e seus assessores deixaram a embaixada, com destino à Cidade do México. Dias antes, aviões enviados por Juan Domingo Perón, então presidente da Argentina, retiraram 120 refugiados que permaneciam na embaixada argentina, levando-os também para o México. Carlos Castillo Armas ficaria no poder por três anos, até ser assassinado pelo guarda palaciano, em 1957. Em seu lugar assumiu o vice-presidente Luís Arturo González López.

Jacobo Arbenz vagou por diversas capitais — Paris, Praga, Moscou, Montevidéu e Havana — até retornar ao México, onde morreu em circunstâncias misteriosas em 27 de janeiro de 1971. O corpo, afogado, foi encontrado na banheira da casa dele.

O POLVO

Fundada no fim do século XIX, inicialmente como uma empresa de importação, a United Fruit logo expandiu suas atividades na maioria dos países da América Central, principalmente Honduras, Guatemala, Costa Rica e Panamá. A empresa se tornou a maior proprietária de terras nesses países, onde controlava as plantações de bananas, a exportação e o transporte ferroviário e marítimo. Daí o apelido que ganhou na região, O Polvo, por conta dos seus "tentáculos". Ao longo de todo o século XX, a empresa foi alvo de inúmeros processos por fraude, corrupção e uso indevido de pesticidas. Produtos que haviam sido proibidos nos Estados Unidos, como o Aldicarb e o DBCP (Dibromocloropropano) eram usados livremente na América Central. O Aldicarb provoca dores de cabeça, problemas estomacais, tonturas e prejudica a visão. O DBCP, entre outros danos à saúde, afeta os testículos de quem o manuseia ou vive nas áreas onde foi utilizado.

A United Fruit também foi processada pela Security Exchange Comission (SEC), a comissão de valores mobiliários dos Estados Unidos, por fraude no mercado de ações. Em 1970, a empresa mudou o nome para United Brands.

Em 3 de fevereiro de 1975, o presidente da empresa, Eli Black, se suicidou, saltando do 44º andar do edifício Panam, em Nova York. Naquele momento, Black estava sendo investigado, entre outras falcatruas, por suborno do então presidente de Honduras, Osvaldo Lopez Arellano, com 1,25 milhão de dólares (5 milhões em 2010), além de mais 1,25 milhão de dólares prometidos para mais tarde. Investigações posteriores comprovaram que ele também havia "presenteado" o ministro da Fazenda de Honduras, Abraham Ramos, com 2,5 milhões de dólares (10 milhões em 2010) e funcionários de países europeus com 750 mil dólares (3 milhões em 2010). Esses subornos visavam, no caso de Honduras, a perpetuar vantagens como isenção de impostos e outras facilidades para exportações. Na Europa, o objetivo era fraudar os controles aduaneiros.

Em 1989, nova mudança de nome: a United Brands passou a se chamar Chiquita Brands. Em novembro de 2001, mergulhada em dívidas, a empresa pediu concordata, da qual começou a sair um ano depois. Em março de 2007, a Chiquita Brands foi multada em 25 milhões de dólares (26,2 milhões em 2010), como parte de um acordo com o Departamento de Justiça dos Estados Unidos, por causa de ligações com grupos paramilitares colombianos. De acordo com documentos oficiais, entre 1997 e 2004, representantes de uma subsidiária da companhia pagaram 1,7 milhão de dólares (aproximadamente 2 milhões em 2010) ao grupo de extrema-direita Autodefesas Unidas da Colômbia (AUC), para garantir proteção às plantações de banana na Colômbia. Pagamentos semelhantes foram feitos às Forças Armadas Revolucionárias da Colômbia (Farc) e ao Exército de Libertação Nacional (ELN). Os três grupos fazem parte da lista de organizações terroristas do Departamento de Estado.

DITADORES E AMANTES

Os episódios de 1954 são apenas uma breve amostra da violência que sempre marcou a história da Guatemala desde que os espanhóis ali desembarcaram, em 1524, sob o comando de Pedro Alvarado. As primeiras vítimas foram os indígenas de diversas tribos que descendiam dos maias e foram massacrados. Seguiram-se séculos de colonização e exploração, até a independência em 1821, a princípio como parte de uma confederação com os demais países da América Central, da qual a Guatemala se desligou em 1839. Após a independência, o país enfrentou mais de um século de instabilidade política e rebeliões militares. Durante esse período, dezoito ditadores se sucederam no poder, todos dirigindo o país como se fosse uma propriedade particular. A começar pelo primeiro presidente, Rafael Carrera, eleito em 1839 pela Assembleia Nacional. Um dos primeiros decretos que assinou, logo após a posse, tratava da proibição à liberdade de imprensa. Nas mais de duas décadas em que permaneceu no poder (1839-1865, com um intervalo entre 1848-1851), ele impôs um regime no qual era proibida qualquer atividade de oposição. As balas de fuzil eram a resposta a quem tentasse desobedecer. O mesmo valia para os índios que tentavam escapar do trabalho escravo. Além da violência do regime, Carrera ficou conhecido pelo acordo assinado com a Inglaterra que cedia ao domínio inglês o território de Belize, que permaneceu na condição de colônia britânica até 1981, quando proclamou a independência.

Em 1865, como era hábito naqueles tempos em que os governantes acreditavam ser donos também das pessoas, Carrera mandou buscar uma linda jovem, no povoado de Atescatempa, para incluir entre suas amantes. Revoltado, o pai da jovem, José Maria Andrade, conseguiu se aproximar de Carrera como se estivesse feliz por entregar a filha ao ditador. Na primeira oportunidade, o apunhalou. Em represália, o ditador ordenou que ele fosse morto e cortado em quatro partes. Cada pedaço foi colocado em uma das quatro entradas da cidade. Mas o ferimento inflamou e, depois de 40 dias de febre, já com parte do corpo apodrecida, Carrera morreu em 14 de abril de 1865. Daí em diante, seguiu-se uma longa troca de comando de regimes militares até o começo do século XX.

O TIRANO E O NOBEL DE LITERATURA

Nas duas primeiras décadas do século XX, a Guatemala esteve sob o mando do ditador Manuel Estrada Cabrera. Eleito em 1898, ele deveria permanecer no poder até 1905, mas acabou se agarrando à cadeira presidencial, de onde só foi arrancado por um golpe de Estado em 1920. Entre seus feitos, além de amealhar uma grande fortuna pessoal e de declarar feriado nacional o dia de seu aniversário, estava a defesa dos interesses dos Estados Unidos, especialmente da United Fruit. Não bastassem as enormes extensões de terra que já controlava, a empresa foi presenteada por Cabrera com uma concessão para construir e explorar, durante 99 anos, uma ferrovia ligando a capital, Cidade da Guatemala, a Puerto Barrios.

Outra marca do regime de Cabrera era a repressão implacável. Foi pioneiro entre os ditadores no continente na montagem de uma polícia secreta, que prendeu ou assassinou a maior parte dos opositores políticos. A ditadura de Cabrera foi retratada no livro *O senhor presidente*, de Miguel Angel Astúrias, escritor guatemalteco ganhador do Prêmio Nobel de Literatura de 1967.

Após a queda de Cabrera, alguns de seus ministros e assessores foram apedrejados nas ruas e escaparam por pouco da morte por linchamento. A maioria teve de deixar o país. Nos anos seguintes, a troca do poder se deu por golpes militares, até que o general Jorge Ubico foi eleito pelo Partido Liberal, em 1931. Nos 13 anos em que se manteve no poder, Ubico se orgulhava de impor aos índios o menor salário já pago nas plantações do país: o equivalente a um dólar ao mês. Outra de suas realizações foi o cerco ao Congresso por tropas do Exército para obrigar os parlamentares a aprovar uma lei ampliando as concessões de terras para a United Fruit. A empresa já controlava cerca de dois terços da produção agrícola do país quando recebeu o novo presente do ditador. Jamais foi revelado o valor da recompensa. Em 1944, Ubico foi deposto e despachado para o exílio. Uma revolução nacionalista abriu caminho para as eleições livres que conduziram à presidência, democraticamente, o nacionalista Juan José Arévalo, em 1945, e Jacobo Arbenz, em 1951. Após a morte de Castillo Armas, iniciou-se outra sequência de regimes corruptos e eleições fraudulentas.

Em abril de 1963, o presidente Miguel Ydígoras Fuentes foi deposto por um golpe militar. À frente da conspiração estava o ministro da Defesa, Enrique Peralta Azúrdia, que assumiu o poder "pelo bem da nação". Faltava apenas um ano para Ydígoras completar o mandato de seis anos para o qual havia sido eleito. Mas a extrema-direita, com a simpatia dos Estados Unidos, temia o resultado das eleições previstas para 1964. O favorito era o ex-presidente Juan José Arévalo, que deixara uma marca de prosperidade durante seu governo. Embora Arévalo fosse declaradamente anticomunista, os conservadores não o perdoavam por ter concordado com a atuação do Partido Comunista e permitido a eleição de Jacobo Arbenz, em 1951. Por isso, lançaram um golpe preventivo, comandado por Peralta Azúrdia, que ficou três anos no poder e também foi deposto por um golpe de Estado.

PROCURADO PELA JUSTIÇA

Após uma nova onda de regimes militares, Fernando Romeo Lucas García foi eleito em 1978, sob suspeita de fraude. Governou até 1982, quando tentou manipular as eleições para garantir outro mandato e acabou deposto pelo golpe liderado por Efrain Ríos Montt. Procurado pela Justiça espanhola, para responder por crimes de sequestro e assassinato, Lucas García fugiu do país após o golpe, escondendo-se no interior da Venezuela. Ele era apontado como o principal responsável pela invasão da Embaixada da Espanha na Guatemala, em 31 de janeiro de 1980, que terminou com a morte de 36 pessoas. Entre as vítimas estava Vicente Menchú, pai de Rigoberta Menchú, defensora dos direitos humanos na Guatemala e Prêmio Nobel da Paz de 1992. O assalto à embaixada foi comandado por militares e integrantes dos esquadrões da morte, ligados ao governo, que buscavam opositores do regime. Além da invasão, o prédio foi incendiado e os corpos dos opositores que tinham procurado refúgio diplomático foram encontrados calcinados. A Espanha tentou obter a extradição de Lucas García para que fosse julgado pela Justiça espanhola, mas a Venezuela — repetidas vezes — recusou.

Entre 1978 e 1982, professores, estudantes, sindicalistas e políticos sofreram repressão implacável. Uma comissão de direitos humanos da ONU constatou que o governo de Lucas García foi responsável por matanças de opositores e violações sistemáticas de todos os direitos. O documento relata que juízes e advogados eram assassinados ou ameaçados, a fim de impedir a instauração de qualquer processo relacionado com a defesa dos direitos humanos. Senil, com atrofia cerebral parcial, doença venérea crônica e mal de Alzheimer, Lucas García morreu na Venezuela, em 27 de maio de 2006.

Em agosto de 1983, com pouco mais de um ano no poder, Ríos Montt também foi deposto por um golpe. O general Oscar Mejía assumiu com a promessa de restabelecer a democracia. Convocou uma assembleia constituinte e abriu caminho para as eleições de 1985, quando foi eleito o democrata-cristão Vinício Cerezo. Entre seus primeiros atos, Cerezo acabou com a polícia secreta, que era, na prática, um esquadrão da morte. Cerezo conseguiu cumprir seu mandato e, em 1991, transferiu a faixa presidencial a Jorge Serrano. Dois anos depois, Serrano tentou um golpe, para ampliar seus poderes, mas o golpe fracassou e ele acabou sendo expulso do país. Desde então, a Guatemala alcançou um período de estabilidade. Ramiro de Leon Carpio governou entre 1993 e 1996. Seguiram-se três presidentes com mandatos de quatro anos e, em novembro de 2007, foi eleito o social-democrata Álvaro Colom, que tomou posse em janeiro de 2008, para cumprir mandato até 2012.

Durante décadas a CIA manteve um programa de ajuda a militares da Guatemala, voltado, entre outros objetivos, para "apoiar o governo local na guerra contra uma prolongada insurgência camponesa, comandada por esquerdistas", de acordo com a proposta da agência. O setor de inteligência do Exército da Guatemala recebia milhões de dólares anualmente. Esse programa só foi suspenso durante o governo do presidente Bill Clinton (1993-2001). Mas Clinton permitiu a manutenção de outra ajuda, destinada ao combate ao tráfico de drogas. Na época, o Cartel de Cáli, da Colômbia, utilizava a Guatemala como escala para enviar carregamentos de drogas para os Estados Unidos, segundo o governo norte-americano. Ainda sob a administração Clinton, a CIA mantinha um escritório na Cidade da Guatemala e costumava pagar informantes infiltrados em diversos setores.

A prolongada influência política e militar norte-americana, além do fato de, nas primeiras décadas do século XX, ter sido o país um grande produtor de bananas, deram à Guatemala o estigma de *banana republic*, a exemplo de alguns de seus vizinhos. Mesmo décadas depois, quando a produção de café já havia superado em muito a de banana, o peso do estigma ainda era observado.

A Guatemala entrou no século XXI com mais de 60% da população vivendo abaixo da linha de pobreza e um dos piores índices de desenvolvimento humano no continente.

Notas

Dos arquivos da CIA, liberados de acordo com o Freedom of Informaction Act:

1. (2) Doc. 79. Letter From the Ambassador to Guatemala (Peurifoy) to State Departament.

   Guatemala City, December 28, 1953.
   Dear Jack:
   You will have seen my Secret Telegram No. 163 of December 23/2/ in which I recommended certain policies which we believe would create a climate favorable for a change in the Guatemalan Government [...] In this supplementary letter I want to round out those recommendations by stressing the need for the U.S. Government to work actively and quickly to assure that the Guatemalan Government is taken over by elements willing and strong enough to eliminate Communist influence from the Guatemalan political scene when the time comes. [...] and we must then be as sure as possible that elements favorable to our objectives are in the winning position [...] The principal problem now is selecting a force, which should if possible be a Guatemalan force, capable of taking control of the government with our aid.

   Sincerely Yours
   John Peurifoy

2. (2) Doc. 84. Memorandum Prepared in the Central Intelligence Agency

   Washington, January 23, 1954.
   /1/Source: Central Intelligence Agency, Job 79-01025A, Box 151, Folder 5.
   [...] Utilization of all potential personnel, some of which though now unknown, will through organization become "the thousand bee-stings which kill the tiger" which Mao Tse Tung so successfully utilized to overthrow superior forces.
   [...] *Framework of General Planning:*
   A. *The key targets under consideration, those felt necessarily to be controlled to completely insure total success are: Guatemala garrisons and air facilities, (GuatemalaCity); PuertoBarrios port, air facilities and garrison Jutiapa garrison and air facilities; Zacapa garrison and air facilities; Mazatenango, Quezaltenango and Quiche garrisons and air facilities; Cobanair facilities and garrison; San Jose garrison and port facilities.*

[...] *Strike the feasible targets as above, and develop the feasible targets to a point of self-seizure, and block the remaining targets through spotting of saboteur teams along routes of egress from the remaining targets* [...]

(3) *According to a January 30 New York Times article found in Central Intelligence Agency files, the Guatemalan Government charged in a "White Paper" that it had learned of a heavily-financed plot involving Nicaraguan President Somoza plus the Governments of El Salvador, the Dominican Republic, and Venezuela to overthrow the Arbenz regime. "In an apparent allusion to the United States, Guatemala listed the 'Government of the North' among those it accused of endorsing the plot. The Government charged further that the United Fruit Company, a United States-owned concern with large banana plantation holdings in Guatemala, had supplied arms to the plotters."*

(4) De-emphasis:

C. If possible, fabricate big human interest story, like flying saucers, birth sextuplets in remote area to take play away.

3. (5) Doc. 99. Telegram From the Central Intelligence Agency to CIA Stations in [2 places not declassified]

/1/*Source: Central Intelligence Agency, Job 79-01025A, Box 7, Folder 2. Secret; Routine.*

Washington, February 12, 1954, 2054Z.

38175. 1. *Major Alfonso Martinez (Estevez), Director Guatemalan National Agrarian Dept, believed now in Switzerland. Subj was scheduled arrive Amsterdam from Montreal 20 Jan 54 on KLM flight 650. Travelled alone.*

2. Subj aged 30 formerly private secretary to Guat President Jacobo Arbenz. Purpose subject's trip variously reported for:

A. Deposit funds for leading Guat officials

B. Purchase arms for Guat Govt.

3. For [place not declassified]: Request confirmation [less than 1 line of source text not declassified] Amsterdam arrival and check on further planned itinerary. For [place not declassified]: Request check on subject's movements, contacts etc., which would substantiate or disprove either 2A or 2B para 2./2/

/2/Telegram DIR 38178, sent less than 1 hour later, transmitted instructions to plant a story that Martinez had not fled the country but was in Switzerland depositing money in the name of Guatemalan Government leaders, in case Switzerland had to become a safehaven in the event that Arbenz and other leaders had to flee. In addition, Martinez was to be portrayed as an arms buyer, purchasing aircraft and arms for Arbenz. (DIR 38178 [place not declassified], February 12, 2150Z;

4. (6) Doc. 208. Telegram From the CIA Chief of Station in Guatemala to the Central Intelligence Agency/1/

Guatemala City, June 19, 1954, 2042Z.
/1/Source: Central Intelligence Agency, Job 79-01025A, Box 91, Folder 6. Secret;
   6. *We have already missed the moment to bomb, mainly last night. We still have a chance today and tomorrow.*
   7. *Many people have been to see me saying one bomb on palace would do the job.*
   8. *Bomb repeat Bomb.*

5. (7) Doc. 233. Telegram From the Central Intelligence Agency to Operation PBSUCCESS Headquarters in Florida/1/

Washington, June 24, 1954, 2330Z.
/1/Source: Central Intelligence Agency, Job 79-01025A, Box 9, Folder 23. Secret; Immediate. Drafted by Bissell.
   [...] *At the same time the CIA authorized the use of fighters with non-Guatemalan fighter pilots for tactical support missions: "We give this approval reluctantly in view grave security risks inevitably involved and attach greatest importance to phasing out these pilots just as soon as others can be recruited."*
   [...] *Other appropriate target for your consideration: Petroleum storage in Adam. Judging from air photo, tanks are fairly remote from residential areas. Direct hit would produce spectacular results. Destruction petroleum reserves combined with subsequent attacks storage would have paralyzing effect on economic and military activities.*

6. (8) Doc. 243. Memorandum From [name not declassified] of the Central Intelligence Agency to J.C. Esterline of the Central Intelligence Agency/1/

Washington, June 27, 1954.
/1/Source: Central Intelligence Agency, Job 79-01025A, Box 154, Folder 2.
   [...] *Appeal to people that Communist Arbenz has resigned, first victory won and everyone should now join side of liberation movement [...] The government is obviously crumbling and further bloodshed futile. Prepare leaflets for troops in field.*

7. (9) Doc. 252. Memorandum of Telephone Conversation Between Secretary of State John Foster Dulles and Director of Central Intelligence Allen Dulles.

Washington, June 28, 1954, 9:39 a.m.
/1/Source: *Eisenhower Library, John Foster Dulles Papers, General Telephone Conversations, Box 2, A67-28.*
   TELEPHONE CALL TO MR. ALLEN DULLES
   The Sec. asked if there is anything new, and AWD said there are a lot of messages — with several very good ones from Peurifoy [...] They are trying to keep our own forces intact and not get too deeply engaged. They are sending out propaganda to the effect that officers in the field better go home quick or they will be taken. They have superior forces — the other side — and our side must use more air power.
   There may be a bombing attack on the radio. The bombing has been excellent and effective.
   /2/*Among other reasons, the CIA was critical of Diaz for allowing Arbenz to make a farewell broadcast in which he blamed the United States for the crisis and said "US aviators and other mercenaries had unleashed fire and death on civilians." (Telegram 1125 from Guatemala City, June 28, 1954; Central Intelligence Agency, Job 79-01025A, Box 175, Folder 1)*

Nicarágua

Vou garantir a paz neste país a qualquer custo. Ainda que tenha de disparar contra cada homem na Nicarágua para conseguir isso.

Anastasio *Tacho* Somoza

Somoza pode ser um filho da puta, mas é nosso filho da puta.

Franklin D. Roosevelt, presidente dos Estados Unidos
(1933-1945)

UMA HERANÇA DE ÓDIO

Cidade de Leon, Nicarágua, 21 de setembro de 1956.

O ditador Anastácio Tacho *Somoza foi baleado hoje ao chegar a um clube local, onde deveria participar de reunião partidária que iria confirmar sua indicação para mais um mandato à frente do poder na Nicarágua. Um rapaz de 27 anos, Rigoberto López Pérez, armado com um revólver Smith & Wesson, calibre 38, acertou quatro tiros em Somoza, antes de ter o corpo varado por mais de 20 balas disparadas pelos seguranças do ditador.*

Assunção, Paraguai, 18 de setembro de 1980.

O ex-ditador Anastásio *Tachito* Somoza Debayle, deposto em 1979 e expulso da Nicarágua, morreu hoje num atentado na capital paraguaia. Tachito cruzava as ruas estreitas do centro de Assunção a bordo de um Mercedes-Benz. Ao volante, estava o motorista que serviu à família por 35 anos. Um foguete disparado a pequena distância acertou o veículo em cheio. A explosão foi tão forte que pedaços dos corpos ficaram impregnados na lataria do carro.

O pai, Tacho, e o filho, Tachito, tiveram, assim, o encontro com a morte. A mesma morte violenta que ajudaram a espalhar na Nicarágua e nos países vizinhos nas mais de quatro décadas em que dominaram o país como se fosse uma propriedade particular. Tacho não morreu no local. Dwight Eisenhower, presidente dos Estados Unidos (1953-1961), de quem era fiel aliado, desencadeou uma gigantesca operação na tentativa de salvar a vida do ditador. Um helicóptero saiu da base norte-americana no Canal do Panamá e foi a Leon para buscar Somoza. De Washington, partiu um avião levando o cirurgião-chefe do Hospital Walter Reed, um dos mais prestigiados do país, que havia operado o próprio Eisenhower poucos meses antes. Das quatro balas que acertaram Somoza, três não ofereciam perigo, mas uma se alojou na base da espinha. Depois de horas na mesa de operações e de sete dias de esforços da equipe médica, ele não resistiu aos ferimentos e morreu.

Nas palavras do ex-presidente Franklin D. Roosevelt (1933-1945), alguns anos antes: "Somoza pode ser um filho da puta, mas é nosso filho da puta." Dois dos homens que participaram da linha de frente na luta contra o nazifascismo na Europa, Eisenhower e Roosevelt, mais tarde se aliariam a um tirano, em defesa dos interesses norte-americanos na América Central.

Após o atentado, o filho mais velho de Somoza, Luiz Somoza Debayle, assumiu a presidência, enquanto o mais novo, Anastásio *Tachito* Somoza Debayle, tornou-se o novo homem forte do regime, na condição de chefe da Guarda Nacional. Tachito assumiu as investigações sobre a morte do pai. O governo aproveitou o clima criado pelo atentado para acenar com o fantasma do comunismo e pôr na cadeia os inimigos do regime. Milhares de pessoas foram encarceradas, embora se soubesse que o atentado era obra de um rapaz que não tinha qualquer vinculação política. Rigoberto López Pérez era vendedor de discos numa loja de El Salvador e, nas horas vagas, escrevia artigos para um pequeno semanário de província, nos quais destacava "as virtudes de se tornar um mártir". Também não escondia seu ódio contra Somoza, o que era comum na Nicarágua e nos países vizinhos. Depois de duas décadas de ditadura, a família Somoza colecionava inimigos em toda parte. Afinal, o número de pessoas mortas, torturadas, desaparecidas ou atiradas nos cárceres somava dezenas de milhares. Muitas delas pela simples suspeita de oposição ao regime.

Tachito supervisionou, pessoalmente, as sessões de tortura dos presos e a aplicação de um detector de mentiras que havia trazido dos Estados Unidos. Herdara do pai o prazer de participar desse tipo de atividade. Tacho se divertia aplicando choques elétricos nos testículos de suspeitos de atividades contrárias ao regime. Por atividades podia-se entender desde o envolvimento ou simpatia pelo movimento guerrilheiro que fustigava a ditadura até críticas feitas em público, denunciadas por informantes da polícia.

A PAZ DOS CEMITÉRIOS

O clima de revolta contra os Somoza era o resultado natural diante da política de violência que a ditadura impunha desde que Tacho passara a dirigir o país com mão de ferro. O juramento que ele fez quando os fuzileiros navais norte-americanos deixaram a Nicarágua, em 1933, pondo fim a décadas de ocupação, dava a medida do que ele entendia por governar: "Vou garantir a paz neste país a qualquer custo. Ainda que tenha de disparar contra cada homem na Nicarágua para conseguir isso", declarou ao assumir o comando da Guarda Nacional. Mesmo antes de tomar a presidência de seu tio, Juan Bautista Sacasa, o homem de confiança que os americanos haviam deixado no cargo, ele cuidou de esmagar qualquer forma de oposição.

Num clima político como esse, o próprio ditador não parecia surpreso com o atentado que sofrera naquele 21 de setembro de 1956. Ao ser levado para a base norte-americana no Panamá, ele comentou com o embaixador norte-americano em Manágua, Thomas Whelan: "Eles me acertaram, Tommy. Desta vez, eles me acertaram."

O governo vinha enfrentando havia décadas a ação de grupos rebeldes que operavam, principalmente, no interior do país. Brotava novamente, com mais vigor, a semente que Somoza, na condição de chefe da Guarda Nacional, acreditava ter esmagado 23 anos antes, ao ordenar o assassinato de um líder rebelde, Augusto César Sandino.

O último desembarque de tropas norte-americanas na Nicarágua havia se iniciado em 1925 — na prática, os Estados Unidos ocupavam o país desde 1912, com alguns intervalos — com o objetivo de ajudar o governo a enfrentar uma rebelião comandada por Sandino. Com uma pequena e malarmada força rebelde, Sandino resistiu durante oito anos aos fuzileiros navais, que tinham apoio aéreo e naval, além de um enorme poder de fogo. Em 1933, confiando nas promessas de paz do presidente Juan Bautista Sacasa, Sandino aceitou um cessar-fogo depois que as forças norte-americanas se retiraram. Ao deixar o palácio presidencial, onde haviam participado de reunião convocada pelo governo para selar a paz, Sandino e dois companheiros foram detidos por pistoleiros que agiam a mando de Somoza e levados para uma base militar, onde foram assassinados.

GOLPE EM FAMÍLIA

O assassinato provocou uma onda de indignação no país, e o próprio presidente Sacasa condenou o crime. Irritado com o presidente, que considerava muito tolerante com a oposição, Somoza assumiu poderes cada vez maiores no governo, até forçar a renúncia definitiva de Sacasa, em junho de 1936. Em dezembro daquele ano, Somoza foi eleito presidente pelo Partido Liberal Nacionalista, pela surpreendente contagem de 107.201 votos a 108. Daí em diante, governou por mais de duas décadas, sempre "reeleito" por maiorias esmagadoras. O regime era uma ditadura, mas alguns partidos políticos eram tolerados, desde que se comportassem, evitando qualquer tipo de contestação. Desse modo, havia uma fachada democrática, para consumo externo. Afinal, representantes do governo Somoza, inclusive ministros, eram frequentadores assíduos de recepções em Washington, onde brindavam com a nata do Congresso e até mesmo da Casa Branca. Era preciso garantir as aparências.

Além de silenciar a oposição e a imprensa, Somoza aproveitou para acumular uma enorme fortuna pessoal. Ao morrer, em 1956, seus bens eram avaliados em 60 milhões de dólares (481 milhões em 2010) enquanto o PIB da Nicarágua era de 40 milhões de dólares (320,5 milhões em 2010). A família era dona de 10% das terras produtivas e controlava a maior parte do comércio e da produção de cimento, bebidas alcoólicas, têxteis e açúcar, além dos transporte aéreo. Também era a principal fornecedora de produtos para o governo. As poucas estradas e avenidas do país eram construídas para levar às propriedades de Somoza. Quando os amigos mais próximos faziam brincadeiras a respeito do alcance do controle da família, ele respondia: "Se estivesse no meu lugar, você faria o mesmo."

Gordo, suarento, de rosto redondo e papada, Tacho era um homem vaidoso. Orgulhava-se de sua pontaria com armas de fogo, gostava de dançar e de jogar baralho. Um de seus maiores prazeres era vencer o embaixador norte-americano, Thomas Whelan, no pôquer. Bailava todos os ritmos do Caribe e, no dia em que foi baleado, tinha acabado de ensaiar passos de chá-chá-chá, na festa organizada em sua homenagem. Quando jovem, estudou nos Estados Unidos, mas não chegou a cursar a Academia Militar de West Point — que forma a elite militar norte-americana — como seu filho, Tachito.

Terminada a era Tacho, era chegada a vez dos filhos, como em uma monarquia. Luiz Somoza, ex-aluno das universidades norte-americanas da Califórnia e de Maryland, não tinha vocação para ditador. Relaxou a censura à imprensa e chegou a falar em eleições livres, para espanto de seu irmão Tachito. Mas Luiz jamais conseguiu cumprir suas promessas. Na condição de chefe da Guarda Nacional, Tachito era quem de fato mandava no país. Após a morte do irmão, de ataque cardíaco, em 1967, ele tratou de acabar rapidamente com as poucas liberdades concedidas por Luiz. Retomou o controle da imprensa e impôs novas restrições aos partidos de oposição.

Nas eleições de 1967, que deveriam apenas referendar seu nome para a presidência, a fraude foi tão grosseira que chegou a ser relatada em documentos da Agência Central de Inteligência dos Estados Unidos, parceira inseparável do regime. A CIA utilizava o território nicaraguense para operações em países vizinhos, entre eles a Guatemala. Em apenas um dos choques entre a Guarda Nacional e opositores do regime, antes das eleições de 1967, sessenta pessoas foram mortas a tiros ou por espancamento.

Em 23 de dezembro de 1972, um terremoto arrasou a capital, Manágua. Matou 10 mil pessoas e deixou dezenas de milhares de desabrigados. A lei marcial foi declarada, e Tachito passou a acumular a função de chefe do Comitê Nacional de Emergência, formado para coordenar a ajuda às vítimas. Os Estados Unidos e países da Europa Ocidental enviaram milhões de dólares para a reconstrução da cidade, mas a maior parte desse dinheiro foi parar em contas bancárias dos Somoza e de seus partidários em bancos estrangeiros. Esse fato foi o primeiro da longa série que precipitou o fim da ditadura. Durante décadas, a família se sustentou no poder graças ao apoio dos Estados Unidos, que viam naquele regime um importante aliado contra a suposta ameaça comunista na região e na defesa dos interesses econômicos norte-americanos. Mas o escândalo do desvio da ajuda internacional minou o apoio de Washington.

Em 1974, Somoza foi "reeleito" para mais um mandato, depois que declarou ilegais todos os nove partidos da oposição. A manipulação escandalosa chamou a atenção até da Igreja Católica, além de despertar o interesse de grupos internacionais de defesa dos direitos humanos. Ao mesmo tempo, a guerrilha, que continuava atuando no campo, se sentiu fortalecida e lançou seu primeiro ataque na capital, Manágua.

Aconteceu em 27 de dezembro de 1974. A Frente Sandinista de Libertação Nacional (FSLN) invadiu uma residência e sequestrou um grupo de oficiais militares e civis ligados ao governo, alguns deles parentes de Somoza. Três dias depois, com a mediação do arcebispo de Manágua, dom Miguel Obando y Bravo, o governo foi obrigado a aceitar um acordo que significou uma séria humilhação. Somoza concordou em pagar um resgate de 1 milhão de dólares (4,4 milhões em 2010) e permitiu a divulgação de comunicado da FSLN no rádio e no jornal *La Prensa*. O governo também teve de libertar 14 guerrilheiros, autorizados a viajar para Cuba com os sequestradores.

Se a ação resultou numa vitória para a guerrilha, o preço pago foi alto. A ditadura tinha sede de vingança. A Guarda Nacional deu início a uma caçada contra estudantes, professores, religiosos e políticos. Das prisões, ecoavam os gritos dos torturados. Nunca se saberá quantos morreram nos cárceres. A ditadura impedia qualquer levantamento sobre o número de pessoas presas e o destino delas. A imprensa amordaçada não tinha condições de apurar e as organizações de direitos humanos nem mesmo podiam entrar no país.

Somoza impôs o estado de sítio e intensificou a ofensiva contra a guerrilha. Em menos de um ano, dizimou as fileiras rebeldes, graças, em grande parte, à delação arrancada de camponeses à custa de torturas ou ameaças de morte a seus parentes. Os trabalhadores eram capturados e obrigados a revelar posições da guerrilha no interior do país. Um dos que tombaram nesse combate foi José Carlos Fonseca Amador, fundador da FSLN.

Inspirada no movimento rebelde lançado na década de 1920 por Augusto César Sandino, a Frente Sandinista de Libertação Nacional foi criada em 1961. Além de José Carlos Fonseca Amador, participaram da fundação Silvio Mayorga e Tomás Borge Martinez. Muitos dos primeiros combatentes foram presos. Borge passou vários anos nas prisões da ditadura. Fonseca amargou o exílio durante anos no México, em Cuba e na Costa Rica. Com apenas vinte integrantes no começo dos anos 1960, a FSLN cresceu ao longo dos anos e, no início da década de 1970, conquistou apoio suficiente no campo e nas cidades para lançar as primeiras operações militares. Nos primeiros anos, essas ações se constituíram, principalmente, de ataques isolados contra posições da Guarda Nacional em cidades do interior.

No fim de 1975, a FSLN estava dividida em três facções principais: uma de inspiração marxista, chamada Facção Proletária, chefiada por Jaime Wheelock; outra maoista, chamada Guerra Prolongada, liderada por Tomás Borge; e outra mais pragmática, chamada Terceira Via, defensora da pluralidade ideológica, comandada pelos irmãos Daniel e Humberto Ortega.

Em 10 de janeiro de 1978, pistoleiros assassinaram o jornalista Pedro Chamorro, diretor do jornal *La Prensa*, de Manágua, que fazia oposição ao regime, dentro do que era tolerado pela censura. O assassinato de Chamorro desencadeou uma onda de protestos internos e no exterior. O regime estava desmoronando e perdia também o reduzido apoio externo.

O presidente Jimmy Carter (1977-1981) suspendeu o apoio econômico e condicionou o reinício da ajuda à melhoria na situação dos direitos humanos. Carter havia recebido informações de observadores internacionais, que denunciavam as violações e relembravam o escândalo do desvio da ajuda às vítimas do terremoto de 1972.

Em 22 de agosto de 1978, um grupo ligado à Terceira Via, liderado por Edén Pastora, conhecido como Comandante Zero, ocupou o Palácio Nacional e tomou 2 mil funcionários do governo e parlamentares como reféns. A mediação coube ao arcebispo de Manágua, dom Miguel Obando y Bravo, e aos embaixadores do Panamá e da Costa Rica. Dois dias depois, mais uma derrota estrondosa para o governo. Somoza teve de ordenar a libertação de 60 guerrilheiros da FSLN, autorizar a divulgação de comunicado da frente, pagar um resgate de 500 mil de dólares (1,6 milhão em 2010) e fornecer salvo-conduto para que os sequestradores e o grupo libertado viajassem para o Panamá e a Venezuela. A ação humilhou mais uma vez a ditadura e estimulou a oposição.

O TIRO FATAL

Em 20 de junho de 1979, o jornalista Bill Stewart, da rede de televisão norte-americana ABC, retornava com sua equipe de uma cobertura fora de Manágua. Ele se dirigia ao Hotel Intercontinental, uma espécie de quartel-general dos correspondentes estrangeiros na cidade. No bairro de Reguero, na periferia da capital, a equipe teve de parar numa barreira da Guarda Nacional. Stewart desceu do veículo, onde se lia *Foreign Press*, com a credencial de imprensa numa das mãos e uma bandeira branca na outra. "*No spanish, no spanish, periodista*", disse para um soldado. O militar ignorou a tentativa de diálogo e ordenou que ele se ajoelhasse. "*Ponte de rodillas, hijo de puta, ponte de rodillas.*" Em seguida, deu um chute nas costas do jornalista, que gritou de dor. Stewart ainda tentou se comunicar, mas não adiantou. O soldado tomou distância, apontou o fuzil M16 para a nuca do jornalista e disparou. Stewart, de 37 anos, tombou morto. A poucos metros, também era alvejado e morto o intérprete, Francisco Espinoza.

Os soldados não perceberam que, do banco traseiro da van, o cinegrafista que acompanhava Stewart tinha filmado tudo. A ditadura tentou censurar a notícia, mas seus agentes não imaginavam que, pouco depois do assassinato, as imagens tinham sido transmitidas para os Estados Unidos de um quarto do Hotel Intercontinental. Naquela noite, a cena do soldado disparando contra o repórter pelas costas ocupou todos os noticiários das redes de televisão norte-americanas e chocou o país. No dia seguinte, a foto estava estampada na primeira página de todos os grandes jornais. Estava selado o destino da ditadura.

NICARÁGUA

Em 17 de julho de 1979, menos de um mês após o assassinato de Bill Stewart, Somoza renunciou e deixou o país, dizendo-se vítima de uma "conspiração comunista". Dois dias depois, as forças da FSLN entraram triunfalmente em Manágua. Era a vitória contra uma ditadura que sufocara o país durante quatro décadas. Nesse período, a dinastia Somoza deixou mais de 50 mil mortos, milhares de desaparecidos e exilados. Quando Tachito foi derrubado, os negócios da família controlavam mais de metade de tudo que era produzido ou vendido no país. O restante estava dividido entre empresas que pagavam taxa de proteção para operar.

Tachito viajou primeiro para Miami, mas os Estados Unidos não o queriam lá. O governo norte-americano tratou de livrar-se rapidamente do hóspede incômodo. Tachito acabou indo parar em Assunção, no Paraguai, único país que lhe concedeu asilo, mas com restrições. Para surpresa geral, o próprio Alfredo Stroessner, catedrático nas artes da tirania, não queria aquele visitante e evitava aparecer em público ao lado dele. Somoza passou a vagar pelas poucas embaixadas de Assunção que concordavam em recebê-lo, à espera de que outro país o aceitasse. Mas a morte já havia marcado um encontro com ele.

Assim que a comitiva desembarcou em Assunção, integrantes de um comando guerrilheiro do Exército Revolucionário do Povo (ERP), organização de extrema-esquerda que atuara contra a ditadura militar na Argentina, passaram a seguir os passos de Tachito. O grupo estava decidido a lhe aplicar o que chamava de "justiçamento", por conta dos crimes cometidos ao longo de décadas. Naquele 18 de setembro de 1980 — no mesmo mês em que o pai havia sido abatido a tiros, 24 anos antes —, o comando estava à espreita numa casa alugada, no centro de Assunção. Quando o Mercedes-Benz de Somoza se aproximou, um lança-foguetes de fabricação chinesa foi acionado. O disparo foi certeiro. As equipes de socorro revelaram que o impacto foi tão violento que só restaram pedaços dos corpos. Certas partes se fundiram com a lataria.

O chefe do comando era o argentino Enrique Gorriarán Merlo. O planejamento do ataque e a operação são descritos pelo próprio Gorriarán em seu livro *Memorias*.

Pouco antes de sua morte, Tachito também havia publicado um livro de memórias, intitulado *Nicarágua traída*, no qual responsabilizava o presidente Jimmy Carter, dos Estados Unidos, por sua queda. Ponto para Carter.

Após a queda da ditadura, os desafios que aguardavam os sandinistas eram gigantescos. Eles herdaram um país em ruínas. Havia escassez de alimentos, combustíveis e remédios. A agricultura estava paralisada por conta da luta no campo e das dificuldades de produção, colheita e transporte. Milhares de pessoas estavam desabrigadas no campo e nas cidades. Apesar de todas as dificuldades, o clima nas ruas era de alívio e esperança. A Junta de Governo que assumiu o poder tinha cinco integrantes: Daniel Ortega, da FSLN; Moisés Hassan Morales, da Frente Patriótica Nacional (FPN); Sergio Ramírez, do chamado Grupo dos Doze, uma agremiação multipartidária; Alfonso Robelo, do Movimento Democrático Nicaraguense (MDN); e Violeta Chamorro, viúva do editor do jornal *La Prensa*, Pedro Chamorro, assassinado em 1978.

O governo iniciou um programa de reforma agrária, que começou pela desapropriação de 2 mil fazendas pertencentes à família Somoza e seus aliados. A ajuda internacional começou a chegar. Organizações humanitárias tratavam de criar condições de atendimento à população, para o combate às doenças e à fome.

No plano político, a junta aprovou o Estatuto da República, que aboliu a Constituição e as principais instituições, como o Executivo, o Legislativo e os tribunais, todos contaminados pelo câncer da ditadura. A junta passou a governar por decreto, com poderes excepcionais. Em maio de 1980, foi criado o Conselho de Estado, que somava funções do Legislativo e do Executivo. As decisões desse conselho eram submetidas à aprovação da junta, que tinha poder de veto.

Cedo se comprovou que as diferenças ideológicas entre os cinco integrantes da junta eram maiores do que se procurava acreditar. As divergências não demoraram a aflorar, e Violeta Chamorro foi a primeira a renunciar. Em seguida, Alfonso Robelo, político de perfil moderado, também deixou o grupo. Em 1983, a junta se transformou em triunvirato, comandado por Daniel Ortega. O Conselho de Estado foi ampliado para 33 integrantes, que representavam os grupos políticos em atuação no país. Em seguida, o número passou para 47. A FSLN tinha o maior número de cadeiras: 24. Os partidos de centro e os conservadores se queixavam de que eram alijados das decisões.

A ausência de instituições consolidadas no Executivo, Legislativo e Judiciário levou o regime a cair na tentação totalitária. O primeiro sinal foi a criação de comandos de bairro, denominados Comitês de Defesa Sandinista, inspirados nos Comitês de Defesa da Revolução, de Cuba. Oficialmente, a tarefa desses grupos era divulgar informações de interesse do governo e cuidar da distribuição de alimentos racionados. Mas seus integrantes logo passaram a vigiar supostos dissidentes. Qualquer discordância passou a ser confundida com ofensa ao regime. Menos de um ano depois de assumir o poder, os sandinistas já haviam aparelhado toda a máquina administrativa do Estado. As milícias armadas e os integrantes dos comitês somavam cerca de 250 mil membros.

Entre o fim de 1979 e 1980, o presidente Jimmy Carter, dos Estados Unidos, fez várias tentativas de aproximação com o regime sandinista, mas ele exigia eleições livres em curto prazo, o que o governo não estava disposto a oferecer. Era uma cartada decisiva para os sandinistas, que não souberam aproveitá-la. Carter perdeu as eleições de 1980 para os republicanos. Quando Ronald Reagan assumiu a presidência, em janeiro de 1981, as relações entre Estados Unidos e Nicarágua se deterioraram rapidamente. Os republicanos se assustavam com a orientação de esquerda do regime sandinista. Reagan lançou uma campanha para isolar a Nicarágua e acusou os sandinistas de formar um eixo comunista, aliando-se a Cuba e à União Soviética. Os norte-americanos também acusaram a Nicarágua de fornecer armas para a guerrilha de El Salvador. Com base nessas denúncias, Reagan suspendeu a ajuda econômica à Nicarágua em 23 de janeiro de 1981, três dias depois de assumir a presidência. Daí para o apoio financeiro e estratégico aos rebeldes que atuavam na fronteira de Honduras foi um passo.

O Congresso norte-americano liberou, inicialmente, 19 milhões de dólares (45 milhões em 2010) para financiar os rebeldes, conhecidos como "contras", numa abreviação de contrarrevolucionários. Esses grupos eram formados por ex-integrantes da Guarda Nacional, de Somoza, e, por isso, atraíam forte antipatia da população e de parte da comunidade internacional. Isso não impediu que o governo de Honduras, ansioso por servir aos interesses dos Estados Unidos, cedesse seu território como ponta de lança para invadir o país vizinho. No fim de 1981, a ofensiva contra os sandinistas já alcançava várias frentes, graças ao apoio norte-americano. A CIA coordenava a entrega da ajuda militar aos rebeldes e seus conselheiros indicavam os pontos a serem atingidos como parte da escalada para destruir alvos estratégicos e minar a já empobrecida economia nicaraguense. Se não podia aplicar o *Big Stick* de Theodore Roosevelt diretamente, Reagan armava quem estivesse disposto a fazê-lo.

TRABALHO SUJO

Ao desencadear a operação para derrubada do regime sandinista, os Estados Unidos contaram, inicialmente, com a boa vontade do governo de Honduras, além dos ex-integrantes da Guarda Nacional de Somoza. Mas uma terceira força iria se juntar às atividades da CIA na região. Militares argentinos decidiram entrar na luta, por razões ideológicas. Em novembro de 1981, o então comandante do Exército argentino, general Leopoldo Galtieri — que mais tarde viria a ganhar fama como ditador e cérebro da fracassada invasão das Malvinas —, cuidou pessoalmente de acertar com agentes da CIA a participação de militares argentinos na conspiração contra a Nicarágua. Os argentinos se diziam interessados em lutar, onde fosse necessário, para eliminar o que consideravam ameaça comunista no continente. A princípio, eram movidos pela sede de vingança contra os sandinistas, que haviam abrigado inúmeros militantes esquerdistas que fugiam da ditadura. Ficou acertado que os argentinos receberiam dinheiro da CIA para financiar o treinamento dos rebeldes direitistas nicaraguenses e operações de sabotagem.

Mas os norte-americanos logo viriam a enfrentar problemas com esses aliados. Primeiro porque os argentinos não aceitavam ordens. Esperavam que a CIA entrasse com o dinheiro e deixasse o restante por conta deles. Acontece que até mesmo no serviço secreto norte-americano havia restrições aos métodos usados pelos argentinos. Eles matavam civis desarmados sem qualquer motivo, o que provocava revolta na população. Além disso, ficou comprovado que boa parte do dinheiro da CIA ia parar no bolso dos argentinos. A parceria foi reduzida e mais tarde se transformou numa fonte de rancor quando a Argentina invadiu as Malvinas e o governo Reagan ficou ao lado de Margaret Thatcher, então primeira-ministra da Grã-Bretanha.

Pós-graduados em violência na escola da ditadura de Somoza, já que eram, em sua maioria, ex-integrantes da Guarda Nacional, os "contras" fugiam do combate frontal contra o exército sandinista. Preferiam atacar civis, violentar mulheres e praticar sequestros para obter resgates. Cometiam assassinatos e torturas. Explodiam pontes, destruíam linhas de transmissão de energia e usinas. Invadiam propriedades agrícolas, arrasavam plantações e incendiavam os armazéns onde estavam as colheitas. Também atacavam escolas, cooperativas agrícolas e hospitais. Os abusos foram comprovados por organizações como a Human Rights Watch e a Witness For Peace.

O conflito entre os "contras" e as forças sandinistas durou nove anos. No fim, o número de mortos e desaparecidos chegava perto de 60 mil, além dos prejuízos, que somavam dezenas de milhões de dólares em propriedades e infraestrutura arrasadas. Essa associação para a violência entre os rebeldes e a CIA só acabou por conta de uma reação do Congresso norte-americano relacionada com o uso do dinheiro dos contribuintes. Enquanto os relatos tratavam de violações dos direitos humanos, deputados e senadores fechavam olhos e ouvidos para as denúncias, agarrando-se à crença de que era preciso derrubar um perigoso inimigo comunista no quintal dos Estados Unidos. De sua parte, os sandinistas também não ajudavam muito na solução da crise, ao rechear seus discursos com retórica marxista.

TRÁFICO DE DROGAS

A descoberta de que a ajuda norte-americana estava sendo utilizada de forma inusitada abalou os setores conservadores do Congresso. Os pilotos mercenários, contratados pela CIA para levar armas e munição para os "contras", tinham resolvido multiplicar, em muito, seus ganhos. Os aparelhos saíam de uma base em Mena, no Arkansas, e entregavam o armamento aos rebeldes em território de Honduras, fronteira com a Nicarágua. A princípio, os aviões retornavam vazios aos Estados Unidos. Mas logo os pilotos descobriram que podiam fazer fortuna transportando cocaína para o território norte-americano, com salvo-conduto da CIA. Essa notícia acordou os sonolentos congressistas. Afinal, se o país gastava centenas de milhões de dólares em programas de combate às drogas, não poderia ajudar a financiar o tráfico.

A primeira tentativa do Congresso norte-americano de suspender a ajuda aos "contras" ocorreu em dezembro de 1982, quando foi aprovada emenda proibindo esse tipo de apoio. Não adiantou. Os serviços secretos continuaram agindo, sob proteção da Casa Branca, utilizando meios indiretos para fazer chegar as armas aos rebeldes. Em 1984, o Congresso fez outra tentativa: proibiu o Departamento de Defesa (Pentágono), a CIA e qualquer outro órgão do governo norte-americano de envolvimento nesse tipo de ação. Mais uma vez Reagan ignorou a decisão do Legislativo. Funcionários dos serviços secretos e militares continuaram fornecendo ajuda em dinheiro e armas aos rebeldes, por meio de terceiros. Essa etapa culminou com o escândalo Irã-Contras, entre 1986 e 1987.

Agentes da CIA e militares, liderados pelo coronel Oliver North, promoviam a venda de armas para o Irã, violando o embargo existente a esse tipo de comércio com o país dos aiatolás. O dinheiro resultante das vendas era destinado ao financiamento da luta dos rebeldes nicaraguenses. Por conta dessas atividades, representantes da CIA chegaram a ser interrogados no Congresso por suposta lavagem de dinheiro e envolvimento com instituições bancárias do Oriente Médio que tinham ligações com traficantes de armas e drogas. Em fevereiro de 1988, a Câmara de Representantes dos Estados Unidos rejeitou proposta de ajuda de 36 milhões de dólares (66 milhões em 2010) para os "contras", feita pelo governo Reagan. Em março, por conta do corte na ajuda dos Estados Unidos, os rebeldes aceitaram um cessar-fogo com os sandinistas, negociado pela Costa Rica. Em fevereiro de 1989, o acordo evoluiu para uma negociação que estabelecia o desarmamento dos "contras" e sua reintegração à vida civil e política na Nicarágua. O tratado também previa a realização de eleições livres, sob supervisão internacional.

As primeiras eleições gerais sob o regime sandinista tinham sido realizadas quatro anos antes, em meio ao conflito interno. Em novembro de 1984, os sandinistas venceram as eleições para a presidência, com Daniel Ortega, e também ficaram com a maioria das cadeiras no Legislativo. Mas o resultado foi questionado pela oposição, cujos candidatos haviam se retirado do pleito, denunciando pressões e ameaças por parte dos sandinistas.

Nas eleições de 1990, os sandinistas iriam enfrentar o verdadeiro teste nas urnas, após uma década no comando do país. Nesse período, tinham mostrado despreparo para vencer os enormes obstáculos enfrentados na luta contra o subdesenvolvimento. A guerra interna prejudicou a tarefa de administrar o país. Mas o fato é que não houve avanços significativos na eliminação da miséria, nem mesmo com a ajuda de milhões de dólares recebida de organizações internacionais.

A oposição venceu as eleições realizadas em 25 de fevereiro de 1990. Violeta Chamorro, ex-integrante da primeira junta de governo sandinista, foi eleita presidente da Nicarágua. À frente de uma aliança de partidos liberais e conservadores, denominada União Nacional Oposicionista (UNO), ela derrotou o líder sandinista Daniel Ortega.

Essa não seria a única derrota de Daniel Ortega em eleições presidenciais como candidato da FSLN. Em novembro de 1996, ele perdeu para o candidato conservador Arnoldo Alemán (1997-2002), que assumiu prometendo recuperar a economia, mas deixou o governo sob a acusação de ter desviado 100 milhões de dólares (121 milhões em 2010) dos cofres públicos. Em 2003, Alemán foi condenado a 20 anos de prisão por lavagem de dinheiro e fraudes financeiras, mas conseguiu transformar a sentença em prisão domiciliar, que passou a cumprir no aconchego de sua fazenda no interior do país. Afinal, o Partido Liberal Constitucionalista (PLC) ajudou a dar sustentação política a Ortega no Legislativo e integrou o Conselho Supremo Eleitoral, utilizado pelos sandinistas para barrar o surgimento de novas lideranças políticas. Mesmo tendo deixado o governo sob suspeita de corrupção, Alemán ainda conseguiu fazer o sucessor, Enrique Bolaños, eleito pelo PLC, em novembro de 2001.

ESTUPRO DA ENTEADA

Em novembro de 2006, os nicaraguenses elegeram Daniel Ortega, mais uma vez, para um mandato até 2012. Dessa vez, ele tentou se apresentar como um novo homem. Fez um discurso de paz e amor, mas nos bastidores buscou apoio de figuras como o ex-presidente Arnoldo Alemán. Assim que assumiu o poder, Ortega tornou-se um fiel aliado de Hugo Chávez, de quem adotou a cartilha política, numa aliança estimulada pelos petrodólares fornecidos pela Venezuela.

Nem mesmo a denúncia de que abusou sexualmente de uma enteada, Zoilamerica Narváez, abalou a carreira política ou impediu a reeleição de Daniel Ortega. Em junho de 1998, Zoilamerica revelou ter sofrido abusos sexuais, que começaram quando ela tinha apenas 11 anos e Ortega, então líder da guerrilha sandinista, no início dos anos 1980, já estava morando com a mãe dela, Rosario Murillo. Zoilamerica disse ter demorado mais de 20 anos para fazer a denúncia porque a princípio era convencida de que, ao se submeter aos desejos sexuais de um chefe rebelde, estava "servindo à causa da guerrilha". Mais tarde, essa proposta ideológica foi substituída por ameaças e advertências de que, se denunciasse, estaria contribuindo para desestabilizar o regime.

Rosario, que passou a acumular vários cargos no governo, não apoiou a filha. A imprensa de Manágua dizia que ela trocava o silêncio pelas vantagens do poder. Ortega, inicialmente, se escondeu atrás da imunidade parlamentar, já que era deputado quando a denúncia veio a público. Depois, desmentiu as acusações, por intermédio de seus advogados, afirmando ter sido vítima de uma conspiração. Os tribunais nicaraguenses, controlados pelos sandinistas, depois de concederem toda espécie de protelações ao processo, acabaram absolvendo Ortega, o que levou Zoilamerica a recorrer à Comissão Interamericana de Direitos Humanos da OEA, com sede em Washington.

Nas eleições regionais de novembro de 2008, em meio a denúncias de fraudes, a Frente Sandinista de Libertação Nacional ganhou em 105 das 146 prefeituras do país, incluindo Manágua. A FSLN também obteve o controle de 13 das 16 capitais de província, enquanto o Partido Liberal Constitucionalista ficou com 37 prefeituras e as três capitais restantes. A oposição denunciou que muitas mesas de votação eram presididas pelos próprios representantes da FSLN, que não permitiam a presença do Conselho Eleitoral. Além disso, a votação foi encerrada mais cedo em áreas onde os sandinistas não tinham maioria nas pesquisas. A FSLN também impediu a recontagem dos votos na presença de observadores internacionais. Críticos do governo, como a ex-guerrilheira Dora Maria Téllez, denunciaram a ocorrência de uma "gigantesca fraude" eleitoral. As suspeitas levaram vários países da Europa a suspender a ajuda econômica ao país.

Decidido a não abrir mão do poder, Ortega utilizou sua influência junto à Corte Suprema de Justiça — ele nomeou a maioria dos juízes — para anular, em outubro de 2009, a lei que proíbe a reeleição, abrindo caminho para tentar mais um mandato presidencial. Três décadas após a renovação sandinista, a Nicarágua mantinha-se estacionada entre os países mais pobres do continente, com mais de metade da população vivendo abaixo da linha de pobreza.

CHILE

A democracia carrega em seu ventre a semente da própria destruição. Há um ditado que diz que a democracia precisa ser banhada, ocasionalmente, em sangue para que continue sendo democracia. Felizmente, esse não é nosso caso. Derramamos apenas algumas gotas.

General Augusto Pinochet, em entrevista concedida duas semanas após o golpe de 11 de setembro de 1973

A ERA DA ESCURIDÃO

Uma das páginas mais tristes na história da imprensa na América Latina foi escrita pelo jornal *El Mercurio*, do Chile, antes e depois da eleição do presidente Salvador Allende, em 15 de setembro de 1970. O jornal recebeu dinheiro diretamente da CIA para adaptar sua linha editorial aos interesses dos Estados Unidos, conforme comprovam documentos oficiais americanos. Os documentos apontam até as datas e as quantias transferidas em alguns desses pagamentos: 700 mil de dólares (3,8 milhões em 2010) em 9 de setembro de 1971, e 965 mil de dólares (5 milhões em 2010) em 11 de abril de 1972. Além desses, a CIA confirma ter feito outros pagamentos não detalhados — os nomes foram preservados — a jornais, emissoras de rádio, revistas e agências de notícias.

No caso do *El Mercurio*, não foi apenas a direção do jornal que recebeu o dinheiro do serviço secreto norte-americano. Jornalistas também eram pagos pela agência para escrever artigos e editoriais contra Allende, a favor da política externa dos Estados Unidos em todo o mundo e contra os países do antigo bloco soviético. Os documentos do governo norte-americano afirmam que essa "contribuição" da imprensa foi decisiva para preparar o clima político no país para o golpe militar de 1973, que derrubou o governo constitucional de Allende.

As informações completas sobre o envolvimento dos Estados Unidos nos assuntos internos do Chile, entre 1963 e 1973, constam do relatório de um comitê de investigação do Senado norte-americano, presidido pelo democrata de Idaho, Frank Church, e divulgado pelo Departamento de Estado com base no Freedom of Information Act. O documento, intitulado *Church Report*, apresenta, entre outras, a seguinte questão:

— *O que a verba secreta da CIA comprou no Chile?*

Resposta: Financiou uma série de atividades encobertas, que vão da simples manipulação da imprensa ao financiamento em larga escala dos partidos políticos chilenos, de pesquisas de opinião pública a tentativas diretas de fomentar um golpe militar.

(*What did covert CIA money buy in Chile? It financed activities covering a broad spectrum, from simple propaganda manipulation of the press to large-scale support for Chilean political parties, from public opinion polls to direct attempts to foment a military coup*).

De acordo com os registros oficiais, a atuação da CIA no Chile foi intensa entre 1963 e 1973. Nesse período, a agência distribuiu milhões de dólares entre partidos políticos, principalmente a democracia-cristã, a imprensa, organizações sociais e até empresas norte-americanas. Uma delas, a antiga International Telephone and Telegraph (ITT), repassava fundos da CIA a outros setores, com fins políticos.

A tabela seguinte, que consta dos arquivos do Departamento de Estado norte-americano, indica a distribuição das verbas:

TABELA I — Despesas com ações secretas no Chile (em dólares).

Técnicas	Quantia
Propaganda para eleições e outras ajudas aos partidos políticos	8,000,000
Produzir e divulgar propaganda e apoiar a mídia	4,300,000
Influenciar as instituições chilenas de trabalhadores, estudantes, camponeses e mulheres, e apoiar organizações do setor privado	900,000
Promover golpe de Estado	200,000

Fonte: *Departamento de Estado*.

A tabela relaciona despesas com as chamadas "operações encobertas", que incluem o apoio financeiro a partidos políticos, a distribuição de verbas para os meios de comunicação, organizações sindicais, estudantis e outras, além do apoio a setores envolvidos na preparação do golpe de Estado. O total de gastos no período de dez anos, de acordo com a tabela, é de 13,4 milhões de dólares (cerca de 66 milhões em 2010).

A campanha desencadeada pela CIA junto aos partidos políticos chilenos e à imprensa nos anos 1960 e 1970 representa uma das mais profundas interferências na vida política de um país já registradas na história do continente. Entre as inúmeras denúncias de envolvimento da CIA em atividades de desestabilização de governos na América Latina, poucas foram comprovadas de forma tão explícita. Documentos oficiais do Departamento de Estado dão a exata medida desse envolvimento, relacionando pagamentos feitos diretamente a *El Mercurio* e destacando o papel desempenhado pelo jornal e por outros meios de comunicação no golpe contra Allende.[1]

O chamado Comitê 40, mencionado em texto oficial como responsável pela liberação da verba, era um grupo de trabalho formado — por ordem direta do presidente Richard Nixon — por representantes da CIA, do Departamento de Estado e da Casa Branca, incluindo o então assessor para Assuntos de Segurança Nacional, Henry Kissinger. O texto confirma a atuação da CIA nas eleições de 1964 e revela que 2,6 milhões de dólares (8 milhões em 2010) foram gastos para ajudar a eleger o candidato da democracia-cristã, como forma de evitar a eleição de Allende.[2] Mais de metade da campanha do PDC foi financiada pelos Estados Unidos. De acordo com a versão oficial, o candidato Eduardo Frei Montalva (1964-1970) não sabia da procedência desses fundos.

Nas eleições legislativas de 1965, a CIA apoiou diversos candidatos, escolhidos pelo embaixador norte-americano e pela "estação", o termo usado nos documentos para se referir ao escritório da agência no país. Eles receberam 175 mil dólares (1,2 milhão em 2010).[3] As operações da CIA nas eleições de 1970 incluíam a produção e distribuição de material impresso de propaganda, artigos e editoriais para jornais e revistas, além de panfletos, cartazes, livros e até conteúdo para rádio e agências de notícias. A tônica de todo o material era a pregação do anticomunismo.[4]

A campanha de terror lançada pela agência explorava, entre outros temas, a invasão da antiga Tchecoslováquia pelas tropas soviéticas (1968), misturando fotografias de Praga e de tanques no centro de Santiago. Outros cartazes mostravam presos políticos cubanos diante do pelotão de fuzilamento e advertia que uma vitória de Allende iria significar o fim da religião e da família no Chile. Imagens de pelotões de fuzilamento comunistas foram pintadas em 2 mil muros de cidades chilenas, sob o slogan *su paredon*, numa referência à Revolução Cubana, insinuando que os chilenos poderiam enfrentar a mesma situação.[5]

Os registros da CIA confirmam o pagamento a jornalistas infiltrados nos meios de comunicação chilenos. Esses jornalistas/agentes eram chamados de *assets*, palavra que também significa bens ou valores. Desde 1965 e durante o governo de Allende, o apresentador de um programa de rádio transmitido em cadeia nacional no Chile era pago pela CIA para apresentar pontos de vista favoráveis aos Estados Unidos. Outros *assets* que trabalhavam para *El Mercurio* garantiam a publicação de pelo menos um artigo/editorial por dia escrito de acordo com a orientação da CIA, além da colaboração da direção do jornal com a agência.[6]

A campanha contra o Chile também envolvia a mobilização de jornalistas/agentes de outros países. Pelo menos dez desses personagens operavam no Chile, enquanto mais oito ocupavam funções de chefia em veículos de cinco países vizinhos. Além disso, a agência oferecia apoio a pequenas publicações e financiava as atividades do grupo de extrema-direita Pátria y Libertad, que tinha programas de rádio, promovia comícios contra o governo Allende e campanhas publicitárias.[7] Entre 1971 e 1973, o Comitê 40 liberou cerca de 4 milhões de dólares (20 milhões em 2010) para os partidos de oposição no Chile, a maior parte para o Partido Democrata Cristão (PDC).

O Partido Nacional (PN), de extrema-direita, ficou com uma boa parcela. A agência também tratava de provocar a divisão entre os membros da Unidade Popular, a coalizão que dava suporte a Allende.[8] Parte do esforço da CIA, chamado de "propaganda negra", se destinava a provocar a dissensão entre comunistas e socialistas e também entre a Confederação Geral do Trabalho (CGT) e o Partido Comunista Chileno.[9]

As operações encobertas dos Estados Unidos no Chile alcançaram o auge em 1970: a CIA recebeu ordens para promover um golpe militar com o objetivo de impedir a posse de Salvador Allende. Um breve sumário dá uma ideia da extensão dessas operações. Em 15 de setembro de 1970, quando Allende foi eleito, com pouco mais de 30% dos votos, o Congresso deveria escolher entre ele e o conservador Jorge Alessandri, o segundo colocado (o candidato do PDC, Radomiro Tomic, era o terceiro). Após a divulgação do resultado, o diretor da CIA, Richard Helms, se reuniu com o assessor para Assuntos de Segurança Nacional, Henry Kissinger, e com o secretário da Justiça, John Mitchell. Helms recebeu ordens de impedir a posse de Allende. Para a Casa Branca e a CIA, um golpe militar era a única maneira de alcançar esse objetivo. Nesse sentido, a CIA iniciou contatos com vários grupos de conspiradores militares.[10]

Em reunião em 29 de setembro de 1970, o Comitê 40 chegou à conclusão de que a "solução Frei" (o governo norte-americano tentou convencer o presidente Eduardo Frei a declarar nulas as eleições) tinha fracassado. A segunda opção, a renúncia de todo o ministério, que seria substituído por um gabinete militar, também era inviável, por ser nitidamente anticonstitucional. Então, os integrantes do comitê concordaram que dificilmente haveria um golpe militar se a economia chilena não fosse estrangulada. Imediatamente, o governo norte-americano começou a tomar medidas com essa finalidade e procurou atrair empresas norte-americanas para a causa. O comitê aprovou o corte de todos os empréstimos para o Chile, recomendou às empresas norte-americanas que suspendessem investimentos no país e pediu a outros países que aderissem à iniciativa. Em 24 de outubro de 1970, Salvador Allende foi confirmado pelo Congresso como presidente do Chile. Ele tomou posse em 3 de novembro. Para os Estados Unidos, tanto as operações encobertas como as abertas para evitar a posse de Allende haviam fracassado.[11]

Na campanha de sabotagem contra o governo Allende, um dos episódios decisivos foi a greve dos caminhoneiros de 1973, que contribuiu para asfixiar a economia do país. Documento oficial assinala que o Comitê 40 não havia autorizado a entrega direta de dinheiro da CIA para sustentar a greve. Mas admite que as greves não poderiam ter sido mantidas apenas com recursos dos sindicatos e não descarta a possibilidade de que verbas da CIA entregues aos partidos de oposição a Allende tenham sido canalizadas para as transportadoras.[12]

A operação para estrangular a economia chilena começou com a suspensão da ajuda econômica dos Estados Unidos, antes da eleição de Allende e depois. Uma tabela[13] divulgada pelo próprio governo norte-americano mostra a dimensão dos cortes:

Ajuda bilateral dos EUA:
1969 — US$ 35 milhões (US$ 207 milhões em 2010)
1971 — US$ 1,5 milhão (US$ 8 milhões em 2010)

Empréstimos do Eximbank (Banco de Exportação e Importação):
1967 — US$ 234 milhões (US$ 1,5 bilhão em 2010)
1969 — US$ 29 milhões (US$ 170 milhões em 2010)
1971 — Zero

Empréstimos do BID (Banco Interamericano de Desenvolvimento):
1970 — US$ 46 milhões (US$ 258 milhões em 2010)
1972 — US$ 2 milhões (US$ 10,4 milhões em 2010)

Empréstimos do Banco Mundial (Bird)
Entre 1970 e 1973 — Zero

Empréstimos do Fundo Monetário Internacional (FMI):
Entre 1971 e 1972 — US$ 90 milhões em créditos de emergência (US$ 469 milhões em 2010)

NIXON ORDENA: DERRUBEM ESSE HOMEM

A eleição de um candidato socialista, em qualquer país do continente, era considerada inaceitável pelos Estados Unidos, especialmente pelos falcões republica-

nos dos anos 1960 e 1970, que acreditavam piamente na Teoria do Dominó.*
De acordo com essa invenção dos estrategistas do Pentágono (o Departamento de Defesa), se um país caísse sob domínio de um governo comunista, todos os seus vizinhos cairiam em seguida, como se fossem pedras de dominó.

O discurso de campanha de Salvador Allende, carregado de ideias marxistas, anunciava a socialização dos meios de produção, a desapropriação de terras e a nacionalização das companhias estrangeiras, o que repercutiu intensamente em Washington. Logo após a eleição de Allende, em 15 de setembro de 1970, o presidente Richard Nixon ordenou claramente: impeçam esse homem de tomar posse ou derrubem o governo se ele chegar a assumir. O Departamento de Estado e a CIA mobilizaram uma força-tarefa para cumprir a missão. Mais de 400 agentes da CIA chegaram a operar em território chileno, nas bases da agência no sul dos Estados Unidos e no Panamá, antes e depois da posse de Allende.

A tentativa desesperada dos setores radicais chilenos, com apoio dos Estados Unidos, de impedir a posse de Allende levou ao assassinato do general René Schneider, comandante do Exército do Chile, em 22 de outubro de 1970. Schneider defendia o respeito à Constituição e descartava a hipótese de apoio a um golpe militar. A conspiração para matar Schneider teve a participação, ainda que indireta, da CIA. Dois grupos diferentes estavam empenhados na trama. Um deles era chefiado pelo general da reserva Roberto Viaux e o outro, pelo general Camilo Valenzuela. Agentes da CIA chegaram a manter contatos, com os dois lados, mas resolveram apoiar apenas Valenzuela, por achar que Viaux tinha um histórico de fracassos. Valenzuela recebeu três metralhadoras, munição e bombas de gás para praticar o atentado. Mas o grupo de Viaux chegou primeiro e matou Schneider.

Dias depois, representantes de Viaux procuraram a CIA para apresentar a fatura pelo assassinato, embora não houvesse, segundo a agência, nenhum compromisso nesse sentido. O grupo de Viaux alegou que precisava de assistência financeira para manter suas atividades contra Allende. Documentos oficiais norte-americanos comprovam que o grupo recebeu 35 mil dólares (196 mil em 2010) como um sinal de "boa vontade" da CIA.

---

* Esse foi um dos motivos alegados para a Guerra do Vietnã, que custou a vida de mais de 1,5 milhão de vietnamitas, entre civis e militares, e de 50 mil soldados norte-americanos, além da destruição do país pelas bombas. A Teoria do Dominó, porém, se revelou uma terrível idiotice. Não só os vizinhos do Vietnã não caíram no comunismo como se tornaram, mais tarde, alunos aplicados dos tigres capitalistas asiáticos.

O assassinato de Schneider provocou forte comoção nos meios militares chilenos. Muitos oficiais não queriam ver seu nome envolvido com setores golpistas e defendiam o respeito à Constituição, uma tradição no país. Em meio ao clima de consternação pelo atentado, os conspiradores tiveram de guardar as armas, pelo menos temporariamente.

O FRACASSO DE ALLENDE

Apesar de todas as manobras dos Estados Unidos, Allende não apenas tomou posse como se manteve no poder por quase três anos. Seu governo foi um desastre. A socialização dos meios de produção levou a uma violenta queda na oferta de alimentos. Dois anos após a implantação da reforma agrária em larga escala, o país passou a gastar milhões de dólares com a importação de alimentos, e ainda assim não conseguia suprir a demanda. Muitos produtos só eram encontrados a preços exorbitantes no mercado negro, ao qual apenas uma pequena parcela da população tinha acesso. Os preços dispararam, e a inflação chegou a 300% ao ano. A nacionalização das minas de cobre, de propriedade das companhias americanas Anaconda e Kennecott, sem indenização, acirrou o conflito com os Estados Unidos. Com um quadro de escassez de alimentos, inflação alta e desemprego — que passava dos 20% —, o país entrou em rota de colapso econômico.

Os Estados Unidos trataram de contribuir para agravar a crise quando Nixon ordenou a suspensão dos empréstimos e de qualquer ajuda econômica ao Chile. Curiosamente, não suspendeu a ajuda militar. Mas convocou os principais responsáveis pela política externa — Kissinger entre eles — e decretou: *make the economy scream*, o equivalente a asfixiar a economia do país, para inviabilizar o governo. Os Estados Unidos gastaram 6,5 milhões de dólares (32 milhões em 2010) em missões secretas de apoio a golpistas ou em atividades de desestabilização apenas nos três anos do governo Allende. A greve dos caminhoneiros bancada, ainda que indiretamente, pela CIA, impedia a distribuição de alimentos, no atacado e no varejo, além de bloquear as exportações.

Com o fracasso de sua política econômica e sob pressão dos Estados Unidos, Allende não tinha como resistir. Ainda assim, a posição contrária ao golpe manifestada por inúmeros chefes militares chilenos até poucos meses antes de 11 de setembro de 1973 chegava a ponto de surpreender um dos conspiradores, o adido naval dos Estados Unidos em Santiago, coronel Patrick Ryan, que relatou esse fato em memorando para o Pentágono, datado de 1º de outubro de 1973: "A decisão das Forças Armadas de derrubar o governo Allende foi tomada com extrema relutância e apenas depois de uma profunda reflexão por todos os envolvidos. Mesmo para um observador externo é possível constatar que os militares chilenos estavam temerosos de destruir cem anos de um orgulhoso respeito à Constituição sem que fossem examinadas todas as opções."

Pode ter sido esse o motivo do fracasso da primeira tentativa de golpe, realizada em junho de 1973. Uma unidade do Exército se levantou contra o regime, mas a rebelião foi rapidamente sufocada.

Em várias ocasiões, dirigentes políticos e comandantes militares tentaram convencer Allende a renunciar. Mas o máximo que ele admitia era antecipar as eleições ou promover um plebiscito para testar o apoio da população ao governo.

Diante do temor de que um plebiscito pudesse resultar em nova derrota das forças conservadoras, os conspiradores decidiram acelerar o processo. Afinal, nas eleições legislativas de março de 1973, a Unidade Popular — uma coalizão de socialistas, comunistas e pequenos partidos de centro-esquerda — de Allende surpreendeu e obteve 43% dos votos, cerca de 10% a mais do que na eleição presidencial de 1970. Na eleição para o Legislativo, a oposição liderada pela democracia-cristã não conseguiu a maioria absoluta que buscava no Congresso para decretar o impeachment do presidente. No início do segundo semestre de 1973, o clima político era tenso. Emissários civis passaram a percorrer os principais comandos para defender o golpe militar.

TANQUES E CAÇAS

Na madrugada de 11 de setembro de 1973, as tropas deixaram os quartéis em direção ao Palácio de La Moneda. Allende, que estava na outra residência, dirigiu-se rapidamente ao palácio. Pelas emissoras de rádio, os dois lados travaram a batalha da comunicação. Os partidários do governo pediam ao povo que apoiasse a resistência. Os militares e os políticos da oposição anunciaram a queda do governo assim que foram disparados os primeiros tiros. De manhã, caças da Força Aérea chilena bombardearam o palácio. Era um sinal de que a Aeronáutica estava com os golpistas. A Marinha já havia ocupado o Porto de Valparaiso, também na madrugada. Allende, armado com um fuzil-automático, entrincheirou-se numa das salas e tentou resistir. Até o momento em que, segundo versão divulgada pelos militares, apontou o fuzil para o próprio queixo e apertou o gatilho. Na época, circulou a informação de que o corpo teria perfurações na altura do peito e do estômago, o que poderia derrubar a hipótese de suicídio, mas esse fato nunca teve confirmação. Em maio de 2011, o corpo de Allende foi exumado e submetido a uma nova autópsia, que confirmou o suicídio, versão aceita pela família. O líder do golpe, que, na condição de comandante do Exército, logo se tornaria o homem forte do regime, era o general Augusto Pinochet, que havia sido nomeado pelo próprio Allende, após a renúncia do general Carlos Prats.

Naquela manhã de setembro, chegava ao fim a primeira experiência de um governo socialista eleito no continente. Os Estados Unidos, ao se livrar do que acreditavam ser uma ameaça comunista, ajudaram a gerar um monstro. A ditadura chilena revelou-se um dos regimes mais cruéis que já ocuparam o poder no continente. Vitoriosos no golpe, os militares chilenos se achavam escolhidos para a missão divina de combater o marxismo ateu. Para cumprir essa tarefa, transformaram-se em carrascos e torturadores. Os quartéis do Exército, as bases da Marinha e da Aeronáutica viraram câmaras de tortura.

TRADIÇÃO DEMOCRÁTICA

O golpe militar contra o governo de Salvador Allende foi uma surpresa, apesar do contexto da época e de toda a intervenção desencadeada pelos Estados Unidos. Ao contrário de seus vizinhos, o Chile tinha, até 1973, a maior tradição de respeito às instituições democráticas na história da América Latina. Os militares chilenos sempre relutaram muito antes de violentar as instituições.

Desde a conquista da independência, quando as forças do general San Martín derrotaram os espanhóis, na Batalha de Maipú, em 5 de abril de 1818, foram raras as vezes em que o poder trocou de mãos pela força, assim como foram poucos os ditadores. Bernardo O'Higgins, combatente pela independência e primeiro governante — ele tinha um cargo de "diretor supremo", que era uma mistura de presidente e homem-forte —, era acusado de ser um ditador. Mas a imagem que deixou não foi a de um tirano. Governou numa época em que ainda persistiam os conflitos regionais entre republicanos e forças leais à Coroa espanhola. O'Higgins foi deposto ao entrar em confronto com a Igreja Católica — porque defendia a liberdade religiosa e a imigração de protestantes vindos da Inglaterra, Escócia e Prússia. Também irritou os grupos conservadores ao tentar acabar com o direito à posse de terras com base em títulos de nobreza. Após a queda de O'Higgins, em 1823, assumiu o liberal Ramón Freire Serrano.

O Chile foi um dos primeiros países do continente a acabar com a escravidão, em 1823. Também foi o primeiro país da América Latina a ter um governo republicano, com base numa constituição estável. Os conflitos armados entre forças liberais e conservadoras se estenderam até a vitória final dos últimos, em 1830.

De 1830 a 1837, quem mandava no país era Diego Portales, rico empresário do Porto de Valparaiso, que se tornou o homem forte no governo do presidente José Joaquin Prieto. Primeiro, ele ocupou as pastas do Interior e de Relações Exteriores, mais tarde, o Ministério da Guerra e da Marinha. Portales havia tido papel decisivo na vitória dos conservadores sobre os liberais. Procurou estimular o comércio e pôs as finanças do país em ordem. Dizia que não acreditava em Deus, mas reconhecia a importante contribuição da Igreja Católica no controle social e na estabilidade dos países. Censurava a imprensa e manipulava eleições. Nesse período, conhecido como Portalato, construíram ferrovias, portos e linhas de telégrafo. Essas iniciativas facilitaram o comércio e as exportações, garantindo um período de crescimento.

Após o assassinato de Portales por um militar contrário à guerra contra o Peru e a Bolívia, em 1837, o país manteve a Constituição "portaliana", que tinha um caráter autoritário e centralizador, na figura do presidente. Essa Constituição vigorou por quase cem anos, até 1925, assegurando um período de grande estabilidade política. Em 1871, uma emenda constitucional proibiu a reeleição, ainda uma herança de Portales.

A derrubada do presidente José Balmaceda Fernández (1886-1891) foi a única vez em que o poder trocou de mãos pela força entre 1830 e 1924. O golpe, em 1891, foi planejado por grupos ligados aos ingleses, que dominavam parte das mineradoras. Balmaceda tinha acabado com o monopólio dos ingleses nas ferrovias e defendia o aumento de impostos sobre a exploração das minas de nitrato, que eram irrisórios.

A mão oculta da Inglaterra estimulou o conflito, especialmente por meio do Rei do Nitrato, John North, que estava irritado com os planos de Balmaceda de impor algum controle do Estado sobre o setor de mineração. Os rebeldes venceram o conflito e, em seguida, as minas de nitrato caíram sob controle total dos ingleses e norte-americanos. Balmaceda, que havia se refugiado na Embaixada da Argentina, cometeu suicídio. Entre o fim do século XIX e as primeiras décadas do século XX, o Chile viveu um período de estabilidade política. Até que o coronel Carlos Ibáñez del Campo assumiu o poder por meio de eleições fraudulentas, em 1927. Quando os estragos da Grande Depressão alcançaram o Chile, potencializando em escala mundial a recessão, que causava fome e desemprego, Ibáñez renunciou, em 1931. Durante um ano, o país viveu um período de turbulência, durante o qual vários grupos de civis e militares lutavam pelo poder. Um deles, o comandante da Força Aérea, Marmaduke Grove, ficou apenas 12 dias na chefia do governo, à frente de uma "República Socialista do Chile", em 1932. Derrubado Marmaduke, o Chile retomou a via democrática sob a mesma Constituição de 1925, que seria respeitada até o golpe militar contra o governo de Salvador Allende.

O ADEUS À LIBERDADE

Após o golpe militar de 1973, o país mergulhou num período de trevas, do qual só sairia quase duas décadas depois. A ditadura fechou o Congresso, suspendeu as garantias constitucionais, amordaçou o Judiciário e decretou uma rigorosa censura à imprensa. Em poucos dias, as prisões estavam lotadas. Os gritos das vítimas ecoavam pelos cárceres, mas não podiam ser ouvidos. Não havia Justiça à qual recorrer. Não havia imprensa para registrar. Os partidos políticos e os sindicatos — incluindo os que apoiaram o golpe — foram declarados ilegais. O fantasma do obscurantismo surgiu com uma força assustadora, simbolizado pela queima de livros nas praças, que lembrava o nazifascismo na Europa.

Milhares de opositores ou suspeitos de oposição ao regime foram levados ao Estádio Nacional, em Santiago, ou para unidades militares fora da capital. As ordens de fuzilamento se multiplicavam. Apenas nas primeiras semanas após o golpe, mais de mil pessoas foram fuziladas. Os interrogatórios eram conduzidos à base de espancamentos e torturas.

Mas o general Augusto Pinochet, instalado no poder, não considerava grave todo esse derramamento de sangue: "A democracia carrega em seu seio a semente de sua própria destruição. Há um ditado que diz que a 'democracia precisa, ocasionalmente, de um banho de sangue para que continue sendo uma democracia'. Felizmente, não é o nosso caso. Derramamos apenas algumas gotas."*

A perda de milhares de vidas, além das vítimas de torturas, certamente não poderia ser medida em gotas de sangue. À parte o tom irônico, o fato é que a violência se transformou numa das principais marcas do regime. Sem garantias constitucionais, a população ficava exposta a todo tipo de abusos. A polícia invadia residências, sequestrava pessoas, matava, torturava e desaparecia com os corpos. Parentes que tentassem obter informações sobre desaparecidos corriam sérios riscos de represálias. A imprensa estava amordaçada.

Logo após o golpe, o norte-americano Charles Horman, ativista na defesa dos direitos humanos, desapareceu. A busca pelo paradeiro de Charles — o pai e a mulher dele foram para o Chile, mas nem com a ajuda da Embaixada dos Estados Unidos conseguiram descobrir o destino do rapaz — deu origem ao filme *Missing*, do diretor Costa-Gavras, de 1982. Também foi nos primeiros anos da ditadura que ocorreram os atentados contra opositores do regime em outros países.

MOVIDOS A ÓDIO

A longa noite chilena, que começou naquele 11 de setembro de 1973, levou 17 anos para terminar. Nesse tempo, tombaram pelo caminho esquerdistas, centristas, conservadores e muitos outros que ousaram enfrentar ou criticar o regime ou que eram vistos como uma ameaça a ele. Algumas das vítimas:

---

* Declaração feita em entrevista ao correspondente da revista *Time*, Charles Eisendradt, e publicada na edição de 1º de outubro de 1973.

Buenos Aires, 30 de setembro de 1974. O general Carlos Prats, ex-comandante do Exército do Chile, e sua mulher, Sofia Couthbert, morrem na explosão de uma bomba colocada por agentes do serviço secreto chileno embaixo do carro do casal. A explosão foi tão violenta que pedaços dos corpos ficaram espalhados pela calçada.

Roma, 5 de setembro de 1975. Bernardo Leighton, ex-vice-presidente e líder da democracia cristã do Chile, e sua mulher, Anita Fresno, sofrem um atentado a tiros ao sair de casa. Eles escaparam com vida, mas ficaram gravemente feridos.

Washington, 21 de setembro de 1976. Orlando Letelier, ex-chanceler e ex-embaixador do Chile nos Estados Unidos, e sua assistente norte-americana, Ronni Moffit, morrem na explosão de uma bomba acionada por controle remoto que destruiu o carro em que estavam.

O braço da repressão da ditadura chilena não reconhecia fronteiras nem soberanias territoriais. Buscava suas vítimas onde estivessem. Os assassinos a serviço do regime burlavam leis internacionais, falsificavam documentos e invadiam países. Os casos mencionados, embora emblemáticos, referem-se a apenas algumas das milhares de vítimas dos carrascos da ditadura. A fria estatística de 3.179 vítimas não inclui os desaparecidos e os que passaram pelas prisões, onde sofreram torturas e humilhações. Entre eles, trabalhadores, estudantes, professores, artistas, políticos, ativistas sindicais e até parentes dos suspeitos.

Por trás dos três atentados cometidos na Argentina, na Itália e nos Estados Unidos estava o agente da Direção Nacional de Inteligência (Dina), Michael Townley, filho de um ex-diretor da Ford no Chile.

Em depoimento perante a Justiça da Argentina, que enviou representantes aos Estados Unidos para ouvi-lo, Townley revelou detalhes de como matou o general Prats e a mulher dele. O assassinato havia sido encomendado pelos chefões da Dina, o general Manuel Contreras, diretor-geral, o coronel Raúl Iturriaga, diretor do Departamento de Exterior, e o coronel Pedro Espinoza, chefe de Operações Especiais. Os dois últimos disseram a Townley que Pinochet estava preocupado com a presença de Prats na Argentina. Pinochet achava que o ex-comandante do Exército, a quem ele havia substituído, ainda exercia forte influência entre a oficialidade e poderia comandar um contragolpe para derrubá-lo. A ordem era matá-lo.

Townley foi a Buenos Aires com essa missão. Localizou o apartamento onde Prats morava, no bairro de Palermo. Em 28 de setembro de 1974, esperou um momento em que o porteiro se distraiu e invadiu a garagem. Encontrou o Fiat do general e colocou a bomba. Na hora de ir embora, a porta da garagem estava fechada. Ele teve de esperar horas, escondido num pequeno depósito, até que pudesse sair sem ser notado. Dois dias depois, num domingo à noite, o general voltava do cinema com a mulher. Os relógios marcavam 50 minutos do dia 30 de setembro. Townley aguardava num carro estacionado nas proximidades, em companhia de sua amante, Mariana Callejos, também agente da Dina. Primeiro, foi Mariana quem apertou o botão do controle remoto, que não funcionou. Townley, então, acionou o dispositivo e o carro do general saltou no ar. A violenta explosão despedaçou os corpos de Prats e de sua mulher, Sofia.

Um ano depois, Townley tramou o atentado contra o ex-vice-presidente chileno Bernardo Leighton, líder da democracia cristã, e a mulher dele, Anita Fresno, baleados quando saíam de casa, em Roma, onde viviam exilados. Ambos sofreram ferimentos graves. O ataque foi executado pelo terrorista de extrema-direita Stefano Della Chiaie, que contou com a ajuda do exilado cubano Virgilio Paz Romero. O pecado imperdoável para a ditadura chilena, cometido por Leighton, fora assinar um manifesto contra o golpe militar, em 1974. O documento teve cerca de 200 assinaturas.

A participação de Della Chiaie foi confirmada pela Justiça italiana, que o condenou a vinte anos de prisão. Contreras também foi condenado a vinte anos, à revelia, porque a Justiça italiana o considerou responsável pelo atentado. Outro condenado à revelia foi o coronel Raúl Iturriaga, também da Dina. A Itália tentou obter a extradição de Contreras, mas nem os governos democráticos que sucederam a Pinochet ousaram atender ao pedido. Por sua vez, Della Chiaie conseguiu fugir da Itália e escondeu-se no México, onde passou a viver confortavelmente graças à recompensa financeira que recebeu da Dina pelo atentado contra Leighton.

Outro setembro e outras vítimas. O mesmo Townley comandou a operação que resultou na morte do ex-chanceler Orlando Letelier e de sua assistente americana, Ronni Moffit, em Washington. O atentado seguiu o mesmo padrão do ataque ao general Prats. Uma bomba colocada sob o carro, acionada por controle remoto. Só que o grupo não contava com a morte de uma cidadã norte-americana, o que iria se transformar em séria dor de cabeça para os envolvidos. O ex-chanceler era um dos nomes mais expressivos da oposição à ditadura de Pinochet. Detido após o golpe, em 1973, ele foi levado para um presídio militar na Ilha de Dawson, no Estreito de Magalhães, onde foi torturado e ficou dias jogado num chão de cimento, sob o frio daquela região, no extremo sul do Chile. Mais tarde conseguiu partir para o exílio.

Naquele 21 de setembro de 1976, o Chevelle azul de Letelier seguia pela Avenida das Embaixadas, em Washington, a caminho do instituto de pesquisas onde ele trabalhava. No carro, estavam também Ronni Moffit e o marido dela, Michael. Dias antes, Townley tinha invadido a residência de Letelier, em Maryland, e colocado a bomba sob o automóvel, estacionado na garagem.

Acionado o controle remoto, o carro explodiu. No dia seguinte ao assassinato de Letelier e Ronni — o marido dela conseguiu escapar —, os jornais de Washington publicavam declaração do então secretário de Estado, Henry Kissinger, dizendo não acreditar que o governo do Chile estivesse implicado no atentado. A mensagem para o FBI era clara. Os serviços secretos norte-americanos sabiam quem estava por trás do atentado — haviam recebido uma foto de Townley quando ele desembarcou nos Estados Unidos e conheciam sua folha corrida —, mas o governo não estava disposto a apurar. Pelo menos enquanto os republicanos estivessem no poder. Nixon foi substituído por Gerald Ford, após a renúncia, em 1974, no auge do escândalo de Watergate.

Apenas no governo de Jimmy Carter o assunto voltou à tona. Fontes do FBI vazaram para a imprensa informações colhidas na época do crime e as provas de que agentes chilenos estavam envolvidos eram irrefutáveis. A Justiça norte-americana enviou o caso ao Executivo. Carter ameaçou romper relações com o Chile e exigiu a extradição dos envolvidos no atentado. Pinochet entregou apenas Townley, preservando Contreras, Iturriaga e Espinoza.

O ÚLTIMO A SABER

A operação para extraditar Townley para os Estados Unidos, em abril de 1978, parece tirada de ficção policial. Inicialmente, ele foi informado de que deveria prestar depoimento perante a Justiça chilena, e tudo parecia indicar que iria se repetir a encenação teatral da qual já havia participado inúmeras vezes. Ele fingia que depunha e a Justiça chilena fingia que investigava os crimes da ditadura. Os agentes eram liberados rapidamente e os processos, engavetados.

Naquele 11 de abril de 1978, porém, tudo seria diferente. A princípio, a informação era de que teria de fazer uma pequena viagem para fora de Santiago. Townley percebeu que havia algo estranho quando não lhe mostraram os papéis sobre o caso em que deveria depor. Ele pediu para falar com seus antigos chefes da Dina — que desde 1977 passara a se chamar Centro de Informação Nacional (CIN), numa tentativa do governo de apagar os vestígios dos crimes cometidos pelo serviço secreto —, mas nenhum diretor o atendeu.

O CIN enviou um funcionário de segundo escalão para acompanhar o depoimento. Townley só soube que se tratava de extradição para os Estados Unidos no último minuto, quando viu o carro que o aguardava: era um automóvel com placa do corpo diplomático, pertencente à Embaixada dos Estados Unidos. Em seguida, dois gigantes de cabelo escovinha, do serviço de segurança da Embaixada, que ele conhecia dos velhos tempos da Dina, se aproximaram e o algemaram. Townley foi posto no carro e seguiu diretamente para o Aeroporto de Santiago. Dois agentes do FBI o aguardavam ao pé da escada do avião que o levou para Washington. Antes do embarque, Mariana Callejos ainda tentou reverter a situação. Gritou, xingou e ameaçou revelar detalhes de crimes cometidos com o conhecimento de Pinochet e sobre o que acontecia nos porões da casa onde vivia com Townley — um minicentro de torturas e de experiências com gases letais, em Santiago. Mas não adiantou. Townley era o boi de piranha, entregue por Pinochet para proteger os chefões da Dina.

Três meses após chegar a Washington, Townley prestou depoimento perante a Justiça, admitiu ter colocado a bomba sob o carro de Letelier e revelou a identidade dos demais envolvidos no atentado. De acordo com esse depoimento, três exilados cubanos, chefiados por Armando Fernández Larios, conhecido nos círculos anticastristas dos Estados Unidos, participaram do plano. Segundo Townley, foi Larios quem apertou o botão do controle remoto. O ex-agente também disse à Justiça que a ordem para o assassinato partiu do comando da Dina: Contreras, Iturriaga e Espinoza. Townley fez um acordo com a Justiça norte-americana. Contou tudo que sabia e, em troca, foi condenado a apenas cinco anos de prisão. Em seguida, entrou para um programa de proteção a testemunhas que lhe garantiu o direito de viver nos Estados Unidos sob nova identidade. (Os cubanos foram presos sem benefícios e condenados a doze anos, enquanto os chefes da Dina escaparam da Justiça norte-americana.) Washington tentou obter a extradição de Contreras, mas Pinochet não permitiu. Em 1993, a Corte Suprema do Chile condenou Contreras a sete anos de prisão, mas ele cumpriu apenas metade. Antes de ser condenado, Contreras tentava preservar Pinochet. Após a condenação, declarou que a Dina cumpria ordens e que seu superior imediato era o presidente. Contreras não escondeu a mágoa que tinha dos políticos conservadores chilenos: "Antes, a direita vivia batendo na porta dos quartéis. Agora, nos vira as costas."

Aos poucos, a Justiça chilena conseguiu derrubar o muro de proteção sobre o general. Finalmente, em 30 de junho de 2008, a Corte Suprema do Chile condenou o general Manuel Contreras à prisão perpétua pelo assassinato de Carlos Prats e sua mulher, Sofia Couthbert, em 30 de setembro de 1974. Naquele momento, Contreras já cumpria outras dezesseis sentenças, que somavam 269 anos de prisão. Outros nove militares foram condenados por participação ou cumplicidade no mesmo crime, entre eles Pedro Espinoza, que recebeu uma sentença de quarenta anos de prisão. A ex-agente Mariana Callejos foi condenada a vinte anos de prisão, e Raúl Iturriaga a quinze anos.

MORTE NA PRAIA

Sob o reinado da Dina emergiram figuras que pareciam ter saído de um hospício. Uma delas era o bioquímico Eugenio Berrios, responsável pela criação de um laboratório dedicado à produção de gás Sarin, altamente letal, que seria utilizado contra inimigos do regime. O laboratório funcionava nos porões da casa de Michael Townley, em Santiago. Ele e Berrios chegaram a testar o gás em cães capturados nas ruas de Santiago. Todos morreram. No auge de seu delírio, Berrios chegou a dizer que poderia "acabar com toda a população de Buenos Aires em poucas horas" utilizando gás Sarin. Na época, grupos isolados dentro da ditadura cogitavam ir à guerra contra a Argentina, por causa da disputa pelo controle do Canal de Beagle.

O fato é que nem os setores ultrarradicais chilenos queriam a guerra contra a Argentina, em 1978. Contreras preferia entregar as três ilhas do Canal de Beagle aos argentinos, posição rejeitada por Pinochet. O motivo dessa posição contrária ao conflito era a evidente superioridade militar da Argentina. Contreras sabia que uma derrota militar levaria à queda do regime, e os principais chefes militares acabariam no banco dos réus.

A oposição do Alto-Comando ao conflito não impedia que grupos minoritários imaginassem a hipótese de guerra e se preparassem para isso. As circunstâncias misteriosas que cercaram a morte de Berrios indicam que, em algum momento, ele se tornou um personagem indesejado no Chile. Após a queda da ditadura, o serviço secreto começou a mandar ex-agentes que sabiam demais para o exterior, a fim de evitar que fossem chamados pelos tribunais para depor. O acordo era o seguinte: "Vamos proteger todos os que forem perseguidos, mas exigimos lealdade." O próprio Berrios nunca deu entrevista ou depoimentos para falar sobre as experiências com gás Sarin, como fizeram outras pessoas, entre elas, Townley. Mas, no Uruguai, ele começou a beber em excesso e, quando estava alcoolizado, falava demais nos bares de um balneário próximo a Montevidéu. Em 13 de abril de 1995, apareceu morto numa praia de El Piñar, a 30 quilômetros da capital uruguaia. Era uma evidente queima de arquivo.

OPERAÇÃO CONDOR

Em novembro de 1975, chefes militares da Argentina, do Brasil, Chile, Paraguai e Uruguai se reuniram em Santiago para tramar mais uma ação macabra: a Operação Condor. Após esse encontro, as forças de segurança dos cinco países passaram a atuar em conjunto para perseguir opositores de cada regime que buscavam abrigo no exterior. Dezenas de pessoas foram presas, torturadas e mortas por conta dessa cooperação. Entre as vítimas estavam o senador Zelmar Michelini e o deputado Héctor Gutiérrez Ruiz, ambos uruguaios, sequestrados e assassinados por militares do Uruguai em Buenos Aires, em maio de 1976. O atentado teve o apoio operacional dos argentinos, que ajudaram a localizar as vítimas e preparar o plano. Ainda na capital argentina, a professora uruguaia Sara Rita Mendez foi sequestrada por agentes de seu país, que também levaram uma criança de apenas 26 dias que ela levava no colo. Pelo menos trinta civis argentinos foram sequestrados e mortos por conta desse tipo de colaboração. Entre eles estavam Marcelo Gelman, filho do poeta Juan Gelman, e sua mulher, Maria Claudia Garcia Gelman.

A colaboração entre os participantes da Operação Condor era tão estreita que eles chegaram a montar, no bairro de Floresta, em Buenos Aires, uma espécie de centro internacional de torturas. Um dos mais ativos participantes desse centro era o major uruguaio Juan Manuel Cordero Piacentini, acusado de envolvimento no assassinato de dez pessoas e de tortura de mais de trinta civis argentinos e uruguaios. Após a queda das ditaduras na Argentina e no Uruguai, Cordero se mudou para o Brasil, onde se casou com uma brasileira. Em 2007, foi preso em Santana do Livramento, no Rio Grande do Sul e, em janeiro de 2010, aos 71 anos, extraditado para a Argentina.

Exilados latino-americanos foram caçados na Itália, Espanha, França, no México e em outros países. Um deles, o ex-secretário-geral do Partido Socialista chileno, Carlos Altamirano, revelou ter recebido, em várias ocasiões, avisos das autoridades de países europeus sobre a presença de agentes chilenos que estavam no seu encalço. Graças a esses avisos, pôde escapar de prováveis atentados. A CIA monitorou a Operação Condor durante todo o tempo em que ela funcionou, e o resultado desse acompanhamento consta dos registros da agência.

Ao mesmo tempo que impunha um regime de terror na frente política, a ditadura chilena cuidou de transformar rapidamente o modelo econômico, pondo fim aos programas socialistas de Allende, que haviam se revelado um desastre. O novo regime adotou uma economia de livre mercado. Derrubou as barreiras comerciais para facilitar a importação e, com isso, baixou os preços. Controlou a inflação, embora à custa de um violento arrocho salarial. Como os sindicatos estavam fechados e as greves proibidas, os trabalhadores não ousavam protestar. Sabiam que qualquer tentativa de manifestação seria violentamente reprimida. Os preços baixaram e, aos poucos, a economia voltou a crescer. As terras desapropriadas foram devolvidas aos antigos proprietários e a produção agrícola retomou, pouco a pouco, o ritmo normal. As mineradoras de cobre, principal produto de exportação do país, voltaram ao controle original.

O governo militar reduziu a presença do Estado na economia e impôs uma série de medidas — privatizações, diminuição das taxas alfandegárias e aumento nas exportações —, adotadas mais tarde em muitos países. Essa política permitiu altos índices de crescimento e geração de empregos, garantindo ao Chile alguns dos melhores indicadores econômicos no continente durante décadas. Essa foi a grande contradição deixada pela ditadura e explica, em parte, o apoio interno a Pinochet, mesmo quando ele já havia se afastado do governo.

Os Estados Unidos, nos governos dos republicanos Richard Nixon e Gerald Ford, retomaram os programas de ajuda econômica ao Chile. Esse quadro só iria mudar com a eleição do democrata Jimmy Carter. Ao tomar posse, em janeiro de 1977, Carter passou a cobrar do governo de Pinochet o respeito aos direitos humanos e a apuração dos casos de assassinato de dissidentes políticos. Pinochet encontrou em Carter um obstinado adversário que, aos poucos, conseguiu impor um isolamento internacional ao regime chileno.

O PAPEL DA IGREJA

As denúncias de abusos contra os direitos humanos começaram a ganhar espaço no plano internacional a partir de 1975, graças ao empenho da Igreja Católica. De simpatizante do golpe nos tempos de Allende, a Igreja se transformou numa das principais forças de oposição ao regime, na ausência dos partidos políticos, colocados na ilegalidade. À frente da resistência estava o cardeal Raúl Silva Henriques, arcebispo de Santiago.

Em parte graças às pressões dos Estados Unidos, Pinochet promoveu um plebiscito, em 1978, para verificar o apoio da população ao regime. A campanha publicitária para o referendo só mostrava o lado do regime, e a oposição não pôde participar. O governo anunciou uma vitória com mais de 70% dos votos, mas a contagem sempre foi vista com suspeita. Em clima de vitória, Pinochet decretou a anistia a todos os implicados em violações dos direitos humanos desde a tomada do poder pelos militares.

Em 1980, o governo aproveitou o momento de estabilidade econômica e de inflação baixa para convocar outro plebiscito, dessa vez sobre uma constituição autoritária, que mantinha a maioria das leis de exceção e garantia a continuidade do regime. Mais uma vez a oposição não teve voz. Além disso, a campanha oficial induzia a população a acreditar que as opções eram a ditadura ou a volta aos tempos de inflação alta e escassez de alimentos do governo Allende. O resultado foi outra vitória com mais de 60%, de acordo com os números oficiais.

Apesar do resultado, ao longo da década de 1980, o governo começou a perder apoio entre a população, enquanto nas próprias fileiras das Forças Armadas muitos oficiais estavam cansados de exercer o papel de carrascos. Tanto a população quanto os empresários mostravam sinais de irritação com um regime que impunha muitas restrições e já não oferecia tantas recompensas econômicas como no início da ditadura. As forças políticas, com apoio da Igreja Católica, começavam a se manifestar contra o regime e os partidos saíam do isolamento. Outro fator que contribuiu para o desgaste do regime foi a redemocratização dos países vizinhos. Rodeado anteriormente por ditadores, Pinochet se sentia confortável no Cone Sul. Afinal, Argentina, Brasil, Bolívia, Paraguai e Uruguai, além de outros países do continente, atravessaram a década de 1970 e parte dos anos 1980 sob o peso de ditaduras. No fim da década de 1980, os ventos da democracia sopravam fortemente para todos os lados. Ao mesmo tempo, o governo dos Estados Unidos, em parte por pressão do Congresso e da imprensa, já não queria ser visto como patrono de ditadores. Internamente, isso poderia significar a perda de votos.

Em 1986, Pinochet escapou de atentado a bomba planejado pelo grupo de extrema-esquerda Frente Patriótica Manuel Rodriguez. No ano seguinte, o Papa João Paulo II, em visita a Santiago, fez um duro desafio a Pinochet, denunciando a violência do regime e exigindo o respeito aos direitos humanos.

O "NÃO" À DITADURA

Em 1988, Pinochet jogou uma cartada decisiva e perdeu. Num país onde a livre circulação de ideias era proibida havia quase duas décadas, o general deixou-se levar pelas bajulações dos círculos mais próximos, que o consideravam imbatível em qualquer votação. O governo convocou um plebiscito com a intenção de prorrogar o mandato de Pinochet por mais oito anos. Em

5 de outubro daquele ano, 56% dos chilenos disseram "não" à ditadura. Mas isso também significa que quase metade da população, na época, ainda apoiava Pinochet.

Finalmente, nas eleições de dezembro de 1989, o democrata-cristão Patrício Aylwin, representando uma coalizão de partidos de centro-esquerda, foi eleito presidente com 55% dos votos. Aylwin tomou posse no ano seguinte. A ditadura chegava ao fim, mas os chilenos não iriam se livrar facilmente do fantasma de Pinochet. Desde a derrota no plebiscito, em 1988, o general vinha manobrando para permanecer como uma espécie de guardião do país. Uma reforma constitucional, aprovada em 1989, reduziu de oito para quatro anos o mandato presidencial e diminuiu, mas não eliminou, as restrições à atividade dos partidos de esquerda. Também ampliou o número de senadores indicados de forma indireta, numa manobra de Pinochet para manter seus partidários no controle do Senado e impedir a aprovação de leis que pudessem ameaçar integrantes do regime militar. Na transição, Pinochet também conseguiu manter o cargo de comandante do Exército, que ocupou até 1998. Naquele ano, trocou o comando militar por um cargo de senador vitalício, que lhe garantia a imunidade necessária para não ser processado pelos crimes cometidos pela ditadura.

A Comissão Nacional para a Verdade e a Reconciliação, criada por Aylwin, divulgou em 1991 um levantamento sobre as vítimas da ditadura que apontava, inicialmente, 2.279 mortos. Mais tarde, esse número foi revisado para 3.179, incluindo as vítimas de assassinato, fuzilamento sumário e tortura seguida de morte.

O governo de Aylwin marcou uma importante etapa de estabilidade econômica e política para um país que saía de um período traumático. A economia se manteve em crescimento, a inflação sob controle, os salários recuperaram parte do poder aquisitivo e o desemprego caiu. Nesse quadro, não foi surpresa a vitória de outro candidato da democracia-cristã, Eduardo Frei Ruiz-Tagle, nas eleições de dezembro de 1993. Filho do ex-presidente Eduardo Frei Montalva* (1964-1970), Frei obteve ainda mais votos do que Aylwin: 58%. Mas a coalizão de centro-esquerda liderada pela democracia-

---

* Eduardo Frei Montalva morreu em 1982. Durante décadas, as circunstâncias de sua morte não foram reveladas até que, em 7 de dezembro de 2009, a Justiça chilena confirmou que ele foi envenenado por agentes do serviço secreto, a mando da ditadura de Pinochet.

cristã não conseguiu fazer maioria no Senado, ainda contaminado pela presença dos senadores nomeados por Pinochet. O governo de Frei apresentou projeto para convocação de plebiscito destinado a acabar com os cargos de senadores não eleitos, mas a proposta não foi aprovada. Eduardo Frei governou de 1994 a 2000. Nos primeiros três anos de seu governo, o Chile registrou um crescimento de 8% no PIB, em média. Frei também investiu nos setores de educação, saúde e transporte.

Em outubro de 1998, Pinochet viajou para a Inglaterra, a fim de se submeter a uma intervenção cirúrgica. Ainda no hospital, em Londres, foi preso pela Scotland Yard, em cumprimento a um pedido da Interpol, que, por sua vez, atendia a solicitação da Justiça espanhola. O juiz Baltasar Garzón pediu à Inglaterra a extradição de Pinochet, para ser julgado na Espanha pelo sequestro, pela tortura e morte de cidadãos espanhóis durante a ditadura militar. Entre as vítimas estava o diplomata espanhol Carmelo Soria, torturado até a morte pelos agentes da Dina. Soria prestava serviços para a Comissão Econômica para a América Latina (Cepal), organismo ligado a grupos de esquerda. Após uma batalha jurídica que se estendeu por 16 meses, a Inglaterra recusou o pedido de extradição, alegando que as condições de saúde do general não permitiam que ele fosse à Espanha para ser julgado.

Aconselhado por advogados, Pinochet saiu de Londres, com destino ao Chile, numa cadeira de rodas. Ao desembarcar em Santiago, saiu caminhando e sorrindo — como se estivesse zombando das autoridades britânicas e espanholas — enquanto era cumprimentado pelos militares e admiradores que foram recebê-lo. O general chegou a ser processado pela Justiça chilena por crimes cometidos pela ditadura, graças principalmente à ação decisiva do juiz Juan Guzmán. Mas o máximo que Guzmán conseguiu foi colocá-lo sob prisão domiciliar enquanto aguardava um julgamento que nunca ocorreu. Uma das acusações levantadas por Guzmán era a participação de Pinochet na chamada Caravana da Morte. Nos primeiros dias após o golpe de 1973, grupos de oficiais percorreram unidades militares espalhadas pelo país com o objetivo de fuzilar os presos políticos. O general também era acusado de fraude fiscal, corrupção e desvio de verbas, principalmente para melhorias numa propriedade rural chamada El Melocoton, mas os processos não foram adiante.

Em 2000, a democracia-cristã mostrou os sinais de desgaste provocados por dois mandatos consecutivos. O candidato Ricardo Lagos, do Partido Socialista, foi eleito por uma estreita margem de votos. Embora tenha feito um governo fraco, com baixos índices de crescimento econômico e aumento nas taxas de desemprego, Lagos conseguiu eleger o sucessor. Em 2006, a candidata do Partido Socialista, Michelle Bachelet, foi eleita para a presidência da República. Presa, torturada e exilada durante a ditadura militar, Michelle representava tudo aquilo que o velho general, ainda vivo na época da eleição, havia combatido. O pai de Michelle, o brigadeiro Alberto Bachelet, que não apoiou o golpe de 1973, também tinha sido preso e torturado e tombou morto nas mãos dos carrascos da ditadura. O governo de Michelle agradou aos chilenos, que a consagraram com mais de 80% de aprovação, no fim do mandato. Apesar disso, ela não conseguiu transferir esse apoio ao candidato da situação nas eleições de 2009. No segundo turno, em janeiro de 2010, o direitista Sebastian Piñera, um rico empresário que, embora conservador, fazia questão de se mostrar distante dos herdeiros de Pinochet, foi eleito presidente, pondo fim aos 20 anos de predomínio da Concertação, aliança de centro-esquerda entre socialistas e a democracia-cristã.

OS DÓLARES DO GENERAL

Santiago do Chile, 11 de setembro de 1973. O golpe militar no Chile, comandado pelo general Augusto Pinochet, derruba o governo do presidente Salvador Allende.

Nova York, 11 de setembro de 2001. Os atentados planejados pelos terroristas da Al Qaeda destroem as torres gêmeas do World Trade Center, no mais violento ataque terrorista da história.

À primeira vista, os dois fatos, ocorridos com uma diferença de 28 anos, nada têm a ver um com o outro, exceto pela coincidência entre o dia e o mês. Após o golpe militar, Pinochet reinou absoluto no Chile por 17 anos e, ao deixar o governo, em 1990, um terço dos chilenos ainda o apoiava e admirava, o que mantinha o fantasma do regime militar como uma permanente ameaça ao país.

Após os atentados de 2001, o presidente George W. Bush assinou uma lei chamada Patriotic Act, que mudou as regras do segredo bancário nos Estados Unidos para facilitar a detecção de dinheiro ilegal ou de origem vinculada a grupos terroristas. Foi assim que o FBI, a polícia federal norte-americana, descobriu a existência de contas bancárias em nome de Pinochet, no valor de 22 milhões de dólares (27 milhões em 2010). Dinheiro de origem ilegal e do qual o povo chileno não tinha conhecimento.

Documentos em poder do governo dos Estados Unidos mostram que Pinochet utilizou dez nomes falsos para abrir dezenas de contas no Banco Riggs e em outras instituições financeiras no país. Entre outros, ele utilizou passaportes falsificados com os seguintes nomes: Daniel Lopez, A.P. Ugarte e José Pinochet.

Investigadores a serviço de um comitê do Senado dos Estados Unidos encarregado de apurar lavagem de dinheiro, corrupção de funcionários estrangeiros e conduta inadequada dos bancos em relação à ameaça terrorista, localizaram e-mails, memorandos e até cartas pessoais de executivos do Banco Riggs dirigidos ao general Pinochet. A correspondência revela que o banco sempre considerou o general um cliente especial.

A notícia da descoberta das contas abalou profundamente uma parcela do povo chileno. Para os mais conservadores, que ainda admiravam Pinochet e lhe agradeciam por ter livrado o país de um regime marxista, a imagem do general se desmanchou. Matar e torturar "esquerdistas" durante a ditadura, para essa parcela da população, era parte de uma guerra e, portanto, natural. Mas sujar as mãos com a corrupção era inaceitável. O pinochetismo e a ameaça de um retorno da ditadura militar acabaram ali. As inúmeras denúncias de violações dos direitos humanos não causaram tanto dano à imagem de Pinochet como a descoberta das contas ilegais. E as vítimas não eram "apenas uns poucos esquerdistas", como alguns insistiam em acreditar. Ao longo das quase duas décadas de ditadura, uma parte da população fechou os olhos para todos os absurdos cometidos em nome do regime e de uma suposta cruzada anticomunista. Pinochet morreu em 10 de dezembro de 2006, aos 91 anos, depois de sofrer um ataque cardíaco. A então presidente Michelle Bachelet não compareceu aos funerais.

Notas

Church Report
Covert Action in Chile 1963-1973

1. Support for Media – *"By far, the largest and probably the most significant instance of support for a media organization was the money provided to El Mercurio, the major Santiago daily ...The 40 Committee authorized $700,000 for El Mercurio on September 9, 1971, and added another $965,000 to that authorization on April 11, 1972. A CIA project renewal memorandum concluded that El Mercurio and other media outlets supported by the Agency had played an important role in setting the stage for the September 11, 1973, military coup which overthrew Allende."*
2. Major efforts to influence Chilean elections – *"The 1964 presidential election was the most prominent example of a largescale election project. The Central Intelligence Agency spent more than $2.6 million in support of the election of the Christian Democratic candidate, in part to prevent the accession to the presidency of Marxist Salvador Allende More than half of the Christian Democratic candidate's campaign was financed by the United States, although he was not informed of this assistance."*
3. *"In the 1965 Chilean congressional elections, for instance, the Station was authorized by the 303 Committee to spend up to $175,000. Covert support was provided to a number of candidates selected by the Ambassador and Station."*
4. "Spoiling" mechanisms – *"The CIA's propaganda operation for the 1970 elections made use of mechanisms that had been developed earlier. One mechanism had been used extensively by the CIA during the March 1969 congressional elections. During the 1970 campaign it produced hundreds of thousands of high-quality printed pieces, ranging from posters and leaflets to picture books, and carried out an extensive propaganda program through many radio and press outlets. Other propaganda mechanisms that were in place prior to the 1970 campaign included an editorial support group that provided political features, editorials, and news articles for radio and press placement; a service for placing anti-commimist [sic.] press and radio items; and three different news services."*
5. *"The 'scare campaign' (campaña de terror) exploited the violence of the invasion of Czechoslovakia with large photographs of Prague and of tanks in downtown Santiago. Other posters resembling those used in 1964, portrayed Cuban political prisoners before the firing squad, and warned that an Allende victory would mean the end of religion and family life in Chile... The sign-painting teams had instructions to paint the slogan 'su paredon' (your wall) on 2,000 walls, evoking an image of communist firing squads."*

6. *"Still another project funded individual press assets. One, who produced regular radio commentary shows on a nationwide hookup, had been CIA funded since 1965 and continued to wage propaganda for CIA during the Allende presidency...Other assets, all employees of El Mercurio, enabled the Station to generate more than one editorial per day based on CIA guidance."*
7. *"... the CIA had agents who were journalists from ten different countries in or en route to Chile. This group was supplemented by eight more journalists from five countries under the direction of high-level agents who were, for the most part, in managerial capacities in the media field... the CIA relied upon its own resources to generate antiAllende propaganda in Chile. These efforts included: support for an underground press; financing a small newspaper; indirect subsidy of Patria y Libertad a group fervently opposed to Allende, and its radio programs, political advertisements and political rallies."*
8. Support for Chilean political parties – *"In a sequence of decisions in 1971 through 1973, the 40 Committee authorized nearly $4 millions for opposition political parties in Chile. Most of this money went to the Christian Democratic Party (PDC), but a substantial portion was earmarked for the National Party (PN), a conservative grouping more stridently opposed to the Allende government than was the PDC. An effort was also made to split the ruling Popular Unity coalition by inducing elements to break away."*
9. Covert action techniques – *"... Also, "black propaganda" — material purporting to be the product of another group — was used in 1970 to sow dissent between Communists and Socialists, and between the national labor confederation and the Chilean Communist Party."*
10. Direct efforts to Promote a Military Coup – *"United States covert efforts to affect the course of Chilean politics reached a peak in 1970: the CIA was directed to undertake an effort to promote a military coup in Chile to prevent the accession to power of Salvador Allende... A brief summary here will demonstrate the extreme in American covert intervention in Chilean politics. 'On September 15, 1970 — after Allende finished first in the election but before the Chilean Congress had chosen between him and the runner-up, Jorge Alessandri, — President Nixon met with Richard Helms, the Director of Central Intelligence, Assistant to the President for National Security Affairs Henry Kissinger and Attorney General John Mitchell. Helms was directed to prevent Allende from taking power... It quickly became apparent to both White House and CIA officials that a military coup was the only way to prevent Allende's accession to power. To achieve that end, the CIA established contact with several groups of military plotters.'"*
11. Economic Pressures – *"On September 29, 1970, the 40 Committee met. It was agreed that the Frei gambit had been overtaken by events and was dead. The 'second-*

best option' — *the cabinet resigning and being replaced with a military cabinet — was also deemed dead. The point was then made that there would probably be no military action unless economic pressures could be brought to bear on Chile. It was agreed that an attempt would be made to have American business take steps in line with the U.S. government's desire for immediate economic action... Generally, the 40 Committee approved cutting off all credits, pressuring firms to curtail investment in Chile and approaching other nations to cooperate in this venture."*

"*On October 24, 1970, Salvador Allende was confirmed as President by Chilean Congress. On November 3, he was inaugurated. U.S. efforts, both overt and covert, to prevent his assumption of office had failed.*"

12. Propaganda and Support for Oposition Media – "*With regard to the truckers' strike, two facts are undisputed. First, the 40 Committee did not approve any funds to be given directly to the strikers. Second, all observers agree that the two lengthy strikes (the second lasted from July 13, 1973 until the September 11 coup) could not have been maintained on the basis of union funds, It remains unclear whether or to what extent CIA funds passed to opposition parties may have been siphoned off to support strikes. It is clear that anti-government strikers were actively supported by several of the private sector groups which received CIA funds.*"

13. TABLE II

    The bare figures tell the story.

    — *U.S. bilateral aid, $35 million in 1969, was $1.5 million in 1971.*

    — *U.S. Export-Import Bank credits, which had totalled $234 million in 1967 and $29 million in 1969, dropped to zero in 1971.*

    — *Loans from the multilateral Interamerican Development Bank (IDB), in which the U.S. held what amounted to a veto, had totalled $46 million in 1970; they fell to $2 million in 1972 (United States A.I.D. figures).*

    — *Similarly, the World Bank made no new loans to Chile between 1970 and 1973. However, the International Monetary Fund extended Chile approximately $90 million during 1971 and 1972 to assist with foreign exchange difficulties.*

PARAGUAI

Independentemente de minha vontade, só me candidato para atender ao desejo expresso de meus companheiros de partido.

General Alfredo Stroessner, ditador paraguaio eleito sete vezes nos 35 anos em que se manteve no poder

Na maioria das vezes, eles nem sabiam o que perguntar. Mas quando enfiavam agulhas sob as unhas, as pessoas confessavam qualquer coisa.

Senador paraguaio Carlos Rufinelli, preso vinte vezes e torturado por tentar fazer oposição à ditadura de Stroessner

OS MORTOS TAMBÉM VOTAM

Se há uma acusação que não pode ser feita ao regime do general Alfredo Stroessner é a de nunca ter ouvido os mortos nas eleições realizadas ao longo dos 35 anos de ditadura (1954-1989). Nas sete vezes em que o general foi eleito — "por esmagadora maioria", como destacava a imprensa local —, os mortos votaram em massa. O fato de que todos votavam em Stroessner só pode ser explicado por uma incrível coincidência. Ou, então, porque as qualidades do general eram tantas que os eleitores levavam sua admiração para além-túmulo. Tão assustador quanto a fraude esmagadora que marcou todas essas eleições era o silêncio que pairava sobre o assunto. A imprensa não podia publicar nem a mais leve insinuação de suspeita sobre os resultados.

Embora tenha permanecido tanto tempo no poder, Stroessner dizia que não fazia questão de se reeleger e que só continuava no cargo por insistência de seus correligionários do Partido Colorado. "Independentemente de minha vontade, só me candidato para atender ao desejo expresso de meus companheiros de partido", dizia o general, desprezando o fato de que era sempre candidato único e a oposição era proibida de participar. No Legislativo, líderes da oposição eram escolhidos a dedo pelo próprio general e os demais estavam lá apenas para desfrutar das vantagens do cargo.

O Paraguai de Alfredo Stroessner se tornou um dos países mais corruptos do mundo. Tudo estava à venda e tudo tinha um preço, incluindo sentenças judiciais e pessoas. Além de refúgio seguro para criminosos de guerra nazistas, o país transformou-se num entreposto de drogas, armas e produtos falsificados. A corrupção penetrou em todo o aparelho do Estado, incluindo juízes, policiais e oficiais das Forças Armadas. Eram muitos os que recebiam propina do narcotráfico, dos contrabandistas e do tráfico de pessoas vendidas para a prostituição.

Stroessner manteve o estado de sítio durante todo o tempo em que permaneceu no poder. Adversários do regime desapareciam sem deixar vestígio. Suspeitos eram presos sem mandado, sem julgamento ou acusação formal. Torturas e violações dos direitos humanos faziam parte do dia a dia do país. O senador Carlos Rufinelli, que tentou fazer oposição ao regime entre as décadas de 1960 e 1970, foi preso vinte vezes e submetido a longas sessões de tortura. "Na maioria das vezes, eles nem sabiam o que perguntar. Mas quando eles enfiavam agulhas sob as unhas, as pessoas confessavam qualquer coisa", contou Rufinelli. Parentes das pessoas torturadas eram levados às prisões para ouvir os gritos. Em outras ocasiões, as famílias ouviam em casa, pelo telefone, as sessões de tortura e os gritos desesperados das vítimas. Uma rede de informantes do governo detectava qualquer tentativa de oposição ao regime.

Na política externa, Stroessner manteve-se sempre como aliado dos Estados Unidos na luta contra o comunismo. O Paraguai foi um participante ativo da Operação Condor, organizada pelas ditaduras latino-americanas na década de 1970, com apoio da CIA, para eliminar militantes da oposição. Os demais participantes eram Argentina, Brasil, Chile e Uruguai.

GOLPE PALACIANO

Para quem viveu décadas acreditando que os inimigos eram os perigosos comunistas, o general Stroessner não poderia imaginar que seria derrubado por um golpe tramado dentro do palácio. O líder da conspiração era o segundo homem mais poderoso no país, o general Andrés Rodríguez, comandante do Exército, que dividira incontáveis churrascos com Stroessner. A filha de Rodríguez era casada com o filho mais novo de Stroessner, Frederico, mais conhecido na vida noturna e nas mesas de carteado de Assunção como Freddy.

Em 3 de fevereiro de 1989, Stroessner visitava uma de suas amantes — teve mais de dez e deixou quinze filhos, nem todos reconhecidos — quando começaram a circular os rumores de golpe. Ele tentou voltar para o palácio, mas acabou preso. Os homens de Rodríguez dominaram rapidamente os poucos oficiais que tentaram defender o ditador. Houve confrontos armados, que deixaram algumas dezenas de soldados mortos. Em poucas horas chegava ao fim a ditadura de 35 anos.

Stroessner partiu para o exílio, em Brasília, onde iria morrer aos 93 anos, em 16 de agosto de 2006. Morreu só, abandonado pelos amigos e pela mulher, Eligia Mora. Antes, viu o filho Freddy, alcoólatra e jogador compulsivo, cometer suicídio com uma overdose de remédios, aos 47 anos, em 1993. O filho mais velho, Gustavo, foi abandonado pela mulher, que o denunciou por abusos e violência, e as noras se digladiaram nos tribunais para resgatar o que sobrara da fortuna do general.

Rodríguez cumpriu a promessa feita ao liderar o golpe e promoveu eleições presidenciais em 1º de maio de 1989. Foi eleito com folgada maioria. Apesar da presença de observadores internacionais, houve inúmeras denúncias de irregularidades e uso da máquina governamental, toda aparelhada pelo Partido Colorado. Só não houve, dessa vez, votos dos mortos, como nos tempos de Stroessner. Aos poucos, Rodríguez libertou os presos políticos, suspendeu as restrições ao funcionamento dos partidos, exceto para o Partido Comunista, e abrandou a censura à imprensa. Um de seus maiores feitos foi acabar com a reeleição para a presidência. Morreu de câncer, em 1997.

Em maio de 1993, o Partido Colorado venceu mais uma vez as eleições, em meio a denúncias de fraude. Juan Carlos Wasmosy tornou-se o primeiro presidente civil eleito nos 182 anos de independência do Paraguai. Durante seu governo, houve duas tentativas de golpe, lideradas pelo general Lino Oviedo, que, por conta disso, acabou sendo condenado a dez anos de prisão.

Nas eleições de 1998, a máquina do Partido Colorado entra em ação mais uma vez para eleger Raúl Cubas presidente e Luis Maria Argaña vice. Em março de 1999, Argaña foi assassinado a tiros, em Assunção. Temendo o mesmo destino, Cubas renunciou e fugiu para o Brasil. Aproveitando a confusão, Oviedo escapou da prisão e foi para a Argentina. Dois anos depois, foi preso no Brasil, na região de Foz do Iguaçu, no Paraná. O Paraguai pediu a extradição, mas a Justiça brasileira negou.

Após a fuga de Cubas, o presidente do Congresso, Luis Gonzáles Macchi, assumiu o poder, com um mandato até 2003. Nesse ano, o Partido Colorado elegeu Nicanor Duarte, mantendo um predomínio de mais de meio século. Duarte assumiu prometendo combater a corrupção e a pobreza, promessas mais uma vez não cumpridas.

Em abril de 2008, os paraguaios elegeram o ex-bispo Fernando Lugo, que representava a Aliança Patriótica para a Mudança, acabando com os 61 anos de domínio do Partido Colorado, uma sigla manchada pela corrupção e pelas ditaduras militares. Lugo também foi eleito graças a um discurso recheado de promessas de melhorias das condições de vida da população. Um dos pontos de seu programa de governo era alteração nos contratos assinados pelo Paraguai com o Brasil, referentes à Usina Hidrelétrica de Itaipu, um projeto binacional. O Brasil bancou a construção e assumiu os financiamentos internacionais, cobrindo a parte do Paraguai, que não dispunha de recursos nem de capacidade de endividamento. Em troca, o Paraguai se comprometeu a vender ao governo brasileiro a energia não consumida no país, o que significava um ingresso em torno de 120 milhões de dólares/ano até 2008. Por um acordo assinado em julho de 2009, o Brasil se comprometeu a pagar mais 240 milhões de dólares/ano, além de bancar a construção de linhas de transmissão, em território paraguaio, no valor de 450 milhões de dólares. A mudança nos termos do tratado, além de se constituir um trunfo político para Lugo, serviu para atenuar a crise criada com a descoberta de que ele manteve romances com três mulheres antes de se eleger presidente, duas das quais exigiam o reconhecimento da paternidade de filhos gerados quando ele ainda usava a batina.

Lugo assumiu sem maioria no Legislativo. Por isso, teve de entregar ministérios importantes como Fazenda, Agricultura e Defesa aos partidos Colorado e Liberal, da oposição. O grupo de Oviedo, candidato derrotado nas eleições de 2008, no controle de uma ala conservadora no Legislativo, também passou a fazer parte da base do governo. Antes de completar dois anos de mandato, Lugo já havia ordenado quatro trocas nos comandos militares, sempre em meio a rumores de golpes de Estado em andamento.

MONTANHAS DE PRATA

Ao desembarcar nas terras que hoje formam o Paraguai, no início do século XVI, os espanhóis procuravam por supostas "montanhas de prata", que estimulavam a imaginação dos primeiros exploradores. Ao se decepcionar com a inexistência de tais montanhas, trataram de abandonar a maior parte da região, deixando apenas os missionários católicos empenhados em catequizar os índios guaranis e guaicurus. Os jesuítas criaram uma série de missões na região. Aos poucos, o território também foi invadido por outros colonizadores europeus, que subiam o Rio da Prata e acabavam se instalando ao norte, para a criação de gado, já que as terras não eram muito produtivas para o cultivo, exceto erva-mate e tabaco. Em 1811, o poder já se concentrava nas mãos de uma oligarquia local, formada por mestiços, e a disputa passou a ser travada com os descendentes dos primeiros colonizadores e outros que haviam chegado mais tarde.

O EXCOMUNGADO

José Gaspar Rodríguez de Francia, O Supremo, tinha um ódio mortal aos espanhóis. Recusava-se até a pronunciar as palavras Espanha e espanhóis. Referia-se a eles apenas como "os peninsulares", como era hábito em algumas ex-colônias hispânicas, pela origem na Península Ibérica. Mestiço, também detestava os brancos em geral. Por isso, proibiu os casamentos entre europeus no Paraguai, que governou entre 1814 e 1840. Ele esperava que a união de europeus com descendentes de indígenas e escravos tornasse todos os cidadãos mestiços como ele. Francia rejeitava tudo que vinha do exterior. Daí a decisão de fechar as fronteiras do Paraguai tanto para pessoas como para o comércio, com o argumento de que era preciso preservar o país das influências europeias.

Francia baniu a oposição e silenciou a imprensa. Acabou com a educação superior, alegando que os recursos dessa e de outras áreas seriam mais bem aplicados na ampliação das Forças Armadas, para enfrentar os inimigos externos, principalmente a Argentina. Fechou as escolas católicas e transferiu todas as propriedades da Igreja para o Estado. Ao se declarar chefe da Igreja Católica no país, foi excomungado pelo Vaticano. O conflito desencadeado com a Igreja foi uma surpresa, uma vez que ele havia estudado num seminário católico e se formado em teologia. Mais tarde, acabou se formando também em direito. Por essa época, chegou a desenvolver uma forte admiração pela Revolução Francesa. Aos mais próximos, dizia-se admirador de Rousseau,* mas, para os adversários, seu verdadeiro ídolo era Robespierre.**

Francia exigia que todas as pessoas fizessem um gesto de respeito ao passar por ele, erguendo o chapéu. Para aqueles que não usassem chapéu era recomendado que fizessem um gesto simbólico, como se estivessem usando um. Ou, então, que levassem uma aba, para erguer no momento apropriado. Mandou matar todos os cães de Assunção por achar que eles transmitiam doenças e consumiam muitos alimentos, ainda que recebessem apenas as sobras.

Ao tomar as terras dos grandes proprietários e da Igreja Católica para distribuir entre os camponeses, Francia tornou-se bastante popular. Repetia, com frequência, que era preciso "destruir as velhas elites" para poder construir um novo país. Fazia questão de alardear que era um grande conhecedor de astronomia, o que contribuía para o aumento da popularidade. Para muitos, era uma espécie de bruxo que podia prever o futuro. Por isso, a população se referia a ele como *El Caraí Guazú*, O Grande Senhor.

---

* Jean-Jacques Rousseau: Iluminista e um dos principais teóricos da Revolução Francesa, é autor de *O contrato social*, no qual afirma que o poder pertence ao povo, que apenas o delega a seus representantes e pode retirá-lo quando achar necessário.

** Maximilien Robespierre: Líder dos radicais jacobinos durante a Revolução e principal responsável pelo Reinado do Terror, que desencadeou a execução em massa de todos os inimigos do regime.

Francia começou sua escalada rumo ao poder ao participar, como advogado, das negociações com a Argentina que levaram ao tratado de outubro de 1811. Esse tratado abriu caminho para a independência do Paraguai. Embora alvo de discriminação entre as elites de grandes proprietários e espanhóis, pelo fato de ser mestiço, ficou conhecido como um hábil negociador. Após a independência, o país passou a ser governado por uma junta de cinco integrantes que representavam os interesses dos principais grupos econômicos e políticos. Em 1812, Francia foi convidado a integrar a junta, por sua capacidade de articulação. Um ano depois de reconhecer a independência paraguaia, em 1811, a Argentina tentou retomar o território e Francia foi o principal encarregado de negociar com os argentinos. Em maio de 1813, a Argentina enviou missão a Assunção, com o objetivo de convencer os paraguaios a abrir mão da independência e se juntar aos argentinos numa única nação. Francia procurou vencer os argentinos pelo cansaço. Transferiu a decisão sobre o futuro do país para o Congresso, que só iria se reunir dali a quatro meses. Em 30 de setembro de 1813, um Congresso integrado por 1.100 delegados eleitos pelo voto da população masculina decidiu criar a República do Paraguai e garantiu a Francia o título de cônsul, que equivalia ao de principal dirigente do país. Foi a primeira república fundada na América Latina.

Em 1816, o Congresso deu a Francia, por exigência dele, o cargo vitalício de *El Supremo Dictador*. Daí em diante, ele reforçou a linha dura, impondo um controle sobre toda a sociedade. Juntou os poderes Executivo, Legislativo e até o Judiciário sob seu comando. Deixou de lado as ideias dos iluministas franceses, que havia cultivado na juventude, e estabeleceu uma ditadura. Ordenou o fechamento das fronteiras, e quem tentasse deixar o país era fuzilado. Um sistema de vigilância, com base na espionagem e delação, impedia qualquer crítica ao regime. A polícia podia prender qualquer pessoa sem acusação formal. Em geral, os presos desapareciam e os parentes corriam sério risco se insistissem em procurá-los. Os suspeitos de oposição ao regime eram levados à "Câmara da Verdade", onde, sob tortura, até os inocentes confessavam qualquer coisa — ou morriam.

Em 1820, após a descoberta de um suposto complô para assassinar "O Supremo", duzentas pessoas foram presas, muitas delas pertencentes à elite branca e europeia. Quase todas foram fuziladas. No ano seguinte, a ditadura desfechou um novo ataque contra "as elites". Cerca de trezentas pessoas foram presas e acusadas de conspiração, entre as quais alguns dos principais comerciantes e empresários do país. Levadas à praça principal de Assunção, foram submetidas a julgamento sumário e condenadas a pagar elevadas somas para escapar do fuzilamento. As indenizações levaram muitos à falência. Outros eram presos e mantidos em cubículos escuros, quentes, úmidos e sem instalações sanitárias, onde apodreciam até morrer.

Tantas foram as desapropriações, multas e outras punições aos fazendeiros e pecuaristas que, nos últimos anos da ditadura de Francia, o Estado era o maior proprietário de terras do país. Forças do Exército tiveram que ser deslocadas para cuidar de fazendas e oficiais substituíam os criadores de gado no comando das propriedades estatais.

Apesar do regime asfixiante que impôs, Francia conseguiu desenvolver uma pequena indústria local e manter uma economia estável. Para alguns, foi um herói que teve papel decisivo na consolidação da independência do Paraguai e na construção de um período de prosperidade econômica. Ao morrer, em 20 de setembro de 1840, deixou o Tesouro paraguaio com dinheiro em caixa e doou ao Estado parte de seus salários, que não gastava porque levava uma vida simples. Se havia quem o considerasse um herói, outros o viam como um tirano. Ao cair gravemente enfermo, os padres de Assunção se recusaram a lhe dar extrema-unção e foi preciso buscar um sacerdote de fora da capital para o serviço. Dias após o sepultamento, o corpo foi roubado do cemitério de Assunção e levado para destino desconhecido. Consta que teria sido atirado aos jacarés no Rio Paraguai.

"Eu, o Supremo"

José Gaspar Rodríguez de Francia é o personagem central do livro escrito pelo paraguaio Augusto Roa Bastos (1917-1985), *Eu, o Supremo*, lançado em 1974, que deu ao autor, postumamente, o Prêmio Miguel de Cervantes, em 1989. Concedido pelo Ministério da Educação e Cultura da Espanha, essa é a mais importante homenagem a autores de língua espanhola. Por sua posição crítica às ditaduras, Roa Bastos passou parte da vida no exílio e chegou a perder a nacionalidade paraguaia. Conseguiu retornar ao país pouco antes de morrer, em 1985.

O EXCELENTÍSSIMO

Após a morte de Francia, o país entrou num período de caos, já que a legislação não previa qualquer tipo de sucessão. Para preencher o vazio no poder, uma junta assumiu o governo, mas foi deposta em janeiro de 1841, por um golpe militar. Em seguida, o governo foi entregue a um triunvirato civil e militar, que permaneceu até março daquele ano, quando o Congresso nomeou o advogado Carlos António López como cônsul. Em 1844, o Congresso confirmou López no cargo de presidente da República. Não demorou muito para López deixar claro que também pretendia se perpetuar no cargo, no qual iria permanecer por 18 anos. Além de centralizar todos os poderes nas próprias mãos, López tratou de assaltar os cofres públicos e enriquecer. Em pouco tempo, se tornou o maior proprietário de terras e maior pecuarista do país. A exemplo de seu antecessor, também queria um título e acabou sendo designado O Excelentíssimo.

Apesar do regime ditatorial e da corrupção, López conseguiu promover o desenvolvimento econômico do país. Reabriu as fronteiras, incentivou as exportações e construiu rodovias e ferrovias. Investiu na educação, abrindo centenas de escolas, um plano que demorou a ser executado porque Francia havia interrompido a formação de professores com sua ideia de fechar os cursos superiores. Para alívio dos europeus e de seus descendentes, López também acabou com a proibição aos casamentos entre eles. Na política externa, assinou acordos comerciais e de navegação com os Estados Unidos e a França. Em 1845, declarou guerra à Argentina, em apoio a uma rebelião interna de argentinos, em Corrientes. Sete anos depois, em 1852, foi assinado um tratado de paz, pelo qual a Argentina mais uma vez teve de reconhecer a independência do Paraguai.

DE PAI PARA FILHO

Quando Carlos Antonio López morreu, em 1862, seu filho Francisco Solano López tratou rapidamente de tomar o poder. Na condição de general e filho do ditador, criou um grupo no Legislativo com a missão de elegê-lo presidente. Pediu logo um mandato de dez anos. Ordenou a prisão de quem estivesse contra e também daqueles que, nos últimos anos, não escondiam o descontentamento com o regime chefiado por seu pai. Solano López havia viajado em diversas ocasiões para a França, onde estudou estratégia militar e atuou como representante do governo em negociações para compra de armas para o Exército paraguaio. Aos 18 anos, já havia sido brindado com a patente de general de brigada, por ordem do pai. Desde a juventude, desenvolveu uma enorme admiração por Napoleão e acredita-se que, por muito tempo, alimentou o sonho de se transformar no "Napoleão das Américas".

Em Paris, Solano López conheceu a irlandesa Eliza Lynch, por quem se apaixonou. A família de Eliza tinha fugido da fome na Irlanda, na metade do século XIX. Consta que, para sobreviver em Paris, a jovem teve de apelar até para a prostituição, mas isso nunca foi comprovado. Grávida, ela viajou a Assunção para encontrar Solano, apesar da oposição da família dele. Eles nunca se casaram, mas tiveram cinco filhos. Eliza assumiu a condição de amante oficial do general e exigia ser chamada de Madame Lynch, embora as pessoas se referissem a ela, de forma irônica, como La Lynch.

Da miséria na Irlanda e na França, ela saltou para a opulência. Em pouco tempo, tornou-se uma mulher rica e grande proprietária de terras. Por ordem do general, muitas terras do Estado foram transferidas para ela, a preços simbólicos. Eliza criou uma corte que procurava imitar os costumes franceses. Embora muitas mulheres a odiassem, secretamente, por seus modos irreverentes e pela maneira como flertava — sem maiores consequências — com os homens do governo, elas não resistiam aos novos costumes levados por La Lynch. Ela promovia jantares e bailes, nos quais as pessoas se vestiam, comiam e bebiam à maneira francesa. Eliza fechava os olhos para as infidelidades de Solano, que era um galanteador. Mulheres que tentavam resistir às investidas dele eram vítimas de agressões. O general se achava dono do país e das pessoas também.

Em janeiro de 1865 explodiu a guerra entre o Paraguai e a Tríplice Aliança, formada por Brasil, Argentina e Uruguai, em meio a um intrincado conflito de interesses políticos, fronteiriços e econômicos na região. Solano López era acusado de planejar a formação de um Grande Paraguai, à custa da expansão sobre territórios dos países vizinhos. O ditador paraguaio denunciava, por sua vez, que os argentinos tentavam impor um controle sobre a navegação na bacia do Rio da Prata. Para os paraguaios, o Brasil estava por trás da instabilidade política no Uruguai e tentava impedir uma aproximação entre os governos de Assunção e Montevidéu. Tropas brasileiras chegaram a ocupar Montevidéu, entre 1852 e 1855, em apoio aos colorados, em conflito com os blancos. Nos bastidores, a Inglaterra incentivava o conflito, porque interessava aos ingleses derrubar um governo que não estava sob sua área de influência e prejudicava os interesses comerciais da Coroa.

Antes da explosão do conflito, nas últimas semanas de 1864, Solano López mandou apreender o navio brasileiro *Marquês de Olinda*, que navegava em águas do Rio Paraguai. Em seguida, após algumas escaramuças na fronteira, começou a guerra, a mais violenta já travada entre os países da região e que iria se estender por cinco anos. No fim do conflito, em 1870, o Paraguai, que tinha sido uma pequena potência regional, havia se transformado num país em escombros. De acordo com alguns historiadores, o que aconteceu foi um genocídio. Outros, no entanto, contestam essa versão e também que a Inglaterra teria incitado o conflito por conta de interesses econômicos.*

Derrotado na frente de combate, Solano López também se viu envolvido num conflito interno contra supostos traidores, que teriam tentado derrubá-lo. Nem seu irmão, Benigno, escapou do fuzilamento. No episódio que ficou conhecido como o Massacre de San Fernando, outros parentes e antigos colaboradores do regime foram executados. Os adversários de Solano López espalharam a notícia de que até a mãe e irmãs do ditador teriam sido torturadas durante interrogatório para revelar o nome de conspiradores. Mas isso nunca pôde ser confirmado.

Após a derrota, Solano López refugiou-se nas montanhas. Perseguido por tropas brasileiras, acabou encurralado em Cerro Corá. Foi morto, em 1º de março de 1870, por um soldado brasileiro apelidado de Chico Diabo. Eliza Lynch cavou, com a ajuda de uma filha, a cova onde ele foi sepultado. Circularam rumores de que soldados brasileiros arrancaram uma orelha e um dedo de Solano López, depois de morto, para levar como troféu de guer-

---

* O historiador Francisco Doratioto questiona a visão tradicional do conflito, defendida pela maioria dos estudiosos do tema, no livro *Maldita guerra*.

ra. Outros davam conta de que até os dentes do general foram arrebentados a coronhadas de fuzil e distribuídos entre a tropa.

Ao retornar para Assunção, Eliza descobriu que a maior parte de suas terras já havia sido confiscada. Antes que lhe tirassem tudo, ela conseguiu embarcar para Paris, levando malas cheias de dinheiro e joias. Da capital francesa, passou anos tentando recuperar as terras, por meio de processos judiciais, mas não conseguiu. Morreu pobre e no esquecimento. Já Solano López se transformou em herói nacional para os paraguaios. Entre os historiadores, há quem o veja como um louco com mania de Napoleão que levou o país à ruína. Outros o consideram um herói que resistiu até o último momento às tentativas do Brasil e da Argentina de impor seu domínio sobre o Paraguai e impedir a consolidação do país como potência regional.

A Inglaterra foi o país mais beneficiado com a Guerra do Paraguai. Bancos ingleses se locupletaram com o conflito. A Coroa brasileira, com dom Pedro II à frente, não tinha de onde tirar dinheiro para sustentar a guerra e fez grandes empréstimos em Londres. Brasil e Argentina também obtiveram vantagens territoriais. Os argentinos se expandiram na Região das Missões e em Formosa, enquanto o Brasil conquistou áreas na fronteira.

Seis anos após o término da guerra, em 1876, as últimas tropas da Tríplice Aliança deixaram o Paraguai, ou o que restou dele. O país estava mergulhado no caos. A população enfrentava fome e doenças de todos os tipos. Embora tivessem ordenado a retirada das tropas, Brasil e Argentina continuaram dando as cartas nos assuntos internos do Paraguai por longo tempo. A princípio, nomeando e depondo governos. Mais tarde, influenciando os partidos políticos que se formaram nos anos seguintes: o Colorado e o Liberal. Nos primeiros anos após a guerra, diversos governos militares se alternaram no poder. Em seguida, com a formação dos partidos, os colorados dominaram o país entre o fim da década de 1880 e 1904.

No controle da máquina do governo, dirigentes do Partido Colorado enriqueceram à custa da situação crítica do país. Como não havia dinheiro no Tesouro e o Paraguai estava atolado em dívidas, a única fonte possível de renda era a venda das terras do Estado, então proprietário de quase 90% das áreas aproveitáveis para a agricultura e pecuária. As terras foram vendidas a particulares, e os colorados, no poder, trataram de ficar com as melhores e as maiores extensões, além de se beneficiarem de comissões nas vendas. O Partido Liberal, excluído do butim, denunciou insistentemente as negociações, mas sem qualquer resultado prático.

DITADURAS E O NAZISMO

Em 1904, os liberais deram um golpe e tomaram o poder, prometendo reorganizar o país, combater a corrupção e promover eleições livres. Logo essas promessas se tornaram uma vaga lembrança e deram lugar a uma nova onda de instabilidade política. O país teve 21 governantes em 36 anos, entre ditadores e presidentes eleitos que não chegavam a esquentar a cadeira. Apenas entre 1904 e 1922, 15 civis e militares passaram pela presidência.

Depois que a norte-americana Standard Oil anunciou a descoberta de reservas de petróleo na região do Chaco, entre o Paraguai e a Bolívia, na década de 1920, as atenções se voltaram para aquela área. (Mais tarde se confirmou que as reservas, pelo menos no lado paraguaio, não eram tão grandes como se pensava.) Apesar da derrota que já havia sofrido para o Chile na Guerra do Pacífico, a Bolívia levou adiante suas pretensões sobre o lado paraguaio do Chaco. Os bolivianos compraram armas e contrataram instrutores militares na Alemanha. Instalaram postos avançados ao longo da fronteira que logo deram origem a escaramuças entre os dois exércitos. A guerra explodiu em 1932 e se estendeu até julho de 1935. Dessa vez o Paraguai levou a melhor e manteve o controle de seu território. Mas os dois países saíram da guerra mais pobres e endividados.

Na política interna, a Guerra do Chaco serviu para provocar um enorme desgaste do Partido Liberal, que estava no poder. Após o conflito, em fevereiro de 1936, os militares derrubaram o governo do presidente Eusébio Ayala, pondo fim a 32 anos de domínio dos liberais. A partir de 1936, vários ditadores se revezaram no poder, entre eles Higinio Morínigo, que não escondia suas simpatias pela Alemanha nazista. O Paraguai chegou a ter um partido nazista, e a bandeira da suástica era erguida em escolas, clubes, associações de jovens e hospitais de Assunção. Fotos de Adolf Hitler eram exibidas nesses locais. Quando os Estados Unidos entraram na guerra, em 1941, o governo norte-americano pressionou Morínigo para romper com o

Eixo. Houve um rompimento oficial, mas na prática o Paraguai era favorável à Alemanha, à Itália e ao Japão. A imprensa, controlada pelo governo, dedicava enormes espaços para elogiar as vitórias do Eixo, e oficiais paraguaios desfilavam com a suástica no braço. Terminada a Segunda Guerra, o Paraguai se transformou num paraíso para os militares e civis nazistas, que fugiam do acerto de contas na Europa. O mais famoso deles foi Josef Mengele, conhecido como O Anjo da Morte e responsável pelas experiências genéticas incentivadas pelo regime nazista, que veio a morrer no Brasil.

Entre 1946 e 1947, Morínigo enfrentou uma série de rebeliões e tentativas de golpe, lançadas por grupos que disputavam o poder. Um desses levantes militares foi esmagado por um jovem coronel chamado Alfredo Stroessner, que ajudou Morínigo a se manter no poder. Outras rebeliões se repetiram e, em 1949, Morínigo foi deposto e partiu para o exílio. As trocas de comando se repetiram até o golpe de Estado que levou o então general Alfredo Stroessner ao poder, em 1954. Estava começando uma das mais longas ditaduras militares da América Latina.

URUGUAI

A dor precisa, no lugar preciso, na intensidade precisa, para se obter o efeito desejado.
Dan Mitrione, agente da CIA, especialista em técnicas de tortura que treinou policiais brasileiros e uruguaios nessas práticas

Atuar como guardiões do patriotismo, da austeridade, do desinteresse, da generosidade, honra e firmeza de caráter.
Compromisso dos militares uruguaios durante a ditadura que matou, torturou e despachou para o exílio milhares de pessoas

COMO EL URUGUAY, NO HAY

Primeiro, deve ser aplicada uma sessão de *amansamento* do prisioneiro, com socos, pontapés e insultos. O objetivo é humilhar o preso, para que ele se dê conta de seu abandono. Nada de perguntas, só pancadas e insultos. Depois, só pancadas, em silêncio. Após essa sessão inicial, começa o interrogatório. Nessa etapa, a única dor que deve ser causada é aquela provocada pelo instrumento de tortura. Por exemplo, um arame bem fino aplicado entre a gengiva e o dente. Através do arame segue a corrente elétrica. Repetidos choques, intermitentes. Até que a confissão desejada seja obtida.

Esses ensinamentos sobre como conduzir interrogatórios de presos políticos faziam parte do manual do especialista em tortura Dan Mitrione,* agente especial da CIA. Mitrione considerava a tortura uma forma de arte. "A dor precisa, no local preciso, na intensidade precisa, para se obter o efeito desejado", ensinava. A morte prematura do prisioneiro, antes que tivesse revelado, denunciado ou mesmo inventado algo para se livrar do terror, era considerada uma "falha técnica" inadmissível. "É importante saber com antecedência se podemos nos dar ao luxo de permitir a morte do indivíduo", alertava.

Mitrione construiu uma sala à prova de som no porão de sua casa, em Montevidéu, onde eram dadas aulas sobre torturas. Nas "aulas práticas", mendigos recolhidos na periferia da capital uruguaia eram torturados até a morte, sem interrogatório. Apenas para demonstrar os pontos mais vulneráveis da anatomia humana, especialmente do sistema nervoso. O manual de Mitrione, entre outras particularidades, relacionava 35 pontos do corpo humano onde os choques podiam ser aplicados.

Esses e outros horrores, comprovados por organizações de defesa dos direitos humanos, ocorreram durante a ditadura que dominou o Uruguai entre 1967 e 1985. Mitrione não disseminou seus conhecimentos apenas no Uruguai. Passou também pela República Dominicana e pelo Brasil, durante o regime militar, e aqui orientou o treinamento de centenas de policiais e militares. Também ajudou a selecionar os "melhores alunos", que eram enviados para aulas em academias militares nos Estados Unidos. Alguns deles voltaram aos países de origem como exímios torturadores.**

Apesar da "preocupação" de Mitrione de manter os prisioneiros vivos, pelo menos até que tivessem confessado algo para se livrar das torturas, muitos seriam executados sumariamente após as sessões de interrogatório. Foi o que revelou o contra-almirante Eladio Moll, ex-chefe dos serviços de inteligência do Uruguai, ao depor perante uma comissão do Parlamento uruguaio, em 1998. Moll contou que a ordem era matar os guerrilheiros

---

* Relatos detalhados das atividades de Mitrione no Uruguai foram publicados no livro *Hidden Terrors*, Nova York, Pantheon Books, 1978, do jornalista americano A.J. Langguth, ex-correspondente do *New York Times*.

** Detalhes dessas atividades também podem ser encontrados em William Blum, *Killing Hope: US Military and CIA Interventions Since World War II*, de 2003.

após os interrogatórios. "O importante era obter as informações. Depois disso, eles não mereciam viver", declarou o contra-almirante.

As portas do inferno uruguaio foram abertas por um homem aparentemente inofensivo. Jorge Pacheco Areco era um obscuro vice-presidente que havia escalado as esferas do poder ao ser incluído na chapa vencedora das eleições de novembro de 1966. A chapa era liderada pelo general da reserva Oscar Gestido, que representava o Partido Colorado, com apoio de uma ampla coligação. Em março de 1967, Gestido tomou posse como presidente do Uruguai, em meio a uma profunda crise econômica e social. Na tentativa de conter a crise, o governo adotou as receitas do FMI e impôs um plano de austeridade que incluía uma drástica desvalorização da moeda. O efeito foi contrário ao esperado. A inflação passou de 100%, um recorde na história do país.

Em dezembro de 1967, nove meses depois de assumir a presidência, Gestido morreu. Assumiu o poder o vice-presidente, que, entre seus primeiros atos, iniciou uma perseguição contra os partidos de esquerda e a imprensa, sob o pretexto de que o país estaria ameaçado pelo comunismo internacional. No plano econômico, impôs uma política monetária rigorosa. Para tentar controlar a inflação, decretou o congelamento de preços e salários. Em 1968, o valor dos salários era o mais baixo em uma década. E a inflação, naquele ano, bateu um novo recorde: 183%. Diante da reação dos sindicatos, o governo respondeu com uma violenta repressão contra as greves e manifestações de estudantes e trabalhadores.

O estado de sítio vigorou durante a maior parte do governo de Pacheco Areco. A polícia e as Forças Armadas prendiam, sequestravam e torturavam opositores do regime. As pessoas eram detidas em casa ou no trabalho e desapareciam nas mãos das forças de segurança, sem deixar qualquer vestígio. Treinados por Mitrione, policiais civis e militares uruguaios disseminavam nos cárceres as técnicas de tortura levadas dos Estados Unidos. Estudantes, ativistas sindicais e políticos eram os mais visados. Mulheres de suspeitos eram presas, violentadas ou forçadas a ouvir as sessões de tortura dos maridos ou namorados. Em outras situações, o som do choro de crianças era reproduzido nas prisões para que as presas e os maridos pensassem que seus filhos também estavam sendo torturados. Inúmeros pais e mães morreram durante as sessões de tortura, deixando filhos órfãos ainda pequenos.

A saga de Mitrione como mestre do terror no Uruguai terminou em agosto de 1970. Em 31 de julho, foi sequestrado pelo grupo guerrilheiro urbano Tupamaros. Em troca da libertação, a guerrilha exigia a libertação de 150 companheiros presos. Com o aval do então presidente dos Estados Unidos, Richard Nixon, o governo uruguaio recusou-se a negociar com os guerrilheiros e eles cumpriram a ameaça. O corpo baleado de Mitrione foi encontrado dez dias depois dentro de um carro roubado, abandonado numa rua de Montevidéu. O episódio foi retratado pelo cineasta Costa-Gavras no filme *Estado de sítio*, de 1973.

No mesmo dia em que sequestraram Mitrione, os guerrilheiros capturaram também o cônsul brasileiro em Montevidéu, Aloysio Dias Gomide, que só foi libertado seis meses depois, em fevereiro de 1971, após o pagamento de resgate.

O Movimento de Libertação Nacional-Tupamaros havia sido fundado em 1962 pelo dirigente sindical Raul Sendic, com o objetivo de desencadear a guerrilha urbana. O nome escolhido é uma homenagem a Tupac Amaru, o chefe inca que lutou contra o domínio espanhol no Peru. Além dos sequestros, as ações do grupo incluíam assaltos a bancos e atentados a bomba. Um de seus ataques de maior repercussão foi a invasão de um clube de milionários em Montevidéu. Quando o comando deixou o local, em uma das paredes havia a inscrição: *O Bailan Todos O No Baila Nadie* (Ou dançam todos ou ninguém dança).

Sendic foi preso pela primeira vez em 1970. Conseguiu fugir em 1971, mas foi novamente detido um ano depois. Passou treze anos nos cárceres da ditadura. Sofreu torturas físicas e psicológicas e só foi libertado após a redemocratização, em 1985. Morreu em Paris, em 1989, vítima da doença de Charcot, que ataca o sistema nervoso. Essa doença pode ser provocada, entre outras causas, por choques elétricos.

Após o assassinato de Mitrione, em agosto de 1970, o governo intensificou a repressão. Em janeiro de 1971, as poucas garantias constitucionais que ainda vigoravam foram suspensas depois do sequestro, também pelos Tupamaros, do embaixador britânico, Geoffrey Jackson. Em 9 de setembro de 1971, após a fuga de mais de cem tupamaros — liderados por Sendic, eles cavaram um túnel, que ligava o presídio de Punta Carretas a uma casa —, Pacheco Areco mobilizou o Exército para um combate em massa contra a guerrilha.

O ano de 1971 marcou o lançamento da Frente Ampla, uma coalizão de forças de esquerda e de centro, que reunia socialistas, comunistas, democratas-cristãos e grupos de ultraesquerda, liderada pelo general da reserva Líber Seregni.

DE INFERNOS E DEMÔNIOS

Ao ver se aproximar o fim de seu mandato, Pacheco Areco tentou forçar a aprovação de emenda constitucional que garantisse a reeleição. A manobra não vingou, mas ele conseguiu fazer o sucessor: Juan Maria Bordaberry, eleito pelo Partido Colorado, que iria superar Pacheco Areco na disputa pelo título de campeão do obscurantismo. Se Pacheco Areco havia sido o porteiro do inferno uruguaio, a Bordaberry estava reservado o papel de assistente do demônio. A eleição de Bordaberry já foi marcada pela suspeita de fraude. Ele disputava voto a voto, na apuração, com o candidato liberal, o senador Wilson Ferreira Aldunate, quando, de repente, a contagem foi misteriosamente suspensa. Ao ser retomada a apuração, Bordaberry estava em vantagem e acabou vencendo as eleições pela estreita margem de 10 mil votos.

Em março de 1972, Bordaberry prestou juramento como novo presidente para cumprir um mandato até 1976. A posse coincidiu com o agravamento da crise política. Diferenças irreconciliáveis entre direita e esquerda iriam prolongar o pesadelo vivido pelos uruguaios. Com apenas um mês na presidência, Bordaberry decretou o "estado de guerra interna" e suspendeu todos os direitos civis após um tiroteio entre militares e guerrilheiros. A medida, inicialmente, deveria vigorar apenas por trinta dias, mas o Parlamento, estimulado pelo presidente, decidiu estendê-la até o fim de 1973.

Não satisfeito, o presidente baixou, em julho de 1972, a Lei de Segurança do Estado. Todos os direitos constitucionais foram suspensos por tempo indefinido. Isso significava que a polícia podia invadir qualquer residência ou local de trabalho, fazer prisões sem mandado judicial e não comunicar à Justiça a existência de presos em dependências do Estado. Os abusos se multiplicaram, incluindo prisões arbitrárias, torturas e massacres de adversários do regime. Quando não encontravam os suspeitos procurados, os agentes prendiam parentes, amigos e até crianças que tivessem alguma ligação com as pessoas visadas.

Além de garantir plenos poderes ao Exército e à polícia, Bordaberry ampliou o orçamento destinado à compra de equipamentos para enfrentar conflitos urbanos. No período aproximado de um ano, o Exército havia imposto pesadas derrotas à guerrilha. Os poucos sobreviventes do grupo estavam presos ou tinham escapado para o exílio. Mas os militares queriam mais. Em fevereiro de 1973, assumiram o poder na prática, reservando a Bordaberry um papel figurativo. O presidente foi obrigado a assinar um acordo que assegurava às Forças Armadas a participação nas principais decisões políticas do governo. Bordaberry não poderia tomar qualquer decisão de importância na área política sem a chancela das Forças Armadas.

Irritados com uma tentativa do Parlamento de investigar as denúncias de torturas e assassinatos, os militares ordenaram a Bordaberry, em 27 de junho de 1973, que dissolvesse a Assembleia Geral e a substituísse pelo Conselho de Estado. O controle desse conselho caberia, evidentemente, a eles. Outro decreto autorizava as Forças Armadas e a polícia a tomar "todas as medidas necessárias" para garantir o funcionamento dos serviços públicos. Na prática, isso significava que greves, manifestações e protestos de qualquer espécie seriam prontamente reprimidos, os participantes presos e, em caso de paralisação de serviços, os funcionários seriam imediatamente substituídos. Apesar do clima repressivo, os sindicatos lançaram uma greve geral, que atingiu principalmente o setor industrial e durou duas semanas. Em resposta, o comando militar ordenou a dissolução da Confederação Nacional dos Trabalhadores e decretou a intervenção nas universidades para combater grupos estudantis acusados de disseminar o marxismo-leninismo. As universidades perderam a autonomia para escolher sua própria direção.

Os militares uruguaios adotaram a doutrina de segurança nacional, a exemplo dos países vizinhos. Baseada em conceitos de geopolítica, essa doutrina era fortemente carregada de tempero ideológico conservador e de interesses econômicos e estratégicos dos Estados Unidos. Argentina e Chile também foram alvo dessa mistura de ideologia e interesses econômicos. Foi um dos resultados da passagem de oficiais das Forças Armadas de quase todos os países do continente pelas academias militares norte-americanas, em especial a tristemente famosa Escola das Américas, no Panamá, que se transformou, em determinada época, numa fábrica de tiranos e tiranetes latino-americanos.

Com um presidente civil transformado em marionete, o Uruguai vivia, na prática, sob uma ditadura militar. A Anistia Internacional calcula que, em 1976, o Uruguai tinha mais presos políticos *per capita* do que qualquer outra nação no globo. Os opositores do regime que escapavam da morte, das prisões e das torturas buscavam refúgio no exterior. Por essa época, cerca de 10% da população uruguaia, estimada em 2,9 milhões de pessoas, havia emigrado por razões políticas ou econômicas. Organizações de defesa dos direitos humanos calculam em mais de duzentos o número de mortos e desaparecidos, vítimas da ditadura.

Em junho de 1976, Bordaberry tentou um contragolpe. Propôs aos militares a eliminação dos partidos políticos e a criação de um regime com todos os poderes concentrados num único dirigente. Pretendia se transformar em presidente vitalício e para isso se comprometia a executar tudo que já estava previsto nos decretos impostos pelo conselho. Os militares rejeitaram a oferta e o puseram para fora.

Bordaberry foi substituído por Alberto Demichelli Lizaso, que, oficialmente, ocupava o posto de presidente do Conselho de Estado, mas na prática era pouco mais do que um mensageiro a serviço dos comandantes militares. Enquanto isso, o braço da repressão continuava agindo, e com um alcance cada vez maior. Pistoleiros a serviço do regime assassinaram, na Argentina, dois políticos uruguaios: Héctor Gutiérrez Ruiz, do Partido Nacional, e Zelmar Michelini, da Frente Ampla. Essas mortes faziam parte do plano de repressão conjunta das ditaduras latino-americanas, denominado Operação Condor. Gutiérrez e Michelini foram caçados com a ajuda de militares argentinos. No Brasil, vítimas da mesma política colaboracionista, os uruguaios Lilian Celiberti e Universindo Diaz foram capturados pela polícia brasileira, em Porto Alegre, em 1978. Entregues aos militares uruguaios, os dois foram torturados e encarcerados por mais de cinco anos.

De acordo com o calendário eleitoral, em 1976 deveriam ser realizadas novas eleições. Com uma canetada, Demichelli baixou o Ato Institucional nº 1, cancelando as eleições. Três meses depois, foi dispensado e substituído por Aparício Méndez, outro mensageiro dos militares, que completou o serviço iniciado por seu antecessor, baixando um decreto que proibia as atividades políticas de todos que tivessem participado das eleições de 1966 e 1971.

DERROTA E HUMILHAÇÃO

Em 1977, os militares decidiram fazer uma abertura política à moda da caserna. Iriam permitir a atividade dos partidos Nacional e Colorado, mas só após uma depuração, para afastar os políticos considerados indesejáveis. Os partidos de esquerda continuariam banidos. Uma nova Constituição, redigida nos quartéis, seria submetida a plebiscito. E o país poderia ter eleições presidenciais, desde que houvesse um candidato único, com carimbo de aprovação do Alto-Comando das Forças Armadas e dos dois partidos. Ficou decidido que a nova constituição iria a plebiscito em 1980, como forma de tentar dar ao governo uma fachada de legitimidade.

Os líderes dos partidos Colorado e Nacional, além da Frente Ampla, rejeitaram a proposta. Quando o povo uruguaio teve a chance de se manifestar, por meio do plebiscito, os militares sofreram uma derrota humilhante. A nova Constituição foi rejeitada nas urnas por 57% a 43%, de acordo com os números oficiais, mas permanece a suspeita de que a margem verdadeira foi muito maior. O fracasso do modelo econômico do regime e da tentativa de obter algum grau de legitimidade para o governo tornou inviável a ideia dos militares de se perpetuar no poder, ainda que sob o disfarce de um governo civil tutelado pelas Forças Armadas. Após a derrota no plebiscito, o comando militar nomeou presidente o general da reserva Gregório Alvarez Armelino, um dos líderes do golpe. Ele assumiu em 1981 e aos poucos permitiu a retomada do diálogo entre o governo e os partidos políticos. Em 1982, o governo baixou uma série de normas relacionadas com o funcionamento dos partidos e a preparação para futuras eleições. Apesar da aparente abertura política, os militares ainda insistiam em ter todo o processo sob estrito controle. Em novembro de 1983, todos os partidos políticos promoveram uma grande manifestação, em Montevidéu, para exigir o restabelecimento da democracia e o fim da proibição às atividades dos grupos de esquerda.

Enquanto isso, a situação econômica continuava se deteriorando. Entre 1981 e 1983, o PIB caiu cerca de 20% e o desemprego aumentou para 17%. A dívida externa disparou, alcançando um novo recorde, de 3 bilhões de dólares, (6,3 bilhões em 2010), em 1984. Não restava outra opção aos militares a não ser abandonar o barco. Permanecer significava tentar tudo novamente. As mesmas receitas recessivas, o mesmo arrocho salarial e a mesma repressão violenta. A exemplo dos países vizinhos, oficiais uruguaios perceberam que haviam sujado as mãos de sangue e manchado a honra das Forças Armadas ao entrar na disputa política. Nas eleições de 1984, os partidos de esquerda foram proscritos. O líder da Frente Ampla, general da reserva Líber Seregni, continuava preso. Por sua oposição à ditadura, fora condenado a catorze anos de prisão e à perda da patente militar, acusado de "traição à pátria". E o dirigente do Partido Nacional (Blanco), Wilson Ferreira Aldunate, foi detido ao regressar de um exílio de 11 anos.

Com todas essas restrições, não foi surpresa a vitória do colorado Julio Maria Sanguinetti, ex-ministro da Educação nos tempos da ditadura e o único candidato que possuía um aval do comando militar. Em seu primeiro mês no governo, Sanguinetti aprovou, com apoio do Parlamento, uma anistia que permitiu a libertação de todos os presos políticos. Mais tarde, em 1986, os militares acusados de violações dos direitos humanos durante a ditadura também foram anistiados. Em 1989, o eleito foi o candidato Luis Alberto Lacalle, do Partido Nacional. Lacalle aprofundou a política econômica liberal do governo anterior e intensificou a privatização de empresas.

Cinco anos depois, em 1994, Sanguinetti, o primeiro presidente civil após a ditadura militar (1985-1989), foi eleito para mais um mandato. Já em 1999, colorados e blancos se uniram para evitar a vitória da esquerda e elegeram Jorge Batlle* (sobrinho do patriarca José Batlle y Ordóñez). Naquele ano, eles conseguiram impedir a eleição do representante da coalizão de esquerda Encontro Progressista (EP), Tabaré Vasquez. Mas, em 2004, o esquema dos partidos conservadores não funcionou e Tabaré Vasquez acabou sendo eleito, na primeira vez que um candidato esquerdista assumiu a presidência do Uruguai. O governo de Tabaré Vasquez manteve a estabili-

---

* Jorge Batlle envolveu-se num incidente diplomático com a Argentina durante entrevista a um canal de televisão — quando acreditava que ainda não estava sendo gravado — ao afirmar que "todos os argentinos são ladrões". Para corrigir o estrago, teve de ir a Buenos Aires pedir desculpas oficiais.

dade política, garantiu o crescimento da economia, reduziu o desemprego e fez o sucessor. Em novembro de 2009, os uruguaios elegeram para a presidência o representante da coalizão de esquerda, José Mujica, ex-guerrilheiro tupamaro.

NOS TEMPOS DA SUÍÇA LATINA

Nas duas primeiras décadas do século XX, o Uruguai obteve conquistas que outros países levaram mais de meio século para alcançar. E muitos não têm até hoje: jornada de trabalho de oito horas, seguro-desemprego, normas de segurança no trabalho e pensão para os aposentados. O país foi o primeiro da América Latina a ter uma lei de divórcio, aprovada em 1907. Em 1909, o governo eliminou a educação religiosa nas escolas públicas. O Uruguai foi o primeiro país latino-americano a ter ensino médio obrigatório e superior gratuito. E o único a experimentar uma forma de colegiado de governo, semelhante ao existente na Suíça. Essas inovações, somadas ao desenvolvimento econômico e social registrado na primeira metade do século, levaram o país a ficar conhecido como a Suíça da América Latina.

A maioria desses avanços foi alcançada graças à influência de José Batlle y Ordóñez, do Partido Colorado, eleito pela primeira vez em 1903 (o pai dele, Lorenzo Batlle, havia sido presidente entre 1868 e 1872). Ao terminar seu primeiro mandato de quatro anos, em 1907, Batlle y Ordóñez não estava satisfeito com os resultados obtidos. Ele achava que era preciso assentar as bases de um Estado moderno, que criasse as condições para um rápido desenvolvimento econômico e social. Assim que deixou o poder, embarcou para a Europa, onde foi estudar administração pública e sistemas de governo. Ao retornar, foi reeleito para um segundo mandato, em 1911, e deu início a uma das mais inovadoras gestões já realizadas não apenas no Uruguai, mas em toda a América Latina. Nos quatro anos seguintes, colocou em prática muitas de suas ideias ou deixou o caminho aberto para outras que seriam aprovadas nos governos posteriores.

Por entender que um presidente não deveria tomar todas as decisões, no que se refere ao Executivo, Batlle y Ordóñez defendeu a criação de um colegiado de nove membros, a exemplo do que havia visto na Suíça. Ele não conseguiu ver esse projeto aprovado durante seu governo, mas apenas em 1917. A ideia era que o colegiado fosse integrado por representantes dos partidos mais votados nas eleições, distribuindo-se as cadeiras de forma proporcional. A intenção era ampliar o processo democrático no âmbito do Executivo. O sistema vigorou por pouco tempo e logo foi abolido por grupos conservadores, incomodados com o excesso de participação e mais interessados na concentração de poderes.

Social-democrata, antimarxista, mas também anticlerical, Batlle y Ordóñez tinha como meta a modernização do país, tomando como base as aspirações de todos os segmentos da sociedade. No campo econômico, acreditava que os principais serviços públicos, na época controlados por empresas estrangeiras, deveriam permanecer em mãos do Estado, de forma a evitar envio de divisas para o exterior. Essa perda de divisas, segundo ele, enfraquecia o balanço de pagamentos e dificultava a acumulação de poupança interna. Em 1912, criou a Companhia Estatal de Energia Elétrica, para controlar a produção e distribuição de energia no país. Em seguida, criou três institutos para pesquisa e exploração de recursos minerais, incluindo carvão e gás, indústria química e pesca. Em 1914, comprou a empresa ferroviária North Tramway, embrião do que viria a ser a principal ferrovia do país. Também nacionalizou a maior instituição de poupança e empréstimos do país, que detinha o monopólio de impressão da moeda e era controlada por capital estrangeiro.

No setor agrícola, Batlle y Ordóñez esbarrou em férrea resistência ao tentar desestimular a concentração de grandes extensões de terra em mãos de poucos proprietários, por meio de um imposto progressivo. Sua proposta era: quanto maior a propriedade, maior o imposto. Os proprietários de áreas não utilizadas também teriam de pagar mais. O programa foi alvo de violentas campanhas dos fazendeiros e acabou fracassando. Ainda no setor agrícola, o governo criou uma série de institutos governamentais dedicados à pesquisa tecnológica e ao desenvolvimento da pecuária de corte e leite, produção de sementes, reflorestamento, horticultura e forragens. Ele também tentou taxar as heranças, mas sofreu oposição e boicote.

No setor industrial, o governo adotou uma política protecionista, com o objetivo de desenvolver as empresas locais. Impôs tarifas para os produtos estrangeiros e facilitou a importação de máquinas e matérias-primas. A industrialização da carne estimulou a pecuária de corte e se transformou na principal fonte de riqueza do Uruguai, embora o setor frigorífico tenha ficado sob controle de empresas britânicas e norte-americanas.

Em 1916, ainda sob a administração de Batlle y Ordóñez, o governo tratou de expandir a educação para o maior número possível de jovens, tornando gratuitos os cursos superiores e ampliando a rede de escolas para todos os departamentos. Essa rede começou a ser construída em 1912, por iniciativa do presidente, que via na educação um fator essencial para o desenvolvimento. Para atrair mais mulheres para os cursos superiores, a Universidade da República criou um departamento especialmente dedicado a elas.

A aprovação da lei do divórcio provocou um conflito com a Igreja Católica, mas o presidente não recuou. Para complementar as leis de 1907 e 1910, que asseguravam o divórcio litigioso ou por consenso, uma nova legislação foi aprovada em 1912, permitindo às mulheres iniciar o processo de separação sem causa específica, simplesmente porque não desejavam continuar casadas. Uma proposta como essa ainda hoje é inimaginável em muitos países.

Em 1917, foi aprovada uma nova Constituição, a segunda na história do país, que refletia muitas das transformações políticas e sociais defendidas por Batlle y Ordóñez. A Carta promovia a separação entre Igreja e Estado, ampliava os direitos dos cidadãos, estabelecia o voto secreto e a representação proporcional e acabava com a pena de morte. Também criava empresas estatais autônomas nas áreas da indústria, educação e saúde.

A Constituição de 1917 previa a realização de eleições anuais, para renovação nos diversos escalões do governo. Várias propostas de reformas sociais defendidas em anos anteriores por Batlle y Ordóñez foram aprovadas. Em 1920, foi a vez da compensação por acidentes de trabalho e, em seguida, a jornada de trabalho de seis dias por semana. Em 1923, foi estabelecido um salário mínimo para o setor rural, embora os proprietários de terra tenham se recusado a obedecer. Um sistema de seguro social, criado em 1919 para os funcionários públicos, foi estendido aos trabalhadores do setor privado em 1928.

A GRANDE CRISE

Em 1930, o Uruguai ganhou sua primeira Copa do Mundo de futebol, mas essa vitória importante no esporte não seria o prenúncio de bons tempos. Os resultados das eleições realizadas naquele ano antecipavam dificuldades. Com a morte de Batlle y Ordóñez, por doença, em 1929, o Partido Colorado se dividiu. O candidato do partido, Carlos Manini Rios, foi derrotado por pequena margem. Gabriel Terra (1931-1938), dissidente colorado que iria se afastar cada vez mais dos seguidores de Batlle y Ordóñez, tornou-se presidente em março de 1931.

A posse de Gabriel Terra coincidiu com os efeitos da Grande Depressão. As exportações entraram em declínio e, como o país dependia excessivamente de um só produto, a carne, uma crise econômica e social alastrou-se rapidamente. Em 1932, a Inglaterra, o principal mercado da carne uruguaia, começou a reduzir as importações. Os preços dos produtos agrícolas despencaram. A moeda se desvalorizou e os índices de desemprego dispararam. Empresas com sede no país que tinham investido no exterior perderam boa parte de seu capital. As ações despencavam nas bolsas e fortunas se desfaziam de um dia para o outro.

Com o agravamento da crise, as conquistas sociais, como a jornada de trabalho de oito horas, passaram a ser torpedeadas pelos conservadores. O desemprego agravou as tensões e começaram a explodir conflitos entre a polícia e trabalhadores. Terra rompeu com seus seguidores no Partido Colorado e passou a defender a reforma da Constituição e a eliminação do colegiado, responsável pelas políticas sociais e econômicas. O presidente procurou transferir para o colegiado a responsabilidade pela crise. Terra tinha apoio do Comitê de Investigação da Economia Nacional, criado em 1929 com a participação das organizações empresariais. O comitê defendia a privatização das empresas, o fim dos benefícios sociais e a redução dos impostos.

Nos primeiros meses de 1933, a crise se agravou e ficou evidente que o país não teria como pagar os juros da dívida externa. Terra aproveitou o período de instabilidade e obteve apoio político para um golpe de Estado. Em 31 de março de 1933, dissolveu o Parlamento e acabou com o colegiado, passando a governar por decreto. Uma das primeiras medidas da ditadura foi a imposição da censura à imprensa. Adversários do novo regime passaram a ser perseguidos, presos e até assassinados. Outros foram deportados. Em 1934, Terra foi eleito para um novo mandato, embora a reeleição fosse inconstitucional.

Aos poucos, a oposição tentou, sem sucesso, se organizar para enfrentar a opressão do regime. O governo baixou leis que previam punições severas contra manifestações de civis ou militares. Em 1935, Terra escapou de uma tentativa de assassinato. Antecipando-se ao crescimento da oposição, o governo promulgou leis que limitavam a ação dos partidos. Uma delas reservava o controle dos partidos Colorado e Blanco, incluindo slogans e bandeiras, àqueles que tivessem participado das últimas eleições, ou seja, que apoiavam a ditadura.

A política externa do regime voltou-se cada vez mais para a aproximação com os Estados Unidos e a Inglaterra. Aproveitando-se da fragilidade econômica do país, o governo inglês impôs um acordo leonino, assinado em 1935. O documento estabelecia que o Uruguai deveria comprar carvão apenas dos ingleses e oferecer tratamento especial às companhias britânicas, além de utilizar o produto das exportações para pagar a dívida externa. Tudo isso apenas para garantir a retomada das exportações de produtos uruguaios para a Inglaterra. No mesmo ano, o Uruguai cortou relações com a União Soviética e, em 1936, com a Espanha. Ao mesmo tempo, aproximou-se dos regimes de Benito Mussolini, da Itália, e Adolf Hitler, da Alemanha. A construção de uma hidrelétrica em Paso de los Toros, no Rio Negro, foi iniciada em 1937, com financiamento da Alemanha.

As eleições gerais de 1938 foram as primeiras em que as mulheres uruguaias puderam votar. Terra conseguiu eleger seu cunhado, o general Alfredo Baldomir, para sucedê-lo, mas os partidos da oposição — blancos, nacionalistas independentes e os herdeiros de Batlle y Ordóñez — se recusaram a participar. Logo que assumiu a presidência, Baldomir teve de enfrentar uma tentativa de golpe. Para contornar a crise, prometeu reformar a Constituição, mas não cumpriu a promessa.

Pressionado por todas as correntes políticas e sem base de apoio para governar, Baldomir dissolveu o Parlamento, em 1942, e o substituiu pelo Conselho de Estado, integrado essencialmente por representantes do Partido Colorado. Era um golpe de Estado, sem uso de armas. Nas eleições de 1942, blancos e colorados mais uma vez dividiam o palco, embora outros grupos, como os nacionalistas independentes, socialistas e comünistas, também estivessem atuantes. O candidato do Partido Colorado, Juan José Amézaga, foi eleito para cumprir um mandato de quatro anos, de 1943 a 1947. Os eleitores também aprovaram uma nova Constituição, que restabelecia o funcionamento da Assembleia Geral.

Amézaga restaurou as liberdades civis e apagou os vestígios da ditadura. Com a abertura política, o país entrou em uma nova era, marcada pelo crescimento econômico e por um clima de otimismo. Esse clima levou à criação de um slogan que acabou sendo adotado por todos os setores da sociedade: *Como el Uruguay, no hay*. Durante o governo de Amézaga, o Estado recuperou sua atuação em diversas áreas e a legislação social voltou a registrar importantes mudanças. Em 1943, o governo criou um conselho salarial, integrado por representantes do Estado, dos trabalhadores e das empresas, encarregado de estabelecer o valor dos salários. A esse conselho coube a criação de assistência social à família dos trabalhadores. No mesmo ano, os empregados no setor rural foram incorporados ao sistema previdenciário.

Em 1945, o Parlamento aprovou lei determinando que as empresas pagassem indenização aos empregados demitidos, além de estabelecer um programa de benefícios voltado para os trabalhadores rurais. No ano seguinte, o Estatuto do Trabalhador Rural assegurou os direitos trabalhistas para os empregados no setor, enquanto outra lei garantia igualdade às mulheres na questão dos direitos civis. A partir do início da década de 1940 o salário real começou a aumentar, o que significava uma melhoria no padrão de vida da classe trabalhadora e esse fator promoveu uma onda de dinamismo no mercado interno. O desenvolvimento industrial se acelerou entre 1945 e 1955 e a produção praticamente dobrou nesse período. A agricultura também experimentou um *boom*. As reservas do país em ouro alcançaram níveis recordes, e a cidade de Punta Del Este atraía milionários do mundo inteiro para seus cassinos.

Nas eleições de 1946, o escolhido foi Tomás Berreta, que morreu apenas seis meses após a posse. Assumiu o vice, Luis Batlle Berres — sobrinho-neto de José Batlle y Ordóñez e filho de Jorge Batlle —, que governou até 1951. Batlle Berres representava a facção mais popular do batllismo, conhecido como Unidade e Reforma ou Lista 15, por causa do número que identificava o partido. Luis não demorou a se afastar de seus primos, Lorenzo e César, filhos de José Batlle y Ordóñez, que se consideravam os verdadeiros donos da herança política do pai e que promoviam uma visão mais conservadora de como o país deveria ser governado. A partir das páginas do jornal *El Dia*, que controlavam, os filhos do velho patriarca combatiam o que consideravam um liberalismo exagerado do presidente e acabaram criando uma dissidência no Partido Colorado que viria a ser chamada de Lista 14.

Para combater a influência dos primos, Batlle Berres criou seu próprio jornal, *Acción*, em 1948, comprou uma emissora de rádio e buscou apoio de uma base política integrada principalmente por líderes jovens, que viria a ser batizada de neobatllismo. Batlle Berres rejeitava o comunismo e outras experiências populistas e autoritárias em andamento no continente, especialmente na vizinha Argentina, onde começava a era de Juan Domingo Perón. Empenhava-se na formação de um movimento multipartidário, que representasse, acima de tudo, o compromisso com a conciliação. Ele acreditava que o papel do Estado era salvaguardar a paz social e corrigir, por meio de leis adequadas, as injustiças sociais e diferenças criadas pela estrutura socioeconômica.

Batlle Berres defendia um modelo econômico que assegurasse a industrialização do país, em substituição às importações. O governo procurava estimular a atividade agrícola e industrial por meio da concessão de créditos e subsídios. Garantia preços mínimos para a agricultura e facilitava a importação de insumos agrícolas. Novas culturas eram incentivadas, de forma a garantir o suprimento de matérias-primas para a indústria, e os excedentes eram exportados. Apesar do apoio do governo, grupos conservadores, entre eles os grandes proprietários de terra, se organizaram para combater a legislação social e a política de redistribuição de renda.

O grupo Unidade e Reforma voltou a eleger um presidente, nas eleições de 1950, com Andrés Martínez Trueba (1951-1955), de tendência batllista, que rapidamente propôs emenda constitucional com o objetivo de retomar um dos mais acalentados sonhos de José Batlle y Ordóñez: o colegiado que garantisse um sistema plural para o Executivo. Uma nova Constituição foi aprovada em plebiscito, em 1951, e entrou em vigor em 1952. A Carta restabelecia o colegiado sob a designação de Conselho Nacional de Governo, com nove membros: seis da facção dominante do partido majoritário e três da segunda maior força política. De acordo com a nova legislação, a presidência seria exercida de forma rotativa, entre os seis integrantes do partido majoritário.

O Uruguai desfrutava nessa época de uma nova onda de prosperidade e a criação de um colegiado de governo no estilo suíço reforçava a imagem do país como um pequeno enclave democrático e civilizado no continente. Para completar, em 1950, o país conquistou sua segunda Copa do Mundo de futebol.

DECLÍNIO E QUEDA

A primeira metade da década de 1950 iria marcar o início do declínio da economia uruguaia. O fim da Guerra da Coreia (1950-1953) interrompeu um importante fluxo de exportações do país, que fornecia tecido para uniformes das tropas dos Estados Unidos, além de carne industrializada. A redução das exportações acabou se refletindo em outros setores. Os preços dos produtos agrícolas despencaram e o desemprego aumentou. A queda no valor real dos salários disparou uma onda de agitação social.

A vitória do Partido Blanco, em 1958, levou ao poder as forças conservadoras que representavam os grandes proprietários de terras e criadores de gado. O governo optou rapidamente por uma política econômica liberal e eliminou o que ainda restava do modelo protecionista que havia acelerado o desenvolvimento industrial. Em 1960, o Uruguai assinou seu primeiro acordo com o Fundo Monetário Internacional. O governo desvalorizou a moeda e liberou o câmbio. Também derrubou as barreiras de importação, o que iria causar um sério impacto na nascente indústria local.

As mudanças tinham como objetivo favorecer o setor agropecuário e as exportações do agronegócio. Entretanto, esse modelo não poderia ser aplicado integralmente. A inflação saltou para mais de 50% ao ano entre 1963 e 1967. Em 1965, o sistema financeiro pressionado e a especulação desencadearam uma crise bancária. Os conflitos trabalhistas se acentuaram. Para tentar romper com a estagnação econômica, o governo atendeu a uma das principais recomendações da chamada Aliança para o Progresso — programa dos Estados Unidos que deveria promover o desenvolvimento e a modernização dos países da América Latina — e elaborou um plano de metas para os dez anos seguintes. Na prática, nenhuma das recomendações chegou a ser executada.

Durante a era do Partido Nacional (Blanco), setores tradicionais do poder político e econômico passaram a culpar o colegiado pelas dificuldades enfrentadas pelo país. Nas eleições de 1966, três emendas constitucionais foram submetidas à votação: uma delas acabava com o colegiado executivo, outra restabelecia o regime presidencial e uma terceira ampliava os poderes do presidente e aumentava o mandato de quatro para cinco anos. Aprovadas com apoio de blancos e colorados, elas foram incorporadas à Constituição em 1967. Nessa época foi criado o Banco Central do Uruguai.

Entre março de 1959 e fevereiro de 1967, o país foi governado por sucessivos governos conservadores blancos. Diante da crescente crise econômica e social, não foi surpresa a vitória do Partido Colorado nas eleições de novembro de 1966. Em março de 1967, o general da reserva Oscar Gestido, que havia conquistado a reputação de sério administrador quando dirigiu as ferrovias estatais, se tornou presidente. Ele teve o apoio da União Colorada e batllista, incluindo a Lista 14 e grupos conservadores. Entre junho e novembro de 1967, o governo, sob influência dos batllistas, tentou reimplantar as políticas econômicas e sociais implementadas desde 1959 e resgatar o antigo modelo desenvolvimentista. Em dezembro, o presidente Gestido morreu e o vice, Jorge Pacheco Areco (1967-1972), assumiu o governo. Começavam a ser abertas as portas do inferno.

ARGENTINA

Será necessário levar adiante uma tarefa permanente de doutrinação das massas... devemos ser capazes de formar uma massa que pense da mesma maneira... Temos de chegar ao momento em que poderemos dizer que 70% dos argentinos são peronistas [...] Os restantes são bárbaros [...] E o que fazer com eles? [...] Bem, vamos deixar o revólver de lado e tentar o violino [...] Mais tarde teremos tempo para voltar ao revólver.

Juan Domingo Perón, em discurso em 1952, revelando o sonho de um partido único e de um governo sem oposição

A TENTAÇÃO TOTALITÁRIA

Nelly tinha apenas 13 anos quando se conheceram. Aos 57, ele podia ser seu avô. Ele era o todo-poderoso ditador argentino, general Juan Domingo Perón, e ela, Nellida Rivas, filha do zelador e aluna de uma escola feminina de Buenos Aires. O general tinha o estranho hábito de visitar escolas para moças. Gostava de ver as aulas de dança e ginástica e adorava entregar medalhas para as mais bem colocadas em concursos. Nessas ocasiões, aproveitava para enfiar maços de notas graúdas nas mãos das mocinhas, em meio a elogios um tanto exagerados às suas qualidades artísticas ou esportivas. Morena, de olhos verdes, Nellida Rivas — ou Nelly, como ele viria a chamá-la em adocicadas cartas de amor — logo passou a receber atenção especial do general.

Não demorou para que ela começasse a frequentar a mansão num bairro exclusivo de Buenos Aires, onde o general costumava receber suas amantes, e logo se transformou numa das mais assíduas frequentadoras do local. Nellida ganhou de presente algumas das joias que tinham pertencido à segunda mulher do general, Eva Perón, Evita, morta em 1952. Quase uma menina, costumava comentar com as amigas: "Sim, podia ser meu avô, mas ele me ama." Na intimidade e nos bilhetes, ele pedia para ser chamado de Papi. Além das joias, o general a cobria de outros presentes, como roupas, sapatos, perfumes, um cachorro poodle e até uma casa para os pais dela, num subúrbio da capital.

Ao ser deposto e partir para o exílio, em 21 de setembro de 1955, Perón estava sendo processado pelo estupro de Nellida, era acusado de sacar, junto com seus companheiros de governo, o equivalente a 20 milhões de dólares (162 milhões em 2010) do já combalido Tesouro argentino — em barras de ouro e em dinheiro, que teriam sido transferidos para a Suíça — e foi proibido pelo Alto-Comando de usar o uniforme do Exército, pelo crime de desonra.

Embarcado às pressas numa enferrujada canhoneira da Marinha do Paraguai, na qual fez parte do percurso até o exílio, em Assunção, Perón via desmoronar assim o sonho de construir na Argentina um regime fascista semelhante ao de Benito Mussolini, seu ídolo desde que passara pela Itália, como adido militar, entre 1940 e 1941. Essa intenção era manifestada nos discursos e nas conversas entre os membros do governo. "O Duce é o maior homem do século", Perón não se cansava de repetir. Esse fascínio pelo nazifascismo explica por que a Argentina se tornou um refúgio para criminosos de guerra nazistas após a Segunda Guerra.

Em maio de 1952, durante reunião com governadores, Perón declarou:

> Será necessário levar adiante uma tarefa permanente de doutrinação das massas. Se não formos capazes de formar uma massa que pense da mesma maneira, tenha o mesmo objetivo e aja da mesma forma, é melhor nem tentar, porque quando os homens pensam de maneira diferente eles lutam... Temos de alcançar o momento em que poderemos dizer que 70% dos argentinos são peronistas. Os restantes são bárbaros. E o que teremos que fazer com os bárbaros? Vamos deixar o revólver de lado e tentar o violino para ver se alcançamos bons resultados... Mais tarde teremos tempo de voltar ao revólver.

Após a queda do ditador, o novo governo, chefiado pelo general Eduardo Lonardi, criou a Comissão Nacional de Recuperação dos Bens do Estado, para reaver parte do que fora desviado por Perón e dezenas de políticos e empresários ligados ao regime. Uma exposição montada em uma das quatro residências particulares do general para mostrar alguns desses bens incluía 12 automóveis de luxo de marcas europeias — entre eles dois Rolls Royce —, uma coleção de objetos de ouro, que ia de relógios e caixas repletas de joias até telefones; 400 vestidos que tinham pertencido a Evita Perón e uma enorme variedade de casacos de pele. No porão da residência havia um bunker, com passagem secreta, onde a comissão encontrou cofres recheados de dólares e moedas europeias.

Seis meses após a queda da ditadura, a comissão já havia recuperado 35 milhões de dólares (281 milhões em 2010) em dinheiro de origem ilegal; 2.500 pessoas foram detidas para interrogatórios relacionados a fraude e corrupção; mais de 300 processos foram abertos contra ex-funcionários, militares e empresários estreitamente ligados a Perón.

Um deles era o poderoso Alberto Dodero, conhecido na época como Don Alberto, que em pouco tempo acumulou imensa fortuna no setor de navegação. De uma pequena empresa herdada do pai ele construiu um império, que contava com mais de 300 navios e conquistava os principais contratos do governo. Generoso, retribuía com presentes, como joias e carros de luxo para Eva e Perón. Em processo movido contra o governo pelo suposto afundamento de uma pequena embarcação pelos nazistas, durante a Segunda Guerra, Don Alberto exigia indenização de 500 mil dólares (4 milhões em 2010). Levou não apenas essa quantia como um acréscimo de 2 milhões de dólares (16 milhões em 2010) por conta do montante que teria deixado de ganhar se o barco não tivesse sido afundado. Outro amigo de Perón era Jorge António, empresário com interesses em diversas áreas, incluindo as concessionárias de carros de luxo de Buenos Aires, acusado de fraude e sonegação de impostos. Diante das evidências recolhidas, a comissão recomendou que lhe fosse aplicada multa equivalente a 1 milhão de dólares (8 milhões em 2010).

SUICÍDIO SUSPEITO

Só após a queda da ditadura a imprensa de Buenos Aires se viu livre para tratar de outro escândalo que, na verdade, havia começado quando o regime exalava os últimos suspiros. A sogra de Perón, mãe de Eva, tinha sido excluída da relação de possíveis herdeiros dos bens da ex-primeira-dama, por ordem do próprio general. Pouco depois, era anunciada a morte do irmão de Eva, Juan Duarte, em circunstâncias não esclarecidas. A versão do governo dizia que ele havia cometido suicídio. Para os descrentes, não havia dúvidas de que tinha sido assassinado porque se tornara um personagem incômodo nos círculos oficiais. Era odiado pelo cunhado, a quem servira como secretário particular, e tinha se atrevido a defender os interesses da mãe em relação à herança de Eva Perón. Uma piada corrente na época dizia que as últimas palavras do "suicida" Juan Duarte foram "por favor, não atirem".

O novo governo, que tomou posse em 23 de setembro de 1955, suspendeu a censura à imprensa e à correspondência dos argentinos. Liberou as emissoras de rádio para transmissão de entrevistas e discursos de representantes da oposição — já que esse era um espaço reservado apenas aos peronistas —, acabou com a perseguição às Igrejas Católica e Protestante e eliminou a cobrança de contribuições "voluntárias" dos funcionários públicos — que eram descontadas em folha — para as obras de caridade da Fundação Eva Perón. Na sequência, a Suprema Corte recuperou sua autonomia e pôde, enfim, se livrar dos juízes impostos pela ditadura.

O CAMINHO PARA O PODER

O então coronel Juan Domingo Perón havia participado ativamente das conspirações que levaram ao golpe militar de 1943, que derrubou o governo constitucional do presidente Ramón Castillo. Em troca, ganhou o cargo de ministro do Trabalho. Nesse posto estreitou relações com as organizações sindicais, aproximação da qual iria colher muitos frutos. Nessa época, Perón exercia forte influência sobre um grupo de oficiais reformistas que dava sustentação ao regime. Esse grupo era bastante heterogêneo e incluía desde adeptos do fascismo italiano e do nazismo alemão até defensores do socialismo e do capitalismo. Na essência, o que eles defendiam era um regime autoritário que impusesse à força mudanças sociais e econômicas. As divergências dentro do grupo levaram a uma nova rebelião em 1945. Perón ficou do lado perdedor e foi parar na cadeia, em outubro daquele ano. Escapou graças a suas ligações com os sindicalistas e a Igreja Católica, que fizeram pressão para libertá-lo, e também à intensa campanha desencadeada no rádio por uma atriz e radialista com quem estava namorando: Maria Eva Duarte. Os dois tinham se conhecido numa festa de oficiais, quando o coronel se impressionou com aquela figura esguia e decidida, que exibia um ar de superioridade.

Durante o período em que Perón ficou detido, Maria Eva utilizou os microfones da emissora onde trabalhava para fazer campanha em defesa do namorado. Nos intervalos entre as radionovelas, nas quais interpretava papéis carregados de dramaticidade, e os anúncios comerciais, ela convocava os trabalhadores a se reunir na Praça de Maio e exigir a libertação do coronel Perón. Após uma semana de campanha, ele foi libertado. Quatro dias depois, em cerimônia restrita a poucos convidados, se casaram. Era o começo de uma união matrimonial e política que teria profunda repercussão na história do país. O nome Maria Eva ficaria no passado. Dali em diante, ela seria conhecida como Evita e estava pronta para receber o título de Rainha dos Descamisados.

Os dois não demoraram a perceber a força que poderiam ter ao juntar o apoio dos sindicatos e da Igreja Católica e o poder do rádio, o principal veículo de comunicação na época. A eleição de Juan Domingo Perón como presidente, para um mandato de seis anos, em fevereiro de 1946, não chegou a surpreender. Estava estabelecida a parceria e Evita ocupou rapidamente o lugar que lhe estava reservado. Num país arrasado por inúmeras crises econômicas, governos corruptos e incapazes, a fome, o desemprego e a falta de perspectiva esmagavam a maioria da população. O novo governo aprovou rapidamente leis que garantiam benefícios aos trabalhadores e criavam incentivos para a abertura de empresas e postos de trabalho.

De seu lado, Evita montou um amplo esquema de assistência social que incluía redes de distribuição de alimentos e roupas para os necessitados — ou "descamisados". A Fundação Eva Perón distribuía bolsas de estudo, cuidava da construção de asilos, encaminhava pessoas para empregos, providenciava remédios, internações em hospitais, partos de emergência e até dinheiro para os mais aflitos. Vestida sempre como se fosse a um jantar de gala e coberta de joias caríssimas, Evita circulava naturalmente entre as multidões que faziam filas nos postos da fundação. O casal costumava viajar pelo interior, onde a caravana presidencial distribuía alimentos e roupas para a população. Os produtos vinham de "doações" feitas pelos comerciantes e grandes empresários, que eram "convidados" a contribuir. Quem não atendesse corria o risco de agressão ou retaliação.

Em pouco tempo, a fundação passou a movimentar somas que chegavam a dezenas de milhões de dólares. Todas as grandes empresas contribuíam e os empresários sabiam que esse era um ponto fundamental para conseguir contratos com o governo. O mito de Evita se espalhava pelo país. Era adorada pelos pobres e muitos a viam quase como uma santa. Os mais crentes chegaram a lhe atribuir milagres e a defender sua canonização. No livro *La razon de mi vida,* ela praticamente se coloca como uma escolha divina para esse papel. E aproveita para comparar Perón a Jesus Cristo. Não satisfeita, vai mais longe e afirma que Perón "é o ar que respiramos, nosso sol e nossa vida". No livro, também se queixa de ter sido rejeitada pela sociedade argentina quando assumiu a condição de primeira-dama e pergunta: "Por que me rejeitaram, por minha origem humilde, por minha atividade artística?"

À parte o papel de candidata a santa, Evita deixou-se encantar pelas tentações do poder. Tinha uma coleção de joias digna de um xeique das Arábias. Empresários próximos ao casal sabiam como agradar-lhe e ela não recusava presentes. Seu guarda-roupas era maior do que o de muitas estrelas da Hollywood dos anos 1950. Quando viajava para Roma ou Paris, as grandes casas de moda promoviam desfiles exclusivos para ela nas embaixadas argentinas. A conta ficava para os embaixadores.

No segundo semestre de 1951, Evita adoeceu gravemente. A princípio, poucas informações eram reveladas ao público sobre seu estado de saúde. Mas depois que um cancerologista norte-americano foi chamado, toda a nação passou a acompanhar de perto a luta contra a doença. Durante meses, esse foi o assunto dominante no país. Eva Perón morreu em 26 de julho de 1952, aos 33 anos, vítima de câncer uterino. A notícia da morte desabou sobre os milhões de "descamisados" como uma catástrofe. Imagens de desespero eram vistas em todo o país. As pessoas choravam nas ruas, nas casas e nas igrejas. As cerimônias fúnebres foram carregadas de cenas dramáticas. No Congresso argentino, mais de cinquenta discursos foram pronunciados num único dia em homenagem a Evita. Ao longo de meses e anos, as pessoas continuaram pranteando a mulher que havia se tornado uma lenda, principalmente aqueles que tinham se beneficiado de alguma maneira dos programas de assistência social. Não foram poucos os que chegaram a pensar em canonizá-la.

Perón contratou uma equipe de especialistas espanhóis para embalsamar o corpo, seguindo os mesmos procedimentos usados para conservar os restos mortais de Lenin. Depois de permanecer três anos na sede da Confederação Geral do Trabalho, em Buenos Aires, o corpo foi retirado em segredo, em 22 de dezembro de 1955, e levado para a Itália. Primeiro Roma e Milão, em seguida Madri, enquanto Perón residiu lá, e, mais tarde, de volta à Argentina.

Em novembro de 1951, enquanto Evita lutava contra a doença, Perón foi reeleito para mais um mandato de seis anos, que deveria durar de 1952 a 1958. Mas a segunda passagem pelo poder lhe reservava grandes surpresas. A economia não se expandiu como o previsto, já que era movida de forma artificial. Perón havia estatizado amplos setores da indústria, das comunicações, da energia elétrica e dos transportes. Nem as empresas de seu velho amigo Alberto Dodero escaparam. Don Alberto teve de vender para o governo, a preços abaixo do mercado, seu império no setor de navegação. As empresas estatais, nas mãos de caciques do peronismo, só geravam déficit e corrupção.

O desemprego e a inflação em alta aceleraram o descontentamento entre os trabalhadores e levaram a uma série de greves. As denúncias de corrupção se avolumavam. O governo apelou para a repressão. Líderes sindicais e políticos da oposição desapareciam de repente ou apareciam mortos. Foi o que aconteceu com o médico e dirigente do Partido Comunista Argentino Juan Ingalinella, preso e torturado pela polícia de Rosario. O comunicado oficial distribuído após a morte de Ingalinella antecipava a desfaçatez e o clima de absurdo que anos mais tarde tomaria conta do país durante a ditadura militar. O texto dizia que o médico "morreu de ataque cardíaco durante interrogatório no qual a violência pode ter sido usada". A tradução é que ele havia sido torturado com um instrumento muito utilizado pela polícia argentina na época, a picana, versão rudimentar do aparelho usado pelos dentistas para remover cáries. Em vez de uma broca, da ponta saía uma corrente elétrica, que era aplicada nas partes sensíveis do corpo.

A CULPA É DA IMPRENSA

A crise econômica e social se acentuava, e o governo não demorou a encontrar inimigos em quem jogar a culpa. A imprensa e a Igreja Católica foram os alvos escolhidos. Na verdade, os jornais argentinos já vinham sofrendo perseguição desde o primeiro mandato, por reagir às intenções do governo de promover a doutrinação e a ideologia do partido único. Primeiro, o governo resolveu cobrar impostos pesados sobre impressoras que os jornais *La Prensa* e *La Nación* haviam importado quase dez anos antes, passando por cima da lei que garantia isenção para equipamentos destinados a publicações de caráter cultural. Mais tarde, panfletos impressos no Ministério da Informação incitavam a população contra o *La Prensa*, que havia ousado publicar um editorial criticando o governo. Os panfletos diziam "Não comprem o *La Prensa*" e "Não anunciem no *La Prensa*". Ao mesmo tempo, o jornal passou a ser alvo de boicote por parte do sindicato dos distribuidores, que era controlado pelos peronistas. Ao assumir o poder, Perón já havia sinalizado que pretendia investir contra a liberdade de imprensa, ao afirmar que seu governo tinha quatro grandes inimigos: a oligarquia, a oposição, os comunistas e o diário *La Prensa*. As pressões contra o jornal levaram ao corte no fornecimento de papel e boicote aos anunciantes. Empresas que anunciavam no jornal não conseguiam contratos com o governo. Em fevereiro de 1951, o Congresso dominado pelos peronistas aprovou a expropriação do *La Prensa* e a entrega do controle do jornal à Confederação Geral do Trabalho (CGT). O proprietário do jornal, Alberto Gaínza Paz, foi forçado a partir para o exílio.* Na sequência, o governo ordenou o fechamento do jornal católico *El Pueblo*.

Além da imprensa, Perón desencadeou uma violenta campanha contra a Igreja Católica, a partir de outubro de 1954. Esquecendo-se de que havia sido eleito com apoio da Igreja, no primeiro mandato, cancelou cinco feriados nacionais dedicados às festividades católicas — entre eles o Corpus Christi e o Dia da Imaculada Conceição — e cortou subsídios e a isenção de impostos para as escolas católicas. Acusou a Igreja de fraude, demitiu padres

---

* Um relato das perseguições à imprensa pelo regime peronista pode ser lido em Fernando Alonso Barahona, *Perón, El Espíritu del Pueblo*, Madri, Editorial Critério Libros.

e leigos que ocupavam postos no funcionalismo, principalmente como professores, e mandou prender dezenas de religiosos que protestaram contra essas medidas. O Congresso, controlado pelos peronistas, aprovou a toque de caixa uma lei de divórcio e chegou a discutir uma proposta legalizando a prostituição. Por tudo isso, ele foi excomungado pelo Vaticano.

Em junho de 1955, explodiu uma rebelião na Marinha, com apoio de setores da oposição. A aviação rebelde chegou a bombardear a Praça de Maio, onde partidários do regime se concentravam para defender Perón, mas o levante fracassou. O governo decretou estado de sítio e lotou as prisões com militantes da oposição. Não adiantou. Em setembro viria o golpe militar, dessa vez com amplo apoio do Exército, da Marinha e da Aeronáutica, além dos partidos políticos, como a União Cívica Radical, e, ainda, da Igreja Católica. A rebelião durou menos de uma semana. Dirigentes peronistas ainda tentaram convencer Perón a liberar armas dos quartéis para que civis enfrentassem as Forças Armadas, mas o general percebeu que era inútil. Desgastado e sem apoio militar, ele entregou os pontos e partiu para o exterior, a bordo de uma embarcação paraguaia ancorada no Rio da Prata.

Ao partir, deixou milhões de órfãos de um regime assistencialista que o Tesouro argentino não tinha condições de suportar. Mas as inúmeras concessões acabaram se transformando num capital político utilizado por mais de meio século e que pode ser traduzido numa frase de Saul Ubaldini, ex-presidente da CGT: "Sou peronista porque sou agradecido."

O exílio de Perón começou em Assunção, mas ele não gostava da capital paraguaia e logo partiu em busca de outra cidade para aguardar o momento do retorno triunfal ao país, como previa. Primeiro visitou dois grandes amigos, os ditadores Marcos Pérez Jiménez, da Venezuela, e Leónidas Trujillo, da República Dominicana. Em suas andanças pela América Central, foi parar no Panamá, em 1956, onde conheceu uma bailarina argentina, Maria Estela Martínez, que estava se apresentando num clube noturno. Ele tinha 60 anos e ela, 25. Cinco anos após o encontro no Panamá, eles se casaram em Madri e ela se tornou Isabelita, para os argentinos. O casal vivia numa mansão cinematográfica em Madri, mantida, segundo os inimigos, com o dinheiro que o general havia depositado em bancos suíços. Aliados peronistas garantiam que o general tinha "suas economias" e recebia ajuda de amigos.

EXPURGOS E FUZILAMENTOS

O golpe militar que derrubou Perón foi organizado por um grupo de oficiais do Alto-Comando reunidos num movimento denominado Revolução Libertadora, que se propunha a promover a "desperonização" do país. O primeiro chefe da Junta Consultiva que tomou o poder foi o general Eduardo Lonardi, que trocou os comandos militares, afastou os envolvidos com o antigo regime e criou a comissão encarregada de reaver os bens do Estado. Para os setores mais duros das Forças Armadas, no entanto, Lonardi não era enérgico o suficiente com os peronistas. Por isso ele ficou menos de dois meses no poder. Foi substituído pelo general Pedro Aramburu, representante da linha dura, que assumiu em novembro de 1955. Ao enfrentar uma tentativa de golpe organizada por militares peronistas, em julho de 1956, Aramburu mandou fuzilar os principais envolvidos, incluindo o líder, o general Juan José Valle. No total, dezessete militares e quinze civis foram fuzilados após julgamentos sumários.

Aramburu promoveu eleições para a Assembleia Constituinte e, em seguida, as presidenciais, realizadas em 23 de fevereiro de 1958, vencidas por Arturo Frondizi, candidato da União Cívica Radical Intransigente, uma dissidência da antiga UCR. Frondizi procurou acelerar o desenvolvimento econômico, com grandes investimentos em transportes, siderurgia e petroquímica. Tentou se beneficiar da chamada Aliança para o Progresso, lançada na época pelos Estados Unidos, e aproximou-se do presidente John Kennedy. Mas, ao mesmo tempo, votou contra a expulsão de Cuba da Organização dos Estados Americanos (OEA) e recebeu Ernesto Che Guevara em Buenos Aires. A Argentina retomou o crescimento econômico, baixou a inflação e reduziu o desemprego.

Apesar disso, Frondizi enfrentou mais de vinte rebeliões militares e seis tentativas de golpe de Estado. Em 1961, tomou uma decisão que iria selar seu destino. Suspendeu a proibição imposta aos peronistas, que eram impedidos de participar de eleições. No ano seguinte, o peronismo venceu em dez das catorze províncias nas eleições para os governos regionais. Os militares exigiram que ele anulasse a votação. O presidente se recusou, foi deposto e confinado na Ilha Martín García.

O presidente do Senado, José María Guido, assumiu como presidente provisório, encarregado de convocar novas eleições. Anulou o pleito de

1962 e adotou uma nova lei eleitoral que reafirmava a proibição aos peronistas de participar de qualquer atividade política. A restrição incluía partidos de esquerda ou direita, considerados extremistas. Nas eleições de 1963, o vencedor foi o médico Arturo Illia, candidato da UCR. Illia tentou manter a política de Frondizi, voltada para o desenvolvimento econômico. Mas os peronistas não o perdoaram por ter vencido uma eleição da qual eles não participaram e desfecharam uma onda de greves que praticamente paralisou o governo. O clima de instabilidade levou os militares a saírem dos quartéis mais uma vez.

PERÓN, O RETORNO

O governo constitucional de Arturo Illia foi derrubado por um golpe militar em junho de 1966. Dessa vez, o homem forte era o general Juan Carlos Onganía e os argentinos levariam quatro anos para se livrar dele. Onganía impôs um regime autoritário, que baniu toda atividade política, reprimiu os sindicatos e amordaçou a imprensa. Com a economia estagnada e a crescente repressão, o fracasso do regime ficou evidente até para os militares.

Onganía foi defenestrado pelos próprios companheiros de farda. Em seu lugar assumiu, em 1971, o general Agustín Lanusse, com a tarefa de promover uma reabertura política, porém com restrições. Ainda residindo em Madri, Perón foi proibido de participar das eleições convocadas para março de 1973. Mas, em Buenos Aires, foi armado um teatro para permitir seu retorno à política argentina. A Frente Justicialista de Libertação, que representava o peronismo, venceu as eleições com Héctor Cámpora. Dois meses depois, Cámpora renunciou, como estava combinado, e convocou novas eleições para setembro. Perón, já de volta ao país, candidatou-se e venceu com 62% dos votos, derrotando o candidato da União Cívica Radical, Ricardo Balbín. A vice-presidente era María Estela Martínez de Perón.

Aos 77 anos, porém, o velho general já não exibia o mesmo carisma dos primeiros tempos. O peronismo rachou-se em várias facções, que se devoravam umas às outras na disputa pelo poder. Um exemplo dessa divisão foi o conflito entre a esquerda e a direita peronistas ocorrido durante a concentração no Aeroporto de Ezeiza para receber o general no seu retorno à Argentina, em 20 de junho de 1973, que terminou com dezenas de mortos e centenas de feridos.

Perón tinha parte da responsabilidade na radicalização desses grupos. Do exílio na Espanha, ele havia estimulado a ação de movimentos voltados para a luta armada, com o objetivo de desestabilizar o país e abrir caminho para seu retorno. Um dos grupos que contavam com a simpatia do general eram os Montoneros, formado por nacionalistas radicais. Entre os inúmeros atentados e assassinatos que praticaram, os Montoneros foram os responsáveis pelo sequestro e morte do ex-presidente Pedro Aramburu. Ele foi "julgado e condenado à morte" pelos terroristas em cárcere privado e morto com um tiro na nuca.

Outras organizações atuantes naquele período eram as Forças Armadas Revolucionárias (FAR), de tendência marxista-peronista; as Forças Armadas Peronistas (FAP); as Forças Armadas de Libertação (FAL); o Exército Nacional Revolucionário (ENR); e, uma das maiores, o trotskista Exército Revolucionário do Povo (ERP), responsável por centenas de sequestros, assaltos a banco e atentados com mortos e feridos.

EL BRUJO

Enquanto estava no exílio, Perón estimulou a formação dos grupos armados. Quando assumiu o governo, tentou controlá-los, mas não conseguiu. Essa tarefa estava muito acima das forças do septuagenário general, que morreu em 1º de julho de 1974, transferindo o poder à vice-presidente, María Estela Martínez de Perón. Perón foi sepultado no cemitério de La Chacarita, em Buenos Aires. O corpo foi profanado em junho de 1987, quando teriam sido arrancadas as mãos do cadáver. Em outubro de 2006, os restos mortais de Perón foram trasladados para a propriedade particular da família, em San Vicente, perto de Buenos Aires.

Isabelita mostrou-se totalmente despreparada para enfrentar a crise em que o país estava mergulhado. De um lado, o caos econômico, com a falta de investimentos, a inflação em alta e o desemprego levando os trabalhadores ao desespero. De outro, a violência política. Os grupos extremistas praticavam assaltos, sequestros e atentados a bomba. Para enfrentar o crescente poderio da guerrilha de esquerda, surgiu a Aliança Anticomunista Argentina

(AAA), de extrema-direita, que teve entre seus criadores o principal conselheiro de Isabelita, José López Rega, ministro do Bem-Estar Social, astrólogo e suposto vidente, apelidado de *El Brujo*. Grupo paramilitar, que reunia voluntários das três armas, além de pistoleiros arregimentados pelo próprio López Rega, a Tríplice A, como era conhecida, sequestrou e matou dezenas de militantes da esquerda peronista.

Em meio ao dramático quadro social, Isabelita foi deposta por um golpe de Estado em 24 de março de 1976 e substituída por uma junta militar. O triunvirato era chefiado pelo general Jorge Videla, comandante do Exército, que havia sido nomeado para a pasta pela própria Isabelita. Antes do golpe, ela rejeitou as pressões para renunciar e, num discurso em rede nacional, ameaçou se tornar "a mulher do chicote", decidida a impor a ordem a qualquer custo. Ao contrário, foi presa e acusada de corrupção. Depois de passar por vários interrogatórios, foi colocada sob prisão domiciliar numa propriedade nos arredores de Buenos Aires e proibida de deixar o país. Só pôde sair em julho de 1981, quando seguiu para o exílio na Espanha.

Em 12 de janeiro de 2007, Isabelita foi detida pela Interpol, em sua residência perto de Madri, a pedido da Justiça argentina, que a acusava de ter desencadeado o "terrorismo de Estado", ao assinar decretos que autorizavam as Forças Armadas a "aniquilar os subversivos". Organizações de defesa dos direitos humanos denunciam que mais de 600 pessoas desapareceram ou foram mortas no período em que ela esteve à frente do governo. Em um dos processos ela é acusada de envolvimento com a Tríplice A. Com a queda do governo de Isabelita, o pesadelo estava longe de terminar. O regime militar arrastou os argentinos para uma era de violência e terror nunca vista na história do país.

MERGULHO NAS TREVAS

"Incinera-se essa documentação perniciosa que afeta o intelecto e a nossa maneira de ser cristã, a fim de que não possa continuar enganando a juventude sobre nosso mais tradicional acervo espiritual: 'Deus, pátria e família'."*

---

* Texto de um comunicado militar que anunciava a queima de livros ocorrida no pátio do Regimento de Infantaria Aerotransportada de La Calera, em Córdoba, em 29 de abril de 1976.

A incineração de livros um mês após o golpe militar de 24 de março de 1976, que derrubou o governo de Maria Estela Martínez de Perón, era um alerta sobre o período de trevas em que o país estava afundando. Entre as obras destruídas estavam novelas de Gabriel García Márquez, poemas de Pablo Neruda e dezenas de títulos de filosofia e literatura espanhola, francesa e inglesa. Outra queima de livros, ainda maior, seria feita mais tarde no Centro de Editores da América Latina, em Buenos Aires, onde 1.500 volumes foram incinerados. O diretor do Centro, Bóris Spivacow, foi detido e processado por "publicar e vender material subversivo". A destruição dos livros, que lembrava o nazifascismo na Europa, antecipava o regime de terror que, entre 1976 e 1983, torturou e matou milhares de pessoas e sumiu com os corpos. O número oficial de mortos e desaparecidos registra 12 mil vítimas. Organizações de defesa dos direitos humanos contam mais de 30 mil.

Logo nas primeiras semanas o triunvirato militar apontou para a cultura como um alvo a ser perseguido na guerra interna. O Ministério da Educação e Cultura desencadeou a Operação Claridade, uma caçada aos opositores do regime que levou à prisão e ao desaparecimento de artistas, escritores e músicos. Os colégios e as universidades receberam listas de professores que deveriam ser afastados e de obras proibidas.

A relação de livros banidos ia além dos limites do absurdo: *O pequeno príncipe*, de Antoine de Saint-Exupéry; *Tia Júlia e o escrevinhador*, de Mário Vargas Llosa; *Um elefante ocupa muito espaço*, de Elsa Bornemann; e *O nascimento, as crianças e o amor*, de Agnes Rosenstichl. Os dois últimos por tratar-se de "material destinado ao público infantil com uma finalidade de doutrinamento e intuito subversivo". O livro de Vargas Llosa foi agraciado com o seguinte comentário dos censores: "A obra revela distorções e reiteradas ofensas à família, à religião, às instituições armadas e aos princípios morais e éticos que sustentam a estrutura espiritual e institucional das sociedades hispano-americanas." O brasileiro Paulo Freire também figurava no índex de proibições.

A ofensiva na área cultural ia mais longe. A Junta Militar determinou uma série de procedimentos para neutralizar o que chamava de "germe subversivo que tenta se infiltrar na sociedade". Um folheto distribuído nas escolas em 1977, e dirigido aos pais e professores, "ensinava" como identificar palavras e expressões que, segundo o texto oficial, revelavam "um conteúdo marxista, nem sempre explícito". Entre outras, figuravam na lista de termos considerados subversivos "diálogo, burguesia, proletariado, exploração, mudança de estruturas e capitalismo". O folheto se intitulava *Como reconhecer a infiltração marxista nas escolas*. O mesmo folheto apontava as matérias supostamente escolhidas para o "doutrinamento subversivo": história, formação cívica, economia, geografia e religião, essa última nas escolas católicas. Nas aulas de literatura e espanhol o perigo marxista era detectado ao se excluírem os autores clássicos, substituídos por "novelistas latino-americanos" e "literatura comprometida".

Além de Jorge Videla, a Junta Militar, encarregada de levar adiante o chamado Processo de Reorganização Nacional, era integrada pelo almirante Emílio Massera e pelo brigadeiro Orlando Agosti. Mas Videla logo assumiu a presidência, que ocupou por cinco anos. Desde os primeiros dias do regime militar, as forças de segurança lançaram uma verdadeira caçada aos militantes dos grupos armados, como os Montoneros e o Exército Revolucionário do Povo (ERP). Partidos políticos, organizações sindicais, associações de professores e alunos também estavam na mira da repressão. Logo as prisões estavam cheias e começaram a circular denúncias de torturas e desaparecimentos. Os presos eram mantidos incomunicáveis e não existia o recurso do *habeas corpus*. Grupos paramilitares e esquadrões da morte agiam livremente, sequestrando e matando adversários do regime.

Apesar da forte pressão internacional, diante do acúmulo de denúncias sobre violações dos direitos humanos, Videla conseguiu se manter no poder até março de 1981, quando foi substituído pelo general Roberto Viola. O Alto-Comando estava descontente com a política econômica adotada por Videla, que não conseguiu conter o quadro de inflação e dívida externa em alta, desemprego e desvalorização do peso. Viola também fracassou. A inflação, em 1981, chegou a 130% ao ano e o peso perdeu mais de metade de seu valor em relação ao dólar. Em dezembro, Viola foi afastado.

O novo homem forte era o comandante do Exército, general Leopoldo Galtieri. Com o país mergulhado no caos social e econômico e diante da explosão de revelações sobre torturas, assassinatos e desaparecimentos, Galtieri achou que era preciso arranjar um inimigo externo para desviar a atenção. Em 2 de abril de 1982, lançou o país numa desastrada aventura ao ordenar o desembarque de tropas nas Ilhas Malvinas, Falkland para os ingleses. A guerra durou menos de três meses. A Inglaterra, então governada pela primeira-ministra Margaret Thatcher, mobilizou um imenso poder de fogo contra os argentinos, que foram esmagados rapidamente. O conflito deixou mais de mil mortos, a maioria argentinos. Em 15 de junho, a Argentina se rendeu. A imagem dos soldados argentinos humilhados, abandonando as ilhas, abateu profundamente o país. Dois dias após a rendição, Galtieri renunciou.

SOB O DOMÍNIO DO MAL

A chamada "guerra suja" desencadeada pela ditadura militar argentina para eliminar opositores e críticos do regime acabou gerando uma série de monstros. Um deles simboliza a extensa galeria de assassinos e torturadores que agiam a mando ou sob a cobertura das Forças Armadas. É o capitão da Marinha Alfredo Astiz, conhecido como Anjo da Morte. Astiz integrava o chamado setor de inteligência da Escola de Mecânica da Marinha (Esma), que se tornou um dos maiores centros de prisões ilegais e torturas durante a ditadura. Calcula-se que por ali passaram cerca de 5 mil pessoas, incluindo políticos das mais diversas filiações, sindicalistas, professores, estudantes, artistas e religiosos, suspeitos de atividades contra o regime. Poucos sobreviveram. A maioria morreu durante as sessões de tortura e espancamento. Os que sobreviviam, em geral com os ossos quebrados, órgãos internos lesados, dentes arrebentados e olhos ou ouvidos perfurados, eram colocados em aviões da Marinha argentina e lançados em alto-mar. Também passaram pela Esma e por dependências do Exército mulheres de presos políticos ou elas próprias militantes de algum grupo ou partido que estavam grávidas no momento da prisão. Dezenas ou centenas de bebês nasceram nas prisões e foram distribuídos entre os próprios militares, que se encarregavam de falsificar papéis de adoção. Esse número nunca foi apurado.

O capitão Astiz era um dos mais destacados membros de um grupo considerado de elite da Marinha. Em dezembro de 1977, ele recebeu a missão de se infiltrar nas organizações de defesa dos direitos humanos para espionar os passos dos principais dirigentes. Mas foi muito além do papel de espião e delator. De acordo com relatos de sobreviventes das torturas, transformou-se num assassino sanguinário que parecia se orgulhar do que fazia.

O BEIJO DA MORTE

Em 8 de dezembro de 1977, o grupo Mães da Praça de Maio, que promovia manifestações no centro de Buenos Aires para exigir notícias de seus parentes presos, realizava um de seus encontros na Igreja de Santa Cruz, no bairro de San Cristobal, na capital argentina. No fim da reunião, quando as mães e avós se despediam, várias participantes foram sequestradas por um comando da Esma. Nos dois dias que se seguiram, o mesmo comando sequestrou as fundadoras do grupo: Azucena Villaflor de Vicenti, Esther Ballestrino de Careaga e María Ponce de Bianco. Duas freiras francesas que davam apoio a elas, Alice Domon e Léonie Duquet, também foram capturadas.

As mães e avós dos desaparecidos só foram descobrir muito mais tarde que, após a missa, naquele dia 8, tinham sido participantes involuntárias de um ritual macabro planejado pelos oficiais da Esma. Perante o átrio da igreja, elas tinham sido beijadas na testa por um rapaz conhecido como Gustavo Niño, suposto parente de um preso político. O beijo marcava para outros agentes infiltrados na igreja as pessoas que deveriam ser sequestradas e mortas. Gustavo Niño era, na verdade, o capitão Alfredo Astiz. Além delas, outros ativistas do movimento em defesa dos direitos humanos, como Raquel Bulit, Patrícia Oviedo, Angela Auad, Remo Berardo, Horacio Elbert, José Julio Fondevilla e Eduardo Horane foram sequestrados naqueles dois dias. Todos foram levados para a Esma, onde ficaram detidos ilegalmente, sofreram torturas, e quase todos foram lançados ao mar.

UM TERRÍVEL ACASO

Em outro episódio, Astiz integrou o grupo que sequestrou Norma Burgos, mulher de um dirigente da organização guerrilheira Montoneros. Depois de levar Norma, o grupo permaneceu na casa dela à espera de outra militante da organização, Maria Antónia Berger. Mas quem tocou a campainha, às 8h30 daquela manhã de 27 de janeiro de 1977, foi uma jovem sueco-argentina, Dagmar Hagelin, que passava por ali apenas para cumprimentar a amiga Norma. Loura, de olhos azuis, Dagmar tinha apenas 17 anos. Quando a porta se abriu, ela se deparou com um grupo de homens armados. Dagmar voltou para a rua e saiu correndo. Foi perseguida pelos militares, que gritavam para que parasse. Com medo, diminuiu o passo e virou-se de frente. Nesse instante, levou um tiro de raspão na testa, acima do supercílio esquerdo. Abalada, caiu na calçada. Os homens pararam um táxi e ordenaram ao motorista que abrisse o porta-malas. Dagmar foi jogada lá dentro e testemunhas ainda viram como ela tentou impedir, com as mãos, que eles fechassem a porta. Não adiantou. O carro arrancou em velocidade e o destino de Dagmar foi a Esma. Lá, embora ferida, foi barbaramente torturada. A uma testemunha ela chegou a revelar que havia perdido o controle do esfíncter. A última vez em que Dagmar foi vista por testemunhas na Esma foi em março de 1977. Apesar dos inúmeros apelos da Suécia, nunca mais se teve notícia dela.

Além da Suécia, o então presidente dos Estados Unidos, Jimmy Carter, e o papa João Paulo II apelaram, sem resultado, para que as autoridades argentinas apurassem o que ocorrera com Dagmar. Acredita-se que tenha sido atirada ao mar. Em 11 de abril de 1980, o governo sueco divulgou um informe, com base em inúmeras testemunhas, entre elas Norma Burgos, revelando que Dagmar chegara a sair viva da Esma. Norma contou que havia conversado com Dagmar na enfermaria da escola da Marinha. Ela não tinha dúvidas sobre a identidade do oficial que comandara a operação que levou ao sequestro de Dagmar: era o capitão Alfredo Astiz.

Em 1990, a Justiça francesa julgou Astiz à revelia pelo sequestro e assassinato das freiras Alice Domon e Léonie Duquet. Ele foi condenado à prisão perpétua e, desde então, não pode deixar a Argentina, sob risco de ser preso pela Interpol e ter de cumprir a sentença na França. Na Argentina, Astiz se beneficiou de todos os adiamentos que favoreciam os militares envolvidos na guerra suja e chegou a ser anistiado. Mas, em dezembro de 2009, a Justiça argentina reabriu os processos contra ele e começou a julgá-lo por assassinatos, torturas e sequestros. Além de Astiz, dezoito ex-integrantes da

Esma foram incluídos nos processos, entre eles o capitão Jorge El Tigre Acosta, que se orgulhava de estuprar as prisioneiras.

Espanha e Itália também tentaram obter a extradição de Astiz para julgá-lo pelo desaparecimento de cidadãos de origem espanhola e italiana, mas não conseguiram. Numa histórica entrevista à jornalista argentina Gabriela Cerrutti, Astiz confessou: "Tudo que a Marinha me ensinou foi destruir. Sei colocar minas e bombas, sei me infiltrar, sei desmontar uma organização, sei matar. Tudo isso sei fazer bem." O capitão também se considerava o homem mais preparado, no país, "para matar políticos ou jornalistas".

No Exército, o general Carlos Guillermo Suárez Mason chegou a ser julgado e condenado pelo sequestro e pela morte de dirigentes políticos, mas foi anistiado. O general Martín Balza admitiu que instalações do Exército eram utilizadas para prisões ilegais e torturas. O tenente-coronel Bruno Laborde denunciou o envolvimento de seus companheiros de armas em casos de violações dos direitos humanos. O capitão da Marinha, Adolfo Scilingo, preso na Espanha, admitiu a participação em operações secretas ilegais. E o ex-chefe de polícia de Buenos Aires, Juan Ramón Morales, apontado como líder da organização de extrema-direita AAA, foi preso na Espanha e acusado de participação na morte de cidadãos de origem espanhola.

A luta contra a ditadura e as denúncias contra as violações dos direitos humanos valeram ao dirigente da organização Justiça e Paz da Argentina, Adolfo Pérez Esquivel, o Prêmio Nobel da Paz de 1980. Pérez Esquivel enfrentou ameaças e pressões e durante anos levou adiante a tarefa de chamar a atenção do mundo para o que ocorria em seu país.

Em 1985, dois anos após o restabelecimento da democracia, Videla foi julgado e declarado culpado pelo assassinato, desaparecimento, pela prisão ilegal e tortura de milhares de pessoas durante seu governo. Condenado à prisão perpétua, cumpriu apenas cinco anos. Viola e Galtieri também foram condenados e cumpriram apenas quatro e cinco anos, respectivamente. Os três receberam indulto durante o governo de Carlos Menem. Em 25 de abril de 2007, a Justiça argentina anulou o indulto concedido a Videla e ele voltou a ser julgado por violações dos direitos humanos. E, em dezembro de 2009, Videla, então detido no quartel de Campo de Mayo, passou a responder por 30 homicídios, 555 sequestros e 264 casos de torturas ocorridos durante o período em que chefiou a ditadura. Em abril de 2010, o último ditador argentino, Reynaldo Bignone, aos 82 anos, foi condenado a 25 anos de prisão por crimes contra a humanidade. Bignone foi considerado culpado em 56 casos de sequestro e tortura.

Centenas de militares acusados de participação em sequestros, assassinatos e torturas acabaram se beneficiando de duas leis criadas durante o governo de Raúl Alfonsin para evitar que eles fossem para a cadeia: a Lei do Ponto Final, que limitava a sessenta dias, a partir de sua aprovação, o prazo para apresentação de novas denúncias contra os militares; e a Lei da Obediência Devida. Essa última estabelecia que os militares acusados de violações dos direitos humanos cumpriam ordens superiores e não podiam ser julgados. O indulto concedido por Menem, em seu primeiro mandato, completou o trabalho. Em 9 de outubro de 2007, a Justiça argentina condenou à prisão perpétua o padre católico Christian Von Vernich, considerado culpado de participar de sete homicídios, 31 casos de tortura e 42 sequestros durante a ditadura militar. Von Vernich era capelão da polícia de Buenos Aires e costumava acompanhar sessões de tortura, além de trair o princípio do segredo da confissão e delatar os presos à polícia.

Tido como herói entre seus pares e dono de uma suposta coragem diante de vítimas indefesas, como a jovem Dagmar Hagelin, o capitão Alfredo Astiz não exibiu a mesma bravura na Guerra das Malvinas. Chefe de um pelotão destacado para as Ilhas Geórgias do Sul, quando estourou a guerra, em abril de 1982, ele se rendeu aos ingleses assim que foram disparados os primeiros tiros. Poucas horas após o desembarque das forças britânicas, Astiz assinou um termo de rendição perante dois capitães da Marinha Real britânica. Ele chegou a ser mantido como prisioneiro de guerra, mas a França rapidamente solicitou sua extradição por conta dos processos movidos contra ele pela Justiça francesa pelo assassinato das freiras francesas. Mas a primeira-ministra Margaret Thatcher não atendeu ao pedido e Astiz foi entregue à Argentina no fim do conflito.

ENFIM, A LIBERDADE

Após a renúncia de Galtieri, uma junta militar assumiu o poder com a missão de convocar eleições e devolver o governo aos civis. Em outubro de

1983, os argentinos puderam enfim eleger um novo presidente. A escolha recaiu sobre o candidato da União Cívica Radical (UCR), Raúl Alfonsin. Enormes esperanças foram depositadas no novo governo. Em vão. O clima político sem dúvida mudara. Havia liberdade de opinião, as pessoas não precisavam olhar para trás ou para os lados antes de emitir um comentário e os jornais se viram livres da censura. Mas Alfonsín não conseguiu vencer a crise econômica. Para enfrentar um quadro de hiperinflação e caos econômico, o governo lançou, em junho de 1985, o Plano Austral, que congelava preços e tarifas e criava uma moeda, o austral, para substituir o peso. O plano só deu certo nos primeiros meses, quando a inflação foi contida. Mas foi insuficiente para vencer a recessão e gerar empregos. A perda do poder aquisitivo e o desemprego desencadearam uma onda de greves, manifestações e até saques. O governo de Alfonsín chegou ao fim com a inflação beirando os 200% ao ano. Nos seis anos em que esteve na presidência, enfrentou rebeliões e três tentativas de golpe militar. A maioria estava relacionada com a decisão dos militares de não admitir processos contra os acusados de crimes cometidos durante a ditadura.

Foi também no governo de Alfonsin que a guerrilha esquerdista fez o último grande ataque. Um comando guerrilheiro do Exército Revolucionário do Povo (ERP) e do Movimento Todos pela Pátria (MTP) invadiu o quartel de La Tablada, nas proximidades de Buenos Aires, em 23 de janeiro de 1989. Quarenta e dois guerrilheiros participaram do ataque e, depois de horas de fogo cerrado, o saldo era trágico: 28 rebeldes e 11 soldados mortos; 51 soldados feridos; 14 rebeldes capturados. O líder do comando guerrilheiro era Enrique Gorriarán Merlo, fundador do ERP. Em entrevista ao jornal *Clarín*, em 2003, Gorriarán disse que não se arrependia de ter pego em armas durante a ditadura, mas admitiu que o ataque a La Tablada, quando o país já estava sob um governo democrático, poderia ser questionado. Argumentou que a ação se destinava a impedir um golpe militar que estaria sendo tramado por setores políticos e militares. Na mesma entrevista, ele reconheceu que "o tempo da luta armada já passou". Preso no México em 1995, Gorriarán foi condenado à prisão perpétua e libertado graças a um indulto concedido pelo presidente Eduardo Duhalde, em 2003. Gorriarán morreu de ataque cardíaco, em 2003, aos 65 anos.

Nas eleições de 1989, os argentinos decidiram fazer nova aposta no peronismo. O eleito foi Carlos Menem, que, durante a campanha, prometia tirar o país da crise, gerar empregos e devolver o poder aquisitivo dos salários. No início do mandato, Menem lançou um programa de privatizações que desagradou profundamente aos peronistas e à esquerda que o ajudaram a se eleger. Não demorou muito para surgirem escândalos de corrupção envolvendo integrantes do governo, acusados de participação em esquemas de lavagem de dinheiro procedente do tráfico de armas e drogas. O programa econômico de Menem permitiu a redução da inflação e uma pequena melhoria na situação econômica. Graças a isso, ele conseguiu se reeleger em 1995. Mas o segundo mandato seria desastroso. O aumento nos gastos governamentais e o relaxamento nas medidas para conter a inflação levaram a um novo surto inflacionário e à recessão. O desemprego chegou a passar dos 20%. O quadro econômico e as denúncias de corrupção levaram à derrota dos peronistas nas eleições de 1999, vencidas por Fernando De la Rúa, da UCR. De la Rúa cumpriu apenas dois dos seis anos de mandato. Renunciou depois de tentar uma série de planos de austeridade que fracassaram e lançaram o país em novo caos social e econômico.

Após a renúncia de De la Rúa, a Argentina teve quatro presidentes provisórios em duas semanas, até que o Congresso elegeu Eduardo Duhalde para completar o mandato do presidente renunciante, até 2003. Nas eleições realizadas naquele ano, Duhalde tentou fazer o sucessor e apresentou três possíveis candidatos, um deles, o ex-piloto de Fórmula 1 e ex-governador Carlos Reutman. Mas não obteve apoio e fechou uma aliança com Néstor Kirchner, que acabou vencendo. Kirchner adotou um plano de estabilização econômica que levou a pequenas taxas de crescimento, com poucos reflexos na melhoria do nível de vida da população.

Ao completar quatro anos de mandato, com a popularidade em alta, Kirchner conseguiu eleger sua mulher, Cristina, para sucedê-lo, numa manobra copiada dos tempos de Perón. Para assegurar a vitória, o governo não hesitou em recorrer aos métodos consagrados da cartilha peronista: lançou todo o peso da máquina administrativa na disputa, concedeu novos benefícios aos aposentados, impôs o controle dos preços de produtos alimentícios, mudou o cálculo dos índices de inflação — para mantê-los artificialmente baixos — e pôs até o avião da presidência nas viagens de campanha. Em 28 de outubro de 2007, Cristina foi eleita com pouco mais de 40% dos votos. Meses depois de assumir o governo, já enfrentava o resultado das manobras na economia feitas pelo marido. Com os preços congelados, a queda na produção e a inflação em alta — 8% nos cálculos oficiais e mais de 20% de acordo com analistas independentes —, logo surgiram problemas de abastecimento. Na tentativa de garantir a oferta de produtos alimentícios no mercado interno, o governo impôs taxas de até 40% para exportação, o que serviu como mais um desestímulo à produção. Pecuaristas e produtores de cereais promoveram inúmeras paralisações.

Pressionado pela queda na arrecadação e limitações no crédito externo, o governo recorreu à ajuda da Venezuela, de Hugo Chávez, que em 2009 já havia comprado mais de 9 bilhões de dólares em títulos da Argentina, o que levou a um estreitamento das relações entre os dois países.

Aos poucos, o antigo receituário, que em tantas ocasiões levou o país a mergulhar em crises, era retomado. Controle artificial de preços, manipulação de índices de inflação, concessões ao aparelho sindical para garantir apoio eleitoral e ataques à imprensa. Grupos ligados aos sindicatos passaram a fazer pressões e ameaças contra os jornais, por conta de artigos e reportagens que questionavam a política econômica do governo. O diário *Clarín*, um dos mais tradicionais do país, foi o mais visado. Numa operação surpreendente, mesmo para padrões latino-americanos, mais de cem fiscais baixaram na sede do jornal de uma só vez, para supostamente verificar os livros e a contabilidade. A repercussão foi tão negativa que o próprio governo suspendeu a ordem. Em seguida, a presidente fez passar no Legislativo dois projetos que puniam o jornal. O primeiro alterava as normas para transmissão de jogos de futebol, o que prejudicava uma das emissoras do grupo. O segundo mudava o sistema de concessões de canais de televisão, de modo a reduzir o alcance das emissoras nacionais. Ao mesmo tempo, alguns canais foram entregues a sindicatos e ONGs ligados ao regime. Não satisfeitos, sindicatos peronistas bloquearam em várias ocasiões a passagem dos caminhões que distribuíam os jornais, para prejudicar a circulação.

Outro fator de irritação para a opinião pública foi a estatização dos planos privados de previdência e o confisco dos depósitos, que somavam mais de 30 bilhões de dólares, no início do segundo semestre de 2009. O dinheiro foi utilizado para cobrir rombos no caixa do governo.

O descontentamento da população com o fracasso da política econômica e o estilo autoritário do casal Kirchner — Néstor sempre atuou como uma espécie de ministro da Fazenda de bastidor — se refletiu nas eleições parlamentares de 28 de junho de 2009. O governo sofreu uma séria derrota, ao perder a maioria na Câmara e no Senado, resultado que também obrigou Néstor a renunciar à presidência do Partido Justicialista.

Em outubro de 2010, após uma crise cardíaca, Néstor Kirchner morreu, aos 60 anos. Os analistas políticos diziam que sua morte seria um importante fator para aumentar a popularidade de Cristina Kirchner, diante do fascínio do eleitorado argentino pela morte e por casos de viuvez. Foi o que se confirmou com a reeleição de Cristina no final de 2011. Além de ser reeleita, ela ainda recuperou a maioria no Congresso, que, logo nas primeiras semanas do novo mandato, garantiu a aprovação de um projeto acalentado desde os tempos de Néstor Kirchner: o controle do governo sobre as importações de papel de imprensa. Foi mais um passo no sentido de amordaçar os meios de comunicação, sonho antigo dos peronistas.

HISTÓRIA DE CONFLITOS

Mais do que outros países do continente, a Argentina enfrentou uma prolongada luta pela independência. Mal tinham conseguido se livrar do domínio espanhol, na primeira metade do século XIX, os argentinos tiveram de enfrentar as forças da Inglaterra e da França, que tentavam se instalar no país com o objetivo de controlar o mercado do couro e impor a venda de manufaturados ingleses e franceses. O general José de San Martín liderou a guerra de libertação, que terminou com a derrota dos espanhóis e de seus aliados locais. A independência foi conquistada em 1816. Em 1829, o general Juan Manuel de Rosas tomou o poder e teve papel decisivo na expulsão das forças inglesas e francesas, que chegaram a bloquear o Porto de Buenos Aires. De Rosas transformou-se num ditador e ficou vinte anos no poder, até ser deposto por outro general, José de Urquiza, em 1852. A Argentina foi um dos primeiros países do continente a ter o sufrágio universal, secreto e obrigatório, embora só para homens, graças à reforma política de 1912.

Entre as últimas décadas do século XIX e as primeiras do século XX o país registrou acentuado desenvolvimento econômico, que se refletiu na melhoria do padrão de vida da população. Nesse período, o país teve vários governos civis, que cuidaram de promover o desenvolvimento, entre eles os de Domingo Faustino Sarmiento (1868-1874) e Hipólito Yrigoyen (1916-1922 e 1928-1930).

No princípio do século XX, a Argentina era o país mais próspero do continente, com uma economia semelhante à dos Estados Unidos, baseada na produção e exportação de produtos agropecuários. A estagnação econômica e o empobrecimento coincidiram com o avanço do populismo.

Ao fim da primeira década do século XXI, o país tinha quase 40% da população, de um total aproximado de 40 milhões, vivendo abaixo da linha de pobreza, o que levou até o Vaticano a emitir um protesto e exigir mudanças econômicas e sociais.

MÉXICO

Pobre México, tão longe de Deus e tão perto dos Estados Unidos.

Ditador Porfírio Díaz

Pancho Villa pode marchar cem milhas sem parar, passar cem dias sem comer, cem noites sem dormir e matar cem homens sem remorso.

Dito popular comum entre os camponeses mexicanos no início do século XX

MONARCAS SEM COROA

Antes de chegar ao poder, o general Porfírio Díaz era contra a reeleição. Depois que se instalou na cadeira presidencial, permaneceu 34 anos à frente da mais longa ditadura do México. Nesse período, foi reeleito seis vezes, à custa de fraudes e do uso da máquina do governo. Qualquer oposição a isso implicava sérios riscos. Imprensa livre, para denunciar os abusos, não existia nem na imaginação dos mais afoitos no México do século XIX e boa parte do século XX.

Por ser contra a reeleição — quando não se tratava dele próprio —, Díaz liderou duas rebeliões. A primeira, ao ser derrotado nas eleições de 1871 pelo presidente Benito Juárez, que havia conseguido se reeleger. A luta armada desencadeada com a tentativa de golpe se estendeu por seis meses. Em julho de 1872, Juárez morreu de ataque cardíaco. O Congresso convocou eleições para aquele ano e Díaz perdeu novamente, dessa vez para Sebastián Lerdo de Tejada.

Tejada fez um governo voltado para a pacificação do país. Investiu em ferrovias, no telégrafo e na educação. Em 1876, anunciou que iria tentar a reeleição. Foi o bastante para que Díaz pegasse em armas novamente a fim de derrubar o governo. Em novembro daquele ano, Díaz instalou-se pela primeira vez no poder, que iria controlar direta ou indiretamente por mais de três décadas durante o período conhecido como Porfiriato. No fim do primeiro mandato, em 1880, Díaz não se candidatou, mas elegeu com facilidade seu compadre e fiel seguidor Manuel González.

Em 1884, Díaz voltou à presidência, de onde só sairia, à força, 27 anos depois. O lema de sua campanha era "Ordem e Progresso" e ele deixou claro para todos que a ordem que lhe interessava seria imposta a qualquer custo para alcançar o segundo item do slogan retirado dos manuais do positivismo, aos quais muitas nações, entre elas o Brasil, iriam recorrer. A força foi usada sempre que necessária para neutralizar adversários do regime. A repressão era administrada em duas frentes. Nas cidades, o Exército cuidava de manter a ordem e banir qualquer forma de oposição. No campo, a tarefa cabia à Guarda Rural, também conhecida como *los rurales* pelos camponeses, que sofreram ao longo de décadas com a selvageria dessas tropas. Supostamente empenhados em garantir a ordem, os *rurales* se prestavam ao papel de forças de segurança dos grandes proprietários, enquanto massacravam e exploravam os camponeses, além de violentar suas mulheres e filhas.

Graças às mudanças que fez na Constituição, Díaz foi reeleito seis vezes, sempre à custa de fraudes grosseiras: 1888-1892, 1892-1896, 1896-1900 e 1900-1904 e 1904-1910; em 1903 a Constituição fora mais uma vez reformada e o mandato presidencial passou de quatro para seis anos. Em 1910 chegou a ser reeleito, mas a manipulação era tão descarada e o regime estava tão desgastado pela corrupção que o governo não resistiu a uma insurreição militar apoiada pela população. Em maio de 1911, Díaz renunciou e embarcou para a França, onde morreu em 1915. O ditador deixou tantos inimigos que seus restos mortais não puderam ser levados para o México, por temor de que o túmulo fosse violado. Ele foi sepultado no Cemitério de Montparnasse, em Paris.

Ao longo das três décadas em que mandou no país, Díaz governou para as minorias. Nas cidades, os operários eram submetidos a longas jornadas por salários aviltantes. Se reclamassem ou tentassem se organizar para defender melhores condições, eram espancados pela polícia ou presos e submetidos às mais absurdas acusações. Nas minas, os trabalhadores viviam em regime de escravidão, enquanto no campo predominavam os latifúndios, que também exploravam os camponeses. Díaz fez uma reforma agrária no sentido inverso. Permitia que os fazendeiros ampliassem ainda mais os seus latifúndios, avançando sobre terras do governo ou sem título de propriedade, muitas ocupadas por camponeses. Estes, depois de expulsos, eram forçados a trabalhar para os grandes proprietários em troca de migalhas e de um lugar para morar.

O movimento lançado em 1910 contra o regime de Díaz ficou conhecido como Revolução Mexicana e teve em Francisco Madero seu primeiro líder. Madero havia tentado disputar as eleições daquele ano com Díaz, mas antes da votação foi preso por ordem do ditador. Ao escapar da prisão, fugiu para os Estados Unidos, de onde organizou a rebelião, que teve imediato apoio popular. A revolta durou seis meses antes que Díaz decidisse renunciar e partir para a França. O levante iniciado por Madero revelou dois personagens que entraram para a história do México e se tornaram lendas em todo o mundo: Emiliano Zapata e Pancho Villa, que organizaram forças rebeldes integradas por camponeses e indígenas e chegaram a ocupar grandes extensões do território mexicano.

EMILIANO ZAPATA

Sob o lema "Terra e liberdade", Zapata partiu para a luta armada depois de ocupar um cargo burocrático, no qual chefiava uma junta encarregada de organizar a distribuição de terras no estado de Morelos. Sua tarefa era tentar impedir que os camponeses fossem expulsos das áreas que ocupavam. Mas, como eles perdiam todas as disputas para os grandes fazendeiros, Zapata decidiu pegar em armas e formar uma tropa rebelde, que logo recebeu grande adesão. As opções dos camponeses na época era trabalhar em regime de semiescravidão para os grandes proprietários ou fazer parte de algum grupo armado. Zapata começou assaltando pequenos destacamentos da Guarda Rural, para roubar armas e munição. Depois, avançou para os povoados, além de roubar gado, trens e caravanas de viajantes.

Zapata sempre foi cultuado como herói por ter lutado em defesa dos camponeses e contra a Guarda Rural. Mas seu grupo também praticava sequestros, extorsões e nunca fazia prisioneiros — os homens eram fuzilados e as mulheres só eram libertadas se alguém pagasse resgate. Enquanto isso não acontecia, eram entregues aos chefes do bando. Nos ataques aos povoados onde a população era suspeita de colaborar com as forças do governo, os homens eram mortos, as mulheres, violentadas e o local, saqueado e incendiado. Embora retratado com frequência como uma espécie de Robin Hood, Zapata era um homem cruel, que mandava fuzilar seus próprios seguidores diante de qualquer suspeita ou por simples irritação. Portadores de más notícias eram fuzilados ou, no mínimo, surrados.

Após a queda de Díaz, Madero ficou dois anos no poder, até ser assassinado durante um golpe chefiado pelo general Victoriano Huerta. Esse golpe foi tramado pelos antigos partidários de Díaz, que se sentiam ameaçados com a insistência de Madero em criar benefícios para os trabalhadores e melhorar os salários. O embaixador dos Estados Unidos, Henry Lane Wilson, também figurava entre os suspeitos de conspirar para assassinar Madero. Empresas norte-americanas tinham grandes interesses na exploração das minas mexicanas e Madero, ao defender a melhoria das condições de trabalho nas minas, estava incomodando esses interesses. Com a morte de Madero, os grupos rebeldes que atuavam no campo, principalmente os de Zapata e Pancho Villa, intensificaram os ataques contra as forças de Huerta. Ele não resistiu e logo renunciou, fugindo para os Estados Unidos.

Venustiano Carranza, governador do estado de Cohuila, assumiu o poder com a promessa de pacificar o país. Carranza ficou conhecido por dois feitos: primeiro, por conseguir promulgar a Constituição de 1917, uma das primeiras no continente a reconhecer as garantias sociais e os direitos dos trabalhadores — conforme defendia Francisco Madero —; segundo, pela armadilha que preparou para Emiliano Zapata. Emissários de Carranza atraíram Zapata para um encontro no qual, supostamente, seriam discutidas as condições dos rebeldes para suspender a luta no campo. Ao chegar ao local da reunião, Zapata e seus homens foram recebidos por um pelotão de fuzilamento, disfarçado de comitê de recepção. Não houve tempo para reagir. Os dez homens tiveram os corpos totalmente perfurados por balas. Era o dia 10 de abril de 1919 e Zapata tinha 40 anos.

PANCHO VILLA

A pequena força rebelde comandada por Pancho Villa no início da Revolução só cresceu a partir de 1913, quando ele deu seu primeiro grande golpe. Assaltou um trem da Wells & Fargo que transportava barras de prata. O carregamento pertencia aos donos das minas, que concordaram em pagar um resgate para reavê-lo. Pancho Villa usou o dinheiro para comprar armas e munição e atrair mais combatentes. Além de assaltar trens, o grupo, a exemplo do de Zapata, roubava gado e pilhava povoados e postos da Guarda Rural. Ao longo de uma década, Pancho Villa ampliou seu domínio sobre boa parte do território mexicano, no estado de Chihuahua, ao norte do país. É de se perguntar se teria ido tão longe se tivesse conservado seu nome de batismo: Doroteo Arango. Bem antes de se tornar conhecido pela frieza para matar e pelos ataques ousados, ele decidiu trocar o nome para Pancho (diminutivo de Francisco) Villa (sobrenome do padrasto de seu pai).

Pancho Villa era conhecido pelo temperamento explosivo. Chegava a matar quem esbarrasse em seu cavalo. Mandava fuzilar os presos na frente dos parentes, nos povoados, para "servir de lição", e não fazia prisioneiros homens. As mulheres eram forçadas a cozinhar e dormir com os chefes do bando. Sobre ele, os camponeses costumavam repetir uma lenda: "Pancho Villa pode marchar cem milhas sem parar, passar cem dias sem comer, cem noites sem dormir e matar cem homens sem remorso."

Villa costumava cruzar a fronteira com os Estados Unidos para saquear os povoados e roubar armas. Muitos norte-americanos foram mortos nessas ações. Imigrantes chineses que viviam na região eram vítimas das piores atrocidades. Para acabar com essas invasões, o governo dos Estados Unidos chegou a deslocar uma força de 10 mil homens, comandados pelo general John Pershing, para a região. Mas os rebeldes se refugiavam nas montanhas, no lado mexicano, após os ataques, o que tornava a captura impossível. Villa recusou inúmeras propostas — como aquela recebida por Zapata —

para ir ao encontro de representantes do governo. Preferia se manter em segurança nas áreas que controlava. Três anos após a morte de Zapata, acabou fechando um acordo com o governo. Em troca de compensação financeira e de concessões de terras, suspendeu a luta e retirou-se para uma fazenda, na pequena localidade de Parral, ao norte do país, com 200 homens armados.

A Revolução Mexicana estendeu-se por mais de duas décadas e custou a vida de um milhão de pessoas, cerca de 10% da população da época. Em 1920, Carranza foi deposto pelo ministro da Guerra, general Álvaro Obregón, que pretendia se candidatar nas eleições daquele ano e ficou contrariado ao descobrir que o presidente iria tentar a reeleição. Carranza foi assassinado. Obregón governou de 1920 a 1924 e iniciou a consolidação das mudanças previstas na Constituição de 1917. Além de garantir uma relativa estabilidade política, o governo construiu mais de mil escolas e centenas de bibliotecas. Também investiu na reforma agrária, na tentativa de atender à expectativa dos trabalhadores do campo.

Em 20 de julho de 1923, quando fazia um de seus passeios de automóvel pela região de Parral, Pancho Villa caiu numa emboscada. Levou 47 tiros e mais de cem balas perfuraram o carro. O ataque, comandado por pistoleiros que trabalhavam para grandes proprietários de terra, teve o apoio do serviço secreto de Obregón. Tanto os fazendeiros como Obregón — que havia perdido o braço direito numa batalha contra as forças comandadas por Villa — temiam um possível retorno do líder rebelde ao cenário nacional, por meio da influência junto aos partidos de oposição. Pancho Villa deixou dezenas de filhos, legítimos e ilegítimos, que teve com mais de vinte mulheres.

PERSEGUIÇÃO RELIGIOSA

Em 1924, Obregón conseguiu eleger o sucessor, o general Plutarco Calles, conhecido por entrar em conflito com a Igreja Católica e por ter fundado o Partido Nacional Revolucionário, que se transformou no Partido da Revolução Mexicana (PRM) e mais tarde no Partido Revolucionário Institucional. O PRI iria dominar a política mexicana por 71 anos, o mais longo período que um partido político permaneceu no poder no Ocidente.

O confronto com a Igreja Católica resultou num dos mais trágicos episódios de violência religiosa na história do continente. Por considerar excessiva a influência da Igreja no país, Calles fechou as escolas católicas, os conventos e mosteiros. Em seguida, expulsou freiras e padres estrangeiros. Depois, ordenou que os padres se registrassem perante um organismo do governo para poder oficiar missas e outros atos religiosos. A tensão ocasionada por essas medidas acabou resultando numa explosão de violência que se espalhou por todo o país. De um lado, os chamados combatentes do Cristo Rei, conhecidos na época como *cristeros*, destruíam instalações do governo e escolas públicas. De outro, estavam os chamados "camisas vermelhas", policiais e militares ligados ao governo, apoiados por extremistas, que passaram a perseguir e matar os *cristeros*, além de incendiar os locais onde eles costumavam se reunir. Em meio ao conflito, bandos armados que agiam no interior do país e eram remanescentes das forças de Zapata e Pancho Villa aproveitavam a confusão para saquear igrejas e aterrorizar os religiosos. A violência se estendeu por três anos, entre 1926 e 1929, e deixou centenas de mortos e milhares de feridos, além das perdas com a destruição e os saques de igrejas e prédios públicos.

Apesar da perseguição religiosa, Calles deu prosseguimento a dois programas iniciados por Álvaro Obregón. Construiu 2 mil escolas e ampliou o programa de reforma agrária, distribuindo cerca de 3,2 milhões de hectares de terras. Ao mesmo tempo, desenvolveu projetos de crédito rural e irrigação. Obregón tentou voltar ao poder em 1928 e teve o apoio de Calles. Ele chegou a ser eleito, mas foi assassinado por um extremista católico antes de tomar posse. Calles nomeou um presidente interino, Emílio Portes Gil, encarregado de promover novas eleições, realizadas no ano seguinte.

Tendo provado o gosto do poder e impedido pela Constituição de se candidatar, Calles se tornou o homem forte do regime, indicando três presidentes, que deveriam governar sob suas ordens. O primeiro tentou ignorar as regras do jogo e foi posto para fora. Era Pascual Ortíz Rúbio, eleito em 1929, com uma votação altamente suspeita: 99,9%. Depois de um ano no cargo, Ortíz começou a se mostrar muito independente de Calles e foi forçado a renunciar. Em seu lugar entrou Abelardo Rodríguez, homem de confiança de Calles e mais obediente.

Nas eleições de 1934, Calles elegeu Lázaro Cárdenas, governador do Estado de Michoacán, que iria encenar mais uma vez o conflito entre criador e criatura. Assim que assumiu, Cárdenas tomou uma série de medidas que contrariavam Calles, a quem os políticos ainda se referiam como *El Jefe Máximo*. Anunciou a retomada do programa de reforma agrária, mas numa escala bem superior à desejada pelo grupo ligado a Calles. Cárdenas manifestou apoio aos operários em greve por aumentos salariais e melhores condições de trabalho nas minas. As relações entre os dois começaram a se deteriorar e Calles passou a manobrar nos bastidores para enfraquecer a figura do presidente. O rompimento ocorreu quando Cárdenas demitiu seguidores de Calles que ainda mantinham cargos no governo e recebiam sem trabalhar. Ao mesmo tempo, o governo mandou fechar uma rede de cassinos operada por amigos de Calles. Ao perceber o risco de perder o cargo, Cárdenas mobilizou seus partidários e se mostrou pronto para o conflito. Calles mediu forças, descobriu que não seria fácil derrubar mais um presidente e partiu para o exílio nos Estados Unidos, em 1936.

A reforma agrária implantada por Cárdenas assegurou a distribuição de 18 milhões de hectares de terras em seis anos, beneficiando cerca de dois terços dos camponeses mexicanos na época. Mas o crédito agrícola era escasso e a produção desorganizada raras vezes alcançava escala de mercado. Não foi apenas pelas mudanças no campo que Cárdenas ganhou um lugar de destaque na história mexicana. Ele nacionalizou as reservas de petróleo, expropriou as instalações das empresas estrangeiras e criou a Petróleos Mexicanos (Pemex). Também fez grandes investimentos na indústria e na educação. No fim de seis anos de mandato, com a popularidade em alta por causa da reforma agrária e da nacionalização no setor petrolífero, dirigentes partidários tentaram convencer Cárdenas a mudar a Constituição e buscar a reeleição, mas ele recusou.

EL DEDAZO

Cárdenas não quis se candidatar, mas escolheu pessoalmente o futuro presidente, Manuel Ávila Camacho, um conservador, que governou entre 1940 e

1946. Essa prática que garantia ao presidente ou aos caciques do partido a indicação do candidato que seria consagrado nas urnas, em geral graças à fraude, entrou para a história mexicana com o nome de *"el dedazo"*. Foi utilizada durante as sete décadas em que o PRI mandou no país como se fosse uma monarquia sem coroa. O governo de Ávila fez poucos avanços no plano econômico e social. Anunciou com grande estardalhaço um projeto de combate ao analfabetismo, que se baseava na proposta de que cada mexicano alfabetizado ensinasse outro a ler e escrever. Depois de seis anos, os resultados foram pífios.

O primeiro presidente a assumir sob a nova bandeira do PRI foi o advogado Miguel Alemán Valdéz, eleito para o sexênio 1946-1952. Alemán adotou como metas prioritárias a industrialização e a criação de infraestrutura, principalmente nas áreas de energia elétrica e transportes. Mas para isso acabou estimulando a criação de empresas estatais, que se tornaram foco de uma gigantesca rede de corrupção e nepotismo. Muitos dirigentes dessas empresas entravam pobres ou remediados e saíam milionários. Na tentativa de estimular o crescimento econômico, Alemán criou subsídios para vários setores, o que resultou numa carga muito pesada para os cofres públicos. Ao mesmo tempo, achatou os salários, enquanto a inflação disparava, tirando o poder aquisitivo dos trabalhadores.

Diante da maré de denúncias de corrupção, Alemán escolheu um homem de reputação acima de qualquer suspeita para sucedê-lo: Adolfo Ruíz Cortines, ex-governador de Veracruz e ex-ministro do Interior, eleito para o período de 1952-1958. Um dos primeiros atos de Ruíz foi exigir que os ocupantes de cargos no alto escalão do governo e nas empresas estatais apresentassem uma declaração pública de bens. Em seguida, demitiu vários funcionários acusados de corrupção, incluindo pessoas ligadas a Alemán. Um dos setores que mereceram atenção do novo governo foi a saúde. Ruiz criou uma rede de saúde pública que chegou a ser elogiada até pelos inimigos. No campo, a reforma agrária não havia surtido os efeitos esperados no sentido de aumentar a produção agrícola e melhorar as condições de vida dos trabalhadores. Isso provocou uma forte onda migratória para as grandes cidades, principalmente para a capital, onde a mão de obra não treinada buscava empregos. A explosão das favelas se tornou um símbolo da desigualdade social e dos problemas de distribuição de renda no país.

Nas eleições de 1958, o *dedazo* coube ao ex-presidente Lázaro Cárdenas, que ainda era um dos cardeais do PRI e indicou seu protegido Adolfo López Mateos. López Mateos foi eleito com mais de 90% dos votos, graças à fraude escancarada. Ele representava a corrente mais nacionalista e estatizante, que terminou sem grandes realizações.

Gustavo Díaz Ordaz (1964-1970) sucedeu López Mateos e fez um governo marcado pelo autoritarismo, pela violência e corrupção. Díaz ficou conhecido por ter o nome associado ao chamado Massacre de Tlatelolco. Em 2 de outubro de 1968, cerca de 5 mil estudantes se reuniram na Praça de Tlatelolco, na Cidade do México, para uma manifestação contra a repressão política desencadeada pelo governo. Líderes estudantis, sindicalistas e políticos de oposição tinham sido presos nos últimos meses, a maioria por suspeita de atividades contra o regime. A tropa de choque disparou contra a multidão, matando mais de duzentas pessoas e ferindo centenas. O governo nunca permitiu um levantamento rigoroso do número de vítimas. Um dos principais responsáveis pelo massacre foi o então ministro do Interior, Luiz Echeverría, que ordenou o ataque.

O episódio se transformou num verdadeiro estigma contra o PRI, que passou a ser identificado pela repressão e violência, além da corrupção. Na verdade, a repressão política naquele período já havia sido desencadeada desde que Díaz era ministro do Interior de López Mateos, quando mandou prender dezenas de militantes do Partido Comunista, incluindo o muralista David Siqueiros. Nesse período, o PRI sofreu a primeira derrota em eleições regionais. O Partido de Ação Nacional (PAN) venceu as eleições na Baixa Califórnia, mas Díaz — num arroubo de cinismo para o representante de um partido que vivia da fraude — alegou irregularidades e anulou a votação.

O sucessor de Díaz foi Luis Echeverría (1970-1976). Ele fez uma manobra para a esquerda e tentou a reaproximação com os trabalhadores, oferecendo benefícios sociais. Também libertou estudantes e intelectuais presos durante o Massacre de Tlatelolco. Na política externa, fez questão de mostrar independência em relação aos Estados Unidos. Visitou Cuba e ofereceu asilo político a integrantes do governo de Salvador Allende, após o golpe de 1973 no Chile. A herança que Echeverría deixou para seu sucessor, José López Portillo, foi um alto endividamento externo, a economia em recessão, fuga de capitais e uma malha de corrupção que cobria todas as grandes empresas estatais. A notícia positiva naquele período foi a descoberta de grandes reservas de petróleo.

DINHEIRO FÁCIL

Poucos governantes receberam uma bênção tão grande como José López Portillo, escolhido para suceder a Echeverria, e raros a desperdiçaram de maneira tão absurda. Graças às descobertas feitas ainda no governo anterior, a produção de petróleo do México triplicou durante o mandato de López Portillo, entre 1976 e 1982, enquanto os preços no mercado internacional disparavam por conta da crise de 1973. Em 1981, o México já havia se tornado o quarto produtor de petróleo do mundo e chegou a ser o maior fornecedor dos Estados Unidos. O país estava nadando em petrodólares, mas o governo não soube aplicar esses ingressos em investimentos produtivos, na criação de infraestrutura e na redução das graves disparidades econômicas e sociais do país. Em lugar disso, criou dezenas de empresas estatais ou de capital misto, que se transformaram em antros de corrupção e nepotismo. Bancos estrangeiros antecipavam recursos, inundando o país com empréstimos, tendo como garantias os contratos de petrodólares.

Estimulado pelo dinheiro fácil, o governo embarcou numa onda de gastos sem precedentes, boa parte com subsídios para produtores rurais e em programas assistencialistas. Ao mesmo tempo, a drenagem de recursos para empresas estatais passou a alimentar um oleoduto de corrupção. Milhões de dólares eram aplicados em projetos cujo único objetivo era desviar dinheiro público para as mãos de caciques políticos ou empresários com fortes vínculos com o governo. Como havia prometido criar 5 milhões de empregos em seis anos e estava longe de alcançar a meta, López Portillo inchou a máquina do governo e as empresas de capital misto com 2 milhões de novos funcionários. Muitos eram chamados de *aviadores*, porque só apareciam nos locais de trabalho para receber. O filho do presidente era vice-ministro do Planejamento e a irmã dele era diretora da estatal encarregada de supervisionar os setores de rádio, televisão e cinema.

Não demorou muito para que o aumento nos gastos governamentais e o aquecimento artificial da economia disparassem uma espiral inflacionária. Os tecnocratas ignoraram os primeiros sinais e, no fim do governo, a taxa de inflação passava de 100% ao ano. Outra armadilha fatal para o país foi a dependência de um só produto, o petróleo. Com reservas estimadas em 50 bilhões de barris, o governo mexicano parecia acreditar que estava sentado sobre um tesouro inesgotável e que podia arriscar alto. Entre 1977 e 1982, o país faturou 48 bilhões de dólares (cerca de 100 bilhões em 2010) com as vendas de petróleo. Ao mesmo tempo, a dívida externa do setor público com bancos estrangeiros chegava a 40 bilhões de dólares (91 bilhões em 2010). Em 1982, 45% da renda com o petróleo se destinavam à amortização da dívida externa, boa parte apenas para cobrir o serviço. A bolha estava crescendo e não demoraria a explodir.

No fim de 1981, uma onda de superprodução começou a inundar o mercado internacional de petróleo e o México baixou o preço do barril, na tentativa de garantir as vendas, o que não foi suficiente para impedir a queda nas exportações. O governo fez empréstimos de emergência para cobrir o rombo nas contas internas e externas. O quadro de incerteza, com a inflação e o endividamento externo em alta, as exportações em baixa e a moeda desvalorizada, levou os investidores estrangeiros a abandonar o país. Desesperado, López Portillo anunciou a nacionalização dos bancos, na tentativa de impedir a fuga de capitais.

Ao deixar o poder, no fim de 1982, com um país endividado e uma economia em frangalhos, López Portillo era uma figura totalmente desacreditada. O homem que governou numa era de abundância e deixou o país em situação de miséria virou motivo de piada nas ruas. No início do governo, ele havia prometido defender o valor da moeda mexicana e o poder aquisitivo dos trabalhadores com "a tenacidade de um cão". Como havia construído uma mansão cinematográfica, avaliada em 5 milhões de dólares, que podia ser vista de longe, as pessoas apontavam a casa e diziam que aquela era "a casa do cachorro". A revolta da população era ainda maior porque o presidente costumava pedir "o sacrifício dos mexicanos para enfrentar um momento que exige austeridade", enquanto ele e os membros do clã desfrutavam de uma vida de milionários.

NO REINO DE *EL NEGRO* DURAZO

Com um salário que beirava o equivalente a 2 mil dólares por mês (4,5 mil em 2010), Arturo *El Negro* Durazo, o poderoso chefe de polícia da Cidade do México nos tempos de López Portillo, era dono de mansões, colecionava quadros e carros de luxo. Seu automóvel preferido era um Rolls Royce. Criava cavalos de corrida e frequentava os círculos dos muito ricos na capital, em Acapulco e Monterrey. Amigo de infância de López Portillo, El Negro era inspetor de trânsito quando foi chamado para integrar a segurança do então candidato. Assim que o presidente tomou posse, foi nomeado chefe de polícia da capital e em pouco tempo acumulou imensa fortuna. Desse posto monitorava todas as atividades ilegais na cidade e recebia propinas dos chefões do tráfico de drogas, de armas, da prostituição e dos jogos clandestinos. Obrigava os subordinados a lhe repassarem uma parte até de pequenos achaques no trânsito. Uma das mais antigas tradições no México chama-se *la mordida*, a propina cobrada por policiais e funcionários públicos para fechar os olhos a irregularidades ou delitos que podem ir de pequenas infrações até crimes graves. Para irritação dos militares mexicanos, El Negro assumiu uma patente de general, sem nunca ter passado por uma escola de oficiais, e passou a exigir que todos os subordinados o chamassem assim. Após a saída de López Portillo, o reinado de El Negro começou a ruir.

Em 1984, a Justiça mexicana abriu processo contra ele por envolvimento com tráfico de armas e corrupção. Antes de ser condenado, fugiu para os Estados Unidos e ainda tentou passar na fronteira com o Rolls Royce sem documentos de propriedade. Ele passou, mas o carro não. El Negro só foi extraditado em 1987, após um longo processo. Condenado a quinze anos de prisão, cumpriu menos da metade. Ao deixar a cadeia, ainda conservava parte da fortuna, embora o governo tenha expropriado alguns de seus bens, como uma casa de praia, vendida em leilão pelo equivalente a 2,5 milhões de dólares (5,6 milhões em 2010). Nos últimos anos de vida, abandonou o luxo a que estava habituado e passou a trabalhar como voluntário num grupo de alcoólicos anônimos. Morreu de câncer, em 2000, aos 76 anos.

A IMPRENSA

A censura à imprensa no México, nos tempos do império do PRI, que teve seu auge no governo de López Portillo, nunca precisou de militares malencarados ou civis de óculos escuros que deixavam armas à mostra. Nem mesmo de leis draconianas que permanecessem como uma espada sobre a cabeça dos jornalistas e dos proprietários dos veículos. No México, tudo isso era substituído por envelopes recheados de dinheiro entregues aos jornalistas ou por verbas publicitárias controladas pelo governo e distribuídas de acordo com a boa vontade de cada veículo. Para os mais renitentes, que insistiam em fazer denúncias, havia o recurso das ameaças ou de espancamentos, que poderiam chegar até a morte se a "falta" fosse considerada grave. As raras publicações que insistiam nas críticas, mesmo leves, eram asfixiadas até a morte com o corte na publicidade estatal e das empresas privadas, pressionadas a não anunciar em veículos que se mostrassem independentes.

Em algum momento durante o ano de 1981, López Portillo ergueu o dedo e apontou para o homem que havia escolhido para sucedê-lo, o ministro do Planejamento, Miguel de la Madrid. Ele seria o herdeiro encarregado de administrar um país com a inflação em torno de 100%, a dívida externa em alta, o PIB despencando e uma moeda que em dois anos havia perdido cerca de 40% do valor. O quadro era tão grave que nos últimos meses de 1981 chegaram a circular insistentes rumores sobre um golpe militar que estaria sendo tramado pelos comandantes das três armas. Na verdade, a ideia vinha sendo germinada no cérebro dos chefões do PRI, que temiam perder o poder mantido ao longo de décadas. Eles queriam apoio do Exército para impor um pacote de austeridade e conter a inflação. Estavam previstos o congelamento de salários e o corte nos subsídios, o que iria provocar aumento de preços e desemprego. Levar adiante um plano como esse só seria possível à custa de uma forte repressão e da prisão dos líderes sindicais e estudantis. Mas o ministro da Defesa, general Félix Galván López, descartou rapidamente essa possibilidade: "Não contem com os militares para fazer o trabalho sujo. Nenhum de nós o fará."

Eleito para o período 1982-1988, De la Madrid anunciou um plano que incluía cortes no orçamento federal e nos subsídios, aumentos de preços, novos impostos e adiamento de projetos que dependiam de verbas públicas.

Para irritação de setores esquerdistas, parte do programa era tirada do receituário do FMI. Muitos acusavam o PRI de ter levado o país à bancarrota e, na hora de consertar as coisas, deixar a conta para a população. Disposto a pôr em prática as promessas de moralização feitas durante a campanha eleitoral, De la Madrid exigiu a punição de figuras do governo envolvidas em desvio de recursos. Dezenas de pessoas foram afastadas e processadas. Entre elas, o ex-diretor da Pemex, Jorge Díaz Serrano, suspeito de levar uma grossa fatia dos contratos assinados pela empresa no exterior. Outro destronado foi o chefe de polícia da capital, Arturo *El Negro* Durazo.

Para reduzir os gastos públicos e estreitar as comportas da corrupção, o governo lançou um plano de privatização que resultou na venda da maioria das empresas estatais. Diante da possibilidade de um calote na dívida externa mexicana, que passava de assustadores 100 bilhões de dólares (230 bilhões em 2010) e pairava como um fantasma sobre o setor bancário internacional, os Estados Unidos decidiram ajudar. O plano dos norte-americanos incluía a antecipação no pagamento pelas compras de petróleo e garantias para que os bancos norte-americanos fizessem novos empréstimos de emergência ao país. Em seguida, Washington pediu aos bancos que adiassem o vencimento de títulos avaliados em 10 bilhões de dólares (23 bilhões em 2010). No fim de 1984, um comitê que representava 530 credores internacionais anunciou um acordo de reescalonamento da dívida mexicana, que oferecia catorze anos de prazo adicional, além de juros mais baixos.

De la Madrid passou a maior parte de seus seis anos de mandato tentando tirar o país do atoleiro. Apesar de todas as tentativas para recuperar a economia, não conseguiu evitar um novo ciclo inflacionário, iniciado em 1987, que elevou a taxa para 144% ao ano. Com o país à beira do colapso, o governo propôs um pacto com empresários e trabalhadores, que incluía o controle de preços e salários e serviu de alívio temporário. Mesmo com o fracasso de sua política econômica, De la Madrid escolheu para sucedê-lo o ministro do Planejamento, responsável por grande parte da política então adotada. Economista, formado em Harvard e defensor da austeridade econômica, Carlos Salinas de Gortari era o novo herdeiro do trono do PRI, escolhido pelo *dedazo*.

Nas eleições de 1988, Salinas recebeu pouco mais de 50% dos votos, a porcentagem mais baixa já registrada em toda a história do PRI. Mesmo assim, a oposição denunciou fraudes e o candidato Cuauhtémoc Cárdenas, filho do ex-presidente Lázaro Cárdenas, se considerou trapaceado. Cárdenas concorreu pela Frente Democrática Nacional (FDN) e teve 31% dos votos, de acordo com a contagem oficial. Salinas agiu rapidamente para enfrentar a crise. Reduziu os impostos sobre os alimentos e remédios, para assegurar a queda nos preços, e diminuiu os impostos para os assalariados. Suspendeu o congelamento de preços e salários e aplicou pequenos reajustes escalonados. Em poucos meses, a inflação baixou de três dígitos para dois. O governo também acelerou a venda de empresas estatais, quase todas deficitárias e dependentes de subsídios. Os Estados Unidos e o Banco Mundial apoiaram o plano de reestruturação da dívida externa e concederam novos empréstimos-ponte, a juros baixos, para que o país tivesse tempo de se recuperar. Em janeiro de 1994, depois de longas negociações, entrou em vigor o tratado de comércio entre Estados Unidos, México e Canadá (North American Free Trade Agreement — Nafta), que permitiu um aumento das exportações mexicanas.

Na frente anticorrupção, Salinas desmontou parte do aparelhamento do PRI na máquina governamental e afastou o responsável pelo setor de arrecadação de dinheiro para campanhas, Leonardo Leorreta, um dos principais chefões do partido. O candidato designado pelo PRI para as eleições de 1994, Luis Donaldo Colosio Murrieta, foi assassinado em março daquele ano, quando fazia campanha em Tijuana. Para substituí-lo, foi indicado Ernesto Zedillo, que tinha ocupado os ministérios do Planejamento e da Educação na administração de Salinas. Zedillo obteve 49% dos votos, contra 26% do Partido de Ação Nacional (PAN). Apesar das denúncias de irregularidades, observadores internacionais testemunharam que o resultado não poderia ser contestado. A principal mudança durante o governo de Zedillo foi a reforma eleitoral, que facilitou as coalizões partidárias e permitiu o avanço da oposição.

FIM DA HEGEMONIA

Em julho de 2000, o candidato Vicente Fox, representando o PAN, em coalizão com outras pequenas agremiações, entre elas o Partido Verde, foi eleito nas primeiras eleições consideradas realmente livres na história do país. Estava quebrada a hegemonia de 71 anos do PRI. A coalizão também fez maioria nas duas casas do Congresso. Fox assumiu prometendo combater as desigualdades sociais, melhorar os níveis de vida da população, principalmente na educação e na saúde, e enfrentar a corrupção. Na metade do mandato, em 2003, o eleitorado retirou o apoio dado três anos antes e o PAN perdeu o controle do Congresso, o que levou a um enfraquecimento de Fox. Em 2006, ao concluir a gestão, ele não havia conseguido realizar nem metade dos projetos que anunciara.

As eleições de 2006 foram as mais disputadas na história do país. O candidato do governo, à frente do PAN, era o ministro da Energia de Fox, Felipe Calderón. A oposição estava representada pelo ex-prefeito da Cidade do México, Manuel López Obrador, do Partido Revolucionário Democrático (PRD), e Roberto Madrazo Pintado, do PRI. Calderón venceu por uma margem de apenas 0,5% dos votos. Em 48 milhões de votos, a diferença era de aproximadamente 240 mil. López Obrador não aceitou o resultado e lançou uma campanha para desacreditar os números do Instituto Federal Eleitoral. Também tentou criar um governo paralelo, além de convocar protestos que inicialmente atraíram milhares de manifestantes, mas logo foram se esvaziando.

O país que Calderón recebeu para governar permanecia marcado pelas desigualdades sociais, agravadas pelo desemprego, pela corrupção e pelos altos índices de criminalidade. Em 2008, explodiu uma guerra entre o narcotráfico e a polícia que matou mais de 40 mil pessoas em cinco anos. De um lado, o governo tentava controlar o crescimento assustador do tráfico, além do envio de drogas para os Estados Unidos. Do outro, os chefões, habituados a atuar em território livre e a subornar uma parte do aparelho policial, recusavam qualquer tipo de controle.

Um dos países mais afetados pela crise financeira internacional que explodiu em 2008, o México viu aumentar os índices de desemprego e sofreu sérias perdas em setores importantes da economia, entre eles, o turismo. Esse fato se refletiu nas eleições parlamentares de julho de 2009, que levaram o PAN, de Calderón, a perder a maioria no Congresso para o PRI. O resultado despertava o temor de que o ciclo perverso mais uma vez se manifestasse na direção do atraso.

UNA SIESTA E *ADIÓS*, TEXAS!

Durante os quase três séculos de dominação colonial e no período que se seguiu à independência, foram raros os momentos de paz do povo mexicano. O desembarque do espanhol Hernán Cortez, em 1519, marcou o início da destruição da civilização asteca, uma das mais ricas e antigas do continente. Dois anos após sua chegada, Cortez matou o último rei asteca, Cuauhtémoc. As populações indígenas foram dizimadas pelas armas, pelas doenças transmitidas pelos invasores ou pelo trabalho escravo. As riquezas em ouro e prata foram saqueadas e transferidas para a metrópole.

A guerra pela independência começou em 1810 e só terminou em 1821. Nesse ano, a Espanha reconheceu a independência do México e o general Augustín Itúrbide, que comandara a luta, se proclamou imperador. O território sob seu domínio incluía parte do que hoje é a América Central. Itúrbide não durou nem um ano no poder. Foi deposto pelas forças republicanas comandadas pelo general Antonio de Santa Anna.

Em 1824, foi proclamada a república e, após doze anos de governos instáveis, o general Santa Anna se elegeu presidente. Ele dominou a política mexicana durante duas décadas e foi durante seu governo que estourou a guerra separatista do Texas. Embora dominasse a maior parte do Texas e tivesse forças superiores, Santa Anna perdeu a batalha decisiva pela posse desse território porque ele e seus homens estavam em plena *siesta* quando as forças do comandante americano Samuel Houston atacaram. A batalha de San Jacinto foi travada em 21 de abril de 1836. Houston tinha cerca de oitocentos homens, menos da metade das forças de Santa Anna. Intitulando-se "O Napoleão do Ocidente", Santa Anna se considerava imbatível. Mas naquela tarde de abril, quando Houston atacou, Santa Anna e seus homens dormiam profundamente — muitos embalados por fartas doses de tequila — e só foram acordados pelos tiros e gritos dos soldados mexicanos perfurados pelas baionetas. Em poucas horas, os mexicanos perderam seiscentos homens. Os demais bateram em retirada. Santa Anna, capturado quando tentava fugir disfarçado de camponês, foi obrigado a assinar um tratado abrindo mão do Texas e se comprometendo com inúmeras compensações de guerra.

Em 1846, os Estados Unidos invadiram novamente o México, iniciando um conflito que durou dois anos e terminou com a perda de mais de metade do território mexicano. O Tratado de Guadalupe Hidalgo, que pôs fim ao conflito, estabeleceu a cessão das áreas onde hoje ficam os estados do Novo México, da Califórnia, de Nevada e Utah, além do Texas, que já havia sido perdido antes. Apesar de todas essas derrotas, Santa Anna ainda conseguiu permanecer no poder até 1855, quando foi deposto por um grupo de jovens oficiais. A partir daí, conservadores e liberais se revezaram no poder até a explosão de uma guerra civil entre essas mesmas forças, em 1858. Três anos depois, os liberais venceram o conflito, sob o comando de Benito Juárez, que foi eleito presidente.

Em 1862, navios da Espanha, Inglaterra e França estabeleceram um bloqueio aos portos mexicanos, a pretexto de cobrar dívidas vencidas. Espanhóis e ingleses saíram poucos meses depois, mas a França invadiu o país e, em 1863, instalou o príncipe Maximiliano de Habsburgo como imperador do México. Quatro anos depois, uma rebelião liderada por Benito Juárez venceu as forças do império. Maximiliano foi capturado e executado pelas forças de Juárez, que reassumiu a presidência, na qual permaneceu até sua morte, em 1872.

VENEZUELA

> *Este país cairá, infalivelmente, nas mãos da multidão desenfreada, para depois passar ao controle de tiranetes de todas as cores e raças.*
>
> Simón Bolívar, O Libertador

> *Meu país ainda não está preparado para a democracia.*
>
> Coronel Marcos Pérez Jiménez, ditador da Venezuela

UM SÉCULO DE CAUDILHISMO

Na tentativa de legitimar o regime militar imposto em 1948, o coronel Marcos Pérez Jiménez convocou eleições para uma assembleia constituinte, que também seria encarregada de eleger o presidente. A votação foi marcada para 30 de novembro de 1952. Iniciada a apuração, ficou claro que o governo iria sofrer uma fragorosa derrota. Pérez Jiménez ordenou a suspensão da apuração e exigiu uma contagem "mais correta". Dois dias depois, anunciou a vitória do regime e se autoproclamou presidente.

Mas o teatro montado pelo governo, que havia excluído o principal partido da oposição e azeitado a máquina da situação com milhões de dólares, previa que o novo presidente deveria ser referendado pela Assembleia Constituinte. Temendo um possível boicote da oposição, que, embora assaltada nas urnas, ainda poderia comprometer a maioria de dois terços necessária para confirmar a escolha, Pérez Jiménez convocou os líderes oposicionistas para uma reunião no palácio. Compareceram Jovito Villalba, líder da União Republicana Democrática (UDR), e mais cinco representantes da oposição. O ditador exigiu que eles se comprometessem a não participar de um boicote. Villalba e seus companheiros se recusaram. Na saída, foram presos pela polícia secreta, colocados num avião e despachados para o Panamá, onde foram deixados sem documentos, dinheiro ou bagagem.

O episódio é apenas um dos inúmeros exemplos dados pelo país na história das ditaduras latino-americanas. Nesse capítulo, a Venezuela contribui com um triste recorde: passou mais de um século ininterrupto sob regimes de caudilhos.

A trajetória de Pérez Jiménez começou com a derrubada do primeiro presidente eleito da história da Venezuela. Em dezembro de 1947, o candidato da Ação Democrática, Rómulo Gallegos, venceu as primeiras eleições livres realizadas no país desde a independência, em 1830. Gallegos tomou posse em fevereiro de 1948. Na noite de 24 de novembro, apenas dez meses depois, foi deposto por um golpe militar. O presidente foi preso e mandado para o exílio, acompanhado de toda a cúpula da Ação Democrática, partido centrista, que despertava temores na direita e na democracia-cristã.

Um triunvirato, integrado pelos coronéis Carlos Delgado Chalbaud, Marcos Pérez Jiménez e Luis Felipe Llovera, assumiu o poder. Um dos primeiros decretos da junta, presidida por Delgado Chalbaud, suspendia as garantias constitucionais, a inviolabilidade da correspondência, a circulação e até as viagens ao exterior. A imprensa foi colocada sob censura e a polícia tinha autorização para invadir residências e prender suspeitos de atividades contrárias ao regime, sem mandado judicial. Ex-ministros, ex-deputados, ex-governadores e funcionários do regime deposto foram detidos, deportados ou mantidos nas prisões e submetidos a torturas e espancamentos.

Dois anos após o golpe, Delgado Chalbaud, na condição de presidente da junta, passou a defender um regime de transição, que seria encarregado de convocar uma assembleia constituinte, primeiro passo para devolução do poder aos civis. Em 13 de novembro de 1950, Delgado Chalbaud foi assassinado a tiros num atentado em Caracas. Estranhamente, o assassino, Rafael Simon Urbina, foi morto pela polícia quando já estava algemado e era levado a uma delegacia da capital.

Após o atentado, Pérez Jiménez isolou Felipe Llovera, terceiro integrante da junta, e tomou o poder, iniciando outra etapa da ditadura, que iria se estender até 1958. Nesse período, lotou as prisões de adversários do regime e eliminou milhares de opositores nas câmaras de tortura em que se transformaram os quartéis e presídios, em especial o de Ilha Guasina, em plena selva, às margens do Rio Orinoco. Lá, os presos eram amontoados em cubículos escuros, úmidos, repletos de ratos e escorpiões, onde eram deixados para morrer de fome ou doenças.

Sob o comando do sinistro Pedro Estrada, chefe da polícia secreta, os presos eram submetidos a sessões de interrogatório que consistiam, na verdade, em todos os tipos de abusos e violência. Para diversão dos torturadores, os prisioneiros eram forçados a ingerir grandes quantidades de laxantes e, depois, levados para celas superlotadas e sem banheiros.

Em 1954, Pérez Jiménez foi condecorado pelo governo dos Estados Unidos com a medalha da Legião do Mérito, por sempre ter demonstrado um "espírito de amizade e cooperação", o que poderia ser traduzido como um fiel aliado de Washington na luta contra o comunismo e na abertura da Venezuela para os investimentos americanos.

Em novembro de 1957, Pérez Jiménez anunciou mais uma de suas manobras para se perpetuar no poder. Convocou uma eleição na qual ele era o único candidato a presidente. O cinismo da ditadura havia alcançado tal grau que apenas duas horas após o pleito, tempo insuficiente para a apuração, o governo anunciou uma "vitória esmagadora", com 85% dos votos. Pouco tempo depois, em janeiro de 1958, as Forças Armadas derrubaram o ditador e o substituíram pelo contra-almirante Wolfgang Larrazábal, encarregado de abrir caminho para a democratização.

Antes de partir para o exílio dourado em Miami, em companhia do fiel escudeiro Pedro Estrada — o governo do presidente Dwight Eisenhower concedeu asilo temporário à dupla —, Pérez Jiménez repetiu a frase que era uma espécie de mantra de seu regime: "Meu país ainda não está preparado para a democracia."

Nos quase dez anos em que ocupou o poder, Pérez Jiménez amealhou uma fortuna estimada em 250 milhões de dólares (1,9 bilhão em 2010), de acordo com os registros da Justiça venezuelana, que tentou inúmeras vezes, sem sucesso, reaver os depósitos feitos em bancos suíços e norte-americanos.

De sua mansão cinematográfica em Miami Beach, o ex-ditador passou um longo tempo driblando as ordens de deportação da imigração dos Estados Unidos depois que seu visto venceu, até que foi obrigado a retornar a Caracas, onde chegou a ficar detido por algum tempo. Mas logo conseguiu um novo exílio na Espanha, onde permaneceu até morrer de ataque cardíaco, aos 87 anos, em 2001.

CADILLACS E MISÉRIA

Durante a ditadura de Pérez Jiménez, a Venezuela se beneficiou dos enormes ingressos de petrodólares. Na década de 1950, o país já figurava entre os maiores produtores de petróleo do mundo. Com uma população, na época, de cerca de 6,5 milhões de habitantes e um PIB de 5,8 bilhões de dólares (43 bilhões em 2010), a Venezuela teve naquele período a maior renda *per capita* da América Latina: cerca de 850 dólares (6,9 mil em 2010). Nas ruas centrais de Caracas e nos bairros da classe alta, havia um desfile permanente de automóveis de luxo, principalmente os imensos Cadillacs americanos. Mas toda a riqueza do petróleo não beneficiou a maioria da população. Em vez de destinar esses ganhos para investimentos que modernizassem a economia e gerassem empregos, a ditadura optou por obras suntuosas, inclusive uma réplica do Rockefeller Center, de Nova York, que só favoreciam uns poucos aliados do regime.

Enquanto o orçamento militar, para ampliação das forças de segurança, consumia boa parte do PIB, as verbas para saúde e educação, num país com mais de 50% da população analfabeta, eram minguadas. Mesmo durante o período de bonança, as favelas se multiplicavam ao redor de Caracas e outras cidades. Conjuntos habitacionais construídos a preços subsidiados, a partir de projetos de baixo custo, logo se transformavam em cortiços.

O governo também deixou de investir na agricultura, preferindo liberar as importações. O país comprava no exterior de ovos a cereais. Artigos de luxo entravam com taxas baixíssimas. O contraste entre a enorme riqueza de uns poucos e a miséria da maioria, acentuado na metade do século com o aumento no ingresso dos petrodólares, reproduzia o quadro observado em outros países produtores: o petróleo gera riqueza, mas não para todos.

LINHAGEM DE CAUDILHOS

A queda da ditadura de Pérez Jiménez, em 1958, marcou o fim de uma longa linhagem de caudilhos, iniciada com a independência, em 1830, com um intervalo de dez meses, em 1948. O próprio Simón Bolívar, que comandara a etapa final da luta pela independência contra os espanhóis após a prisão de Francisco de Miranda, um dos principais líderes da rebelião contra o domínio colonial, foi afastado por um golpe militar.

Miranda chefiou a primeira tentativa de implantação de uma república no país e chegou a declarar a independência, em 1811, com apoio de algumas facções do antigo regime colonial. Mas acabou se rendendo às forças espanholas após a derrota em importantes batalhas, em 1812, quando suas guarnições também sofreram sérias perdas provocadas por um terremoto que devastou Caracas e arredores em março daquele ano. Miranda morreu numa prisão espanhola, em 1816.

Após a rendição de Miranda, Bolívar conseguiu fugir para Nova Granada (atual Colômbia), de onde assumiu a liderança da luta contra os colonizadores. Em 1813, declarou a "guerra até a morte" contra o domínio espanhol e, em seguida, já então proclamado O Libertador, estabeleceu a Segunda República, que também teria curta duração. Após uma série de derrotas para as forças espanholas, que contavam com o apoio de caudilhos locais defensores da Coroa, Bolívar deixou Caracas, em 1814. Meses depois, retomou a luta, que prosseguiu até 1819, quando os rebeldes, mesmo sem ter tomado Caracas, proclamaram a Terceira República e indicaram Bolívar como presidente. Nesse ponto, em lugar de prosseguir em direção a Caracas, Bolívar voltou suas forças rumo a Nova Granada e, após a decisiva batalha de Boyacá, perto de Bogotá, derrotou os colonizadores e proclamou a independência da Colômbia.

Em junho de 1821, ele tomou Caracas, depois da vencer a batalha de Carabobo. A partir dessa data, a Venezuela se uniu à então chamada República da Grande Colômbia, que incluía Panamá e Equador e teve Bolívar como primeiro presidente. O fato de governar a partir de Bogotá irritava os venezuelanos e incitava a luta dos nacionalistas, liderados pelo general Juan Antonio Páez, o segundo na linha de comando, que tivera papel decisivo na guerra pela independência. Alheio a esses sentimentos locais, Bolívar prosseguiu na luta para acabar de vez com o domínio espanhol e partiu para a libertação do Peru, da Bolívia e do Equador. Em 1830, Páez liderou um golpe militar contra Bolívar, tomou o poder na Venezuela e proclamou a separação do novo país da Grande Colômbia. Decepcionado ao ver desmoronar o sonho de unificação dos países do continente, que esperava unir de norte a sul numa única nação, Bolívar renunciou ao governo da Colômbia, em janeiro de 1830, e nomeou José Domingo Caicedo como sucessor.

Líder indiscutível da luta contra o domínio colonial, Bolívar tinha seu próprio conceito de democracia. Acreditava que os povos do continente, exceto os norte-americanos, não estavam preparados para viver num sistema democrático. Defendia a indicação de um presidente vitalício, que ainda teria a prerrogativa de escolher o sucessor. Apenas os integrantes da Câmara dos Deputados seriam escolhidos pelo voto. O Senado, na concepção dele, seria ocupado por figuras importantes da república, inicialmente aqueles que se destacaram na luta pela independência. Os cargos seriam hereditários e, numa demonstração de imensa credulidade, sugeria que os novos ocupantes deveriam ser educados especificamente para esse fim. Todas essas propostas figuravam no texto da Constituição da Bolívia, que ele próprio redigiu.

Em discurso feito em 15 de fevereiro de 1819, na instalação do Congresso da Venezuela, na cidade de Angostura — os rebeldes ainda não haviam conquistado Caracas —, ele advertia os congressistas para os perigos que antevia para os países recém-libertados: "Marcados que somos pelo triplo jugo da ignorância, da tirania e da corrupção, fomos impedidos de adquirir conhecimento, poder e virtude. E, uma vez que tivemos tutores tão demoníacos, as lições que recebemos eram da pior natureza." Portanto, alertava, "nosso povo fragilizado terá de construir primeiro sua força antes que possa desfrutar da liberdade". Para Bolívar, um governo assentado totalmente em bases representativas não estaria de acordo com a formação dos povos das colônias libertadas. Sob o argumento de que os venezuelanos não possuíam "o talento e as virtudes de seus irmãos do norte" — referindo-se aos Estados Unidos — Bolívar alertava que um sistema amplamente democrático, "longe de ser positivo para os países da região, só trará a ruína".*

---

* O "Discurso de Angostura", de Simon Bolívar, pode ser lido em *Historic Speeches*, Londres, Penguin Books, 1996; Simon Bolívar, *Escritos fundamentales,* Caracas, Monte Ávila Editores, 1998.

Em outro documento, Bolívar se mostrava pessimista em relação ao futuro das novas nações. "A América é ingovernável para nós. Aquele que serve à revolução semeia no mar. Este país cairá, infalivelmente, nas mãos da multidão desenfreada, para depois passar ao controle de tiranetes de todas as cores e raças."*

Bolívar morreu pobre, isolado e tuberculoso, numa fazenda em Santa Marta, na Colômbia, em 17 de dezembro de 1830. Tinha 47 anos.

GUZMÁN, O ILUSTRE

Ao sair de cena, Bolívar foi sucedido por uma longa fila de tiranos e tiranetes, como havia previsto.

O primeiro deles, o general Páez, ficou dezesseis anos no poder. Embora eleito de acordo com a Constituição de 1830, que consolidou a formação da República da Venezuela, Páez governou com poderes absolutos, aproveitando a bonança gerada pela alta nos preços do café, então o principal produto de exportação do país. Quando os preços despencaram, em 1840, e o ingresso de divisas diminuiu, Páez perdeu parte do apoio da elite civil e militar.

Em 1846, Páez deixou o governo, mas fez o sucessor. Nomeou o general José Tadeo Monagas, que considerava um homem de confiança, como presidente. Dois anos depois, Monagas afastou todos os dissidentes, mandou Páez para o exílio e iniciou uma ditadura que iria durar dez anos.

Em 1857, José Tadeo Monagas, em parceria com o irmão, José Gregorio, baixou uma nova Constituição, destinada a perpetuar a família no poder. Mas a tentativa falhou e a dupla foi deposta por um golpe que uniu civis e militares. A partir dessa data, o país entrou numa era de conflitos internos entre caudilhos locais que iria levar à chamada Guerra Federal, entre conservadores e liberais, na qual os últimos defendiam a implantação do federalismo.

Os liberais venceram e apenas em 1870 a autoridade de um governo central foi restabelecida, sob o comando de Antonio Guzmán Blanco, que

---

* Carta ao chefe de Estado do Equador, general Juan José Flores, datada de 9 de novembro de 1830, de Barranquilla; Simon Bolívar, *Escritos fundamentales*, 1998.

permaneceu dezoito anos no poder. Guzmán, que se autodenominava O Ilustre Americano, enriqueceu rapidamente e logo passou a dividir o tempo entre Caracas e Paris.

Em 1888, enquanto Guzmán flanava pelos Champs Elysées, explodiu uma revolta em Caracas, liderada por estudantes e trabalhadores, que exigiam a deposição do regime. Diante do clima de violência, O Ilustre achou por bem se entregar às delícias da capital francesa e abandonar definitivamente os trópicos.

Após a queda de Guzmán, seguiram-se quatro anos de conflitos e trocas de comando entre chefes militares. Nesse período, não havia um governo central. Até que, em 1892, o general Joaquín Crespo tomou o poder. Nos seis anos seguintes, Crespo tentou se equilibrar na chefia de um precário regime militar, em meio a dezenas de rebeliões, até que foi morto a tiros, em 1898.

O novo homem forte era o general Cipriano Castro, que durante nove anos (1899-1908) comandou um regime despótico. Além de ordenar massacres de adversários do regime, Castro entrou em confronto com as potências da época, ao expropriar empresas estrangeiras sem pagar indenização. Diante da reação internacional, acusou a Inglaterra, a Holanda e a Alemanha de apoiarem rebeldes venezuelanos em territórios vizinhos e tentou bloquear embarcações desses países em águas venezuelanas. Em represália, navios ingleses e alemães chegaram a bombardear alvos venezuelanos ao longo da costa. Os Estados Unidos também enviaram unidades navais para o litoral da Venezuela, em 1902, ameaçando com uma intervenção militar. Não satisfeito, Castro proibiu o desembarque de um representante do governo da França, alegando que ele estava com febre amarela, sem que houvesse a menor comprovação.

Em 1908, ele viajou para a Europa para um período de férias e tratamento médico. Assim que deixou a cadeira de comando, o segundo homem na hierarquia militar, Juan Vicente Gómez, tomou o poder e recomendou a Castro que ficasse longe do país.

GÓMEZ, O TIRANO DOS ANDES

Os venezuelanos estavam se livrando de um tiranete para cair nas mãos de um dos maiores caudilhos na história do país. Juan Vicente Gómez permaneceu 27 anos no poder (1908-1935). O Tirano dos Andes, como ficou conhecido, ocupou os cargos de presidente e ministro da Guerra, de forma alternada, conforme a conveniência do momento. Criou uma polícia secreta para perseguir a oposição e utilizou o Exército para prender ou eliminar os inimigos do regime. Em troca, concedeu elevados aumentos de soldos aos militares e comprou as armas mais modernas existentes no mercado internacional.

Nas quase três décadas que permaneceu no poder, milhares de pessoas escaparam para o exílio ou caíram nas prisões, onde morriam durante sessões de tortura ou de fome ou doenças. Nesse período, o país teve seis constituições, redigidas de forma a garantir a perpetuação do regime. Gómez dizia que o desenvolvimento do país exigia um governo estável, que só poderia ser mantido de forma autoritária. Também argumentava que os venezuelanos "preferiam" esse tipo de regime. Essas ideias eram tiradas de um livro denominado *Democracia cesarista*, escrito sob encomenda por um de seus admiradores, Laureano Vallenilla Lanz, para oferecer uma base teórica à ditadura. De caráter francamente totalitário, a obra defendia a atribuição de poderes absolutos a certos governantes, supostamente mais bem preparados. Vallenilla não se referia diretamente a Gómez, mas defendia que "só um militar poderia tirar os povos da região da miséria".

A ditadura de Gómez foi beneficiada por dois fatores favoráveis na economia. Os preços do café explodiram no mercado internacional e, em 1918, o petróleo jorrou pela primeira vez de um poço em Maracaibo, colocando o país no clube dos exportadores de óleo. A Venezuela começou a nadar em dinheiro. Ao contrário do que seria de se esperar, no entanto, as fortunas que entravam no país não iriam beneficiar a maioria da população. O governo deixou passar a oportunidade de investir em empreendimentos que gerassem empregos e negligenciou setores como educação e saúde. A agricultura foi deixada de lado. Em consequência, os preços dos alimentos aumentaram e a inflação disparou. Nesse quadro, começaram a se multiplicar os protestos contra o regime, principalmente entre estudantes e trabalhadores. Em 1928, durante uma série de manifestações, o governo respondeu com violenta repressão. Centenas de pessoas foram presas. Muitas morreram nas prisões e outras escaparam para o exterior. Entre os que partiram para o exílio figurava um jovem que mais tarde iria entrar para a história do país: Rómulo Betancourt. Houve vários levantes militares para tentar derrubar Gómez, mas ele conseguiu permanecer no poder até a morte, por doença, em 1935, aos 75 anos. Um dos raros casos em que o ditador morre na cama e no poder.

A LUTA PELA DEMOCRACIA

Com a morte de Gómez, assumiu o poder o general Eleazar López Contreras, em meio a uma onda de protestos para exigir o fim da ditadura. López percebeu que tinha duas opções: mantinha o regime ditatorial, à custa de uma repressão cada vez mais violenta, ou abria o caminho para a democratização. Optou por desmontar o aparelho repressivo montado por Gómez e abriu as portas dos cárceres. Com os antigos presos políticos nas ruas e mais aqueles que retornaram do exílio, a oposição começou a se organizar. O amplo leque oposicionista incluía todos os matizes políticos: marxistas radicais, comunistas e partidos populistas. Também surgiram os primeiros sindicatos.

Após uma greve geral, em junho de 1936, e os protestos que se seguiram, o governo retomou a onda repressiva. Tornou ilegais os sindicatos e impôs severas restrições às atividades dos partidos políticos. Para tentar acalmar os opositores, López anunciou um programa de reformas econômicas, com base na distribuição de recursos provenientes das exportações de petróleo. Assim, conseguiu se manter no poder até 1941, quando o Congresso, integrado por figuras comprometidas com o regime desde os tempos de Gómez, elegeu de forma indireta o ministro da Guerra, general Isaías Medina Angarita, para a presidência.

Angarita anunciou um plano de desenvolvimento econômico e promoveu alterações nos contratos com as companhias petrolíferas estrangeiras, o que permitiu um aumento no ingresso de dólares. Investiu em vários setores da economia, entre eles a construção civil, com o objetivo de gerar empregos. Mas o país sofreu o impacto da Segunda Guerra. Os navios que transportavam o petróleo venezuelano para os Estados Unidos eram atacados pelos submarinos alemães e, com frequência, as remessas sofriam enormes atrasos ou tinham de ser suspensas.

Lentamente, Angarita tratou de promover a abertura política e permitiu a legalização de um dos principais partidos de oposição: a Ação Democrática. Apesar da intensa mobilização dos oposicionistas, o governo conseguiu fazer maioria no Congresso eleito em 1944, que teria a responsabilidade de indicar, de forma indireta, um novo presidente no ano seguinte. Angarita tinha todas as cartas na manga para escolher o sucessor, que seria referendado por um Congresso em que a maioria estava assegurada. Entretanto, em lugar de indicar um militar, como se esperava, escolheu um civil liberal, Diógenes Escalante, que na época ocupava a Embaixada da Venezuela em Washington. A oposição esquerdista aprovou a escolha, mas a direita se rebelou. Os conservadores apostavam na indicação do general e ex-presidente Eleazar López Contreras. O clima político esquentou e rumores de golpe militar se espalharam rapidamente. A indicação de Escalante foi retirada depois que ele foi declarado "gravemente enfermo" de uma hora para a outra. Angarita ainda tentou nomear um substituto, mas foi deposto, em outubro de 1945, por um golpe militar que teve apoio da oposição de esquerda, incluindo a Ação Democrática.

Uma junta integrada por sete civis e militares tomou o poder com a missão de convocar eleições e democratizar o país. A presidência provisória foi entregue a Rómulo Betancourt, um dos principais dirigentes da Ação Democrática. A junta promoveu uma reforma política, que incluía a legalização de todos os partidos e a criação de um sistema proporcional para distribuição das cadeiras no Congresso. Esse período, a partir de 1945, foi de uma relativa liberdade e ficou conhecido como triênio, estendendo-se até a eleição de um novo presidente, no fim de 1947. O voto universal foi estabelecido para todos os cidadãos com mais de 18 anos, incluindo as mulheres. Além da Ação Democrática, os principais partidos políticos eram a democracia-cristã, representada pelo Comitê de Organização Político-Eleitoral Independente (Copei) e liderada por Rafael Caldera, e a União Republicana Democrática (URD), que reunia os grupos de esquerda, incluindo os comunistas.

Nas eleições para a Assembleia Constituinte e também nas presidenciais de dezembro de 1947, a Ação Democrática venceu por ampla maioria. A nova constituição foi promulgada em 1947. Em 15 de fevereiro de 1948, tomou posse o primeiro presidente eleito na história da Venezuela: Rómulo Gallegos, o candidato da AD. Logo no início do governo, Gallegos mexeu com duas forças poderosas: anunciou um programa de reforma agrária, que contrariava os interesses dos grandes proprietários, e a redução do orçamento para as Forças Armadas. Ao mesmo tempo, a democracia-cristã, representada pelo Copei, fortemente influenciada pela Igreja Católica, exigia a formação de um governo de coalizão, embora o resultado das urnas tivesse garantido ampla maioria à Ação Democrática. Sob pressão dessas três forças, Gallegos foi derrubado pelo golpe militar de 24 novembro de 1948, liderado pelo coronel Marcos Pérez Jiménez. Foram apenas dez meses de respiro democrático, após mais de um século de ditaduras. Professor, autor de vários livros e um dos mais respeitados intelectuais do país, Rômulo Gallegos, expulso pelos militares, viveu no exílio, primeiro no México e mais tarde em Cuba.

Após a queda de Pérez Jiménez, as forças políticas do país elaboraram um acordo destinado a estabelecer as bases para uma democracia representativa de todos os setores da sociedade. A AD, o Copei e a URD se uniram em torno de um pacto para garantir as liberdades civis, a suspensão da censura à imprensa e a representação bicameral no Legislativo. A reeleição do presidente da República só seria permitida após uma quarentena de dois anos. Essas e outras propostas seriam, mais tarde, consolidadas na Constituição de 1961.

As eleições de 1958 foram as mais democráticas que o país já havia testemunhado. Betancourt foi eleito com ampla margem e seu partido, a Ação Democrática, também assegurou maioria tranquila nas duas casas do Congresso. Ao tomar posse em janeiro de 1959, Betancourt encarnava a esperança de milhões de venezuelanos e começou por respeitar todos os acordos políticos e econômicos delineados nas negociações que antecederam as eleições.

O acordo incluía as propostas de reorganização da economia, que se baseavam no respeito à propriedade privada, na criação de condições para o desenvolvimento da indústria local e na utilização dos recursos provenientes das exportações de petróleo para investimentos em infraestrutura. Para tentar desenvolver a agricultura, o governo anunciou um programa de reforma agrária voltado para o aumento da produção dos alimentos mais consumidos no país, a fim de evitar gastos com importações. Mas esse programa estava destinado ao fracasso. O governo só conseguiu confiscar terras públicas ou improdutivas, pelas quais os proprietários recebiam altas compensações.

Em relação aos trabalhadores, foi estabelecido o direito de reorganização dos sindicatos e uma política de atualização dos salários. O governo criou programas de investimento em saúde, educação e habitação. As forças políticas de extrema-esquerda se colocaram à margem do processo de democratização. Influenciadas pela revolução em Cuba, essas forças sonhavam em implantar na Venezuela o modelo cubano. Elas se uniram em torno do Movimiento de Izquierda Revolucionária (MIR) e do Partido Comunista Venezuelano. Ambos lançaram um movimento guerrilheiro para derrubar o governo e implantar um regime marxista. Entre suas exigências estava uma reforma agrária radical, que deveria acabar com toda propriedade privada no campo.

Além da extrema-esquerda, o governo democrático incomodava alguns setores militares. Em maio e junho de 1961, Betancourt enfrentou duas tentativas de golpe militar. Sufocou os dois levantes, com apoio do Exército, da Aeronáutica e da Marinha, mas os episódios deixavam claro que o fantasma da ditadura militar continuava escondido nos quartéis, esperando apenas uma oportunidade. O governo declarou ilegais o Partido Comunista Venezuelano e o MIR. Em seguida, eles passaram para a clandestinidade e anunciaram a formação das Forças Armadas de Libertação Nacional (FALN), que assumiram o comando da guerrilha urbana e rural. Sob pressão dos militares e da extrema-esquerda, que tentou boicotar as eleições de dezembro de 1963, Betancourt conseguiu terminar seu mandato e, em 11 de março de 1964, pela primeira vez na história da Venezuela, um presidente eleito passou a faixa presidencial a outro também escolhido pela maioria dos venezuelanos. O eleito era Raúl Leoni, candidato da Ação Democrática, o partido de Betancourt.

Durante os cinco anos de governo de Leoni, um clima de intranquilidade agitou os quartéis. Rumores de golpe eram frequentes, até que explodiu uma rebelião em outubro de 1966, sufocada prontamente. Os líderes rebeldes foram submetidos à corte marcial. Na frente de esquerda, apenas o Partido Comunista resolveu renunciar à luta armada. Outros grupos, com forte influência na Universidade Central, em Caracas, insistiam na guerrilha e na tentativa de derrubar o governo. Em maio de 1967, um pequeno grupo guerrilheiro, liderado por um oficial cubano, foi capturado em Machurucuto, no Estado de Miranda. Lá, eles sonhavam repetir a saga de Sierra Maestra, que levou Fidel Castro ao poder em Cuba.

Nas eleições de 1968, a Ação Democrática pagou o preço de uma divisão interna que rachou o partido em duas alas. Uma mais próxima do governo, com apoio do presidente Betancourt, que tinha como candidato Gonzalo Barrios. A outra era liderada por Luis Prieto, que concorria pela chapa Movimento Eleitoral do Povo. O candidato da oposição, Rafael Caldera (Copei), bateu Barrios com uma diferença de pouco mais de 30 mil votos. Embora eleito com estreita margem, Caldera (1969-1974) não ofereceu à oposição um governo de coalizão, como anteriormente exigira da AD.

Entre todos os governos eleitos após a democratização do país, o único que deixou marcas significativas de avanço social e econômico foi o de Rómulo Betancourt. De maneira geral, os demais se limitaram a cumprir os mandatos, em meio a disputas políticas internas e denúncias de corrupção. A mudança mais significativa ocorreu no grau de liberdade política e de manifestação. Durante décadas, expressões como golpe militar, presos políticos ou censura à imprensa iriam desaparecer do dia a dia dos venezuelanos. Mas não para sempre.

UM PRESENTE DE BILHÕES

Rafael Caldera fez um governo inexpressivo, a exemplo de seus sucessores. A principal marca de sua administração foi o aumento para 70% nos impostos cobrados das companhias de petróleo. Mas essa elevação no ingresso de dólares pouco contribuiu para reduzir as enormes desigualdades que sempre marcaram o país.

Carlos Andrés Pérez, da Ação Democrática, governou de 1974 a 1979. Ao assumir, em fevereiro de 1974, o país ganhou um presente que raros governos têm o privilégio de receber: o conflito árabe-israelense de outubro de 1973 provocara uma alta sem precedentes nos preços do petróleo. Somente naquele ano o país iria contar com ingressos adicionais de 6 bilhões de dólares (27 bilhões em 2010).

Com a aprovação do Congresso, o governo nacionalizou a indústria do petróleo, mas garantiu compensações às empresas estrangeiras, que incluíam novas concessões para exploração. As companhias tinham direito de ficar com 30% dos lucros do óleo que extraíssem. As 14 empresas que operavam no país, na época, foram transformadas em quatro, sob supervisão de uma estatal, a Petroleos de Venezuela S.A. (PDVSA).

Os lucros do governo com o petróleo não paravam de aumentar, mas Andrés Pérez se mostrou incapaz de utilizar o enorme volume de capital para promover o desenvolvimento econômico, gerar empregos e melhorar a distribuição de renda.

Com os cofres do Tesouro repletos de petrodólares, o governo passou a subsidiar alimentos, permitiu elevados aumentos de salários para os funcionários públicos e ampliou as importações. O país entrou numa festa de consumo de importados, que iam de automóveis — carros grandes americanos movidos a gasolina subsidiada — a produtos eletrônicos japoneses e uísque. Nesse último item, o país se tornou um dos maiores consumidores no mundo. Em 1974, o governo perdoou dívidas de agricultores no valor de 350 milhões de dólares (1,6 bilhão em 2010), ao mesmo tempo que facilitava a importação de alimentos dos Estados Unidos.

O desemprego caiu, mas principalmente porque o governo, o maior empregador, dobrou o número de funcionários públicos naquele período. Em 1978, cerca de 10% da população trabalhava para o governo, que contava, então, com 750 mil funcionários públicos. No mesmo período, 40% da população ainda era de analfabetos e vivia sob condições miseráveis no campo e na periferia das grandes cidades. Nessa parcela, a maioria era de pessoas que, despreparadas para o trabalho nas cidades, tinham abandonado o campo em busca de migalhas do desenvolvimento nas favelas que explodiam ao redor de Caracas e Maracaibo. Logo, as diferenças entre essa faixa da população e as classes média e alta, que conseguiam tirar proveito do *boom* petrolífero, se tornaram mais gritantes.

O governo de Andrés Pérez chegou a promover um amplo programa de industrialização, que obteve resultados importantes no setor petroquímico, entre outros. Mas, ao mesmo tempo, investiu num delirante plano de criação de mais de cem empresas estatais em áreas tão diversas que iam da produção de alimentos e têxteis a materiais de construção. O resultado foi desastroso. Essas empresas logo se transformaram em insaciáveis devoradoras de recursos e fontes de nepotismo e corrupção.

AUSTERIDAD, PERO NO MUCHO

Nesse quadro, não foi surpresa a derrota do governo nas eleições de 1978. O vencedor foi o candidato do Copei, Luis Herrera Campins, que fez uma campanha baseada em promessas de austeridade. Ele dizia que a Venezuela não poderia continuar sendo uma nação que "consumia rios de petróleo e uísque" à custa do Tesouro. Ao tomar posse, em março de 1979, anunciou um corte nos subsídios para a maioria dos setores que se beneficiavam de preços artificialmente baixos. Mas esse princípio de rigor durou pouco. Quando explodiu a guerra Irã-Iraque e os preços do petróleo aumentaram em quase 80% (em 1979 o barril custava 17 dólares – 51 em 2010 — e em 1980, 28 dólares – 74 em 2010), Herrera abandonou suas promessas e o país mergulhou em nova onda de gastos descontrolados.

Contando com futuros ingressos de petrodólares, o governo passou a fazer grandes empréstimos no exterior para investir em projetos de empresas estatais. Boa parte desse dinheiro escoava pelo ralo da corrupção. Em quatro anos, a dívida externa do país quadruplicou e, no fim do governo de Herrera, beirava os 8 bilhões de dólares (18,8 bilhões em 2010). Acossado por compromissos urgentes, o governo abriu um terrível precedente: pela primeira vez avançou sobre as reservas da estatal petrolífera PDVSA. O Banco Central retirou 4,5 bilhões de dólares (9,8 bilhões em 2010) do caixa da empresa para pagar parte da dívida externa. No plano interno, o governo acelerou a emissão de moeda, para atender aos gastos cada vez maiores com aumentos de salários do funcionalismo público e programas assistencialistas. Em pouco tempo, a situação econômica se deteriorou. O desemprego chegou a 20% e a inflação disparou.

Nas eleições de 1983, mais uma vez iria se repetir o rodízio entre os dois maiores partidos. Com o fracasso do Copei, era a vez da Ação Democrática. O médico Jaime Lusinchi derrotou o candidato da situação, o ex-presidente Rafael Caldera, que tentava voltar ao poder. Lusinchi, a exemplo de Herrera, anunciou um plano de austeridade que acabou fracassando, e seu governo terminou sem resultados significativos.

Apesar do fraco desempenho da Ação Democrática, o partido conseguiu uma nova vitória nas eleições de 1988, dessa vez com o ex-presidente Carlos Andrés Pérez, com um discurso cada vez mais populista. Em 27 de fevereiro de 1989, cerca de um mês após a posse, o governo enfrentou uma revolta popular, que iria ficar conhecida como *Caracazo*. O movimento unia estudantes e trabalhadores que protestavam contra o desemprego e o aumento nos preços dos transportes, dos alimentos e das tarifas públicas. A polícia reprimiu violentamente as manifestações, que terminaram com a morte de trezentas pessoas e milhares de feridos. A tentativa de ajuste econômico de acordo com as receitas do FMI, que previa a redução de gastos do governo, contribuiu para derrubar ainda mais a popularidade de Andrés Pérez, que havia prometido, na campanha eleitoral, uma era de prosperidade.

O FANTASMA À ESPREITA

Em fevereiro de 1992, o fantasma da ditadura militar escapou mais uma vez dos quartéis, personificado pelo coronel Hugo Chávez, que liderou uma tentativa de golpe conduzida por um grupo de oficiais que tentava tirar proveito do descontentamento da população. A rebelião fracassou e os golpistas, incluindo Chávez, foram presos. Em novembro do mesmo ano, outro levante e outro fracasso.

Em maio de 1993, o Congresso aprovou o impeachment de Andrés Pérez, por corrupção. Naquele ano, a inflação chegava a 40% e mais da metade da população vivia abaixo da linha de pobreza, num país assentado sobre um enorme tesouro em recursos naturais. A Venezuela figura entre os maiores exportadores de petróleo do mundo, com Arábia Saudita, Rússia, Irã e Emirados Árabes Unidos.

Nas eleições de dezembro de 1993, mais uma vez iria prevalecer o rodízio entre AD e Copei. O vencedor foi o ex-presidente Rafael Caldera, eleito para um mandato de 1994 a 1998. Caldera repetiu a experiência medíocre de seu governo anterior e concluiu o mandato com o país mergulhado em aguda crise econômica.

Em 1998, Chávez, que havia sido anistiado por Caldera, venceu as eleições à frente de uma coalizão de partidos de esquerda. Tomou posse em fevereiro de 1999 e um de seus primeiros atos foi a convocação de uma assembleia constituinte. Além de reformar a Constituição, garantindo maiores poderes ao presidente, a assembleia convocou novas eleições presidenciais e parlamentares, realizadas em julho de 2000. Chávez foi, então, eleito para um mandato até 2006. Em março de 2002, um grupo de militares, com apoio do empresariado, tentou depor Chávez, mas os rebeldes foram dominados e ele retornou ao poder apenas dois dias após a tentativa de golpe.

A LEI DA MORDAÇA

Chávez nunca escondeu seus propósitos de perpetuar-se no poder, de governar por decreto e silenciar a imprensa. Primeiro, investiu contra o Judiciário, que sofreu um expurgo e passou a ser controlado pelo Executivo. Depois passou a controlar o Legislativo, ao cercear a oposição por meio de pressões e ameaças. Em seguida, partiu para o controle dos meios de comunicação. Em dezembro de 2006, garantiu mais um mandato até 2013. Ao iniciar o terceiro mandato, arrancou de um legislativo já totalmente submisso — parte da oposição se recusou a disputar cargos no Congresso — o poder de governar por decretos.

A data de 27 de maio de 2007 entrou para a história da Venezuela como o marco inicial de mais um período sombrio: o governo tirou do ar a emissora de televisão de maior audiência, a RCTV, o mais antigo canal privado venezuelano, com 53 anos de existência. A direção da emissora se recusava a permitir que ela se transformasse em mais uma voz oficial do governo. Em agosto de 2009, 34 emissoras de rádio foram fechadas. Em pouco tempo, o Estado venezuelano passou a ter o controle da maioria dos meios de comunicação no país, por meio da criação de novas emissoras de TV ou da cooptação dos demais veículos, beneficiados pelas verbas publicitárias das empresas estatais.

Em 2 de dezembro de 2007, Chávez sofreu uma derrota no plebiscito sobre a reforma constitucional que lhe daria poderes absolutos, abrindo o caminho para que se transformasse em ditador vitalício. Não satisfeito, ordenou a convocação de novo plebiscito, marcado para 15 de fevereiro de 2009, quando finalmente conseguiu acabar com o limite para a reeleição.

Imediatamente, se colocou como pré-candidato para 2012, visando a um mandato até 2020, embora já admitisse, publicamente, o desejo de permanecer no poder indefinidamente.

Nas eleições regionais de novembro de 2008, como as pesquisas indicavam a possibilidade de derrota do governo, a comissão eleitoral, controlada por Chávez, impediu a participação de 272 candidatos da oposição. Apesar disso, os oposicionistas conquistaram vitórias importantes, incluindo as prefeituras de Caracas e Maracaibo, as duas principais cidades do país. Irritado com a derrota, ele qualificou o resultado favorável aos oposicionistas como *"una victoria de mierda"*.

A opção pelo totalitarismo foi confirmada com a proposta de Chávez de "desmontar progressivamente o conceito de propriedade particular e garantir a socialização dos meios de produção". Na ofensiva contra o setor privado, o governo estatizou as empresas do setor elétrico, de telecomunicações, a indústria do cimento e as prestadoras de serviços no setor petrolífero, com as quais a estatal PDVSA tinha enormes dívidas. O Estado venezuelano, que em 2009 já dominava um terço da atividade econômica, assumiu o controle das siderúrgicas, da petroquímica e até de empresas médias do setor alimentício.

A estatização dos setores de infraestrutura se revelou um desastre. Desde 2007, o país passou a sofrer frequentes apagões. O próprio Chávez admitiu a escassez de energia elétrica e de água ao sugerir que os venezuelanos limitassem o tempo dos banhos a três minutos, abrissem mão do ar-condicionado e, ao se levantarem à noite para ir ao banheiro, utilizassem uma lanterna, para não acender a luz. Isso tudo num país que está assentado sobre a quinta reserva petrolífera do mundo. Em janeiro de 2010, após o anúncio de um racionamento de energia, Chávez acusou os governos anteriores de não terem investido na infraestrutura do setor, esquecendo-se de que ele próprio já completava, então, uma década no poder sem que a oferta de energia elétrica tivesse aumentado.

No setor industrial, o controle artificial de preços e a queda na produção levaram à falta de alimentos básicos nos supermercados. A desorganização provocada pelo controle estatal obrigava o país a importar de ovos a frutas e pés de alface, a maior parte da vizinha Colômbia. Ainda assim Chávez ordenou a expropriação de centenas de propriedades rurais.

Na tentativa de assumir uma liderança no continente, Chávez passou a distribuir petrodólares aos países que adotaram sua cartilha. Comprou bilhões de dólares em títulos da Argentina, para socorrer os governos de Néstor e Cristina Kirchner, além de garantir o fornecimento de petróleo a Cuba e à Nicarágua.

Em 2005 e 2010, o governo venezuelano adquiriu 4 bilhões de dólares em armamentos da Rússia, incluindo helicópteros, 100 mil fuzis Kalashnikov, 24 caças-bombardeiros Sukhoi e 92 tanques *T-72*. Em 13 de abril de 2010, Chávez tomou juramento de 30 mil milicianos armados, que passaram a construir o quinto braço das Forças Armadas, além do Exército, da Aeronáutica, da Marinha e da Guarda Nacional. A meta anunciada era armar 1 milhão de civis "para defender a pátria de Bolívar e a revolução socialista", como afirmou Chávez.

Em abril de 2009, Manuel Rosales, ex-governador do Estado de Zulia e ex-prefeito de Maracaibo, deixou o país e pediu asilo no Peru, após uma denúncia não comprovada de corrupção. Em dezembro do mesmo ano, Chávez ordenou a prisão da juíza Maria Lourdes Afiuni, titular de um tribunal de Caracas, depois que ela concedeu liberdade condicional a um banqueiro, Eligio Cedeño. Acusado de conceder apoio financeiro à oposição, Cedeño estava em prisão preventiva havia três anos, sem ter sido julgado e sem que tivessem sido apresentadas provas contra ele. A Anistia Internacional, a Human Rights Watch e a Comissão Interamericana de Direitos Humanos condenaram a prisão da juíza Maria Lourdes Afiuni como política e como um exemplo da "dramática erosão da independência jurídica na Venezuela."

Em março de 2010, o ex-governador de Zulia, Oswaldo Alvarez Paz, o deputado da oposição Wilmer Azuaje e o diretor da emissora de televisão acabo Globovisión, Guillermo Zuloaga, foram detidos. A Anistia Internacional denunciou as prisões como uma tentativa de calar os dissidentes e intimidar os críticos do regime.

Aos poucos, o perfil de Chávez foi se tornando cada vez mais semelhante ao de Juan Vicente Gómez, António Guzmán, Cipriano Castro, Pérez Jiménez e muitos outros caudilhos venezuelanos. À medida que a situação econômica do país se agravava, com a inflação e a falta de alimentos nos mercados, a popularidade do regime começou a cair. Esse fato concidiu com a intensificação dos ataques e incidentes na fronteira com a vizinha Colômbia, que não aderiu ao chamado "projeto bolivariano de poder" e ao "socialismo do século XXI". A invenção de um inimigo externo era uma forma conveniente de desviar a atenção dos problemas internos.

Em outro de seus delírios, Chávez mandou exumar os restos mortais de Simon Bolívar, na tentativa de provar que ele fora envenenado, ignorando os inúmeros registros sobre a tuberculose que consumia os pulmões do Libertador e o estado em que se encontrava quando se dirigiu a Santa Marta, onde acabou falecendo.

No primeiro semestre de 2011, depois de descobrir que estava com câncer, Chávez foi se tratar em Cuba. Embora tenha recebido ofertas para tratamento no Brasil, preferiu Cuba, porque, segundo os opositores, lá poderia controlar o conteúdo dos boletins médicos, o que seria impossível no Brasil.

A DISTANTE PEQUENA VENEZA

Ao longo dos séculos, o destino da Venezuela se tornou muito diferente do imaginado pelos primeiros exploradores que passaram por lá. Eles a chamaram de Pequena Veneza — Venezuela em espanhol — porque encontraram os índios que habitavam a região morando em casas suspensas sobre lagos. Cristóvão Colombo lá esteve em 1498, em sua terceira viagem ao Novo Mundo, e o território, explorado inicialmente por Américo Vespúcio e Alonso de Ojeda, ao longo da história jamais revelou qualquer semelhança com a antiga Veneza.

PERU

As pessoas do povo são como cães e devem ser governadas com firmeza, assim como um cavalheiro dirige o seu canil.
Juan Leguía, filho do ditador peruano Augusto B. Leguía

PROMESSAS NÃO CUMPRIDAS

A multidão enfurecida invadiu o palácio presidencial, em Lima, naquela manhã de 29 de maio de 1909, e encurralou o presidente Augusto Bernardino Leguía em seu gabinete. Em seguida, o presidente foi arrancado do palácio e levado até uma praça pública. Sob ameaças de morte, a turba exigia que assinasse um documento renunciando ao poder. Em meio aos gritos e à confusão, a figura patética do presidente, um homenzinho de um metro e meio e cinquenta quilos, gesticulava, erguendo os punhos, e recusava-se a assinar. De repente, eis que surgem as tropas da cavalaria, resgatam Leguía e atacam os civis, deixando dezenas de mortos. Levado na garupa de volta ao palácio, o presidente se recompôs e logo desfechou uma violenta repressão contra seus adversários.

A invasão do palácio e a tentativa de forçar a renúncia do presidente eram a reação de parte da população ao não cumprimento das promessas feitas por Leguía, eleito em 1908 para um mandato de quatro anos. Entre outras benesses, ele havia prometido alimentos baratos para todos, principalmente carne, um produto escasso e caro no mercado internacional, o que estava completamente fora das possibilidades do país. Contornada a crise que quase o tirou do governo, Leguía mandou erguer uma estátua em homenagem a ele mesmo, por ter se recusado a renunciar. Criou o Dia do Caráter, para lembrar seu ato de coragem e, ao pé da estátua, ordenou que fosse colocada a inscrição "*No firmó*" (Não assinou), referindo-se ao documento apresentado pelos rebeldes. Mais tarde, iria se arrepender dessa ideia.

Leguía conseguiu terminar seu primeiro mandato, que ia até 1912. Nas eleições previstas para aquele ano, o milionário populista Guillermo Billinghurst apresentou-se como candidato em oposição ao Partido Civilista, que continuava sendo a força política dominante no país e do qual Leguía era dissidente.

Denunciando manobras dos civilistas para impedir sua participação, Billinghurst conseguiu apoio suficiente para convencer o Congresso a elegê-lo de forma indireta. Assumiu a presidência, mas enfrentou dois anos de pressões de todos os lados. Em 1914, o Congresso abriu um processo de impeachment contra ele. Billinghurst tentou promover uma revolta popular para se manter no poder, mas antes disso foi deposto por um golpe militar, liderado pelo coronel Oscar Raimundo Benavides. Em um ano, Benavides promoveu eleições que levaram ao poder o presidente José de Pardo y Barreda, eleito para um mandato de quatro anos, que terminou em 1919.

Nas eleições daquele ano, o ex-presidente Augusto Leguía deveria concorrer como candidato independente. Ao circularem rumores de que os principais partidos, entre eles o Civilista, ao qual ele pertencera, iriam impedir a posse caso saísse vencedor, Leguia obteve apoio militar para um golpe de Estado. Tomou o poder repetindo as promessas de reformas econômicas em benefício dos trabalhadores. Estava começando a mais longa ditadura na história do Peru, que iria se estender por onze anos.

Após o golpe, o regime imposto por Leguía foi endurecendo aos poucos. Primeiro, conseguiu convencer a classe política e militar de que, para promover as reformas necessárias, era preciso mudar a Constituição e aumentar os poderes do presidente. Uma nova carta foi aprovada em 1920. Mas, em vez das mudanças prometidas, impôs um rigoroso controle sobre a sociedade, a começar pelo Legislativo. Promoveu um expurgo no Congresso, para eliminar a oposição, e criou sérias restrições à mobilização dos trabalhadores. Com a oposição alijada das decisões, alterou de novo a Constituição, garantindo mais duas reeleições: em 1924 e em 1929.

O primeiro revés de Leguía ocorreu na política externa. Num conflito fronteiriço com a Colômbia, que teve a mediação dos Estados Unidos, os colombianos levaram a melhor. Leguía teve de aceitar um tratado impopular que garantia à Colômbia as áreas em disputa.

Internamente, à medida que a ditadura estendia seus tentáculos, as prisões iam ficando lotadas de adversários do regime, enquanto outros eram mortos ou partiam para o exílio. No Peru dos anos 1920, a exemplo dos demais países do continente, ainda não se contavam os mortos ou os que partiam para o exílio para escapar de perseguições.

MÃO DE OBRA ESCRAVA

Outra fonte de desgaste para o regime foi a ideia de obrigar os jovens peruanos ao trabalho compulsório nas estradas. Leguía baixou um decreto que previa que todo jovem peruano deveria trabalhar dois anos como "voluntário" nos grandes projetos de construção de estradas, um dos orgulhos da ditadura. O decreto falava em "todos" os jovens, mas a prática ficou muito longe disso. Para começar, os jovens das famílias ricas nem chegavam a ser convocados. Ninguém ousaria fazer isso. Os remediados pagavam propina às gangues que se formaram em torno do projeto. Só restavam os muito pobres e os índios, que não podiam pagar. Esses acabavam ficando, praticamente como escravos, muito além dos dois anos previstos no decreto.

A Grande Depressão de 1929 acertou em cheio as finanças do Peru, já comprometidas com os crescentes gastos governamentais e com uma dívida externa que não parava de crescer. O aumento da dívida interessava muito a um certo personagem, de nome Juan Leguía, filho do ditador. Ele tinha um acordo particular com um banco de Nova York, que lhe pagava comissão a cada novo empréstimo assumido pelo Tesouro peruano.

Em 1930, em meio a uma violenta crise econômica interna e denúncias de corrupção, Leguía foi deposto por um golpe militar, preso e acusado de enriquecimento ilícito. Acompanhado de todos os parentes e seguidores mais próximos, foi embarcado num navio da Marinha peruana, no qual deveria seguir para o exílio. Quando o navio se afastava do porto, o comandante recebeu uma ordem para retornar porque o golpe teria fracassado. Os partidários de Leguía chegaram a promover uma comemoração a bordo, com salvas de canhão. Meia hora depois chegava uma contraordem. Os rebeldes tinham vencido e o comandante deveria conduzir Leguía de volta ao país para responder pelos crimes de corrupção e abuso do poder.

Embaixo da estátua de Leguía, erguida no Palácio, onde se lia "*No firmó*", os líderes da rebelião mandaram escrever: "*Ya ha firmado*" (Já assinou), referindo-se à renúncia forçada e ao episódio de 1909. Nos dias que se seguiram ao golpe, a Justiça peruana fez um levantamento dos bens em poder dos Leguía, levando em conta as repetidas afirmações de Juan, o filho, de que a família era dona de quase todas as terras do país. Em um cofre escondido no palácio, entregue à Justiça, foi encontrado, entre outros mimos, um colar de diamantes no valor de 150 mil dólares (1,95 milhão em 2010) comprado em Paris, que ainda estava com a etiqueta de preço. O número de imóveis, que incluía residências luxuosas e fazendas, chegava a dezenas. Juan Leguía possuía um campo de golfe particular em uma de suas residências, onde na maioria das vezes jogava sozinho. Eram raros os peruanos que praticavam esse esporte naquela época e os poucos que jogavam evitavam a convivência com o filho do presidente, por causa de seu caráter autoritário. Certa vez, ele esbofeteou um assessor que ousou discordar de seu pai. Quando andava pelas ruas de Lima ou Callao, as pessoas eram proibidas de circular no mesmo quarteirão onde se encontrava.

Augusto Leguía morreu doente na prisão, em 1932. Juan Leguía cumpriu dois anos de prisão e foi deportado para o Chile. Anos depois, surgiu em Nova York, onde costumava frequentar bares e restaurantes de luxo. Nesses lugares, gabava-se de que sua família era muito rica, descendente de nobres espanhóis. "A família de meu pai era dona de metade do Peru e a de minha mãe da outra metade." Outra de suas pérolas: "As pessoas do povo são como cães e devem ser governadas com firmeza, assim como um cavalheiro dirige o seu canil."

A VEZ DOS MILITARES

Após a queda de Leguía, uma junta militar assumiu o governo e convocou eleições para o ano seguinte, 1931. O coronel Luis Sánchez Cerro, líder do golpe, venceu a eleição, derrotando por estreita margem o candidato da Aliança Popular Revolucionária Americana (Apra), Victor Haya de la Torre, um marxista que sonhava unir a América Latina de norte a sul, sob a bandeira do socialismo. Haya de la Torre denunciou que houve fraude e seus partidários entraram em campanha contra o governo.

Sob o efeito da Grande Depressão, o Peru não conseguiu cumprir seus compromissos financeiros e, em 1931, declarou moratória da dívida externa de 180 milhões de dólares (2,6 bilhões em 2010). Nos trinta anos seguintes, o país foi banido do mercado de capitais dos Estados Unidos. Em 1932, a Apra desfechou uma rebelião popular, que terminou com a morte de sessenta soldados e oficiais do Exército. Em represália, as Forças Armadas lançaram uma caçada contra os apristas, matando cerca de mil militantes. O conflito entre os militares e a organização iria se estender durante décadas. Uma das vítimas da onda de violência desencadeada pela Apra foi António Miró Quesada, editor do *El Comercio*, de Lima.

Em 1933, um aprista assassinou a tiros o coronel Sánchez Cerro. O Congresso elegeu o ex-presidente Oscar Benavides para completar o mandato até 1936, quando deveriam ser realizadas novas eleições. Os militares proibiram a participação de Haya de La Torre nessas eleições. Diante das denúncias de irregularidades, feitas pela oposição, Benavides anulou o pleito, deu um golpe e se proclamou presidente. Em 1939, foram promovidas eleições que levaram ao poder o banqueiro Manuel Prado. Logo que tomou posse, Prado enfrentou um conflito fronteiriço com o Equador. Os dois países chegaram a travar uma luta na fronteira, mas o conflito foi resolvido com o Tratado do Rio de Janeiro, de 1942, que assegurou a maior parte das terras em disputa aos peruanos.

Prado promoveu uma distensão política e legalizou a Apra, depois que Haya de la Torre abandonou a retórica marxista e adotou um discurso moderado e populista. Nas eleições de 1945, o liberal José Luis Bustamante fez aliança com a Apra e conseguiu se eleger com uma plataforma de centro-esquerda. Com base numa política econômica ditada pela Apra, Bustamante promoveu uma intervenção do Estado na economia, aumentou os gastos públicos e estabeleceu o controle de preços e do câmbio. O resultado foi um surto inflacionário e a desestabilização econômica.

O Congresso, dominado pela Apra, defendia mudanças radicais na economia e entrou em confronto com Bustamante. O conflito entre esquerdistas e liberais se espalhou pelo país. Em 1947, militantes apristas assassinaram Francisco Grana Garland, diretor do jornal *La Prensa*, um dos mais importantes de Lima. Em seguida, explodiu uma rebelião na Marinha, insuflada por ativistas da Apra. Diante desse quadro, as tropas do Exército saíram dos quartéis e depuseram o governo. Era o golpe de 1948, chefiado pelo general Manuel Odría, que iria permanecer oito anos no poder, até 1956.

Odría trocou os comandos das Forças Armadas, para evitar novos levantes, como o ocorrido na Marinha. Reprimiu os partidos de esquerda e desencadeou uma perseguição contra seus líderes. Haya de la Torre se refugiou na Embaixada da Colômbia, onde permaneceu praticamente como prisioneiro de 1949 até 1954.

O governo militar adotou uma política econômica liberal e procurou atrair investimentos estrangeiros. A indústria cresceu e o país passou a exportar produtos demandados pelos Estados Unidos, que estavam em guerra com a Coreia, no início dos anos 1950. Como resultado, o Peru alcançou um crescimento médio de 5% no PIB durante a maior parte do governo de Odría, feito reconhecido até por seus adversários. Para assegurar esse crescimento, a ditadura utilizou a fórmula do arrocho político e social combinado com o livre mercado.

Para neutralizar a antiga influência da esquerda, a ditadura adotou inúmeros programas assistencialistas, ligados principalmente à alimentação e à moradia. Como o crescimento econômico se materializava apenas na região costeira, onde havia oportunidades de trabalho, ocorreu uma intensa migração de habitantes da região serrana, que buscavam oportunidades no lado mais desenvolvido do país e também as benesses do governo. A partir daí a população de Lima cresceu de forma desordenada, o que se refletiu na explosão das favelas (barriadas) ao redor da cidade.

Na frente política, Odría agiu rapidamente após o golpe para tentar se legitimar no poder. Convocou eleições para 1950, nas quais se apresentou como candidato único. Baniu a oposição e amordaçou a imprensa. Antes da votação, certo da vitória, já proclamava: "O povo do Peru já demonstrou seu apoio unânime a meu favor." Enquanto isso, a polícia secreta agia para neutralizar focos de oposição. O diretor do diário *La Prensa*, Pedro Beltran, foi parar na cadeia por críticas ao regime.

Com Haya de la Torre asilado na Embaixada da Colômbia, ainda restavam outros dirigentes da Apra que estavam na mira do governo. Dois deles,

Cerilo Cornejo e Felipe de las Casas, foram acusados de participar do levante de outubro de 1948, no Porto de Callao, que acabou desencadeando o golpe militar. Cornejo pegou cinco anos de prisão e de las Casas, seis. Dezenas de civis e militares também foram condenados por envolvimento na rebelião. Restava um terceiro dirigente da Apra, que estava na clandestinidade. José Negreiros, que tinha conseguido driblar a perseguição da polícia secreta de Odría, foi morto a tiros, na Avenida 28 de Julho, no centro de Lima. Há duas versões para a morte de Negreiros. A oficial é que ele foi parado pela polícia, que o mandou descer do carro com as mãos para cima. Ele teria ignorado a ordem e atirado contra os policiais, que revidaram o ataque. Já um comunicado distribuído clandestinamente pela Apra relatava que Negreiros fora vítima de um traidor, que o chamara para um suposto encontro político. Ao parar no sinal, a polícia chegou atirando e o alvejou com trinta disparos.

Dizendo-se cansado da política, Odría convocou eleições para 1956 e anunciou a disposição de abandonar o poder. De fato, ele não se candidatou, mas tentou manipular o pleito e fazer o sucessor. A princípio, tentou convencer a oposição a não apresentar candidatos. Criou o Partido da Restauração e apresentou o banqueiro e advogado das grandes corporações, inclusive as norte-americanas, Hernando de Lavalle como seu preferido para a sucessão. Fez um acordo com a Apra, que nessa altura já havia abandonado quase totalmente o discurso de esquerda, nos seguintes termos: os apristas não apresentariam candidato à presidência, apoiariam Lavalle e, em troca, o partido seria legalizado e poderia eleger representantes para o Congresso. Mas Odría se esqueceu de avisar os militares que integravam o gabinete ministerial e eles ignoraram o acordo. Os militantes da Apra, que já haviam encarado com reservas o arranjo negociado pela direção do partido, acabaram se dividindo.

Nessa altura, o plano do governo de impor um candidato único já havia naufragado e a campanha estava nas ruas. A maioria dos apristas resolveu apoiar Fernando Belaúnde Terry, candidato que unia correntes liberais e de centro-esquerda. Outra parcela preferiu ficar com Manuel Prado, ex-presidente (1939-1945), banqueiro, milionário e um dos integrantes das chamadas "quarenta famílias" que controlavam o setor financeiro, de produção, comércio e exportação no país.

COM A BÊNÇÃO DO VATICANO

Odría acabou não conseguindo fazer o sucessor como planejara. O vencedor foi Manuel Prado, que completou o mandato de seis anos, sob fortes críticas por não cumprir a promessa de austeridade feita durante a campanha. Até mesmo os jornais *El Comercio* e *La Prensa*, estreitamente ligados às "quarenta famílias", o acusaram de aumentar excessivamente os gastos do governo. As Forças Armadas estavam entre os setores mais beneficiados com esse aumento nas despesas, numa aparente tentativa do presidente de aplacar resistências. Assim que assumiu o poder, com apoio do Congresso, Prado tratou de desmantelar o aparato repressivo da ditadura. Concedeu anistia aos presos políticos, suspendeu as restrições à imprensa e legalizou a Apra.

O mandato de Prado foi marcado por um escândalo, quando ele resolveu pedir ao Vaticano a anulação de seu casamento. Embora a união tenha durado quarenta anos, durante os quais a mulher lhe deu quatro filhos, a alegação era de que o casamento teria sido realizado "sem o consentimento do noivo". Para surpresa geral, a anulação foi concedida e pouco depois Prado se casou com uma antiga amante.

Nas eleições de 1962, as mesmas forças políticas se apresentaram para o confronto. De um lado, Belaúnde Terry, com uma plataforma liberal. De outro, Haya de la Torre, retornando de seis anos de exílio e com um discurso moderado de esquerda. Haya de la Torre venceu por uma diferença de menos de 1% dos votos. Os militares não gostaram do resultado. Deram um golpe de Estado e o poder foi entregue a uma junta chefiada pelo general Ricardo Pérez Godoy. A junta governou por um ano, até as eleições de 1963. Dessa vez venceu Belaúnde Terry, que, apesar de não representar os setores mais conservadores do país, tinha um discurso mais palatável aos militares.

INTERVALO DEMOCRÁTICO

Belaúnde Terry enfrentou enormes turbulências para se manter no poder. No Congresso, direita e esquerda faziam cerrada oposição ao partido Ação Popular, do governo. De um lado estava a Apra, liderada pelo veterano Haya de la Torre. De outro, a coalizão direitista comandada, de fora do Legislativo, pelo ex-ditador Manuel Odría, que insistia em tentar decidir o destino político do país. Acima de tudo, a oposição não suportava a aproximação do governo de Belaúnde Terry com os Estados Unidos, como parte da chamada Aliança para o Progresso, lançada no princípio do governo de John Kennedy. Com a promessa de realizar "doze anos de trabalho em seis", Belaúnde apostou num programa de investimentos na construção de estradas, casas populares e escolas. O presidente acreditava que a educação era o caminho para tirar o Peru do subdesenvolvimento. Por isso, passou a destinar boa parcela do orçamento a projetos educacionais. Lançou um programa de reforma agrária ambicioso, que previa a inclusão de 2 milhões de pessoas, incluindo as populações indígenas. O programa fracassou.

Ao mesmo tempo, o governo criou uma gigantesca máquina burocrática para administrar todos os programas que lançava. O resultado foi que passou a gastar mais do que o dobro do que arrecadava. Para cumprir os compromissos, começou a fazer empréstimos no exterior, levando a dívida externa a perto de 1 bilhão de dólares (6,8 bilhões em 2010), um recorde no país, na época. Com um enorme aparelhamento burocrático do Estado, gastando sem controle, logo apareceram denúncias de corrupção.

Para tornar o quadro ainda mais complicado, o governo decidiu nacionalizar duas unidades de exploração de petróleo controladas pela International Petroleum Co., subsidiária da norte-americana Standard Oil. Os termos do acordo provocaram intensas críticas da oposição e dos militares. Além de assegurar amplas compensações financeiras, o governo ofereceu novas concessões à mesma empresa, em outras áreas ainda não exploradas. Belaúnde Terry ainda tinha mais um ano de mandato pela frente, mas a oposição — reunindo uma curiosa mistura de radicais de esquerda e direita, com apoio militar — não quis esperar as eleições previstas para 1969.

Na madrugada de 3 de outubro de 1968, o presidente Belaúnde Terry acordou com o barulho de tiros de fuzis e metralhadoras. Levantou-se, olhou pela janela e viu que tropas do Exército cercavam o palácio. Percebeu logo que seu mandato havia chegado ao fim. Minutos depois, enfiado num carro oficial, ainda de pijamas, ele atravessava os portões do palácio com destino ao aeroporto, sob forte escolta, de onde seguiu para o exílio na Argentina. Terminava assim um governo escolhido pelo voto da maioria, e não pela força das armas. O líder do golpe era o general Juan Velasco Alvarado, comandante do Exército que iria manchar a história do Peru com mais uma ditadura. Ele tinha um discurso de esquerda e anunciava uma revolução que iria levar o país a um período de grande prosperidade.

O primeiro ato de Velasco Alvarado foi fechar o Congresso e nomear um ministério totalmente integrado por militares. Em seguida, lançou um ambicioso programa de reforma agrária, que prometia, de acordo com os teóricos do regime, "acabar com a oligarquia" que dominava a produção agrícola. Depois, investiu contra a iniciativa privada local e estrangeira, nos setores da indústria, da exportação e das finanças. Anunciou a estatização da exploração do petróleo e cancelou os acordos assinados pelo governo anterior com as empresas do setor, que previam indenizações para os campos nacionalizados. Para completar, apontou a mira da ditadura contra a imprensa, que, de acordo com os mesmos teóricos, deveria ser controlada por "movimentos sociais organizados de operários e camponeses".

Velasco Alvarado enfrentava dificuldades para conquistar popularidade, já que os regimes militares sempre foram de triste lembrança também para os peruanos. Para contornar isso, promoveu a criação de inúmeras organizações de massa, todas financiadas pelo governo, encarregadas de promover manifestações em defesa da reforma agrária e da estatização da economia. Ao longo de oito anos no poder, o regime aparelhou a máquina burocrática, com o objetivo de estabelecer uma base no funcionalismo público e granjear apoio entre a população. Diante da fuga dos investidores, apostou no endividamento externo.

O governo tentou uma aproximação com a antiga União Soviética, para contrabalançar a influência dos Estados Unidos na região e também porque a nacionalização de empresas norte-americanas havia provocado a deterioração das relações diplomáticas com Washington. Mas Moscou já tinha problemas demais com seus satélites no leste da Europa para se interessar por um aliado tão distante. Em se tratando de América Latina, bastava aos russos os problemas que eles já haviam arranjado em Cuba, entre eles a crise dos mísseis de 1962.

O terremoto de maio de 1970, que matou 50 mil peruanos e deixou milhares de desabrigados, contribuiu para neutralizar ainda mais a tentativa de aproximação com Moscou. Enquanto os Estados Unidos mobilizaram uma gigantesca máquina de ajuda humanitária, comandada pessoalmente por Pat Nixon, mulher do presidente Richard Nixon, os russos mandaram apenas algumas dezenas de barracas de campanha, que mal atendiam a um único vilarejo. Moscou e Lima, definitivamente, tinham pouco em comum e esse era um namoro impossível de se concretizar.

DIREITA, VOLVER!

O anunciado crescimento econômico não aconteceu e a reforma agrária não deu os frutos esperados. Com a queda na produção, os preços dos alimentos dispararam. Uma onda inflacionária destruía o poder aquisitivo da população, especialmente a de baixa renda. Irritado com as críticas pelo fracasso do regime e pela distância entre a realidade vivida pela maioria da população e as promessas feitas quando tomou o poder, Velasco Alvarado investiu contra a imprensa.

Na noite de 27 de julho de 1974, soldados armados com metralhadoras invadiram a redação do jornal *El Comercio*, um dos mais antigos do Peru. As tropas tomaram posição na redação quase vazia. A edição do dia seguinte estava pronta e já rodava nas impressoras. Oficiais desceram às oficinas e forçaram os gráficos a parar as máquinas. Em seguida, supostos jornalistas a serviço da ditadura, levados pela tropa, tiraram dos bolsos textos prontos que iriam substituir os editoriais e principais artigos do jornal, especialmente na primeira página. A cena marca um dos momentos mais grotescos da ditadura do general Juan Velasco Alvarado. Luis Miró Quesada, diretor do jornal, tentou evitar a substituição dos textos e foi preso.

Naquele mesmo fatídico julho de 1974 a ditadura expropriou os cinco últimos jornais independentes do Peru. Pouco antes, em 13 de junho, já havia fechado a revista *Caretas*, porque os militares não gostaram de um artigo publicado pelo semanário. Em meio a uma aguda crise econômica, o regime caminhava para um fim melancólico.

Em 29 de agosto de 1975, Velasco Alvarado foi deposto pelo segundo homem na linha de comando, o general e primeiro-ministro Francisco Morales Bermúdez. Era mais uma troca de guarda no Palácio, porém com uma guinada à direita. Diante do fracasso da política econômica, que desestimulava investimentos e provocava inflação, Morales Bermúdez implantou um programa de austeridade, que previa redução dos gastos governamentais e dos subsídios para alguns setores da economia. A opinião pública se voltou contra o governo e, especialmente, contra os militares. As denúncias de corrupção se multiplicavam. Alvo de uma forte antipatia da população, Morales Bermúdez achou melhor bater em retirada. Convocou eleições para uma assembleia constituinte, marcadas para 1978, como primeiro passo para a redemocratização. Os partidos de esquerda fizeram maioria na Constituinte. A nova carta foi promulgada em 1979. No ano seguinte, o ex-presidente Belaúnde Terry, deposto em 1968, foi eleito para um mandato de cinco anos.

Ao iniciar o mandato, em 1980, Belaúnde Terry encontrou uma economia arrasada. Mais de um terço do PIB era controlado por empresas estatais, que se estendiam até pelo setor agrícola, no qual também proliferavam cooperativas criadas com base no programa de reforma agrária que se mostravam altamente ineficientes. As pequenas e médias indústrias e o comércio operavam na informalidade e não recolhiam nenhum tipo de imposto. Para desativar a máquina burocrática montada pela ditadura, o governo contratou equipes de tecnocratas, encarregadas de montar um programa de exportações. Mas o cenário internacional não estava nem um pouco favorável. Os preços dos produtos primários atingiram o nível mais baixo desde a Grande Depressão, nos anos 1930. O desemprego alcançava quase dois terços dos peruanos. Acossado pelas dificuldades, o governo optou pela saída aparentemente fácil de contrair novos empréstimos no exterior. Como resultado, a dívida peruana saltou de 9,6 bilhões de dólares (24,5 bilhões em 2010) em 1980 para 13 bilhões de dólares (28 bilhões em 2010) em 1985. O quadro social se deteriorava rapidamente e os indicadores eram os piores possíveis. A fome, o desemprego e a mortalidade infantil se espalhavam pelo país. O governo também se mostrava incapaz de enfrentar os problemas de educação, habitação e saúde. O cenário favorecia o surgimento de propostas radicais.

Em 1980, sob o comando de um professor de filosofia, Abimael Guzmán, foi criado o grupo extremista Sendero Luminoso, que lançou uma campanha de terror com base numa mistura ideológica que incluía marxismo-leninismo e maoismo, com temperos locais. O Sendero propunha a tomada do poder pela força e, para isso, lançou uma série de atentados a bomba, destruição de propriedades no campo e assassinatos. Nos vilarejos espalhados pelo interior do país, onde a fome e o desemprego oprimiam a população, o grupo não tinha dificuldades de arregimentar voluntários. Enquanto o Sendero buscava seus combatentes no campo, outro grupo surgiu para atrair os jovens sem perspectiva de trabalho ou futuro nas cidades. Em Lima, surgiu o Movimento Revolucionário Tupac Amaru, organizado para a guerrilha urbana e rural e que levava o nome do herói indígena da luta contra os colonizadores espanhóis.

Para enfrentar os grupos guerrilheiros, o governo desencadeou uma repressão militar. Enormes recursos foram mobilizados para esse fim, para irritação daqueles que não acreditavam numa solução pela força. Ao contrário, diziam os críticos dessa política, o governo deveria investir para melhorar as condições socioeconômicas responsáveis pela miséria e pelo desemprego que levavam uma parcela da população a aceitar a violência como uma suposta saída. Em cinco anos, até 1985, calcula-se que mais de 6 mil peruanos morreram nos atentados terroristas, ataques da guerrilha urbana e rural e também pela repressão.

A tentativa do governo de reduzir as plantações de coca, utilizada na produção de cocaína, proporcionou um novo trunfo para o Sendero Luminoso, que passou a oferecer proteção aos camponeses dedicados a esse cultivo. Logo, os rebeldes também iriam usufruir do tráfico de cocaína. A cobrança de taxas dos traficantes, principalmente colombianos, para proteger o negócio deles e impedir ou dificultar a presença de forças do governo nas áreas cultivadas transformou-se na principal fonte de renda dos rebeldes. Era com esse dinheiro, que somava milhões de dólares/ano, que eles compravam armas, munição e suprimentos para a vida nas montanhas. Desgastado e alvo de inúmeras denúncias de violações dos direitos humanos na luta contra a guerrilha, Belaúnde Terry completou o mandato, em 1985, e entregou a faixa presidencial ao populista Alan García, da Apra, que recebeu 48% dos votos. A popularidade do governo era tão baixa que o partido de Belaúnde Terry obteve apenas 6%.

A vitória de Alan García representava a primeira vez que a Apra chegava ao poder, com um candidato próprio, após meio século de luta política. Ao assumir, em 28 de julho de 1985, García tinha 36 anos e era o político mais jovem a chegar à presidência. A juventude e mais o fato de que era a primeira vez que a esquerda chegava ao poder despertavam enormes esperanças entre os peruanos. Além de conquistar o Executivo, a Apra também fez ampla maioria no Congresso, o que garantia o apoio necessário para enfrentar os problemas econômicos e políticos do país, que eram muitos. O resultado seria decepcionante. A dívida externa chegava a 13 bilhões de dólares (28 bilhões em 2010), a inflação devorava o poder aquisitivo dos salários e, no mercado externo, os preços dos produtos peruanos continuavam baixos. No plano político, a violência da guerrilha urbana e rural se expandia rapidamente.

Apoiado numa popularidade que alcançava 75%, García desfrutou de uma lua de mel de dois anos, período em que brincou perigosamente com a lógica. Atacava a política econômica de seu antecessor e os acordos com o Fundo Monetário Internacional, ao mesmo tempo que utilizava os parcos recursos do Tesouro para manter subsídios e sustentar empresas estatais deficitárias, todas inchadas pelo aparelhamento promovido pela Apra. Tudo isso à custa do aumento do déficit fiscal. O resultado não poderia ser outro. Em pouco tempo, a combinação de hiperinflação com a imensa dívida pública e o caixa do Tesouro zerado levou o Estado peruano a entrar em colapso. Os serviços públicos, incluindo hospitais, não funcionavam ou operavam de maneira extremamente precária. A pobreza da maioria da população chegava a limites dramáticos. García tentou medidas desesperadas, como a estatização dos bancos peruanos e um pacote de austeridade econômica. Mas era tarde demais.

Para completar o quadro, as denúncias de corrupção se multiplicavam e a violência do Sendero Luminoso e do MRTA também. De outro lado, esquadrões da morte da extrema-direita, integrados por policiais e grupos paramilitares, apelavam para a violência indiscriminada na luta contra a guerrilha. Os direitos humanos eram violados de forma sistemática pelos dois lados. Calcula-se que, na década de 1980, mais de 20 mil pessoas morreram no Peru, vítimas da violência política. Apenas em 1990 o número estimado de vítimas é de 3.500. Para evitar que seus militantes fossem julgados, a guerrilha lançou uma campanha de terror contra o Judiciário. Juízes eram ameaçados por carta ou telefone. Os parentes deles também. Em 1989, o Judiciário peruano não conseguia preencher um terço de suas 4.500 vagas. No fim do governo de García, em 1990, o Peru vivia um caos social. Todas as promessas do presidente e da Apra tinham se evaporado.

EL CHINO

Nas eleições de 1990, o vencedor foi um político obscuro: Alberto Fujimori, que surgiu com um discurso de ordem e austeridade e conseguiu derrotar o escritor Mário Vargas Llosa, um dos peruanos mais conhecidos em todo o mundo. Embora descendente de japoneses, Fujimori era apelidado de *El Chino*. Ele adotou um plano de estabilização econômica e de combate à inflação e, como não tinha maioria parlamentar, passou a governar por decreto. Em consequência, logo entrou em choque com o Congresso. Em abril de 1992, deu um golpe de Estado. Fechou o Congresso e suspendeu o Judiciário. Com poderes absolutos, tratou de implantar um rigoroso programa de reformas econômicas, com apoio do FMI e ajuda do governo norte-americano.

Em setembro de 1992, Fujimori conquistou enorme popularidade quando o Exército capturou Abimael Guzmán, líder e fundador do Sendero Luminoso. A imagem de Guzmán enjaulado e vestindo uniforme listrado de prisioneiro percorreu o mundo. Uma vitória, ainda que parcial, sobre a guerrilha e uma relativa estabilidade econômica garantiram a Fujimori um segundo mandato, conquistado por ampla maioria nas eleições de abril de 1995, quando também fez maioria no Congresso, embora à custa de manobras e corrupção, segundo os opositores. Com essa maioria, alterou a Constituição, incluindo uma lei que permitia a reeleição para um novo mandato, já de olho em 2000.

Mas a guerrilha rural e urbana sobrevivia e, em dezembro de 1996, um comando do MRTA invadiu a Embaixada do Japão, em Lima, durante uma recepção, tomando 450 convidados como reféns. A ocupação iria se estender por 126 dias, ao longo dos quais os reféns eram libertados aos poucos. Em 22 de abril de 1997, o Exército invadiu a embaixada e libertou os últimos 72. A operação terminou com a morte de 14 guerrilheiros, dois soldados e um refém. Com a popularidade em alta, Fujimori, embora eleito, governava como um tiranete. Controlava o Judiciário, pressionava o Legislativo e ameaçava a imprensa. Outra vitória contra a guerrilha foi obtida em junho de 1999, com a prisão do novo líder do Sendero Luminoso, Oscar Ramírez Durand, que havia substituído Guzmán.

Em 2000, Fujimori deixou claro que pretendia se perpetuar no poder, ao tentar um terceiro mandato, depois de convencer o Congresso de que era a segunda vez que ele disputava a presidência sob a nova Constituição. De acordo com essa interpretação, a eleição de 1990 não deveria ser levada em conta. Antes de Fujimori, Carlos Menem já havia alterado a Constituição para garantir a reeleição na Argentina. E Fernando Henrique Cardoso faria o mesmo no Brasil.

As eleições de abril daquele ano foram marcadas por denúncias de corrupção e abuso do poder. O candidato da oposição, Alejandro Toledo, obteve 41% dos votos contra 48% de Fujimori. Toledo denunciou o uso de dinheiro público para financiar a campanha de Fujimori, além de mobilização da máquina do governo para impedir o acesso da oposição aos meios de comunicação. No segundo turno, Toledo se recusou a participar. Fujimori se apresentou como candidato único e se proclamou vencedor. A oposição saiu às ruas em protesto e o governo respondeu com uma violenta repressão, que terminou com a morte de seis pessoas e dezenas de feridos. A situação se agravou após a divulgação de uma fita de vídeo que mostrava o chefe de polícia de Fujimori, Vladimiro Montesinos, subornando um deputado para votar a favor do governo. O vídeo flagrava o momento em que Montesinos entregava um cheque num valor equivalente a 18 mil dólares (em 2010) ao parlamentar. Dono de um recheado prontuário de violações dos direitos humanos, que incluem morte, torturas e o desaparecimento de adversários do regime, Montesinos também era suspeito de se apossar de fortunas em dinheiro público. Quando o escândalo estourou, ele fugiu para o Panamá, e Fujimori simulou uma investigação. Em 2001, Montesinos foi capturado na Venezuela e entregue ao Peru.

Nesse clima, Fujimori iniciou o novo mandato em julho de 2000. Em outubro, diante das pressões da oposição, ele concordou em convocar novas eleições para 2001. Mas, em novembro de 2000, viajou para o Japão e, de lá, num lance inusitado até para os regimes latino-americanos, renunciou. Dias depois, o Congresso peruano aprovou o impeachment do presidente. Fujimori ficou no Japão até 2005, quando viajou para o Chile. Em setembro de 2007, o Chile decidiu extraditá-lo para o Peru, onde começou a ser julgado por cinco acusações de corrupção e duas de violações dos direitos humanos. Em abril de 2009, foi condenado a 25 anos de prisão. Três meses depois, em julho, confessou ter pago 15 milhões de dólares (18 milhões em 2010) a Vladimiro Montesinos, com dinheiro do Tesouro peruano, "para evitar que ele promovesse um golpe de Estado". Fujimori alegou, perante o juiz, que restituiu a quantia ao Tesouro mais tarde, mas não explicou de onde teria tirado o dinheiro para fazer a suposta devolução. Aos 71 anos, ele foi condenado a mais sete anos e seis meses, por peculato. Pela legislação peruana, prevalecia a pena anterior de 25 anos, ratificada pela Suprema Corte em janeiro de 2010.

Nas eleições de 2001, Alejandro Toledo derrotou o ex-presidente Alan García, que havia regressado de um exílio de oito anos na Colômbia. Na campanha eleitoral, o jogo foi extremamente pesado. A imprensa ligada a García publicou inúmeras denúncias contra Toledo, entre elas a de que era usuário de cocaína e de que tinha sido flagrado com três mulheres num hotel frequentado por prostitutas. Também se informou, na época, que Toledo teria se recusado a assumir a paternidade de uma filha, que estava então com 13 anos. A mulher de Toledo, a antropóloga belga Eliane Karp, respondeu às denúncias afirmando que se tratava de uma campanha da elite branca peruana para tentar impedir a chegada ao poder de um *cholo*, mestiço de branco e índio.

Toledo tomou posse em 28 de julho de 2001 com o apoio de 59% do eleitorado. A chegada à presidência, por via democrática, do primeiro *cholo*, identificado com a maioria da população, despertou enormes expectativas. Para muitos peruanos, finalmente, tinha chegado a hora de um homem do povo assumir as rédeas do poder e governar para a maioria. Além disso, Toledo levava a imagem de quem progrediu na vida graças ao esforço próprio. Menino pobre da periferia de Lima, formou-se em economia e obteve doutorado na Universidade de Stanford, uma das melhores dos Estados Unidos. Toledo prometeu combater a pobreza, o desemprego, a corrupção e o narcotráfico. Não conseguiu derrotar nenhum desses demônios. Foram levantadas inúmeras explicações para o fracasso. A primeira refere-se a expectativas exageradas e desencanto. Toledo havia prometido uma economia de abundância e a maioria da população acreditava em mudanças repentinas. Professores e funcionários públicos em geral esperavam aumentos salariais. Mas o Tesouro peruano não permitia esses gastos. Explodiram inúmeras greves, reprimidas pelo Exército, e foi decretado estado de emergência. Na frente política, sem maioria no Congresso, Toledo teve boa parte de seus projetos rejeitados. Uma cerrada oposição à direita e à esquerda o impedia de governar. Além disso, a retomada dos ataques do Sendero serviu para desgastar o governo.

Quando Toledo deixou o poder, sua popularidade havia caído para 7% e o desencanto dos peruanos era tão grande que eles se esqueceram da herança desastrosa do primeiro mandato de Alan García e o elegeram em 2006. García chegou com um discurso mais moderado do que nas primeiras campanhas e procurando, cuidadosamente, se afastar da imagem de portador de promessas milagrosas. Dois anos depois da posse de García, em setembro de 2008, sua popularidade havia despencado para 16% de aprovação — um terço de quando fora eleito —, enquanto 69% da população se mostravam insatisfeitos com o governo. As causas principais dessa queda eram o preço dos alimentos e a precariedade de setores como saúde, habitação, fornecimento de água e outros. Em junho de 2011, o candidato nacionalista Ollanta Humalla foi eleito para a presidência, derrotando Keiko Fujimori, filha do ex-ditador. Ao cruzar a barreira do século XXI, cerca de 40% da população peruana ainda permanecia na linha de pobreza.

SANGUE, PRATA E TRAIÇÃO

Quando Francisco Pizarro desembarcou no Peru, em 1531, com 180 homens e 30 cavalos, os espanhóis estavam em busca das riquezas em ouro e prata, sobre as quais tinham ouvido inúmeras lendas. Pizarro e Diego de Almagro dizimaram a civilização inca e enviaram vários navios carregados de ouro e prata para a Espanha. Depois de sequestrar o líder inca Atahualpa, Pizarro exigiu, para libertá-lo, a entrega de todos os seus tesouros. De posse das riquezas, Pizarro quebrou a promessa e mandou executar Atahualpa. Outros líderes indígenas surgiram, como Manco Capac e Tupac Amaru, mas todos foram massacrados diante da superioridade das armas dos colonizadores. Os espanhóis só seriam expulsos no século XIX. A luta pela independência foi deflagrada por José de San Martín, filho de um oficial espanhol que servia na Argentina. Após a libertação da Argentina, em 1814, San Martín partiu decidido a liberar os territórios vizinhos. Primeiro foi o Chile, em 1817. Em seguida, chegou a Pisco, no Peru, em setembro de 1820, à frente de uma força de 4.500 homens. Em 1821, as forças de San Martín entraram em Lima, mas ele não conseguiu manter o controle da cidade. Pediu ajuda a Simon Bolívar, que já havia imposto sérias derrotas aos espanhóis nos territórios ao norte do Peru, mas Bolívar não aceitava um duplo comando. Decepcionado, San Martín renunciou à luta, retornou ao Chile e em seguida partiu para o exílio na França.

Bolívar juntou suas forças às de San Martín e venceu a importante batalha de Junín, em agosto de 1824. A batalha decisiva que resultou na independência do Peru foi travada pelo general Antonio José de Sucre Alcalá, que, em 9 de dezembro de 1824, derrotou os espanhóis em Ayacucho, pondo um fim na ocupação colonial no território. Após a independência, Bolívar tentou levar adiante o plano de unificação das ex-colônias sob uma única bandeira, mas fracassou. Em 1826, retornou a Bogotá, de onde ainda esperava ressuscitar o ideal de união. Daí em diante, o Peru entrou na era dos caudilhos. Até 1845, o país teve mais de vinte governantes, que se alternavam no poder pela força das armas.

Apenas em 1845 o país alcançou alguma estabilidade, mas sob a mão pesada do general Ramón Castilla, que conseguiu se manter no poder até 1851. (Castilla voltaria ao poder mais tarde, entre 1855 e 1862.) Esse período coincidiu com a época de prosperidade alcançada pelo país, que ficou conhecida como a Era do Guano e se estendeu de 1845 a 1870. Nesses 25 anos, o país viveu praticamente, como diziam os detratores, à custa de dejetos. O guano era um fertilizante produzido graças ao acúmulo de fosfato de cálcio resultante das fezes de aves marinhas. O produto, deixado por milhões de pássaros das Ilhas Chincha, tinha enorme demanda na Europa e nos Estados Unidos e propiciou grandes quantidades de divisas ao país. A riqueza era tanta que a Espanha, nesse período, tentou uma operação militar para se apossar das ilhas, mas foi derrotada.

Terminada a Era do Guano, quando os europeus e americanos descobriram os fertilizantes químicos, o país entrou em rápida decadência econômica. Numa terrível coincidência, a crise coincidiu com a eleição do primeiro presidente civil escolhido livremente pelos peruanos: Manuel Pardo, eleito em 1872-1876. Pardo liderava o Partido Civilista, uma ampla frente contrária aos militares que dominavam o país desde a independência e que haviam deixado apenas uma herança de autoritarismo, corrupção e incompetência. Pressionado pelo aprofundamento da crise econômica, Pardo fez um governo medíocre e, no fim de seu mandato, os peruanos se voltaram novamente para os militares, que retomaram o poder até 1895. Nesse ano, os civilistas voltaram ao poder e deram início à chamada República Aristocrática, que iria se estender até 1914 e seria marcada por uma relativa estabilidade política e crescimento econômico.

COLÔMBIA

Há argumentos irrefutáveis para a manutenção do regime militar, entre eles o patriotismo e as metralhadoras.

Trecho dos boletins oficiais de rádio que as emissoras colombianas eram obrigadas a transmitir durante a ditadura do general Gustavo Rojas Pinilla

Precisa ser um mágico, um profeta, um redentor, um sábio, um pacificador que possa transformar uma república em ruínas num país próspero.

Ex-presidente Alberto Lleras Camargo, resumindo as qualidades necessárias para assumir a presidência da Colômbia

VAIAS AO GENERAL

Uma das diversões dos colombianos, ali pela metade da década de 1950, era vaiar o ditador Augusto Rojas Pinilla e seus parentes durante as touradas de domingo, na principal arena de Bogotá. Toda vez que o locutor oficial pronunciava o nome do general as vaias explodiam. Mas no domingo, dia 5 de fevereiro de 1956, essa diversão iria custar caro aos que tinham comparecido à tourada. A polícia da ditadura havia preparado uma armadilha para acabar com o que o governo chamava de "arruaceiros que tentam se aproveitar de um evento esportivo para manifestações políticas". Centenas de policiais à paisana se misturaram à multidão.

Antes do início da tourada, os agentes do governo puxaram um coro de vivas ao general Rojas Pinilla. A multidão silenciou. Nova tentativa e novo silêncio. Na sequência, quando o locutor oficial pronunciou o nome do general, o som das vaias tomou todo o estádio por longos minutos. A resposta foi violenta. Os policiais sacaram porretes e revólveres e investiram contra a multidão. Foi um massacre. As pessoas que tentavam fugir eram agredidas ou alvejadas a tiros. O número real de vítimas nunca foi revelado, mas calcula-se que tenha ficado em dezenas de mortos e centenas de feridos. No dia seguinte, a imprensa local não pôde noticiar o massacre, porque estava sob censura. Os correspondentes estrangeiros conseguiram enviar algumas informações para o exterior, mas por conta disso caíram novamente na censura, da qual tinham conseguido escapar semanas antes. Internamente, apenas o semanário da Arquidiocese de Bogotá, *El Catolicismo*, conseguiu furar o cerco à informação, dias depois. "Milhares de pessoas testemunharam a vingança, que revelou a crueldade desumana, a covardia e o regime de força bruta ao qual o país está submetido", denunciou o jornal. Nenhum outro meio de comunicação colombiano pôde reproduzir o texto. Cópias clandestinas do editorial circularam pelo país e chegaram ao exterior.

O massacre planejado pela ditadura era também uma vingança por um fato ocorrido na semana anterior. No domingo, a filha de Rojas Pinilla, María Eugenia Rojas Moreno, e o genro, Samuel Moreno, chefe de propaganda do regime, tinham levado uma sonora vaia ao despontar no camarote presidencial. O governo anunciou que tomaria medidas para acabar com essas manifestações. Mas ninguém imaginava que a repressão seria tão violenta.

Em 1956, depois de três anos no poder, a ditadura de Rojas Pinilla já havia fechado ou asfixiado, por meio de pressões econômicas, os principais jornais do país. Um ano antes, um dos diários mais importantes de Bogotá, *El Tiempo*, foi fechado depois que o editor, Roberto García Peña, se negou a assinar artigo escrito por assessores palacianos. No texto, que não chegou a ser publicado, García Peña faria uma declaração de apoio ao regime e se arrependeria de todas as críticas que vinha fazendo desde o início da ditadura.

Na guerra travada contra a censura, os jornais colombianos tentaram inúmeras saídas. Um deles teve uma edição confiscada ao publicar um espaço em branco nas páginas internas, onde se lia "censurado". Em outra ocasião, *El Tiempo* e *El Espectador* lançaram edições com outros nomes, mas com toda a diagramação e tipologia exatamente iguais aos originais. *El Tiempo* passou a se chamar *El Intermedia*, enquanto *El Espectador* passou a se chamar *El Independiente*. As duas edições foram logo apreendidas.

Tanto os jornais como a Igreja Católica e toda a sociedade colombiana haviam saudado com grande alegria a chegada de Rojas Pinilla ao poder, em junho de 1953. Afinal, ele havia derrubado o tirano Laureano Gómez, admirador do ditador Francisco Franco, da Espanha, que pretendia se tornar presidente vitalício. Católico ultraconservador, Gómez tinha sido deputado e senador. De fala mansa quando entre seus pares, se transformava ao discursar em palanques e, por conta disso, ganhou apelidos como "O Homem Tempestade" e "O Monstro", pela maneira como tentava destruir os adversários com as palavras, nos embates políticos. De porte atlético e sempre trajado com ternos de fino corte, destoava da maioria dos ditadores do continente por seu apego à literatura e às artes em geral. Assinava artigos e ensaios nos jornais, sob pseudônimos, tratando de poesia, teatro e artes plásticas. O homem que se debruçava sobre a poesia de Pablo Neruda, o teatro de Luigi Pirandello e as artes plásticas era o mesmo que chefiava um regime marcado pela violência.

Gómez foi eleito, em 1949, à custa de fraude grosseira, arquitetada por seu escudeiro Mariano Ospiña Pérez. Quatro anos antes, na condição de principal dirigente do Partido Conservador, Gómez havia imposto a eleição de Ospiña e era chegada a hora de pagar a conta. Entre outros recursos utilizados para garantir o resultado favorável, Ospiña decretou estado de sítio e usou a polícia para impedir o acesso dos eleitores às urnas nas áreas onde predominava a oposição. Diante das pressões, a oposição liberal participou apenas das eleições legislativas, que venceu, mas retirou a candidatura para as presidenciais.

Nem bem aqueceu a cadeira presidencial, Gómez desfechou uma onda de vingança contra os adversários do Partido Liberal e também contra os políticos e militares que se recusavam a apoiar o regime. A luta se espalhou pelo interior do país, misturando-se a uma série de conflitos locais, que deixaram milhares de vítimas entre 1950 e 1953. Gómez suspendeu a já precária legislação de proteção aos trabalhadores, que oferecia garantias mínimas, e pôs os sindicatos na ilegalidade. Reforçou a censura à imprensa e assumiu o controle do Judiciário, ao nomear juízes de sua confiança. Também investiu contra a liberdade religiosa. Cortou o acesso dos protestantes às emissoras de rádio e acabou desencadeando uma violenta perseguição aos seguidores dessa crença. Pastores protestantes foram agredidos e as igrejas, apedrejadas.

Ao se aproximar do fim de seu mandato, Gómez aterrorizou os possíveis concorrentes com ameaças para que não se inscrevessem. Pretendia disputar a reeleição como candidato único, com uma constituição à moda franquista pronta para ser promulgada. Mas, abatido por dois enfartes, desistiu e nomeou um presidente interino, Roberto Urdaneta. Ao surgirem rumores de que um golpe de Estado estava em andamento, Gómez ordenou a Urdaneta que afastasse o comandante do Exército, general Gustavo Rojas Pinilla. A princípio, Urdaneta ficou com medo, mas acabou obedecendo. Ao tomar conhecimento da ordem de passagem para a reserva, Rojas Pinilla resistiu. Os dois lados se deram uma trégua de dois meses. Finalmente, em junho de 1953, Gómez voltou ao Palácio, reassumiu a presidência e exigiu a saída de Rojas Pinilla. O general se entrincheirou no quartel-general do Exército em Bogotá e esperou o momento de agir. Assim que o novo comandante nomeado por Gómez tomou posse, Rojas Pinilla mandou prendê-lo. Em seguida, despachou tanques para cercar o palácio e a residência presidencial de Gómez no subúrbio. Em menos de uma hora, o governo caiu, sem que um único tiro fosse disparado. Gómez foi despachado para a Espanha, onde pôde admirar de perto seu ídolo Francisco Franco.

Ao desfilar, vitorioso, pelas ruas de Bogotá, o general Rojas Pinilla foi aplaudido por milhares de pessoas. A população estava cansada do regime truculento e corrupto de Gómez. Os primeiros meses do novo governo foram de euforia e relaxamento das tensões. Rojas Pinilla acabou com os conflitos armados entre grupos rivais no campo, devolveu terras a antigos proprietários expropriados e criou um ambiente de pacificação. Libertou presos políticos e relaxou a censura à imprensa, embora apenas parcialmente.

O governo lançou uma série de projetos de alcance social, como a construção de novas linhas de transporte público e hospitais. Também ampliou o sistema de crédito para pequenos agricultores. Ao criar um novo serviço social, o general entregou a direção do departamento a sua filha, María Eugenia, que não tinha experiência administrativa. Esse serviço deveria cuidar do pagamento de pensões às pessoas mais necessitadas, mas nunca funcionou.

Ao tentar mudar o sistema tributário, para aumentar a arrecadação entre a população de maior renda, Rojas Pinilla teve seu primeiro choque com a realidade. Suas propostas esbarraram na firme rejeição dos mais ricos. Também fracassaram as tentativas do novo governo de criar uma terceira força política, unindo trabalhadores do campo e das cidades, com apoio da Igreja Católica.

Em menos de um ano, Rojas Pinilla já percebia os sinais de fracasso de seu governo. Rejeitado pela população civil, ele buscou apoio na área militar. Aumentou os salários e construiu elegantes clubes para os oficiais e outros mais modestos para a tropa. Abriu uma rede de armazéns especiais dentro dos quartéis onde os militares podiam comprar de refrigeradores e aparelhos de TV — importados dos Estados Unidos — a lingerie francesa, além de alimentos e bebidas, tudo a preços subsidiados. O regime começava a se decompor. Amigos e parentes, entre eles o genro e chefe de propaganda do governo, Samuel Moreno, faziam fortunas graças a contratos com o governo. Em poucos anos, o próprio Rojas Pinilla havia se transformado num próspero pecuarista.

Ao mesmo tempo, o regime endurecia contra a oposição e a imprensa. Qualquer pessoa que falasse mal do presidente em público poderia ser presa ou multada. O fracasso da política de desenvolvimento da agricultura provocou a retomada dos conflitos no campo.

Rojas Pinilla tentou dar uma fachada legal à ditadura. Em 1954, o Congresso, cuja a maioria dos representantes havia sido indicada pelo próprio governo, elegeu o general como presidente por quatro anos. Em 1957, ele foi reeleito para mais quatro anos, pelo mesmo Legislativo. O general não escondia o desejo de permanecer no poder por tempo indefinido e chegava a declarar aos mais próximos que seu governo deveria durar "até que os colombianos se tornassem politicamente civilizados". As emissoras de rádio eram forçadas a repetir, à exaustão, a propaganda do regime. Uma delas rezava: "Há argumentos irrefutáveis para a manutenção do regime militar, entre eles o patriotismo e as metralhadoras."

Nessa altura, os partidos Liberal e Conservador já estavam discutindo os meios para se livrar do ditador. Eles fecharam um acordo que previa a derrubada do regime e a realização de eleições, mas com um item obrigatório: a alternância de poder entre liberais e conservadores a cada quatro anos, além do restabelecimento da Constituição de 1886, que havia sido abolida por Rojas Pinilla em 1954. A onda de descontentamento crescia rapidamente. Greves, protestos de rua e confrontos com a polícia se multiplicavam a cada dia. As denúncias de corrupção, que a imprensa não podia publicar, circulavam pelas ruas.

Em maio de 1957, Rojas Pinilla se deparou com um dilema conhecido de todos os ditadores: intensificar a repressão ou abandonar o poder, como exigiam até seus próprios companheiros de armas. Ele escolheu o exílio na Espanha. Uma junta de cinco membros, chefiada pelo general Gabriel París, assumiu o poder com o compromisso de convocar eleições para agosto de 1958.

EL BOGOTAZO

A decepção com o regime de Rojas Pinilla era mais uma na série de esperanças frustradas dos colombianos e ocorria quase uma década depois dos acontecimentos de 1948, que marcaram a história do país de forma trágica e também foram detonados por uma grande desilusão.

Por volta do meio-dia de 9 de abril de 1948, o político liberal Jorge Eliécer Gaitán foi morto a tiros quando saía de seu escritório, no centro de Bogotá. As pessoas que presenciaram o atentado conseguiram agarrar o assassino. Logo, uma multidão se formou e o homem foi espancado até a morte. Insatisfeitos com a vingança imediata, os manifestantes saíram pelas ruas da capital promovendo uma onda de destruição. Lojas, bares, restaurantes e automóveis foram depredados. O centro de Bogotá se transformou num inferno. A polícia tentou reprimir os manifestantes, mas eram milhares de pessoas em fúria. Em meio aos estudantes estavam dois jovens estrangeiros que se engajaram no conflito: o argentino Ernesto Guevara de la Serna e o cubano Fidel Castro Ruz, que tinham viajado a Bogotá para participar de uma conferência internacional.

Depois de dois dias de conflitos, o episódio, que entrou para a história da Colômbia com o nome de *El Bogotazo,* deixou 2 mil mortos, centenas de feridos e uma grande parte da capital arrasada. A revolta tinha origem no sentimento de frustração de milhares de colombianos que estavam preparados para eleger Gaitán como novo presidente naquele ano e acreditavam que ele faria um governo voltado para a maioria da população. Gaitán era visto como o oposto do então presidente Mariano Ospiña Pérez, do Partido Conservador. Os conservadores já haviam dominado a cena política colombiana por mais de 40 anos e o saldo que deixaram fora um país pobre, com uma grande parcela da população vivendo à beira da miséria, no analfabetismo e na ignorância. Diante disso, a maioria dos colombianos parecia disposta a fazer uma aposta no Partido Liberal, que na verdade não era diferente do Partido Conservador. O assassinato de Gaitán nunca foi esclarecido. Há quem acredite ter sido obra do governo de Ospiña Pérez, interessado em se livrar de um forte candidato para as eleições presidenciais. Mas isso nunca foi comprovado e alguns historiadores não descartam a hipótese de que o atentado tenha sido praticado por um desequilibrado.

Além das vítimas e da destruição na capital, o *Bogotazo* serviu de estopim para um conflito que já existia no interior do país, mas estava temporariamente deixado de lado. No meio rural, havia uma espécie de guerra civil não declarada, que não se resumia a uma luta entre proprietários e trabalhadores do campo. Incluía grupos que disputavam o controle político de regiões, misturados com pistoleiros de aluguel e bandos que tentavam se aproveitar do conflito para se apossar de áreas em disputa. Em meio a tudo isso, havia o descontentamento de uma parcela da população com as precárias condições socioeconômicas em que vivia. Após o *Bogotazo*, esse conflito explodiu novamente e acabou se estendendo por duas décadas, deixando mais de 200 mil mortos. Denominado *La Violencia*, o confronto teve seu período mais crítico entre 1948 e 1958.

Os distúrbios de abril de 1948 levaram o presidente Mariano Ospiña Pérez a endurecer o regime. Ele fechou o Congresso, mutilou a imprensa e proibiu qualquer tipo de manifestação política em público. Nas eleições de 1949, o candidato único, Laureano Gómez, do Partido Conservador, foi eleito para um mandato entre 1950 e 1954. O governo de Gómez foi marcado pela perseguição aos liberais, rotulados de "comunistas". Quando se revelou que ele preparava nova Constituição para se perpetuar no poder, Gómez foi deposto pelo general Gustavo Rojas Pinilla.

Após a queda de Rojas Pinilla, nas eleições de 1958, foi eleito o candidato do Partido Liberal, Alberto Lleras Camargo, jornalista, ex-reitor da Universidade dos Andes e um dos criadores da Organização dos Estados Americanos (OEA). Ao ser defrontado com a tarefa de reerguer o país, Lleras Camargo resumiu as qualidades exigidas para que uma pessoa assumisse a presidência da Colômbia: "Precisa ser um mágico, um profeta, um redentor, um sábio, um pacificador que possa transformar uma república em ruínas num país próspero; que possa fazer com que os preços dos produtos que exportamos subam e o valor dos bens que consumimos caia." Com Lleras Camargo, começava um breve intervalo de paz.

As trocas de governo na Colômbia quase sempre ocorreram pelo voto, embora muitas vezes em meio a denúncias de fraude e manipulação. O golpe militar de 1953, liderado por Rojas Pinilla, foi a segunda e última vez, no século XX, que as Forças Armadas da Colômbia saíram dos quartéis para derrubar um governo eleito (a primeira foi em 1900). O país também conseguiu passar 68 anos sob a mesma Constituição, a de 1886, que só foi alterada por Rojas Pinilla em 1954. O fato de ter registrado apenas dois golpes militares em um século não impediu que a Colômbia tivesse ditaduras, além de milhares de vítimas das guerras civis e confrontos armados entre partidos políticos.

Com políticas econômicas semelhantes, liberais e conservadores não conseguiram, ao longo de um século no poder, romper as barreiras do subdesenvolvimento, da miséria e do analfabetismo. Rivalidades partidárias, corrupção e gestões fracassadas sempre travaram o acesso da população a melhores condições de vida. Na segunda metade do século XX, a maioria dos colombianos ainda não tinha direitos trabalhistas mínimos — mais de 60% na década de 1970. Alguns governantes até tentaram, mas esbarraram em sérias resistências internas. Entre os que se destacaram pela tentativa de modernização do país incluem-se: Alfonso López Pumarejo (1934-1938); Alberto Lleras Camargo, liberal (1958-1962); Carlos Lleras Restrepo, da Frente Nacional (1966-1970); Alfonso López Michelsen, liberal (1974-1978); Belisario Betancur, conservador (1982-1986); e César Gavíria, liberal (1990-1994). Todos enfrentaram a oposição sistemática do Congresso ao procurar levar adiante mudanças sociais e econômicas que poderiam afetar interesses estabelecidos.

O IMPÉRIO DO NARCOTRÁFICO

O fantasma da violência voltaria a assombrar os colombianos a partir da segunda metade do século passado, dessa vez encarnado em diversos agentes, como a guerrilha esquerdista, o tráfico de drogas, facções das Forças Armadas e os esquadrões da morte organizados pela ultradireita com fins políticos ou pelo narcotráfico. Na década de 1960, surgiram várias organizações armadas de esquerda que visavam à disputa do poder pelas armas. A primeira delas foi o Exército de Libertação Nacional (ELN), liderado por ex-integrantes do Partido Comunista Colombiano (PCC), descontentes com a linha moderada da direção partidária. O ELN, criado em 1964, inspirava-se na revolução cubana e também esperava tomar o poder pela via militar. Em 1966, o padre Camilo Torres juntou-se ao grupo, mas acabou morto num confronto com o Exército poucos meses depois de trocar a batina por um fuzil.

Naquele mesmo ano, foram criadas as Forças Armadas Revolucionárias da Colômbia (Farc), que surgiram como o braço armado do PCC. Em 1968, era a vez do Exército Popular de Libertação (EPL), braço do Partido Comunista Marxista-Leninista da Colômbia, de orientação chinesa.

Em 1972, foi lançado o Movimento 19 de Abril (M-19). A data era uma referência às eleições de abril de 1970, vencidas de forma fraudulenta, segundo a oposição, pelo conservador Misael Pastrana Borrero. O candidato da oposição, então com 70 anos, era Rojas Pinilla, o velho general que havia retornado do exílio na Espanha e candidatara-se pela Aliança Nacional Popular com uma plataforma que misturava doses de populismo e nacionalismo e um tempero de esquerda. Os grupos armados se espalharam pelas cidades e pelo interior do país, criando uma indústria do sequestro, que era, a princípio, a maior fonte de renda, principalmente para as Farc e o M-19. Os rebeldes também atacavam guarnições militares e patrulhas, para obter armas e munição. Mais tarde, passaram a se dedicar a outro ramo de atividade mais lucrativa: oferecer proteção ao narcotráfico, numa mistura de banditismo com ideologia. Desde então, os guerrilheiros esquerdistas, atuando como seguranças nas áreas controladas pelo narcotráfico, começaram a se beneficiar de uma parte dos milhões de dólares arrecadados pelos traficantes de cocaína.

O peso do império da droga, com a enorme quantidade de dinheiro circulando na economia informal, teve um impacto devastador sobre a sociedade colombiana. A lavagem de dinheiro do narcotráfico estende sobre o país uma malha de corrupção que envolve funcionários públicos e o setor privado. Na política, os barões da droga conseguiram, em várias ocasiões, eleger seus representantes para diversas instâncias de representação. Também tentaram controlar o Judiciário, ameaçando de morte juízes e funcionários. Na economia, o dinheiro da droga passou a ser utilizado para adquirir negócios na indústria, no comércio, nos serviços e até para controlar clubes de futebol. Os chefões da droga empregam uma enorme quantidade de mão de obra e chegam a influir nos índices econômicos do país, inclusive de desemprego. Em 1993, as forças de segurança mataram Pablo Escobar, chefe do Cartel de Medellín, durante perseguição e tiroteio. Na época, o cartel era o maior exportador de cocaína para os Estados Unidos e outros países. Mais tarde, o segundo cartel, o de Cáli, também perdeu a maior parte de seus dirigentes. Mas logo os traficantes se reorganizaram em outros grupos, de menor visibilidade, e retomaram os negócios.

Além da guerrilha e do narcotráfico, a violência é alimentada pelos grupos paramilitares de ultradireita e pelos esquadrões da morte. Os paramilitares disputam espaço com o narcotráfico e a guerrilha, numa batalha permanente que envolve drogas, controle de território e venda de proteção. No fim de 2008, sessenta parlamentares colombianos estavam sob investigação por supostos vínculos com os paramilitares, inclusive por suspeita de terem sido eleitos com dinheiro desses grupos. Organizações de defesa dos direitos humanos alertam para frequentes violações por todas as partes em conflito, principalmente contra camponeses.

Desde a década de 1960, todos os presidentes colombianos tentaram acordos com a guerrilha, na esperança de pacificar o país. Foram acertadas inúmeras tréguas, todas rompidas logo depois que as partes deixavam a mesa de negociações. Os sucessivos governos fizeram ofertas de anistia e convidaram os diversos grupos a se integrar à vida política do país, mas esses planos nunca foram adiante. O M-19 chegou a participar de algumas eleições, por meio de um braço político, o ADM-19, mas recebeu votação inexpressiva na maioria das vezes. Ao longo desse conflito, diversos políticos tombaram mortos ao se declarar inimigos do narcotráfico e da guerrilha. Entre eles, o senador e candidato à presidência Luis Carlos Galán, assassinado em agosto de 1989; Bernardo Jaramillo, também candidato, morto em março de 1990; e Carlos Pizarro, substituto de Jaramillo na União Patriótica, assassinado apenas vinte dias depois. Entre 1998 e 2002, durante o governo de Andrés Pastrana Arango (filho do ex-presidente Misael Pastrana Borrero, 1970-1974), houve uma reativação dos ataques dos diversos grupos guerrilheiros, estreitamente associados com o narcotráfico.

Em 2002, os colombianos elegeram Álvaro Uribe, que conseguiu estabilizar a economia e adotar programas de desenvolvimento social, principalmente na saúde e educação. Embora saído das fileiras do Partido Liberal, Uribe se elegeu como candidato independente. Ele reduziu de forma significativa a violência em Medellín e Bogotá, e seus programas de segurança nessas cidades, com base principalmente na prevenção e no reforço da vigilância, chegaram a ser apontados como exemplo para vários países. Em 2006, Uribe foi reeleito para um mandato até 2010, quando conseguiu fazer o sucessor, Juan Manuel Santos, ex-ministro da Defesa.

Em setembro de 2007, tropas do Exército colombiano mataram a tiros um dos comandantes das Farc, Tomás Medina Caracas, conhecido como *El Negro Acacio*, apontado como uma espécie de gerente da guerrilha para o setor do tráfico de drogas.

Em março de 2008, a Força Aérea colombiana bombardeou um acampamento das Farc, em território do Equador, nas proximidades da fronteira com a Colômbia. No ataque, morreu o número dois da guerrilha, Raúl Reyes, além de 22 combatentes das Farc. O incidente na fronteira quase levou os dois países, incitados pela Venezuela, a um conflito militar. O Equador protestou contra a invasão de seu território e levou o caso à Organização dos Estados Americanos, enquanto a Venezuela deslocava tropas e ameaçava com um confronto armado. No fim, um acordo obtido na OEA reafirmou a inviolabilidade das fronteiras, mas sem condenar explicitamente a Colômbia.

Além de comprovar o uso do território equatoriano como base para suas incursões na Colômbia, o ataque permitiu a apreensão do computador usado por Reyes. Segundo o Ministério da Defesa da Colômbia, os dados analisados pela Interpol mostravam uma estreita relação entre os rebeldes das Farc e os governos do Equador e da Venezuela.

Em maio de 2008, outro golpe para a guerrilha: a morte do comandante das Farc, Manuel Marulanda, vítima de ataque cardíaco, de acordo com a versão dos guerrilheiros.

Em 2 de julho de 2008, as Farc sofreram um novo revés. Um comando do Exército colombiano se infiltrou nas fileiras da guerrilha e, fazendo-se passar por ativistas de uma organização humanitária, conseguiu resgatar a ex-senadora Ingrid Betancourt, que estava em poder dos rebeldes desde 2002, além de três americanos e 11 colombianos. O resgate teve lances cinematográficos, registrados num vídeo que mostrava os principais momentos da operação. Esses golpes contribuíram para debilitar ainda mais as Farc, que já vinham enfrentando uma série de deserções.

A violência provocada por grupos que atuam à esquerda e à direita, sempre fora da lei, resume o desafio maior da Colômbia: fazer com que a presença do Estado, baseada na Constituição e, portanto, na vontade dos cidadãos, se imponha aos interesses de forças irregulares. Um desafio que, na verdade, paira sobre toda a América Latina.

A GRANDE COLÔMBIA

A vitória de Simón Bolívar sobre os espanhóis na Batalha de Boyacá, em agosto de 1819, levou à formação da República da Grande Colômbia, que incluía todos os territórios sob jurisdição do vice-reinado de Nova Granada de Espanha (hoje correspondente ao Panamá, à Venezuela e à Colômbia). Bolívar assumiu o governo da Grande Colômbia como presidente, tendo como vice-presidente seu companheiro de batalha general Francisco de Paula Santander. Em 1822, o Equador juntou-se ao grupo, mas a República da Grande Colômbia teria vida curta. As relações entre Bolívar e Santander começaram a se deteriorar por conta da tendência autoritária do Libertador. Santander chegava a se referir a Bolívar como "o supremo perturbador da República".* O conflito se agravou em junho de 1828, quando uma "assembleia de notáveis", nomeada pelo governo, deu a Bolívar poderes ditatoriais, que ele iria exercer

---

* David Bushnell, *Colombia, una nación a pesar de si misma*, Bogotá, Editorial Planeta Colombiana, 2007.

por dois anos. Santander foi afastado do governo e o cargo de vice-presidente, extinto. Após um frustrado atentado contra Bolívar, em setembro de 1828, catorze pessoas foram fuziladas. Santander chegou a ser condenado à morte, embora não tenha sido comprovada sua participação na trama. A pena foi trocada pelo exílio. Em março de 1830, Bolívar renunciou, dizendo-se decepcionado com as divisões entre seus antigos comandados, e se recolheu numa fazenda no interior. Ele estava tuberculoso e morreu isolado, em 17 de dezembro de 1830, em Santa Marta, perto da costa do Caribe.

Quando Equador e Venezuela decidiram se separar, em 1830, a Grande Colômbia se dissolveu. (O Panamá só iria se desligar da Colômbia em 1903.) O que sobrou se transformou na República de Nova Granada, com Santander como seu primeiro presidente (1832-1837). Por volta de 1850, surgiram os partidos Conservador e Liberal, que iriam dominar a cena política da Colômbia por mais de um século. O nome República da Colômbia foi dado pela Constituição de 1886, que reverteu a tendência federalista.

GUERRA DOS MIL DIAS

Desde que a Colômbia conquistou a independência, em 1830, até o fim do século passado, foram raros os momentos de paz. Ao longo desse período, contam-se oito guerras civis e inúmeros conflitos locais, além das guerras fronteiriças. Nas décadas que se seguiram à independência, nacionalistas, liberais e conservadores iriam disputar o poder no voto e a bala. Esses grupos chegavam a ter suas próprias milícias.

Em outubro de 1899, explodiu a chamada Guerra dos Mil Dias, após uma tentativa de golpe feita pelos liberais. Em 31 de julho de 1900, o presidente Manuel Antonio Sanclemente foi deposto pelos seus próprios companheiros do Partido Conservador, num golpe liderado pelo vice, José Manuel Marroquín, com apoio de uma ala do Exército. Nos meses anteriores ao golpe, cerca de 4 mil pessoas, entre militares e milicianos dos partidos Liberal e Conservador, morreram em confrontos pela tomada do poder. Marroquín havia sido eleito com Sanclemente, mas, como chegara a exercer a presidência interinamente, por conta da idade avançada do presidente (85 anos), não resistiu ao gosto pelo mando e derrubou o antigo parceiro.

Depois de quase três anos de conflito, o Partido Liberal saiu derrotado e teve de assinar um acordo de paz imposto pelos conservadores e nacionalistas. Essa guerra deixou mais de 100 mil mortos e um país devastado. No plano político, o Partido Conservador se fortaleceu e acabou permanecendo no poder pelas quatro décadas seguintes. Outra consequência do conflito foi a independência do Panamá, que se desligou do país em 1903. A nova República do Panamá foi imediatamente reconhecida pelos Estados Unidos, que vinham trabalhando nos bastidores para incentivar a independência. Naquela altura, os Estados Unidos já planejavam a construção de um canal ligando os oceanos Atlântico e Pacífico, pelo Panamá, mas também chegaram a considerar a hipótese via Nicarágua.

Ainda sob o efeito do conflito que devastou o país, os colombianos foram às urnas, em 1904, e elegeram o general Rafael Reyes para a presidência. A população buscava um homem forte, que tivesse condições de pacificar o país. Reyes fechou o Congresso e o substituiu pela Assembleia Nacional, integrada por representantes das diversas regiões, quase todos escolhidos de forma indireta pelo próprio governo. Com apoio nesse legislativo, Reyes conseguiu ver aprovadas suas propostas de modernização da economia. Estabilizou o sistema monetário, criou um novo sistema de arrecadação de impostos, restabeleceu o crédito ao país no exterior, atraiu investimentos estrangeiros, investiu na agricultura, voltada para a exportação, e tentou modernizar a indústria.

Só pela tentativa de modernizar a cobrança de impostos já fez uma legião de inimigos. Eles não perderam a oportunidade de jogar a opinião pública contra o governo quando Reyes defendeu o reconhecimento do Panamá como república independente e a melhoria nas relações com os Estados Unidos, abaladas por conta da independência panamenha. Reyes entendia que precisava do mercado norte-americano para aumentar as exportações da Colômbia.

Liberais e os próprios conservadores do partido de Reyes, que não o apoiavam, fizeram maioria nas eleições realizadas em 1909 para restabelecer o Congresso. Ao perceber que o Legislativo iria impedir que levasse adiante seus projetos, Reyes renunciou e partiu para o exílio. Daí em diante, os conservadores mantiveram o poder até 1930, quando foi eleito Enrique Olaya Herrera, o primeiro representante do Partido Liberal no século XX.

Nos 15 anos seguintes, até 1945, o governo foi controlado pelos liberais. Depois, as duas forças iriam estabelecer um revezamento com candidatos dos próprios partidos ou, então, sob a bandeira da Frente Nacional, uma coalizão que reunia facções de liberais e conservadores.

BOLÍVIA

Estou certo de que Napoleão era superior a Bonaparte.
General Mariano Melgarejo, ditador da Bolívia entre 1864 e 1871, que acreditava ser um conhecedor de história e estratégia militar

Silêncio, canalhas.
Do mesmo Melgarejo, ao pedir a palavra durante reunião com ministros e comandantes militares

PELA FORÇA DAS ARMAS

A multidão invadiu o palácio presidencial, em La Paz, naquele 21 de julho de 1946, armada com fuzis roubados de um quartel. Pouco antes, diante da agitação em frente ao prédio, o presidente Gualberto Villarroel López havia anunciado sua renúncia, na tentativa de acalmar os ânimos. Mas não adiantou. A turba enfurecida caçou o presidente pelos salões do palácio e o matou a tiros. Em seguida, o corpo foi jogado de uma sacada nos jardins e dali arrastado até a praça em frente. Lá, foi pendurado num poste de iluminação. Villarroel entrou para a história com o triste codinome de *El Colgado* (O Pendurado). O destino de Villarroel parecia ter sido traçado muito tempo antes, desde que integrantes de seu governo mandaram matar opositores e expor os corpos no topo de uma colina perto da capital, La Paz. Os adversários queriam pagar na mesma moeda.

Na invasão do palácio, vários assessores foram mortos ou feridos. Nos três anos em que ocupou o poder, Villarroel juntou uma coleção de inimigos. Irritou os poderosos donos das minas de estanho, cobre e prata ao conceder aumento salarial aos operários e tentar levar adiante um decreto que limitava o envio de recursos para o exterior. Decepcionou os trabalhadores por não conseguir cumprir as promessas de aumentos salariais e concessão de direitos trabalhistas.

O major Gualberto Villarroel López chegara ao poder em 1943, por meio de um golpe militar contra o presidente Enrique Peñaranda, que havia sido eleito por uma coalizão de partidos conservadores ligados à oligarquia mineradora. Essa aliança era conhecida como *La Rosca*.

Os golpistas faziam parte de uma corrente reformista do Exército, representada por uma espécie de sociedade secreta, denominada *Razón de la Patria* (Radepa), que reivindicava o direito de intervenção das Forças Armadas nos assuntos do governo. Na frente política, estavam ligados ao Movimento Nacionalista Revolucionário (MNR), um dos principais partidos do país.

Villarroel lançou um programa de reformas que previa o reconhecimento do direito dos trabalhadores de se organizarem em sindicatos, além de uma série de benefícios para os operários das minas. Em agosto de 1944, foi eleito presidente, de forma indireta, por um Congresso reunido sob forte pressão militar. Os Estados Unidos se recusavam a reconhecer o novo regime, diante da simpatia de alguns de seus integrantes pela Alemanha nazista, a começar pelo próprio presidente. Villarroel tentou enganar os americanos. Afastou alguns ministros, obteve o reconhecimento de Washington e, um ano depois, chamou de volta os afastados. Enquanto isso, os dirigentes do MNR disputavam espaço no governo com militares da Radepa. Ao mesmo tempo, a Rosca exigia a suspensão de benefícios concedidos pelo governo aos trabalhadores das minas. Pressionado de todos os lados, o governo apelou para a repressão para tentar controlar a crise. O conflito entre grupos radicais levou a uma onda de terrorismo. Dezenas de simpatizantes e opositores do governo foram mortos.

Os ingredientes da crise estavam reunidos e a oposição conservadora tratou de incitar a multidão que invadiu o palácio em 21 de julho de 1946. Não foi surpresa que a multidão tivesse roubado armas de um quartel enquanto os soldados permaneciam de braços cruzados. Morto o presidente, os conservadores tomaram o poder pelos seis anos seguintes.

O grupo militar que estava por trás do regime de Villarroel era o mesmo que havia decidido tomar as rédeas do poder após a humilhante derrota sofrida pela Bolívia, diante do Paraguai, na Guerra do Chaco (1932-1935). Esse grupo atribuía a culpa pela derrota à elite conservadora, que teria levado o país a uma aventura inconsequente. Além de não conseguir tomar o território que pretendia, a fatia do Chaco pertencente ao Paraguai, a Bolívia perdeu 65 mil homens na guerra. O conflito foi provocado pela própria Bolívia, depois que a companhia Standard Oil anunciou a descoberta de reservas de petróleo e gás na região.

O presidente Daniel Salamanca Urey (1931-1934) apostava numa vitória fácil contra o Exército paraguaio, menor e menos equipado do que o boliviano. A Bolívia havia comprado armas e contratado assessores militares na Alemanha. Surpreendidos pela resistência dos paraguaios, os bolivianos sofreram sucessivas derrotas. Salamanca, que se recusava a aceitar um acordo de paz, foi deposto e substituído pelo vice-presidente, José Luis Tejada Sorzano, em 1934. Uma comissão de países vizinhos, integrada por Brasil, Argentina, Chile, Colômbia e Peru, além dos Estados Unidos, obteve um armistício em junho de 1935, mas o acordo definitivo de paz só sairia três anos depois.

Com o país em ruínas após a guerra e os antigos líderes desmoralizados, estava aberto o caminho para novas forças ascenderem no cenário político. À frente de um grupo de jovens oficiais que exigiam mudanças, o coronel David Toro Ruilova depôs o presidente Tejada e tomou o poder em maio de 1936. Toro anunciou um programa de reformas batizado de "socialismo militar", que defendia o controle do governo sobre os recursos naturais e busca da justiça social. O governo nacionalizou as instalações da Standard Oil, sem pagar indenizações, e tentou conquistar apoio popular, anunciando uma nova legislação trabalhista. O coronel durou apenas um ano no poder. Em 1937, foi derrubado por um grupo que defendia mudanças mais profundas. O novo homem forte se chamava coronel Germán Busch Becerra. Busch promulgou uma nova Constituição, que garantia ao governo o direito de legislar por decreto em questões sociais, trabalhistas e econômicas. Em 1939, foi longe demais ao tentar impor limites às companhias de mineração para o envio de lucros para o exterior. Foi deposto e, pouco depois, cometeu suicídio.

Assumiu a presidência de forma interina, com a missão de convocar eleições, o general Carlos Quintanilla Quiroga, que pertencia ao grupo de Busch. Os conservadores elegeram o general Enrique Peñaranda Castillo, que tomou posse em 1940, representando uma aliança de republicanos e liberais, além da Rosca.

Entre as décadas de 1930 e 1940, vários grupos políticos se organizaram em partidos, entre eles o Partido Operário Revolucionário (POR), trotskista; a Falange Socialista Boliviana (FSB), de extrema-direita, inspirada na Falange espanhola, de Franco; e o Partido da Esquerda Revolucionária (PIR), uma coalizão de marxistas. O mais importante foi o Movimento Nacionalista Revolucionário (MNR), fundado em 1941 por um grupo de intelectuais liderados pelo professor de economia Victor Paz Estenssoro. O MNR abrigava uma ampla variedade de correntes políticas, que incluía até os conservadores, mas era a esquerda que predominava. O grupo defendia reformas radicais e a nacionalização de todos os recursos naturais.

O MNR lançou uma campanha de oposição ao presidente Peñaranda depois que ele concordou em pagar indenização à Standard Oil, por conta da nacionalização ocorrida no governo do coronel Toro. Paz Estenssoro também denunciou o massacre de operários nas minas do milionário Antenor Patiño, por tropas do governo, que deixou dezenas de vítimas entre mortos e feridos. Patiño era um dos chefes da Rosca. Nos anos 1950, era conhecido, na Europa e nos Estados Unidos, como "O Rei do Estanho". Dono de uma das maiores fortunas do mundo, na época, frequentava os círculos dos milionários europeus e americanos, enquanto mantinha seus operários em regime de semiescravidão nas minas bolivianas. A pressão contra o governo de Peñaranda crescia na medida em que as forças de esquerda exigiam mudanças e os conservadores eram contra. Em dezembro de 1943, os militares da Radepa, em aliança com o MNR, derrubaram o governo com o golpe liderado pelo major Gualberto Villarroel López.

TRAJETÓRIA INSTÁVEL

A invasão do palácio presidencial, que levou ao assassinato do presidente Villarroel, foi o mais violento dos 193 golpes militares registrados na Bolívia desde a independência, em 1825, total que garante ao país um triste recorde no continente. Após a derrota dos espanhóis diante das forças rebeldes, em 1825, o libertador Simon Bolívar transferiu o controle do território que viria a se tornar a Bolívia ao general António José de Sucre Alcalá. Em agosto daquele ano, Sucre convocou uma constituinte que rejeitou a união com o Peru e, então, nasceu a República da Bolívia. A Constituição da Bolívia, escrita por Bolívar, previa a escolha de um presidente vitalício, que ainda desfrutava da prerrogativa de indicar o sucessor. Bolívar cumpriu cinco meses como o primeiro presidente da Bolívia, depois passou o poder a Sucre, em janeiro de 1826. Sucre teve seu nome referendado por uma assembleia constituinte. Depois de enfrentar uma invasão por parte de tropas peruanas e sofrer uma tentativa de assassinato, Sucre renunciou em 1828.

Vários governos interinos ocuparam o poder até que outro homem de confiança de Bolívar, o general Andrés de Santa Cruz, assumiu o governo, que iria controlar por dez anos, entre 1829-1839. Santa Cruz tentou reorganizar a economia, criou um código civil e assinou uma Constituição democrática, embora continuasse governando por decreto. Mas acabou se envolvendo em conflito territorial com o Chile e, depois de uma séria derrota, em 1839, partiu para o exílio no Equador.

Após a queda de Santa Cruz, o país viveu uma situação caótica pelos quarenta anos seguintes, com raros períodos de estabilidade. Em junho de 1839 foi a vez do general José Miguel de Velasco Franco tomar as rédeas do governo. Ele ficou dois anos no poder e foi derrubado por não conseguir evitar uma nova invasão peruana. Seu substituto, general José Ballivian y Segurola, derrotou os peruanos e conseguiu permanecer seis anos no governo, num período de relativa estabilidade.

Em 1847, novo golpe e novo caudilho. Manuel Isidoro Belzú Humérez governou por sete anos (1848-1855). Nesse período enfrentou 42 tentativas de golpe. O número não é surpresa, já que ele impôs um reino de terror contra os proprietários rurais. Com discursos populistas, carregados de ódio, Belzú incitava os índios a invadir as propriedades, expulsar os donos e queimar as casas. Em 1855, ele renunciou e deixou o país. Durante dois anos (1855-1857), o genro de Belzú, general Jorge Córdova, apoderou-se do governo, até ser deposto por um golpe desfechado pelos proprietários rurais.

Dessa vez o homem forte se chamava general José Maria Achá Valliente (1861-1864), conhecido por mandar caçar nas ruas os adversários, que eram mortos a tiros. Achá foi derrubado por um golpe liderado pelo general Mariano Melgarejo Valencia. Depois de afastar Achá, ao tentar tomar o palácio presidencial, Melgarejo encontrou lá dentro Manuel Isidoro Belzú, que havia retornado do exterior e esperava aproveitar-se da confusão e chegar primeiro à cadeira presidencial. Mas ele foi morto a tiros, pelo grupo de Melgarejo, na escadaria interna do Palácio. Melgarejo ficou sete anos no poder (1864-1871) e tornou-se o mais notório caudilho boliviano.

UM ALCOÓLATRA NO PODER

Além de passar boa parte do tempo embriagado, Melgarejo ficou famoso pela corrupção e pelos atos de violência contra adversários, que eram espancados ou mortos pelas forças policiais.* De uma ignorância monumental, gostava de exibir supostos conhecimentos de história e de estratégia militar. Nessas ocasiões, misturava nomes, personagens históricos e datas. Seus subordinados ou visitantes eram agredidos com afirmações do gênero: "Estou convencido de que Napoleão era superior a Bonaparte." Ou: "Cícero foi um general muito secundário, na Antiguidade."** Ele acreditava que a Bolívia era uma potência de primeira grandeza, em meados do século XIX. Por isso, decidiu, em reunião do Conselho de Ministros, que o país deveria se manter neutro na Guerra Franco-Prussiana.

Melgarejo costumava circular alcoolizado pelos salões do palácio presidencial. Às vezes, bebia até cair. Ou, então, sacava o revólver e ameaçava matar quem tentasse acalmá-lo, enquanto disparava para o ar, nos móveis ou nas paredes. Durante um encontro com diplomatas, ministros e comandantes militares, pediu a palavra com a seguinte frase: "Silêncio, canalhas."

---

* Um longo relato das aventuras do ditador Mariano Melgarejo pode ser lido em Alcides Arguedas, *Historia general de Bolívia — El proceso de la nacionalidad — 1809-1921*.

** Marco Túlio Cícero (106 a.C.-43 a.C.) era um filósofo, advogado, escritor e cônsul romano, mais conhecido pelo poder da oratória e pela defesa do sistema republicano. Nunca seguiu carreira militar.

Quando sóbrio, apelava para a religião para conquistar a simpatia de seus subordinados. Dizia ter sido escolhido por Deus para uma missão importante: "A Divina Providência me tomou como instrumento para a realização de seus misteriosos desígnios, relacionados com o destino reservado a esta nobre porção da humanidade que povoa a Bolívia."

Com o Tesouro boliviano quebrado e um atraso de meses no pagamento do soldo dos militares, chegou a propor em reunião do gabinete, visivelmente embriagado, uma invasão do Peru, para "levantar fundos com empréstimos forçados". Passado o efeito do álcool, desistiu da ideia.

Em outra ocasião, recebeu uma comissão de três padres que foram lhe pedir para poupar a vida de um militar preso sob suspeita de conspirar contra o regime. Prometeu a eles que iria suspender a ordem de fuzilamento. No dia seguinte, num encontro com os religiosos, após uma missa, um dos padres perguntou qual seria o destino do militar. Melgarejo respondeu, friamente:

— Já o despachei esta manhã, às cinco.
— Para onde, meu general?
— Para o outro mundo, padre...

Diante da total falta de recursos para cobrir até os gastos com o palácio e a manutenção do pessoal militar ligado à presidência, um dos assessores apresentou um plano para venda das terras indígenas. Melgarejo aprovou a ideia e os índios foram obrigados a abandonar suas melhores terras, vendidas a grandes proprietários, com as devidas comissões aos integrantes do governo.

Uma herança deixada pelo general foi o termo melgarejismo, usado para designar a corrupção e os abusos por parte dos militares. Melgarejo foi deposto em 1871 e fugiu para Lima, onde foi assassinado pelo irmão de uma de suas amantes. Ele se orgulhava de ter várias companheiras e dizia para quem quisesse ouvir que era dado a "reações primárias" em relação às mulheres.

Destino semelhante ao de Melgarejo teve o presidente seguinte, Agustin Morales Hernández, que ficou apenas um ano no poder. Ele foi morto a tiros por um sobrinho, indignado ao descobrir que Morales tentara lhe tomar a mulher.

Dois presidentes não violentos e não corruptos foram despachados rapidamente: Tomás Frías Ametller (1872-1873) e Adolfo Ballivián (1873-

1874) não resistiram às pressões de grupos que tentavam garantir desvios de verbas do Tesouro.

O general Hilarión Daza Groselle tomou o poder em 1876 e lançou a Bolívia na mais desastrosa aventura na história do país: a Guerra do Pacífico, contra o Chile (1879-1884). O motivo do conflito eram as reservas minerais do deserto de Atacama. Além de sofrer uma derrota humilhante, a Bolívia perdeu o acesso para o mar, ao ter de ceder uma faixa do território ao Chile. Essa perda resultou num terrível golpe para o desenvolvimento econômico do país. Deposto por uma insurreição popular, Daza fugiu para o exterior, levando o que sobrara do arruinado caixa do Tesouro boliviano, mas acabou sendo assassinado. A guerra terminou com a vitória do Chile sobre a Bolívia e o Peru, que também havia se envolvido na aventura. Um tratado de paz que selou a perda do território boliviano e do acesso ao Oceano Pacífico só foi assinado em 1904.

Após a guerra, o país finalmente teria um período de estabilidade política e econômica, até 1920. Conservadores e liberais se alternaram no poder, embora com frequentes trocas de acusações de fraude e corrupção. Essa tranquilidade foi rompida durante três anos, a partir de 1900, quando a Bolívia entrou em conflito com o Brasil por questões de fronteira e acabou perdendo o território onde hoje fica o Acre. De acordo com o Tratado de Petrópolis, a Bolívia abriu mão da reivindicação da área em troca de duas outras, bem menores, ao longo dos rios Madeira e Paraguai.

Em 1920, o país iria enfrentar o primeiro golpe de Estado no século XX. O Partido Conservador não aceitou a derrota nas urnas para os liberais, que tinham conseguido eleger José Gutiérrez Guerra, três anos antes, e derrubou o presidente, com apoio das Forças Armadas. O golpe coincidiu com o surgimento de uma nova força política, o Partido Republicano, que controlou o país por dez anos, inicialmente com Bautista Saavedra Mallea (1920-1925) e Hernando Siles Reyes (1925-1930). Ambos fizeram pesados empréstimos nos Estados Unidos, complicando ainda mais a situação econômica do país. Siles Reyes foi derrubado em 1930 pela junta militar que governou até a eleição do conservador Daniel Salamanca Urey, em 1931. Salamanca levou o país a outro desastre, com a Guerra do Chaco, iniciada em 1932, e também acabou sendo deposto.

A VEZ DA ESQUERDA

Após a queda de Gualberto Villarroel Lopez, *El Colgado*, em 1946, os conservadores retomaram o poder, que iriam manter pelos próximos seis anos, até a vitória de uma coalizão de esquerda nas eleições de 1951. O dirigente esquerdista Victor Paz Estenssoro, à frente do Movimento Nacionalista Revolucionário (MNR), em aliança com outros partidos de esquerda, entre eles o Partido Comunista da Bolívia, foi o vencedor. Mas os militares não aceitaram o resultado e tomaram o poder com uma junta liderada pelo general Hugo Ballivián Rojas. A esquerda lançou uma campanha em defesa do reconhecimento do resultado das eleições, que culminou com a rebelião de 9 de abril de 1952. O MNR invadiu arsenais e distribuiu armas aos civis. Operários das minas, armados, tomaram pontos estratégicos de La Paz e enfrentaram o Exército. Após três dias de combate, que deixaram 600 mortos e centenas de feridos, os comandantes militares se renderam. Paz Estenssoro assumiu a presidência em 16 de abril de 1952.

O MNR chegou ao poder em meio a uma enorme expectativa da classe trabalhadora. Era a primeira vez que um grupo de esquerda, embora em ampla coligação, assumia o poder. O governo nacionalizou as minas de estanho, anunciou um programa de reforma agrária e adotou o sufrágio universal, inclusive para analfabetos. As minas nacionalizadas seriam administradas por uma empresa estatal, a Corporação Mineira da Bolívia (Comibol).

O governo do MNR permaneceu doze anos no poder. Paz Estenssoro governou no primeiro e no último quatriênio, e Siles Suazo, de 1956 a 1960. Embora tenha permanecido tanto tempo no poder, o MNR não conseguiu promover avanços substanciais no plano social. Houve mudanças, mas apenas setoriais. A Central Operária Boliviana (COB), controlada pelo Partido Comunista, indicou três ministros e conseguiu uma série de benefícios para os mineiros, entre eles melhores salários e armazéns especiais, onde os produtos eram vendidos a preços subsidiados. Mas as minas, sob controle estatal, não produziam como antes, embora a força de trabalho tivesse praticamente dobrado. Além disso, os preços do estanho, principal produto de exportação do país, na época, entraram em baixa.

A reforma agrária, tema de tantos discursos e promessas, não funcionou. A produção não era organizada e os novos proprietários se preocupavam mais com a cultura de subsistência do que em produzir em quantidade para atender ao mercado. A falta de estradas e de transporte para escoar a produção também contribuiu para o fracasso nesse setor.

Na frente política, Paz Estenssoro conseguiu, nos primeiros anos, segurar os grupos radicais, que defendiam mudanças mais profundas. Mais tarde, uma luta pelo poder foi deflagrada entre o MNR e os demais partidos que integravam a coalizão. Em 1964, Paz Estenssoro resolveu tentar mais um mandato. Sem apoio das classes trabalhadoras, ele passou a depender cada vez mais da sustentação das Forças Armadas e acabou aceitando em sua chapa o general René Barrientos, como vice-presidente. A chapa foi eleita, mas o casamento durou pouco. Logo Paz Estenssoro seria deposto pelo próprio Barrientos, que tomou o poder e iniciou uma nova ditadura.

LINHA DURA

Nos primeiros dois anos, Barrientos chefiou uma ditadura militar, dividindo o poder com o general Alfredo Ovando Candia, segundo homem na hierarquia do regime. Em 1966, Barrientos conseguiu ser eleito à frente de uma coalizão de partidos conservadores. Após um namoro inicial com os trabalhadores que ajudaram a elegê-lo, o general partiu para a linha dura. Proibiu greves, ordenou a ocupação das minas pelo Exército e mandou para o exílio líderes sindicais que não aceitavam o congelamento de salários e o fim de benefícios concedidos pelo governo anterior. A retomada de investimentos estrangeiros no país e a concessão para a exploração de gás e petróleo a empresas americanas provocaram uma onda de desgaste para o governo.

Dois outros fatores iriam contribuir para piorar a imagem de Barrientos. O primeiro foi a revelação de que um de seus principais assessores, o coronel Antonio Arguedas, era agente da CIA. Em seguida, houve a captura e morte de Ernesto Che Guevara. Guevara foi capturado por militares bolivianos, treinados pela CIA, em 8 de outubro de 1967, na região de La Higuera, na selva boliviana, 150 quilômetros a sudoeste de Santa Cruz. Um dia após a captura, foi executado. A ordem de execução partiu do próprio Barrientos.

A morte de Barrientos na queda de um helicóptero, em 27 de abril de 1969, atribuída, oficialmente, a um acidente, sempre deixou uma sombra de suspeita. Integrantes do próprio governo teriam planejado a queda do aparelho. O vice-presidente eleito, Luís Adolfo Siles Salinas, assumiu a presidência, mas durou pouco. Foi derrubado por um golpe militar comandado pelo general Alfredo Ovando Candia, em setembro de 1969.

Para começar, Ovando Candia anulou as eleições previstas para 1970, fechou o Congresso e nomeou um gabinete composto por militares. Em seguida, anunciou um programa que chamou de "nacionalista", com base num suposto "mandato revolucionário das Forças Armadas".

Ovando Candia conseguiu se sustentar um ano no poder, em meio a uma polarização entre forças de esquerda, que defendiam até a abolição da propriedade privada, e da direita, que exigia o fim das reformas e a adoção de um programa de austeridade. Após uma série de tentativas de golpe e contragolpe, venceu a corrente mais à esquerda, comandada pelo general Juan José Torres, que assumiu o poder em 7 de outubro de 1970.

Torres nacionalizou as operações de companhias norte-americanas nas minas de estanho e zinco e anunciou a intenção de reduzir a influência dos Estados Unidos no país. Buscou acordos de cooperação econômica com a antiga União Soviética e os países do leste da Europa. A esquerda, representada por uma infinidade de partidos que reuniam trabalhadores, sindicalistas, estudantes e ativistas profissionais, reivindicava a nomeação de metade do gabinete. Para tentar legitimar o governo, Torres convocou uma assembleia popular, que seria integrada por representantes de todos os setores políticos, principalmente trabalhadores. O resultado foi que a assembleia assumiu um papel autônomo e passou a impor decisões, independentemente do Executivo. Um quadro semelhante passou a ser observado nos quartéis, onde jovens oficiais começaram a questionar a hierarquia e a disciplina. O regime de Torres durou dez meses. Em 21 de agosto de 1971, foi derrubado pelo coronel Hugo Banzer, ex-comandante da Academia Militar, que tinha sido mandado para o exílio por Torres.

Banzer permaneceu sete anos no poder (1971-1978) e entrou para a galeria de ditadores latino-americanos como chefe de um dos regimes mais repressivos da Bolívia. Formado na Escola das Américas — instituto militar criado pelos Estados Unidos no Panamá que se especializou na exportação da doutrina da segurança nacional e acabou produzindo uma leva de ditadores latino-americanos —, Banzer chegou ao poder com apoio dos partidos políticos. Inicialmente, a Frente Popular Nacionalista (FPN), de tendência conservadora, e o MNR, de Paz Estenssoro, fizeram parte do gabinete. O novo regime conseguiu, a princípio, uma relativa estabilidade. Promoveu o aumento nas exportações de gás, petróleo e estanho, além de organizar a produção de algodão na região de Santa Cruz. A economia teve um crescimento de 6% ao ano nos primeiros anos.

No campo político, porém, o país mergulhou num período de repressão. O governo ordenou o fechamento dos sindicatos e suspendeu, temporariamente, as aulas nas universidades. Desfechou uma campanha de perseguição contra militantes dos partidos de esquerda e passou a reprimir com violência greves e manifestações. Em 1974, trabalhadores que tentaram se reunir em Cochabamba, para protestar contra o aumento nos preços dos alimentos, foram massacrados por forças militares. Organizações dos direitos humanos contam em mais de duzentos o número de mortos durante a ditadura de Banzer. Cerca de 15 mil passaram pelas prisões e 20 mil tiveram de fugir para o exterior. Banzer enfrentou várias tentativas de golpe, uma delas, em novembro de 1974, apoiada pelos próprios integrantes do MNR, que já haviam deixado o governo.

Em meio à instabilidade política, o "milagre econômico" do general Banzer também se desfez. A produção interna caiu e as exportações despencaram. À medida que o quadro econômico piorava, o governo intensificava a repressão para tentar sufocar o descontentamento.

A Igreja Católica assumiu papel decisivo na denúncia das frequentes violações dos direitos humanos. Quando Jimmy Carter assumiu a presidência dos Estados Unidos, em 1977, a situação de Banzer ficou mais complicada. O governo norte-americano passou a pressionar pelo fim da ditadura e a convocação de eleições.

A princípio, Banzer tentou estender seu mandato ilegítimo convocando eleições para 1980, mas as pressões internas e externas o levaram a antecipar a data para 1978. Decidido a manter o poder, ainda que por meio de um substituto escolhido a dedo, Banzer indicou o general Juan Pereda Asbún como candidato da situação e pôs em funcionamento uma azeitada máquina governamental para garantir a eleição de seu pupilo. Pereda venceu, mas a Corte Eleitoral denunciou a ocorrência de fraude em massa. Inconformado, Pereda tomou o poder pela força em julho de 1978. Ficou quatro meses no cargo. Apesar da pressão interna e externa, ele se recusou a convocar eleições e foi deposto, em novembro de 1978, pelo general David Padilla Arancibia, líder de uma ala de militares moderados e defensores da institucionalização do regime. Apesar do empenho dessa corrente, a estabilidade política ainda estava muito distante. Nas eleições de 1979, nenhum dos grandes partidos conseguiu a maioria necessária. O Congresso indicou como presidente interino o esquerdista Guevara Arce, que logo foi deposto pelo coronel Alberto Natusch Busch, um direitista radical. Natusch não ficou mais do que duas semanas no poder. A falta de apoio militar e uma intensa oposição interna por parte de todos os partidos, somadas às pressões do governo Carter, puseram fim à aventura.

Na sequência, o Congresso indicou Lídia Gueiler Tejada, então presidente da Câmara dos Deputados e antiga militante do MNR, como presidente interina. Gueiler promoveu eleições, em 1980, vencidas pelo candidato da União Democrática Popular (UDP), Siles Zuazo, com uma plataforma de centro-esquerda. De acordo com o cronograma, o Congresso deveria confirmar a eleição de Siles Zuazo em 6 de agosto de 1980. Mas o fantasma do golpe estava novamente à espreita.

A NARCODITADURA

Lídia Gueiler foi deposta em 17 de julho de 1980. Antes de ser afastada, a presidente foi submetida a uma série de humilhações pelos militares golpistas. Um deles chegou a esbofeteá-la quando ela se recusou a atender a uma exigência do bando, relacionada à promoção de oficiais rebeldes. O golpe militar deu origem a um dos mais sangrentos episódios na história da Bolívia. Uma quadrilha integrada por traficantes de cocaína e mercenários estrangeiros tomou de assalto o governo, sob o comando do general Luis García Meza. Grupos paramilitares, agindo a mando ou com a tolerância do governo, sequestraram, torturaram e mataram centenas de pessoas. As vítimas eram dirigentes sindicais, militantes de partidos de esquerda, estudantes ou qualquer pessoa suspeita de fazer oposição ao regime. Pistoleiros invadiram a sede da COB e mataram os dirigentes da organização, Marcelo Quiroga Santa Cruz e Carlos Flores Bedregal. O líder dos mineiros, Gualberto Veja, foi outra vítima.

    Enquanto esses esquadrões da morte agiam livremente, o governo tratava de garantir todas as facilidades para que os traficantes de drogas enviassem cocaína ou pasta ao exterior. Funcionários da Drug Enforcement Administration (DEA) — a agência para o controle de drogas dos Estados Unidos — calculam que durante o regime de García Meza foram despachados 850 milhões de dólares (2,2 bilhões em 2010) em cocaína, a maior parte para cidades norte-americanas. Esse valor era quase dez vezes maior do que o habitual. Parte desse dinheiro era usada para comprar o silêncio de oficiais das Forças Armadas bolivianas. Isso não impediu que García Meza tivesse de enfrentar várias tentativas de golpe. Finalmente, desgastado e sob forte pressão interna e externa, García Meza renunciou em 4 de agosto de 1981. A princípio, permaneceu na Bolívia e ainda se envolveu em outras conspirações. Mas acabou fugindo para o Brasil, sob falsa identidade. Descoberto, foi preso e deportado. Em 21 de abril de 1993, a Suprema Corte da Bolívia condenou García Meza a trinta anos de prisão por crimes de tortura, assassinato em massa e fraude contra o Estado. Outros catorze ex-integrantes do antigo regime também foram condenados por um tribunal militar, acusados de "destruir o prestígio das Forças Armadas".

    Em apenas um ano no poder, o regime de García Meza foi responsável pela morte de mais de quinhentas pessoas e mais de 4 mil prisões arbitrárias, que incluíam os rituais de tortura e desaparecimento. As evidências do envolvimento de figuras do governo com o narcotráfico eram tão fortes que o ministro do Interior, Luis Arce Gómez, extraditado para os Estados Unidos, foi condenado a 30 anos de prisão por participação no envio de drogas para o território norte-americano. Outro integrante do primeiro escalão do regime, o coronel Rico Toro, também foi condenado nos Estados Unidos, por tráfico de drogas. Em julho de 2009, depois de cumprir mais de 20 anos de prisão, Arce Gómez foi beneficiado por redução da pena e retornou a La Paz. Ele desembarcou numa cadeira de rodas, usando máscara cirúrgica e revelando abatimento causado por um câncer na próstata e diabetes. Do aeroporto, seguiu para a Penitenciária de Chonchocoro, onde García Meza também cumpria pena.

Após a queda de García Meza, o Alto-Comando militar designou o general Celso Torrelio Villa como presidente, com a tarefa de convocar eleições. Mas Torrelio relutou e tentou permanecer no poder, ignorando o compromisso. Diante da recusa de Torrelio, ele foi substituído pelo general Guido Vildoso Calderón. A oposição passou a cobrar a democratização do regime e o clima político voltou a esquentar, com ameaças de golpe. Em setembro de 1982, as Forças Armadas decidiram que deveria ser respeitada a decisão do Congresso de 1980, que havia eleito Siles Zuazo para a presidência naquele ano. Finalmente, ele tomou posse em 10 de outubro de 1982. O golpe de García Meza, em 1980, marcou a última vez que os militares tomaram o poder pela força na Bolívia no século XX. Na contagem de alguns historiadores, foi o golpe de número 193.

REDEMOCRATIZAÇÃO

Siles Zuazo assumiu em meio a grande expectativa. Afinal, o país havia se livrado de um regime corrupto e violento para entrar numa era de institucionalização. O novo governo herdou um caos econômico e social. Para atender às exigências dos sindicatos que haviam apoiado sua eleição, Siles Zuazo entregou vários cargos a líderes sindicais, que passaram a exercer uma administração independente nas minas e no campo.

A falta de uma política econômica estruturada permitiu que a inflação escapasse do controle e chegasse a 24.000% ao ano. A produção agrícola, que já era reduzida, caiu ainda mais, enquanto os preços do estanho no mercado internacional também despencaram. Perdido em meio à crise econômica, Siles Zuazo resolveu antecipar o fim de seu governo e convocou eleições para julho de 1985. Os candidatos mais votados foram os ex-presidentes Paz Estenssoro e Hugo Banzer. Como nenhum obteve maioria absoluta, o Congresso elegeu Paz Estenssoro.

Dessa vez, o antigo líder da esquerda boliviana chegava ao poder com um novo perfil. Para enfrentar o quadro de hiperinflação e caos econômico, Paz Estenssoro baixou um pacote de austeridade, que incluía o corte de salários e a intervenção nas ineficientes empresas estatais. Também acabou com o controle dos sindicatos nas minas de estanho e zinco. O governo conseguiu controlar a inflação, mas a um alto custo social. O desemprego aumentou no campo e nas cidades.

Nas eleições de 1989, o candidato do Movimento de Esquerda Revolucionária (MIR), Jaime Paz Zamora, foi escolhido graças a um acordo entre os dois mais votados: Gonzalo Sánchez de Lozada, do MNR, e o general Hugo Banzer, que ficou em segundo. Paz Zamora foi eleito pelo Congresso e, como parte do acordo, manteve a política econômica do governo anterior, que misturava doses de austeridade com pequenas concessões aos trabalhadores.

O MNR voltou ao poder em 1993, dessa vez com Gonzalo Sánchez de Lozada. Sánchez de Lozada fechou acordos de até trinta anos com empresas estrangeiras para exploração de gás e petróleo, que garantiam ingressos de 500 milhões de dólares/ano (750 milhões em 2010) em royalties. O governo promoveu um programa de privatização nos setores de infraestrutura e conseguiu manter a inflação sob controle.

O país continuou dividido politicamente e, em 1997, mais uma vez nenhum candidato obteve maioria absoluta nas eleições presidenciais. Com base nos mesmos acordos anteriores, o Congresso elegeu Hugo Banzer, que teve o apoio das demais correntes políticas. Duas décadas depois, o velho general voltava ao poder, mas com um novo figurino. Mostrava-se mais disposto ao diálogo e parecia ter abandonado as ideias dos tempos da linha dura. Mas não conseguiu completar o mandato. Em maio de 2001, renunciou ao governo para enfrentar um câncer terminal. Ao se despedir, pediu desculpas pelos fatos ocorridos durante a ditadura. "Como ser humano, posso ter cometido erros." Banzer morreu em 2002.

O vice-presidente Jorge Quiroga Ramirez assumiu o governo até as eleições de 2002, que deram a vitória ao ex-presidente Sánchez de Lozada. Diante das pressões dos setores sindicais, que exigiam reformas radicais, Sánchez de Lozada renunciou e transferiu o poder ao vice-presidente Carlos Mesa Gisbert. Mesa também não resistiu às cobranças e acabou renunciando em junho de 2005. O presidente da Suprema Corte, Eduardo Rodríguez Veltze, assumiu a presidência e convocou eleições para dezembro de 2005. O eleito foi Evo Morales, líder dos plantadores de coca, conhecidos como *cocaleros*, e candidato do Movimento para o Socialismo (MAS). Foi o primeiro descendente de indígenas a assumir a presidência.

Morales retomou as antigas práticas de estatização já tentadas em governos anteriores. Entrou em confronto com investidores estrangeiros e cancelou acordos com empresas petrolíferas, entre elas a Petrobras. O governo boliviano nacionalizou o setor de gás e petróleo e passou a exigir aumentos de preços não previstos nos contratos. As empresas foram obrigadas a ceder o controle das instalações e o Exército ocupou os campos petrolíferos e as refinarias.

Morales convocou uma assembleia constituinte e acabou estimulando as divisões internas entre representantes das inúmeras etnias — a Bolívia tem mais de quarenta etnias indígenas — e também entre as forças políticas. Em novembro de 2007, o projeto de uma nova Constituição foi aprovado pela Assembleia Nacional, em sessão realizada num quartel, sem a presença da oposição. Outra frente de conflito foi iniciada contra os juízes da Suprema Corte boliviana, que Morales acusou de manterem "um poder corrupto".

No plano externo, Morales alinhou-se à Venezuela, ao Equador e a Cuba. Ao ser eleito, em dezembro de 2005, escolheu Cuba como primeiro destino de uma viagem internacional, onde assinou acordo de colaboração nos setores de saúde e educação. Em entrevista concedida em Havana, após a assinatura do acordo, ele declarou: "Estou seguro de que Castro e Chávez são comandantes das forças para liberar a América e o mundo." Morales qualificou o capitalismo como "uma praga" e mostrou-se disposto a conduzir a Bolívia para o socialismo.

Em 7 fevereiro de 2009, Morales proclamou a vigência do "socialismo comunitário", ao promulgar o texto da nova Constituição, aprovada por 61% da população, em plebiscito realizado duas semanas antes, que também lhe assegurou o direito de disputar a reeleição. A nova Carta, rejeitada nos departamentos que concentram as maiores riquezas do país, como Santa Cruz, Beni e Pando, estabelecia maior controle do Estado sobre a economia e concedia ampla autonomia aos grupos indígenas, incluindo territórios e aplicação de uma justiça própria, independente do Judiciário. Em dezembro de 2009, Morales foi reeleito para mais um mandato de cinco anos.

Após a revisão dos contratos de exploração de gás e petróleo, as exportações saltaram de 1,8 bilhão de dólares para 4,2 bilhões de dólares/ano em 2008. Mas os efeitos desse aumento de renda para o Tesouro se refletiram de forma muito lenta no padrão de vida da população. No fim da primeira década do século XXI, mais de 60% da população vivia abaixo da linha de pobreza, segundo dados do Programa de Desenvolvimento das Nações Unidas (PNUD).

CUBA

O poder não me interessa e não pretendo tomá-lo.
Fidel Castro, em janeiro de 1959, logo após a vitória da revolução cubana, que o levaria a ocupar o poder por quase meio século

Eu não acredito em ditadura, embora alguns povos precisem de uma boa ditadura.
Fulgencio Batista y Zaldivar, ex-ditador cubano, deposto por Fidel

A LIBERDADE SEMPRE DISTANTE

O ditador cubano Gerardo "O Açougueiro" Machado não gostava de manter seus inimigos por muito tempo na prisão. Preferia jogá-los aos tubarões. Também conhecido como "O homem das mil mortes", Machado é um exemplo de transformação de uma figura pública após a ascensão ao poder. Empresário bem-sucedido do setor açucareiro e fundador de uma companhia de energia elétrica que vendeu para investidores norte-americanos, ele acabou se elegendo presidente em 1924, em eleições marcadas pela corrupção. A princípio, esperava-se que levasse para o governo a experiência de empresário e administrador eficiente. Mas, assim que assumiu o poder, revelou uma face oculta. Transformou-se num tirano sanguinário que assustou até seus aliados norte-americanos, a ponto de Washington, com atraso de alguns anos, enviar a Havana uma missão diplomática com a tarefa de apeá-lo do poder.

Uma das marcas registradas da ditadura de Machado atendia pelo nome de *porras*. Eram bandos de assassinos e ladrões, libertados das cadeias e distribuídos em grupos com a missão de eliminar ou assustar opositores do regime. As vítimas eram sequestradas, surradas ou assassinadas. As mulheres e filhas dos adversários do regime também sofriam com as *porras*. Prostitutas eram pagas para persegui-las nas ruas, onde eram alvo de xingamentos e agressões ou tinham as bolsas e roupas cortadas com navalhas. Assim era a ditadura de Gerardo Machado y Morales, o homem que atormentou o povo cubano durante oito anos, entre 1925 e 1933.

Os primeiros sinais da transformação do empresário pacífico e político supostamente bem-intencionado — como davam a entender os discursos de campanha — no vampiro insaciável que a realidade mostrou apareceram logo após a posse. Seu principal adversário nas eleições, o jornalista Armando André, foi brutalmente espancado e assassinado por pistoleiros de aluguel, agindo a mando do governo.

No início do governo de Machado, funcionários do palácio foram ao Museu Nacional, em Havana, e retiraram uma peça havia muito tempo esquecida: o garrote, símbolo da colonização espanhola, que deixara tristes lembranças. Com esmero, os funcionários removeram a ferrugem e a poeira da peça de metal, madeira e couro. Era o sinal de que tempos de horror se aproximavam. De fato, nos anos seguintes, a peça seria utilizada com frequência nos porões da ditadura. Para muitos presos, bastava olhar para a máquina infernal e eles confessavam qualquer coisa. Mas outros não escapavam facilmente. O garrote mata ao esticar o pescoço e o tronco até arrebentar a espinha.

Além da marca da maldade, que garantiu a Machado o apelido de "O Açougueiro", a ditadura iria se destacar pela corrupção. Machado e a família, principalmente o genro, Emilio Obregón, procuravam tirar vantagem, por meio de comissões, de todos os negócios realizados na ilha. Da produção agrícola às exportações e aos empréstimos feitos pelo governo. Não se concretizava uma transação no país sem que a família recebesse seu quinhão. Obregón era apelidado de "O Cupim", por ter sumido com quase todos os carregamentos de madeira doados pela Cruz Vermelha após o furacão que devastou Cuba em 1926, que deveriam servir para construir moradias para os desabrigados.

Em 1931, grupos de oposição tentaram organizar um levante contra a ditadura, mas o movimento fracassou. A partir daí, Machado intensificou a repressão. Muitos cubanos tiveram de partir para o exílio. Naqueles tempos, o núcleo principal da oposição ao regime cubano no exterior ficava em Nova York. Em hotéis de Manhattan, conspiradores discutiam longamente, mas sem apresentar soluções. Discretamente, diplomatas norte-americanos deixavam claro que, assim que o ditador fosse derrubado, os Estados Unidos estariam prontos para reconhecer um novo governo — desde que esse governo cuidasse de "impor a ordem e respeitar os direitos dos cidadãos e das empresas norte-americanas no país", como afirmava o embaixador Sumner Welles.

Cansado de ouvir os relatos das atrocidades de seu fiel aliado no Caribe, o presidente Franklin D. Roosevelt encarregou o amigo Welles de ir a Havana para providenciar a remoção, rápida e discreta, do incômodo Açougueiro. A situação se tornou insustentável para Machado após as matanças de abril de 1933, quando dezenas de pessoas, acusadas de conspirar contra o regime, foram mortas ou desapareceram nas mãos da polícia secreta.

Graduado em Harvard, casado com uma milionária e com uma aparência que, com a face rosada e gravata-borboleta, se encaixava muito mais nos coquetéis dos iates clubes dos milionários americanos da Costa Leste do que no calor sufocante de Havana, Welles definitivamente não tinha estômago para ouvir relatos de matanças e de como as vítimas da ditadura eram atiradas aos tubarões. Aquilo era extremamente desagradável para um homem como ele. Na verdade, só aceitara a missão por insistência do amigo Roosevelt e porque não seria ruim ascender nos escalões do Departamento de Estado.

Apesar de tudo que o regime representava, Welles ainda apostava numa retirada pacífica de Machado e não aceitava a aplicação da tristemente famosa Emenda Platt. Uma das maiores aberrações já concebidas pela diplomacia americana no continente, a emenda dava "permissão" aos Estados Unidos para invadir Cuba sempre que os interesses norte-americanos na ilha fossem ameaçados. Welles também acreditava na possibilidade de convocar eleições para escolha de um novo governo.

Após muitas tentativas de resistência, Machado finalmente foi deposto, em 12 de agosto de 1933, e forçado a seguir para o exílio. Inicialmente, foi para as Bahamas. Depois passou por Paris, mas acabou se fixando em Miami, onde morreu em 1939.

A FORÇA DE UM SARGENTO

Ao contrário do que esperava Welles, a partida de Machado não permitiu uma transição pacífica para um regime estável. Forças políticas e militares passaram a disputar o poder. Carlos Manuel de Céspedes Quesada, filho de um herói da luta pela independência contra a Espanha, foi nomeado presidente, mas ficou apenas 23 dias no cargo. Uma junta de cinco representantes das diversas forças políticas assumiu o poder e indicou como presidente provisório Ramón Grau San Martín, cirurgião e professor da Escola de Medicina da Universidade de Havana. Grau foi forçado a renunciar, em janeiro de 1934, a exemplo de outros dois presidentes provisórios que se seguiram: Carlos Hevya de los Reyes, que permaneceu apenas três dias no poder, de 15 a 18 de janeiro de 1934, e Carlos Manuel Márquez Sterling, que bateu o recorde: ficou apenas três horas no cargo.

Por trás dessas renúncias forçadas, quem sacudia a cadeira presidencial para que ninguém permanecesse lá era uma figura que iria se tornar bastante conhecida pelos cubanos: o ambicioso sargento Fulgencio Batista y Zaldívar. De humor instável e dado a frequentes explosões de irritação, esse ex-taquígrafo do Exército aprendera algumas noções sobre o funcionamento do governo ao anotar o conteúdo de reuniões do gabinete durante a ditadura de Machado.

Inicialmente, Batista liderou um movimento de sargentos contra os oficiais em defesa de reivindicações salariais e de manutenção de verbas para as Forças Armadas, logo após a queda de Machado. Mas, no fundo, o que ele queria mesmo era o poder. Depois de encabeçar a rebelião dos sargentos, que chegaram a encurralar os oficiais no Hotel Nacional, em Havana, Batista logo conseguiu a patente de coronel, em troca de acalmar seus liderados.

Com a bênção do embaixador Sumner Welles, o político conservador Carlos Mendieta foi nomeado presidente provisório. Durante dois anos, entre janeiro de 1934 e dezembro de 1935, Mendieta conseguiu se equilibrar no poder, apesar das pressões. De um lado, Batista tentava dar as cartas no governo e, de outro, o Congresso disputava avidamente verbas, cargos e outras vantagens. Mendieta tentou convocar uma assembleia constituinte, mas não conseguiu. A grande realização de seu governo foi a retirada da

Constituição cubana da Emenda Platt, que havia sido imposta pelos Estados Unidos, após a independência, em 1902.

Em janeiro de 1936, os cubanos elegeram um presidente, Miguel Mariano Gómez, o primeiro escolhido em eleições livres no país, já que a primeira eleição de Machado, em 1925, sempre esteve sob um manto de suspeita. Gómez assumiu em maio de 1936 e foi derrubado em dezembro, ao tentar se opor a um projeto de Batista, que pretendia construir dezenas de escolas rurais, onde os professores seriam sargentos do Exército, na opinião dele os mais preparados para ensinar as crianças. Batista exigia a criação de um imposto sobre cada saca de açúcar exportada. O montante arrecadado iria para o projeto das chamadas escolas rurais de civismo.

Em substituição ao presidente eleito, Batista escolheu um nome que poderia manobrar facilmente: o secretário de Governo, Federico Laredo Brú. Homem de confiança do coronel, Laredo ficou no cargo por quatro anos. À medida que conseguia mais vantagens para o Exército, Batista se tornava mais popular entre suas fileiras. Aumentou os salários, ampliou o efetivo e comprou novos equipamentos. Também criou mordomias nunca vistas pelos militares. Civis eram contratados como serviçais nos quartéis e antigas tarefas, como limpar banheiros, varrer os pátios e descascar batatas, eram feitas por esses funcionários, enquanto os soldados e praças ficavam apenas observando.

No fim de 1939, o governo promoveu eleições para uma assembleia constituinte. Apesar de todas as manobras de bastidores para fraudar o pleito, a oposição foi maioria entre os constituintes, derrotando Laredo e Batista.

Para surpresa geral, Batista venceu as eleições de julho de 1940 para a presidência, depois de passar para a reserva, como exigia a Constituição. Mais surpreendente ainda foi o apoio que recebeu do Partido Comunista Cubano, inclusive dos principais dirigentes, como Blas Roca e Lázaro Peña.

Batista cumpriu o mandato de quatro anos, até 1944, quando entregou a presidência a Ramón Grau San Martín, que retornava à cena política. Tanto Grau como seu sucessor, Carlos Prío Socarrás, eleito em 1948, governaram sob a sombra de Batista, que vigiava todos os seus atos. Em 1952, faltando apenas três meses para o término do mandato de Prío e a realização de novas eleições, Batista liderou um golpe militar e tomou o poder.

De 10 de março de 1952 até 1º janeiro de 1959, Batista governou com mão de ferro. Massacrou a oposição e silenciou a imprensa. O regime mergulhou de vez na corrupção e todos os círculos próximos a Batista se sentiam no direito de tirar proveito. A ditadura de Batista marcou o auge da ilha como um imenso bordel. Chefões da máfia norte-americana, como Meyer Lansky, operavam redes de cassinos em estreita parceria com figuras do governo. Batista e seus assessores levavam comissão em tudo. Homens de confiança do ditador controlavam as loterias e a alfândega, as principais fontes de renda do país, além do açúcar. Naquela época, Cuba era sinônimo de jogo, prostituição e drogas.

Com um governo como aquele era natural que surgisse uma oposição entre as únicas camadas da população que ainda não haviam sido contaminadas: os estudantes e professores. O líder do movimento era um jovem advogado decidido a trocar os tribunais, onde defendia adversários do regime, por um fuzil: Fidel Alejandro Castro Ruz.

Em 26 de julho de 1953, à frente de um pequeno grupo de rebeldes, Castro lançou um ataque contra o Quartel de Moncada, em Santiago. Despreparados para o combate, os rebeldes foram rapidamente derrotados e, do ataque, só sobrou a data 26 de julho, que deu nome ao movimento para derrubada do regime. Capturado, Castro ficou na prisão até 1955, quando recebeu anistia. Depois de tentar fazer oposição interna a Batista, acabou partindo para o exílio no México, onde passou três anos se preparando para retomar a luta. Lá, conheceu um jovem médico argentino, Ernesto Che Guevara, que havia passado por um treinamento de guerrilha na Guatemala, durante o governo de Jacobo Arbenz, deposto pela CIA.

A REVOLUÇÃO

Em 2 de dezembro de 1956, à bordo do iate *Granma*, uma velha embarcação que fazia água e chacoalhava o tempo todo, Castro desembarcou na praia Las Coloradas, na província de Oriente, com 81 homens. O grupo havia saído do México e, no desembarque, quase todos estavam passando mal por conta do mar agitado. Para completar, assim que chegaram à praia foram recebidos por bombardeios aéreos e terrestres. As baixas foram pesadas: dezenas de rebeldes morreram e 22 foram capturados. Sobraram apenas doze, que buscaram refúgio nas matas de Sierra Maestra. Estava começando a revolução que iria mudar a face da ilha e repercutir em todo o mundo. Nas montanhas, o pequeno grupo de rebeldes passou longo tempo tentando se reorganizar. Eles atacavam pequenas guarnições militares para capturar armas e munição e, aos poucos, passaram a contar com o apoio de organizações urbanas e rurais.

Em setembro de 1957, os rebeldes fizeram o primeiro grande desafio às forças de Batista. Cerca de trezentos marinheiros se amotinaram no Porto de Cienfuegos e tomaram a guarnição local. Em seguida, foram para o centro da cidade e cercaram a sede da polícia. Por algumas horas, eles conseguiram assumir o controle da cidade, até que os tanques do Exército, com apoio aéreo, esmagaram o levante. A ação deixou centenas de mortos entre os rebeldes, além de dezenas de presos. Batista ordenou uma violenta repressão e pelo menos setenta amotinados e civis simpatizantes da guerrilha foram fuzilados. Daí em diante, os rebeldes intensificaram os ataques, principalmente na zona rural, até a arrancada final.

No segundo semestre de 1958, a guerrilha já contava com mais de 8 mil homens. Em dezembro daquele ano, uma força rebelde comandada por Guevara invadiu Las Villas, a 230 quilômetros de Havana. Em seguida, Guevara tomou Santa Clara, a primeira grande cidade ocupada pelos rebeldes. Enquanto isso, Castro chegava a Santiago, onde, cinco anos após o primeiro ataque, iria finalmente tomar o Quartel de Moncada. Ao mesmo tempo, Raúl Castro e Camilo Cienfuegos impunham derrotas às forças do governo em outras frentes de combate.

A última semana de dezembro de 1958 foi decisiva para os rebeldes. Na véspera do Ano-Novo, Batista fugiu para a República Dominicana, então governada pelo ditador Leónidas Trujillo. O temido chefe de polícia, Pilar García, conhecido por mandar cortar partes do corpo dos presos e entregar na casa das famílias, conseguiu asilo nos Estados Unidos. Centenas de figuras ligadas ao governo, incluindo ministros e chefes militares, lotavam aviões e barcos que deixavam às pressas os aeroportos e portos com destino ao exterior. Nas cidades, saqueadores invadiam as casas dos integrantes da ditadura e levavam tudo que conseguiam carregar.

De Santiago, em 2 de janeiro de 1959, Castro fez um discurso proclamando a vitória da revolução e afirmando: "O poder não me interessa e não pretendo tomá-lo. De agora em diante, o povo cubano está livre." Em seguida, nomeou o advogado Manuel Urrutía como presidente, enquanto ele, Castro, assumia o comando das Forças Armadas.

Guevara entrou em Havana em 3 de janeiro, com uma força de quinhentos homens, e, entre outros lugares, espalhou seus combatentes pelos salões do Hotel Hilton. Castro fez sua entrada triunfal em 8 de janeiro, aplaudido por milhares de pessoas que se aglomeravam nas ruas. As tropas de Batista aceitavam a derrota, enquanto os oficiais estavam mais preocupados em abandonar o país.

A descida daquele grupo de combatentes de Sierra Maestra transformou-se num símbolo da luta contra as tiranias. Poucas vezes na história uma revolução havia provocado tanta expectativa. A vitória de uma força rebelde, liderada por um punhado de jovens decididos a derrubar uma ditadura perversa e corrupta, conquistara simpatias em todo o mundo, e muitos torciam para que tivesse êxito. Ainda era um tempo em que o comunismo despertava grandes esperanças. Os crimes de Stalin, os desterros na Sibéria e o fracasso da coletivização soviética no campo, embora denunciados por Nikita Kruschev em 1956, ainda eram pouco conhecidos na maioria dos países.

O primeiro sinal da opção comunista do regime foi a reforma agrária, lançada ainda em 1959, que estabelecia várias etapas até o controle de toda a produção agrícola pelo Estado. Em seguida, vieram as expropriações de empresas norte-americanas e a estatização do setor industrial. Os Estados Unidos impuseram o embargo comercial a Cuba em outubro de 1960 e romperam relações diplomáticas em janeiro de 1961, alegando que o regime havia expropriado empresas norte-americanas sem compensações financeiras. À medida que os Estados Unidos se afastavam, Cuba se aproximava da União Soviética. A União Soviética e a China se tornaram os principais compradores do açúcar cubano, antes vendido para os Estados Unidos. Os países do leste da Europa também passaram à condição de maiores exportadores para Cuba.

Em 15 de abril de 1961, Castro fez um discurso em Havana anunciando o compromisso da Revolução Cubana com o socialismo e os princípios do marxismo-leninismo. Duas semanas depois, nas comemorações do 1º de Maio, em Havana, ele perguntou à multidão: "Precisamos de eleições?" E a resposta foi: "Não, não precisamos."

Apenas seis meses após a vitória, Urrutía renunciou à presidência, descontente com a opção pelo comunismo feita por Castro e seus comandados. Foi substituído por Osvaldo Dorticós, que permaneceu no cargo por 17 anos, até 1976, quando Castro, que já mandava dos bastidores, passou a acumular a função de presidente.

ERRO DE CÁLCULO

Desde os primeiros meses do novo governo cubano, os Estados Unidos haviam decidido empreender todos os esforços para derrubá-lo. Para o diretor da CIA, Allen Dulles, que havia comandado o golpe contra Jacobo Arbenz, na Guatemala, em 1954, a operação seria simples. Um desembarque de rebeldes cubanos, financiados e apoiados pelos Estados Unidos, e uma rebelião interna fomentada pela CIA e o governo cairia como na Guatemala. Mas dessa vez Dulles estava enganado.

Os norte-americanos começaram por incentivar atos de sabotagem contra usinas de açúcar e outros pontos vitais, na tentativa de estrangular a economia do país. Depois, embarcaram numa das mais desastradas operações já financiadas e orientadas pela CIA. Ex-militares cubanos treinados pela CIA na Guatemala e na Flórida desembarcaram na Baía dos Porcos, em 17 de abril de 1961. A maioria era de ex-soldados e oficiais das forças de Fulgencio Batista. Inicialmente, foram repelidos pelas milícias locais, que já haviam sido orientadas para a possibilidade de invasão. Horas depois, o próprio Castro assumiu o comando da resistência. Os combates se estenderam por dois dias. As forças cubanas mataram cerca de 200 invasores e fizeram 1.200 prisioneiros. Cinco deles, apontados como líderes, foram fuzilados. As baixas entre os cubanos ficaram em torno de 150. A princípio, Castro tentou trocar os prisioneiros por tratores, mas a humilhação para os norte-americanos era demais. Os Estados Unidos adiaram o assunto por muitos meses, esperando que o fracasso caísse no esquecimento. Finalmente, em dezembro de 1962, os presos foram trocados por alimentos e remédios.

O desastre na Baía dos Porcos aproximou ainda mais Cuba da União Soviética e acirrou os ânimos na América Latina contra os Estados Unidos. Cuba passou a ser vista como um minúsculo país desprotegido, vítima da agressão de uma potência vizinha. Esse fato não demorou a provocar outro que iria abalar o mundo no ano seguinte. Acreditando que uma nova invasão patrocinada por Washington era iminente, o governo cubano pediu proteção militar a Moscou. Nikita Kruschev, o então poderoso secretário-geral do PC soviético e número um do regime, decidiu pela instalação de mísseis nucleares em Cuba, depois de ouvir o Alto-Comando das Forças Armadas.

A decisão foi tomada no primeiro semestre de 1962. Em outubro, o presidente dos Estados Unidos, John Kennedy, anunciou para o mundo, em pronunciamento pela televisão, que aviões de reconhecimento norte-americanos tinham fotografado bases de mísseis nucleares soviéticos em território cubano. A partir daí, o governo norte-americano entrou em pânico e se encarregou de espalhar o medo pelo planeta. Especulações de que os mísseis seriam lançados contra o território norte-americano e que poderiam atingir Nova York e Washington e sobre o poder de destruição das ogivas nucleares tomaram o espaço nos jornais e o tempo nas emissoras de rádio e televisão. Os estrategistas militares norte-americanos se dividiam entre as possíveis represálias: invasão por forças terrestres com apoio aéreo e naval, bombardeios aéreos para destruir as rampas de lançamento dos mísseis ou até mesmo um bombardeio nuclear de Cuba.

Kennedy autorizou o comando militar norte-americano a preparar uma invasão por terra, mar e ar. Após o discurso do presidente norte-americano na televisão, o governo cubano percebeu que o perigo de uma invasão era iminente e pôs as Forças Amadas em estado de alerta, além de convocar mais de 200 mil reservistas. O suspense durou poucos dias. Alertado para os riscos de uma invasão ou dos bombardeios aéreos, Kennedy optou pelo bloqueio naval da ilha, estabelecido em 24 de outubro. Dois dias depois, Kruschev enviou carta a Kennedy explicando que o envio de mísseis era uma medida defensiva. Disse que estava pronto para retirá-los, se os Estados Unidos se comprometessem a não invadir a ilha e suspendessem o bloqueio naval. Kennedy aceitou a proposta, mas incluiu outros pontos na negociação, como a retirada de caças-bombardeiros soviéticos e a inspeção, pela ONU, da remoção dos mísseis.

Para salvar as aparências, Kruschev exigiu em contrapartida a retirada de mísseis norte-americanos instalados na Turquia, que havia muito estavam obsoletos. Castro ficou profundamente irritado com a negociação, principalmente por não ter sido consultado. Bateu pé firme e não aceitou a inspeção. Kennedy acabou abrindo mão, sabendo que tudo que fosse feito no local das instalações seria fotografado pelos aviões de espionagem norte-americanos.

Na primeira semana de novembro de 1962, navios soviéticos partiam de Cuba levando os mísseis e os especialistas que tinham sido encarregados da instalação e manutenção. Terminava a crise que pôs o mundo no ponto mais próximo da guerra nuclear e constituiu o momento mais grave da Guerra Fria.

O episódio iria aprofundar ainda mais a inimizade entre Washington e Havana. A partir de 1963, a CIA passou a apoiar, financiar e planejar todos os tipos de ações militares e econômicas destinadas a derrubar o regime cubano. Entre essas iniciativas estava o treinamento de refugiados cubanos na Flórida para um eventual desembarque na ilha, atos de sabotagem contra alvos estratégicos em Cuba e planos mirabolantes de assassinato de Fidel Castro, que iam do envenenamento à tentativa de cooptação de pessoas próximas a ele para atraí-lo para alguma armadilha mortal. O uso de mulheres atraentes que poderiam matá-lo com um punhal escondido em roupas íntimas durante uma noite romântica chegou a ser cogitado pelos diligentes funcionários da CIA, que pareciam encarnar roteiristas de Hollywood.

O ADEUS À ILHA

O aprofundamento da revolução e a opção pelo marxismo-leninismo provocaram uma profunda divisão entre os cubanos. Parte da população não aceitava o regime imposto pelo Partido Comunista Cubano. A imprensa, na condição de porta-voz do regime, só tinha espaço para elogios. Começou, então, o êxodo dos descontentes com as mudanças. Nos primeiros dois anos, calcula-se que cerca de 100 mil cubanos deixaram a ilha, a maior parte com destino a Miami. Após um intervalo nas partidas, o êxodo recomeçou em 1965. No fim daquele ano, milhares de pessoas partiram em embarcações de passeio enviadas por seus parentes ou amigos dos Estados Unidos. Ainda em 1965, o governo norte-americano criou uma ponte aérea para buscar imigrantes cubanos. Ao longo das décadas seguintes, outras fugas iriam se suceder. Em 1980, outra leva de cubanos estava pronta para abandonar o país. Dessa vez, o êxodo começou a partir da invasão da Embaixada do Peru, em Havana, por um pequeno grupo, que derrubou os portões da residência com um caminhão. O embaixador garantiu proteção aos refugiados e, em dois dias, cerca de 10 mil cubanos se aglomeravam nos jardins e em todos os cantos da residência. Depois de difíceis negociações, Castro autorizou a partida deles para a Costa Rica e, em seguida, anunciou que todos que quisessem deixar o país estavam livres para fazê-lo.

Nos Estados Unidos, o então presidente Jimmy Carter relutou, a princípio, em receber outra leva tão grande de refugiados. As leis norte-americanas, naquela época, estabeleciam cotas de refugiados, e a de Cuba era de apenas 3.500 ao ano. Mas Carter acabou obtendo autorização do Congresso e logo uma ponte marítima foi montada a partir do porto cubano de Mariel. Mais de 100 mil cubanos deixaram a ilha em barcos que chegavam da Flórida para buscá-los. Castro aproveitou a oportunidade para esvaziar as prisões e despachou centenas de ladrões, assassinos, cafetões e outros criminosos entre os refugiados. As fugas em massa revelavam o alto grau de descontentamento de uma parcela da população com o regime.

Além de exportar refugiados, o que azedou ainda mais as relações com os Estados Unidos e contribuiu para a manutenção do embargo econômico, Cuba também havia embarcado numa malograda tentativa de exportar a revolução. Desde a vitória, em 1959, Castro e Guevara sonhavam reproduzir a experiência cubana em toda a América Latina e África. Inicialmente, Guevara tentou mobilizar Congo, Angola, Moçambique e Tanzânia. Comandados por Guevara, os cubanos chegaram a lutar no Congo, mas depois de poucos meses foram derrotados e tiveram de deixar o país no fim de 1965. Tropas cubanas também lutaram na Etiópia, em Eritreia e na Namíbia. A única vitória das forças cubanas no exterior iria ocorrer no fim da década de 1980. Em 1988, após uma luta que se estendeu por mais de dez anos, Angola, com ajuda de Cuba, derrotou os rebeldes liderados por Jonas Savimbi, apoiados e financiados pela CIA, e seus aliados sul-africanos. Nos últimos meses do conflito, Cuba chegou a manter mais de 50 mil soldados em Angola.

Na América Latina, os cubanos chegaram a treinar e armar combatentes para lutar na Argentina, no Brasil, na Colômbia, na Nicarágua, no Peru e na Venezuela. Com exceção da Nicarágua, a luta fracassou nos demais países, por falta de apoio popular e também dos próprios líderes esquerdistas locais. Em novembro de 1966, Guevara entrou na Bolívia com um pequeno grupo de soldados cubanos, para se juntar a um núcleo de apenas trinta integrantes do Partido Comunista Boliviano. No total, o grupo não chegava a cinquenta homens, que pretendiam repetir a experiência de Sierra Maestra. Embrenharam-se nas montanhas bolivianas, onde começaram a treinar para a guerrilha, enquanto esperavam pela adesão de forças internacionalistas. Esse reforço nunca chegou, com exceção de uns poucos peruanos do Partido Comunista. Pouco depois, o grupo foi descoberto pelo Exército boliviano, com a ajuda da CIA. A perseguição se estendeu por meses, até que Guevara foi capturado em 8 de outubro de 1967, nas montanhas de La Higuera, 150 quilômetros a sudoeste de Santa Cruz de La Sierra. A ordem para matá-lo partiu do presidente René Barrientos, mas com a recomendação de que tudo fosse feito de modo a confirmar a versão de que ele teria morrido em combate com o Exército boliviano. A tarefa coube a um sargento, Mario Terán, que disparou, inicialmente, contra as pernas e os braços de Guevara. Ele caiu bastante ferido e se contorcendo de dor. Então, recebeu o disparo no peito que iria simular o combate. Era 9 de outubro. De helicóptero, o corpo foi transportado para Vallegrande, onde foi deixado nos fundos de um hospital. Lá, foram feitas as fotos publicadas em todo o mundo.

Após a morte, o culto à imagem de Guevara se intensificou. Mas o mito romântico, alimentado pela foto de Alberto Korda,* com o tempo descolou-se completamente da realidade de um regime que, apesar dos progressos em alguns setores, levou a população à pobreza e opressão. A realidade mostrou que o regime sonhado por aquele grupo só poderia se sustentar pela força.

---

* O verdadeiro nome de Alberto Korda era Alberto Díaz Gutierrez. Ele nunca ganhou um tostão com a foto que é uma das imagens mais reproduzidas no mundo inteiro. Por acreditar na revolução, cedeu a foto a um editor italiano, que a espalhou pelo mundo. Korda, ou Díaz, morreu de ataque cardíaco, em Paris, em 2001.

A tentativa cubana de exportar a revolução acabou gerando pânico entre os governos latino-americanos na década de 1960 e levou a um movimento de contrarrevolução, apoiado e estimulado pelos Estados Unidos, que resultou na multiplicação das ditaduras de direita pelo continente.

O DESMANCHE DA UNIÃO SOVIÉTICA

Poucos episódios tiveram um reflexo tão contundente na situação de Cuba, no fim do século XX, como o desmoronamento do império soviético. Muito antes da queda do Muro de Berlim, em 1989, e da onda de democratização que varreu o antigo domínio de Moscou, o governo cubano já havia recebido sinais de que a velha amizade entre os dois países estava chegando ao fim.

Quando Mikhail Gorbachev assumiu o poder em Moscou, em 1985, os ventos da mudança começaram a soprar em todo o leste da Europa e não passaram despercebidos em Havana. Primeiro, foram os cortes nos subsídios e a redução no envio de petróleo e de alimentos. Castro tentou se socorrer nos antigos aliados do bloco soviético, mas esses também sofriam os efeitos das mudanças. Em seguida, buscou apoio na China. Mas não foi suficiente para substituir os 3 bilhões de dólares (6,2 bilhões em 2010) anuais em subsídios, venda de petróleo barato e compra do açúcar cubano a preços mais altos, garantidos até então pela União Soviética. O resultado foi a adoção de um racionamento cada vez mais duro no dia a dia dos cubanos. A falta da ajuda de Moscou, de um lado, e o embargo comercial imposto pelos Estados Unidos, de outro, levaram a sobrevivência dos cubanos a um ponto crítico. Países vizinhos, como o Panamá, ajudavam a furar o bloqueio com vendas indiretas, mas as transações sempre foram limitadas, principalmente pela falta de divisas para o pagamento.

Além de cortar a ajuda, Gorbachev tentou convencer Castro a adotar duas palavras de seu novo vocabulário de que o dirigente cubano não gostou nem um pouco: *glasnost*, ou transparência na política, e *perestroika*, abertura na economia. Definitivamente, os dois antigos aliados já não falavam a mesma língua.

Para enfrentar os novos tempos, Cuba voltou-se para outras fontes de renda e, em parceria com empresas da Espanha, desenvolveu um importante centro turístico em Varadero. O turismo acabou se transformando numa das principais fontes de renda e de geração de emprego no país, a exemplo da maioria dos países do Caribe. Ao mesmo tempo, o governo abriu espaço para pequenos negócios, como bares e restaurantes, e transformou as fazendas coletivas estatais em cooperativas, permitindo que os agricultores tivessem algum ganho com a própria produção. Apesar disso, o regime continuou enfrentando dificuldades para resolver a questão do abastecimento de alimentos.

O embargo norte-americano e a perda da parceria com Moscou impediram o avanço de Cuba em setores como transporte, industrialização e serviços. O país envelheceu em muitos aspectos. Na virada do século, Havana parecia parada no tempo, ali pelos anos 1950. Os casarões antigos não tiveram as reformas ou as restaurações necessárias. Os recursos, limitados, tinham de ser destinados a outras prioridades. Ao longo de décadas, carros, ônibus e caminhões, submetidos a inúmeras reformas e improvisos, acabaram se transformando em peças de museu.

A situação econômica ganhou fôlego depois que o país passou a receber petróleo da Venezuela, na era Hugo Chávez. O governo venezuelano também passou a fornecer produtos básicos, ignorando o embargo norte-americano. Apesar da ajuda, os alimentos sempre foram escassos, obrigando a população a se submeter a intermináveis privações por conta das cotas estabelecidas pelo governo. Produtos como carne, frango, frutas e legumes sempre foram considerados um luxo, de acesso só para poucos, assim como sabonete, pasta de dente e até papel higiênico. Esse último item passou a ser substituído pelas páginas do *Granma*, órgão oficial do partido, pródigas em elogios ao regime.

Depois de cinco décadas no poder, o regime enfrentava dificuldades até mesmo para sustentar os únicos trunfos que havia alcançado na comparação com os vizinhos da América Latina. Na saúde, apesar do acesso de toda a população a um atendimento básico, muitos serviços ficaram prejudicados, já que os equipamentos antigos não podiam ser substituídos pelas inovações tecnológicas nas áreas de diagnóstico e tratamento. Na educação, o país alcançou os melhores resultados no combate ao analfabetismo. Mas os jovens cubanos acabaram se colocando em condição de desigualdade pelas dificuldades de acesso à internet.

A Anistia Internacional ressalta em seus inúmeros relatórios que o embargo econômico dos Estados Unidos a Cuba sempre contribuiu para o agravamento das privações já sofridas pelo povo cubano e impediu que a população desfrutasse plenamente de seus direitos. Depois do México — que perdeu para os Estados Unidos mais da metade de seu território —, Cuba é o país que mais sofreu intervenções e pressões de Washington em todo o continente.

O LIVRE PENSAR

Mais de um milhão de cubanos deixaram a ilha após a chegada de Fidel Castro ao poder, em janeiro de 1959. Dezenas de milhares — o número estimado pelas organizações de defesa dos direitos humanos é de quase 100 mil — passaram pelas prisões ao longo de cinco décadas. Esse número inclui desde as detenções para interrogatórios, por dias ou semanas, até as longas sentenças de trinta anos ou a prisão perpétua.

Entre 5 mil e 6 mil pessoas foram fuziladas em Cuba de 1959 a 2003, a maioria por "crimes contra a segurança do Estado", de acordo com levantamento feito por organizações de defesa dos direitos humanos. O governo cubano nunca revelou o número exato de execuções. A maioria dos fuzilamentos ocorreu após ritos sumários que ignoravam os padrões internacionais de justiça. De acordo com a Anistia Internacional, o número exato de sentenciados à pena máxima é difícil de ser determinado por causa do acesso restrito a documentos oficiais.

A legislação cubana previa a pena de morte, oficialmente, apenas para crimes como terrorismo. Mas, em 11 de abril de 2003, três jovens — Lorenzo Enrique Copello Castillo, Bárbaro Leodán Sevilla García e Jorge Luis Martínez Isaac — foram executados por um pelotão de fuzilamento, por tentarem sequestrar um barco de passageiros com o objetivo de fugir da ilha. O tempo entre o início do julgamento e a execução foi de apenas uma semana. Ainda em 2003, 75 dissidentes foram condenados a penas que variavam de seis a 28 anos de prisão, por supostas atividades contra o regime. Os processos correram em sigilo, mas as condenações foram confirmadas pelos parentes e pelo presidente da Comissão Cubana de Direitos Humanos e Reconciliação Nacional, Elizardo Sánchez. O organizador do chamado Projeto Varela, Héctor Palácios, foi condenado a 25 anos de prisão. Esse projeto reúne um grupo pró-democracia que recolheu 11 mil assinaturas para a realização de um plebiscito sobre liberdade de expressão, anistia a presos políticos e eleições livres. Palácios foi acusado de traição e subversão. O Projeto Varela leva o nome do padre cubano Félix Varela (1788-1853), um dos primeiros defensores da independência de Cuba da Coroa espanhola.

Entre os prisioneiros de consciência mais conhecidos figuravam: René Gómez Manzano, advogado; Mario González Pérez, jornalista, detido em julho de 2005 e advertido para parar de escrever como jornalista independente; Emilio Levya Pérez, preso inúmeras vezes por defender um plebiscito sobre a questão dos direitos humanos em Cuba; Julio César López Rodríguez, militante pacifista e diretor de uma livraria independente, advertido pelo Comitê de Defesa de Revolução (CDR) por vender livros de autores que combatem o totalitarismo; Pedro Arturo Hernández Cabrera, psiquiatra, atacado em casa, em Cienfuegos, por uma multidão — convocada pelo CDR local. Os manifestantes gritavam insultos contra ele enquanto outros invadiam a residência e confiscavam livros, cartas, fotos e documentos pessoais. O poeta Raúl Rivero e o jornalista Oscar Espinosa Chepe foram condenados a penas de vinte anos. O médico Oscar Elias Biscet, um dos mais conhecidos dissidentes cubanos, a 25 anos de prisão.

Os CDRs sempre atuaram como uma espécie de polícia de quarteirão. Vizinhos passaram a agir como delatores, informando ao CDR sobre encontros de dissidentes ou visitas suspeitas. Contatos com estrangeiros, em casa ou em bares ou restaurantes, quase sempre resultavam em prisões ou interrogatórios. A atuação dos comitês acabou ganhando um componente de ridículo ao incorporar diferenças pessoais entre vizinhos. As delações prejudicavam a vida das pessoas no campo profissional ou mesmo individualmente.

Viagens ao exterior foram proibidas para a maioria da população. Os vistos de saída passaram a ser reservados a diplomatas, funcionários civis ou militares, médicos designados para serviços em países aliados ou esportistas autorizados a participar de competições internacionais. Menores de 18 anos, com exceção dos atletas, também foram proibidos de visitar outros países.

O cerceamento ao direito de ir e vir ficou claro durante os Jogos Pan-Americanos, no Rio de Janeiro, em julho de 2007. Dois atletas, Guillermo Rigondeaux e Erislandy Lara, campeões mundiais e medalhistas olímpicos, desertaram da equipe cubana de boxe e chegaram a assinar contrato para lutar na Alemanha. Eles abandonaram a delegação em 22 de julho, mas foram capturados pela Polícia Federal do Brasil e forçados a retornar a Cuba. Em junho de 2008, Lara conseguiu fugir da ilha numa pequena embarcação, que levou 12 horas para chegar ao México, debaixo de tempestades. De lá, seguiu para a Alemanha, com a ajuda de uma empresa que o contratou para lutar na Europa, mas acabou se mudando para Miami. Rigondeaux não teve a mesma sorte. Permaneceu na ilha, isolado, sem amigos e com dificuldades até para se alimentar.

De acordo com a Comissão Cubana de Direitos Humanos e Reconciliação Nacional, pelo menos duzentos presos políticos ainda estavam nas prisões cubanas no princípio de 2010. Apesar dos insistentes apelos, o governo continuava se recusando a permitir o acesso às prisões de representantes do Comitê Internacional da Cruz Vermelha e da Comissão de Direitos Humanos da ONU.

Em 23 de fevereiro de 2010, o preso político Orlando Zapata Tamayo morreu num hospital de Havana, após 85 dias de greve de fome. Zapata, que fazia parte dos 75 dissidentes presos em 2003, protestava contra as más condições carcerárias e exigia ser reconhecido como preso político. No dia seguinte à sua morte, o dissidente Guillermo Fariñas também iniciou um jejum para exigir a libertação dos presos políticos. Após 135 dias sem comer, durante os quais foi hospitalizado várias vezes, Fariñas conseguiu dobrar a resistência do governo. Ele suspendeu o jejum após o anúncio de um acordo, mediado pela Espanha e a Igreja Católica, para libertação do chamado Grupo dos 75. O acordo começou a ser cumprido no dia 12 de julho, quando um primeiro grupo de sete presos políticos deixou Havana com destino a Madri. Os demais seriam libertados num prazo de quatro meses.

Ainda no início de 2010, a Anistia Internacional havia divulgado nota defendendo a libertação de todos os "presos de consciência" cubanos. "As leis cubanas impõem limites inaceitáveis ao direito às liberdades de expressão, de associação e de reunião", dizia a nota da Anistia.

A intolerância do regime com qualquer opinião contrária se manifestou desde os primeiros tempos da revolução. Entre as principais vítimas dessa política está um dos maiores nomes da literatura cubana, Guillermo Cabrera Infante. O escritor, que havia apoiado a revolução, logo sofreu os efeitos da censura e chegou a ser detido por quatro meses antes de partir para o exílio, primeiro na Espanha, depois na Inglaterra, onde veio a falecer, em 2005. Autor de *Três tristes tigres*, *Havana para um infante defunto* e *Vista do amanhecer no trópico*, Cabrera Infante percebeu que não poderia mais viver em seu país após o famoso discurso de Castro, de 30 de junho de 1961, intitulado "Palavras aos intelectuais", quando pronunciou a célebre frase: "Dentro da revolução, tudo; contra a revolução, nada." A obra *Três tristes tigres*, um relato bem-humorado da vida de três jovens na Havana de 1958, foi qualificada pelo regime de "contrarrevolucionária". Por causa dela, Cabrera Infante foi expulso da União de Escritores Cubanos e tachado de "traidor".

DE IRMÃO PARA IRMÃO

Em julho de 2006, quando se aproximavam os cinquenta anos da Revolução, Fidel Castro adoeceu gravemente e transferiu o poder, interinamente, ao irmão Raúl, como numa monarquia. Em fevereiro de 2008, Fidel anunciou a renúncia definitiva, embora tenha se atribuído o papel de guardião da nação, à qual passou a ditar normas por meio de editoriais no jornal *Granma*.

A chegada de Raúl ao poder trouxe algumas mudanças. Numa tentativa de aumentar a produção agrícola, o governo passou a distribuir títulos de terras para exploração semiautônoma, ou seja, os produtores não teriam de vender toda a colheita ao Estado. Eles foram autorizados a ficar com uma parte para consumo e outra para vender livremente. Mesmo assim, o racionamento de comida, com as pequenas cotas de açúcar, sal, farinha e outros produtos básicos, continuou fazendo parte do dia a dia da população. Raúl afirmou que os cubanos deveriam se preparar para um "socialismo realista" e tocou num ponto sensível para a população: disse que a igualdade de direitos e de oportunidades não deveria significar igualdade de renda, abrindo caminho para que as pessoas mais preparadas ganhem mais do que as outras, o que desmonta um dos mais antigos princípios da Revolução.

O governo também permitiu a venda à população de computadores e telefones celulares, além do acesso aos hotéis situados à beira-mar, apesar do reduzido número de cubanos com poder aquisitivo para tanto. Esses produtos ou serviços só poderiam ser obtidos com os chamados *pesos convertibles*, moeda paralela cotada até vinte vezes mais do que o peso cubano.

No caso dos computadores, as pessoas comuns podiam comprá-los, mas sem acesso à internet. Essa janela para o mundo permanecia fechada para os cubanos e mantida como um privilégio para funcionários públicos de alto escalão, diplomatas e estrangeiros a serviço no país.

Ao completar 50 anos, em janeiro de 2009, a Revolução Cubana se defrontou com um inimigo nunca imaginado. Para um regime habituado ao controle total da imprensa, a explosão dos meios digitais acabou se transformando numa dor de cabeça. Como impor o controle sobre sites, blogs, twitter, e-mails, portais de relacionamento, enfim, tudo que faz parte do universo digital?

Foi nesse universo que se destacou a figura de Yoani Sánchez, criadora do *Generación Y*, um blog que conquistou milhões de leitores em todo o mundo, embora poucos de seus compatriotas possam acompanhá-lo, diante das restrições ao uso da internet. O título foi escolhido para lembrar os milhares de cubanos que receberam nomes começando com a letra Y, como Yuri e a própria autora, marca dos tempos de maior influência do antigo império soviético. Com muita coragem, ela desafiou as restrições impostas pelo regime, com a missão de retratar o dia a dia da população, sem as amarras da imprensa oficial. O esforço lhe rendeu dois dos mais importantes prêmios do jornalismo internacional, na categoria digital: o Ortega y Gasset e o Maria-Moors Cabot, concedidos, respectivamente, pelo jornal *El País*, da Espanha, e pela Universidade de Columbia, dos Estados Unidos. No entanto, ela não pôde recebê-los pessoalmente, porque o governo lhe negou autorização para sair do país. Da mesma forma, não pôde comparecer ao lançamento de seu livro *De Cuba, com carinho* no Brasil.

Nesse livro, publicado em diversos países, ela reproduz parte do material divulgado no blog desde 2007. Nos textos, pode-se constatar a distância entre a realidade e o que é publicado pelos jornais do governo, seja dos tempos atuais seja do que ficou gravado na memória. Por exemplo, o tempo da fome mais aguda, após o desmoronamento da União Soviética, quando a situação econômica da ilha se agravou. Naquela época, a mãe a mandava dormir mais cedo para tentar enganar o estômago. Ela também se lembra dos bifes de casca de grapefruit e do picadinho de casca de banana. Yoani denuncia as proibições às viagens ao exterior, os problemas da educação e da saúde, esta tão elogiada em alguns países, mas defasada pelos avanços tecnológicos na medicina. Conta, ainda, as dificuldades para manter o blog, sem acesso à internet, o que a obrigava a passar por turista para utilizar os computadores dos hotéis.

Na primeira semana de março de 2009, quando o assunto principal era a destituição do vice-presidente do Conselho de Ministros, Carlos Lage, e do chanceler, Felipe Pérez Roque — defenestrados ao serem flagrados ironizando o regime e os irmãos Castro num churrasco de fim de semana —, o que mereceu reduzido espaço na imprensa local, a preocupação de muitas mulheres cubanas era com outro assunto não mencionado nos meios de comunicação: a falta de absorventes higiênicos. Como sempre ocorreu com outros produtos, o racionamento também incluiu esse, levando as mulheres a rasgarem lençóis e fronhas nos ciclos menstruais.

Em novembro de 2009, policiais cubanos interceptaram Yoani na rua e a forçaram a entrar num carro. Ela foi espancada, sofreu vários ferimentos, que a obrigaram a andar de muletas por alguns dias, ouviu ameaças e, mais tarde, foi abandonada na periferia de Havana. Apesar dos riscos, Yoani prometia manter a luta. O objetivo, dizia, era contribuir para que seu filho adolescente, quando adulto, pudesse viver num país livre.

UMA LUTA SEM FIM

Durante séculos, os cubanos sofreram com o domínio espanhol, iniciado em 1514 por Diego Velásquez. O conquistador chegou à ilha em 1511, mas levou três anos para impor seu domínio, depois de dizimar uma grande parcela da população indígena. Cristóvão Colombo havia passado por lá em outubro de 1492.

No fim do século XIX, em 1895, sob a liderança do herói nacional, José Marti, os cubanos se lançaram na guerra pela independência contra os espanhóis. Marti morreu em combate naquele ano. Os Estados Unidos entraram na guerra contra a Espanha, sob o pretexto de ajudar os cubanos a se libertar do domínio estrangeiro, mas na verdade estavam de olho no controle de Cuba e de outras colônias espanholas no Caribe, entre elas Porto Rico. A desculpa para os Estados Unidos entrarem na guerra foi a explosão que destruiu o encouraçado *Maine*, em 15 de fevereiro de 1898, matando 258 marinheiros norte-americanos. O navio estava ancorado no Porto de Havana. A explosão foi atribuída aos espanhóis, mas investigações feitas muito mais tarde por especialistas da Marinha norte-americana indicaram que se tratou de um acidente, embora nunca tenha sido descartada totalmente a hipótese de sabotagem. Na época, prevaleceu a versão que culpava os espanhóis e atendia à expectativa daqueles que pretendiam envolver os Estados Unidos no conflito. Entre eles estava o milionário norte-americano William Randolph Hearst, dono do *New York Journal*, que, para vender jornais, procurava incitar os ânimos inventando supostas atrocidades cometidas pelos espanhóis contra os cubanos. Hearst mandou um ilustrador para Cuba a fim de reproduzir cenas da guerra em desenhos. Quando o artista pediu para retornar aos Estados Unidos, alegando que o conflito estava muito morno e não havia batalhas a reproduzir, Hearst respondeu com a seguinte frase: "Mande os desenhos que a guerra eu faço daqui."*

Os norte-americanos ajudaram a expulsar os espanhóis, mas a um preço muito alto para os cubanos. Ocuparam Guantánamo, em 1898, onde instalaram uma base aérea e naval e, após o conflito, governaram a ilha de 1899 a 1902. Ao sair, deixaram uma mácula na Constituição cubana, a Emenda Platt, que dava aos norte-americanos o "direito" de intervir em Cuba sempre que os interesses dos Estados Unidos na ilha fossem contrariados. Em 20 de maio de 1902, os norte-americanos entregaram o poder ao presidente Estrada Palma, que havia sido eleito em dezembro de 1901, representando o Partido Republicano. As eleições foram marcadas por denúncias de cor-

---

* As peripécias de William Randolph Hearst à frente de seu império jornalístico podem ser lidas em Philip Knightley, *A primeira vítima*, Rio de Janeiro, Nova Fronteira, 1978; e em W.A. Swanberg, *Citizen Hearst*, 1961, cujo título lembra o filme *Cidadão Kane*, de Orson Welles, (1941) que retrata o magnata da imprensa ficcionalmente.

rupção, como seriam todas as demais nas décadas seguintes. Em 1905, Estrada se reelegeu e a oposição liberal se rebelou. Estrada recorreu à Emenda Platt e pediu a intervenção militar dos Estados Unidos. Essa não seria a única vez que os fuzileiros navais iriam desembarcar na ilha nos anos da chamada Primeira República. Eles voltariam em 1912, 1917 e 1921. Ao longo das três primeiras décadas, liberais e conservadores iriam se revezar no poder, em regimes mergulhados na corrupção e cada qual tentando tirar melhor proveito da presença militar norte-americana, até a eleição de Gerardo "O Açougueiro" Machado, em 1924, e, mais tarde, a ascensão do sargento Fulgêncio Batista.

PANAMÁ

[...] Todo o dinheiro gerado pelo tráfico, pelos sequestros e assassinatos era depositado em bancos do Panamá, estimulando a corrupção ligada às drogas e ao tráfico de armas.
Trecho de um depoimento de Floyd Carlton Cáceres, ex-piloto de Omar Torrijos e Manuel Noriega, a um subcomitê do Senado americano, encarregado de investigar o tráfico de drogas para os Estados Unidos

Não gosto do comunismo porque esse regime substitui a riqueza por cartões de racionamento.
General Omar Torrijos,
ditador do Panamá entre 1968 e 1981

A QUESTÃO ESTRATÉGICA

O corpo decapitado do médico Hugo Spadafora, adversário político do ditador panamenho Manuel Noriega, foi encontrado perto da fronteira entre Panamá e Costa Rica, em 16 de setembro de 1985. Três dias antes, ele havia deixado sua casa no lado costarriquenho e prometido retornar ao Panamá para divulgar provas do envolvimento de Noriega com o tráfico de drogas e armas. Retirado à força de um ônibus num posto de controle fronteiriço, Spadafora foi levado por agentes das forças de segurança panamenhas. Passou por três guarnições militares, onde foi torturado durante dois dias e decapitado. A cabeça foi enterrada no terreno do quartel de Concepción, a uma pequena distância da fronteira entre os dois países. O corpo foi colocado numa caixa do correio norte-americano, transportado numa camionete e jogado num terreno baldio no lado costarriquenho. Testemunhas disseram aos parentes que viram Spadafora ser retirado do ônibus por policiais panamenhos. A necrópsia feita na Costa Rica revelou sinais de espancamento, choques elétricos e sodomização com um objeto que, segundo os legistas, assemelhava-se a um bastão de beisebol.

Esse era o Panamá da era Noriega, ditador entre 1983 e 1989. Apesar de todas as denúncias, o general jamais permitiu qualquer investigação sobre o crime nos quatro anos em que ainda se manteve no poder após o assassinato. Ativista político que chegou a lutar ao lado dos sandinistas contra a ditadura de Anastácio Somoza, na Nicarágua, Spadafora era um combatente incansável contra a ditadura de Noriega. Seus antigos companheiros nessa batalha tinham sido presos, mortos ou desistido diante de ameaças. O caso Spadafora é apenas um exemplo da violência política que atormentou o Panamá desde que o país se tornou independente da Colômbia, em 1903. E Noriega — um tipo atarracado, com o rosto cheio de buracos, que lhe valeu o apelido de *cara de piña* (abacaxi) — foi apenas um entre os ditadores que se apoderaram do governo ao longo do século passado. Aliado dos Estados Unidos, Noriega chegou a trabalhar para a CIA, nos tempos de oficial da Guarda Nacional e quando chefiou o serviço secreto panamenho. Em 1983, tomou o poder e passou a utilizar os meios de que dispunha para, segundo apurou um subcomitê do Senado norte-americano, enriquecer com o tráfico de drogas para os Estados Unidos.*

Em outubro de 1984, Noriega permitiu a realização das primeiras eleições presidenciais em 16 anos. Quando os primeiros resultados apontavam a vitória do ex-presidente Arnulfo Arías por ampla margem, Noriega ordenou a suspensão da contagem de votos. Ao ser retomada a apuração, o candidato do governo, Nicolas Barletta, passou à dianteira e acabou vencendo por 1.700 votos. Em poucas horas, uma vantagem estimada de 50 mil votos para Arías simplesmente desapareceu. Barletta tomou posse, mas ficou apenas 11 meses no governo. Noriega tinha ciú-

---

* Um relato das atividades de Noriega e outros ditadores panamenhos pode ser lido em R.M. Koster e Guillermo Sánchez, *In the Time of the Tyrants*, Nova York-Londres, Norton & Company, 1978; ou Frederick Kempe, *Divorcing the Dictator: America's Bungled Affair with Noriega*, Nova York, I.B. Tauris, 1990.

mes de seu relacionamento com as figuras mais influentes do governo norte-americano.

Durante visita a Nova York, em 1985, um repórter perguntou a Barletta se o assassinato do médico Hugo Spadafora ficaria impune. O presidente prometeu investigar. Ao retornar ao Panamá, foi deposto por Noriega, que o substituiu pelo vice-presidente, Eric Arturo Delvalle.

O reinado de Noriega terminou em 20 de dezembro de 1989, quando fuzileiros navais norte-americanos desembarcaram no Panamá com a missão de capturá-lo. Ele conseguiu fugir e pediu asilo à Nunciatura Apostólica. As forças norte-americanas ocuparam a área e mantiveram um cerco ao prédio da Embaixada do Vaticano durante dias. Nesse período, alto-falantes instalados pelos *marines* emitiam um som ensurdecedor, intercalando músicas panamenhas com apelos para que Noriega se rendesse. O barulho era tanto que levou o núncio apostólico a pedir a intervenção do Vaticano junto à Casa Branca. Foi feito, então, um acordo, e Noriega se entregou aos fuzileiros norte-americanos. Levado para Miami, foi julgado e condenado, em 1992, a 40 anos de prisão por tráfico de cocaína, chantagem e lavagem de dinheiro. Ele passou a cumprir a pena numa prisão federal da Flórida e, em 1999, a sentença foi reduzida para trinta anos. Em setembro de 2008, houve outra redução da pena para dezessete anos e a Justiça considerou cumprida a sentença. Mas um processo de extradição para a França, onde era acusado de lavagem de dinheiro, impediu a libertação imediata. A Justiça francesa chegou a condenar Noriega a dez anos de prisão, à revelia, mas decidiu, mais tarde, permitir um novo julgamento. De acordo com a acusação, Noriega depositara cerca de 5,2 milhões de dólares (em 2010), obtidos com o tráfico de drogas, em bancos franceses. Em janeiro de 2010, a Corte Suprema dos Estados Unidos decidiu que ele deveria ser extraditado para a França, onde foi condenado a sete anos de prisão.

Após a deposição de Noriega, os Estados Unidos empossaram o presidente Guilhermo Endara, eleito em maio de 1989, no fim do mandato de Eric Arturo Delvalle, que havia sido impedido de tomar posse.

Muitas informações que levaram à captura e condenação de Noriega foram obtidas por um subcomitê do Senado norte-americano encarregado de investigar o tráfico de drogas para os Estados Unidos. Uma das testemunhas aceitou revelar o que sabia em troca de redução da pena e da proteção da Justiça norte-americana. Era Floyd Carlton Cáceres, ex-piloto dos generais Omar Torrijos e Manuel Noriega. Em 10 de fevereiro de 1988, em resposta a uma pergunta feita pelo senador John Kerry, um dos integrantes do subcomitê, Carlton afirmou: "Os problemas do Panamá resultam dos golpes militares, principalmente após 1968. Foram estabelecidos laços com o tráfico de drogas. Todo o dinheiro gerado pelo tráfico, pelos sequestros e assassinatos era depositado em bancos do Panamá, estimulando a corrupção, o tráfico e o comércio de armas."

GEOGRAFIA E POLÍTICA

A posição estratégica do território, que permitiu a construção do canal unindo Atlântico e Pacífico, provocou a frequente intervenção das grandes potências na região, desde o tempo em que o Panamá ainda pertencia à Colômbia. A companhia francesa que iniciou as obras do canal foi acusada de fraude e acabou falindo. À frente da empreitada estava o francês Ferdinand de Lesseps, então uma celebridade por conta da construção do Canal de Suez, que ele havia liderado. Em 1879, Lesseps, aos 74 anos, organizou em Paris um congresso internacional para reunir investidores interessados em apostar na construção do Canal do Panamá. Em 1880, foram dados os passos iniciais para a obra, mas oito anos depois os trabalhos tinham avançado muito pouco e acabaram sendo interrompidos. Houve denúncias de corrupção e desvio de grandes fortunas dos investidores. Em 1889, a Justiça francesa condenou Lesseps e seu filho, Charles, por gestão fraudulenta. Lesseps escapou da cadeia por conta da idade avançada e algumas doenças, mas Charles cumpriu um ano de prisão. O escândalo ocupou as primeiras páginas dos jornais da época durante muito tempo e a palavra panamá chegou a ser usada como sinônimo de negociata — neste caso uma negociata na América Latina, não promovida por latino-americanos.

Após dois anos de interrupção, outra companhia, também francesa, deu prosseguimento às obras, até a venda dos direitos de exploração para os Estados Unidos, em 1902. Franceses e norte-americanos assinaram um acordo de arrendamento perpétuo da área do canal aos Estados Unidos. O governo colombiano havia concordado, a princípio, com o tratado, mas o texto não foi ratificado pelo Senado da Colômbia. Decidido a construir o canal de qualquer maneira, o presidente norte-americano, Theodore Roosevelt, passou a incentivar o movimento separatista panamenho. Nos bastidores, estimulando e financiando os rebeldes, também atuava o representante da companhia francesa que estava vendendo os direitos aos americanos, Philippe Bunau-Varilla.

Em outubro de 1903, uma junta integrada por José Agustín Arango, advogado da empresa norte-americana Panama Railroad Company, Manuel Amador Guerrero e Carlos Arosemena declarou independência e assumiu o poder. A Marinha americana tomou posições em vários pontos do Caribe, para impedir qualquer reação da Colômbia, e os Estados Unidos reconheceram o novo governo em 6 de novembro de 1903.

O texto da declaração de independência foi redigido numa suíte do Hotel Waldorf Astoria, em Nova York, por Bunau-Varilla. Coube a ele, também, escrever um esboço da Constituição e desenhar a bandeira do novo país. Durante todo o período que antecedeu a venda dos direitos do canal e o breve movimento separatista, em 1903, Bunau-Varilla atuou como representante do Panamá nos Estados Unidos. Terminadas as negociações, ele embolsou a parte que lhe cabia — os norte-americanos pagaram 40 milhões de dólares (aproximadamente 90 milhões em 2010) pelos direitos distribuídos entre os franceses e o novo governo panamenho — e nunca mais pisou no Panamá. Voltou para a França, onde levou uma vida de milionário até morrer, em 1940.

O interesse estratégico no Panamá levou os Estados Unidos a tratar o país como uma espécie de protetorado por mais de meio século. Além de instalar bases militares em território panamenho e de influir abertamente na escolha dos governantes, os Estados Unidos chegaram a propor — antes do início da Segunda Guerra — que algumas áreas do Panamá deveriam ser cedidas ao controle norte-americano por 999 anos. Essa proposta provocou intensas reações entre os panamenhos, incluindo o apedrejamento da Embaixada norte-americana, e não chegou a ser aprovada.

Em 15 de agosto de 1914, o primeiro navio fez uma travessia completa do canal. A obra, que se estendeu por mais de três décadas, com várias paralisações, custou a vida de mais de 20 mil trabalhadores, vitimados pela malária, febre amarela, varíola, disenteria e pelo tifo.

A administração da via interoceânica e da chamada Zona do Canal pelos Estados Unidos durou mais de oito décadas, até a entrega do controle ao Panamá, em 31 de dezembro de 1999. A transferência se deve a um acordo assinado em 1977 pelo presidente Jimmy Carter com o general Omar Torrijos. O acordo inclui uma cláusula que permite a intervenção militar no país, "a qualquer momento, se a segurança nacional dos Estados Unidos for ameaçada".

Torrijos chegara ao poder em 1968, após um golpe militar que derrubou o governo do presidente Arnulfo Arías. Eleito em maio de 1968, Arías só tomou posse em 1º de outubro e ocupou a cadeira presidencial por apenas dez dias. Ao assumir, cometeu dois pecados imperdoáveis para a época: exigiu a entrega do controle do canal aos panamenhos e tentou mudar o comando da Guarda Nacional, para nomear oficiais de sua confiança.

Após a queda do presidente, a primeira junta militar durou três meses no poder. Em dezembro, assumiu outra junta, liderada pelo coronel Omar Torrijos e pelo major Boris Martinez. Mas logo Torrijos se livrou de Martinez, despachando-o para o exterior, assumiu o comando da Guarda Nacional e se autopromoveu a general. Torrijos nunca se declarou presidente. Dirigiu o país, entre 1968 e 1981, intitulando-se Líder Máximo da Revolução Panamenha. Não se preocupava em esconder sua condição de ditador e gostava de repetir que chefiava uma "ditadura com coração". Ordenou o fechamento do Legislativo, proibiu toda atividade política e estabeleceu a censura à imprensa. Assumiu o controle dos jornais da família de Arías, o presidente deposto, e transformou o jornal mais antigo do país, *La Estrella de Panamá*, em porta-voz do regime.

Em 1972, Torrijos resolveu dar uma aparência de legalidade ao governo. Convocou eleições para uma assembleia constituinte, mas os candidatos eram previamente escolhidos por ele. A assembleia aprovou uma nova Constituição, que garantia todos os poderes ao comando da Guarda Nacional, e elegeu um presidente fantoche, Demetrios Lakas, para um mandato de seis anos.

Embora ditador assumido, Torrijos conquistou a simpatia de boa parte do povo panamenho. De porte atlético, trajando ternos de linho branco ou uniformes militares, acompanhados de um chapéu no estilo *ranger*, era sorridente e gostava de disparar frases de impacto, escolhidas de acordo com a plateia. "Não gosto do comunismo porque substitui a riqueza por cartões de racionamento" era uma delas. Tinha orgulho de dizer que era o único homem que conseguia ser amigo, ao mesmo tempo, de John Wayne e Fidel Castro. Costumava exagerar na bebida e, no dia da assinatura do Tratado do Panamá, estava tão embriagado que chegou a discursar com a voz pastosa. Sua popularidade vinha também dos discursos que fazia contra a minoria branca panamenha, descendente dos espanhóis, que sempre dominou o comércio e as exportações. Com uma imprensa controlada, a população só via um lado do governo: os discursos em tom populista e os programas assistencialistas.

Poucas pessoas no país sabiam que líderes sindicais e estudantis eram levados para a prisão de La Coíba, uma ilha perto da costa panamenha, onde eram submetidos a torturas. O dirigente esquerdista Floyd Britton, de acordo com relatos de outros presos, foi espancado até a morte em novembro de 1969. Em 1971, o padre católico Héctor Gallego foi sequestrado pelas forças de segurança e desapareceu.

Em 1978, sob pressão do presidente Carter — mais uma vez Carter —, Torrijos prometeu realizar reformas políticas para liberalizar o regime e transferir o poder a um governo eleito. Enquanto negociava com Carter, o general obrigou a assembleia a eleger seu aliado Aristides Royo para a presidência, com um mandato de seis anos.

Torrijos morreu quando o avião em que viajava com outros integrantes do governo explodiu, em 1981. A hipótese de que uma bomba tenha sido colocada no avião nunca foi descartada e as suspeitas recaíram sobre a CIA e seu aliado, o coronel Manuel Noriega. De acordo com essa versão, Noriega teria convencido seus amigos na CIA de que Torrijos estaria tramando uma guinada do regime para a esquerda. Outras versões indicam que ele teria contrariado interesses dos antigos controladores do canal ao assinar o acordo com Carter.

Após a morte de Torrijos, o comandante da Guarda Nacional, Florêncio Flores Aguilar, foi o primeiro a assumir a chefia do governo, mas logo foi substituído por Rubén Darío Paredes. Quem dava as cartas, nos bastidores, era o coronel Noriega, que logo se promoveu a general e, em seguida, assumiu o comando da Força de Defesa do Panamá, como passou a se chamar a Guarda Nacional. Em 1983, Noriega tomou de vez o poder, que controlou até 1989.

Em maio de 1994, no fim do mandato de Guillermo Endara, foram realizadas as primeiras eleições gerais após a invasão norte-americana. O vencedor foi o economista Ernesto Pérez Balladares, à frente de uma aliança que incluía, entre outros, o Partido Revolucionário Democrático, fundado por Omar Torrijos, que representou a situação durante o regime de Noriega.

Nas eleições de 1999, Mireya Moscoso, viúva do ex-presidente Arnulfo Arías, derrotou Martín Torrijos, filho do general Omar Torrijos. Coube a Mireya a missão de assinar a ratificação do tratado que transferiu o controle do canal ao Panamá e foi durante seu governo, em 2000, que o país assumiu o comando das operações.

Apesar da grande expectativa despertada por ter sido a primeira mulher eleita para o cargo, Mireya terminou o mandato de cinco anos sob pesadas denúncias de corrupção. Em setembro de 2004, os panamenhos elegeram o filho de Omar Torrijos, Martín Torrijos, para um mandato de cinco anos.

Apesar das promessas de fazer um governo voltado para a maioria da população, no fim de cinco anos de governo Martín Torrijos tinha pouco a apresentar. Após a transferência do controle do canal, a renda com as taxas de navegação saltou de 14 milhões de dólares ao ano, pagos pelos Estados Unidos, para cerca de 400 milhões de dólares. Lentamente, esses ingressos começaram a se refletir na melhoria do padrão de vida dos 3,3 milhões de panamenhos, mas, ao se completar a primeira década do novo século, cerca de 40% da população ainda vivia abaixo da linha de pobreza.

Diante desse quadro, não foi surpresa que os panamenhos tenham se deixado seduzir pelas promessas de um candidato conservador, da oposição, o milionário Ricardo Martinelli — que fez fortuna com uma rede de supermercados —, eleito em 3 de maio de 2009 para um mandato de cinco anos, com 60% dos votos. A candidata apoiada por Martín Torrijos, Balbina Herrera, obteve apenas 37%. Martinelli foi modesto em suas promessas: pretendia gerar empregos, aumentar o valor da cesta básica e combater a corrupção.

TIPOS CARIBENHOS

Entre a galeria de tipos que ocuparam o poder no Panamá no século passado, um dos destaques é José António *Chichí* Remón,* que mandava no país

---
* *Chichí* é uma forma carinhosa de tratar as crianças.

na condição de chefe da polícia nacional. A partir de 1947, nomeou e derrubou quatro presidentes em quatro anos. Mais tarde, entendeu que não precisava de intermediários e decidiu se candidatar. Venceu as eleições de 1952, sob denúncias de fraude escancarada. Três anos depois, em janeiro de 1955, foi vítima de atentado enquanto assistia a corridas de cavalo na capital panamenha. As rajadas de metralhadora, disparadas por um único pistoleiro, deixaram o corpo todo perfurado e mataram mais três integrantes do governo.

A trama do atentado parece tirada de um roteiro de cinema. O assassino era um advogado, Ruben Miró, que havia perdido no carteado a fortuna herdada pela mulher. Conforme ele próprio contou à polícia, a maneira mais prática e rápida de recuperar o dinheiro seria tornar-se ministro dos Negócios e da Justiça, cargo que lhe abriria as portas da fortuna. Para isso, precisava livrar-se de *Chichí* Remón e empossar na presidência seu amigo, o vice-presidente José Ramón Guizado. Rico empreiteiro, Guizado não estava satisfeito com a parte que lhe cabia nas obras públicas e achava que poderia faturar muito mais se tomasse o poder. O acordo foi fechado e Miró encomendou uma metralhadora, que comprou por 150 dólares (1,2 mil dólares em 2010). Após o atentado, a filha de um policial comentou com o pai que o namorado dela havia vendido uma metralhadora a um advogado poucos dias antes. Detido, o rapaz apontou Miró, que nem sequer resistiu à prisão: contou tudo e ainda revelou a participação de Guizado na trama. O vice-presidente também foi preso, embora por pouco tempo, e o governo foi entregue ao segundo vice-presidente, Ricardo Arías.

EQUADOR

Quero declarar minha total falta de ambição pelo poder.
José María Velasco Ibarra, que ocupou por cinco vezes a presidência do Equador

A HERANÇA DO POPULISMO

Durou apenas 11 meses a primeira das cinco passagens de José Maria Velasco Ibarra pela presidência do Equador. Eleito em setembro de 1934, ele revelou aspirações ditatoriais logo nos primeiros meses de governo. Fechou o Congresso e mandou prender os representantes da oposição. Antes que prosseguisse nessa trilha, foi deposto por um golpe militar. Velasco Ibarra havia liderado a oposição ao governo do ex-presidente Juan de Dios Martínez Mera, seu antecessor, a quem acusava de fraude eleitoral. Na condição de presidente da Câmara dos Deputados, Velasco se dedicou à tarefa de inviabilizar o governo de Martínez. Retardava as votações, comandava a aprovação de moções de censura aos ministros e incitava os protestos de rua. Na época, costumava dizer que não tinha planos de assumir a presidência. "Quero declarar minha total falta de ambição pelo poder" era a frase que repetia com insistência na Câmara.

Ao se lançar candidato, Velasco adotou um discurso populista. Formado em Direito, magro, calvo, adorava fazer longos discursos, nos quais prometia governar para todos os equatorianos e combater as desigualdades. Assim que assumiu, mostrou que estava mais preocupado em centralizar todos os poderes em suas mãos. Após o golpe de 1935, os militares instalaram na presidência o ex-senador Federico Paez para chefiar um governo provisório que acabou se estendendo por dois anos. Em setembro de 1937, Paez foi afastado e substituído pelo ministro da Defesa, general Alberto Enríquez Gallo, que renunciou após um ano no poder. Seguiram-se cinco presidentes interinos, em meio a um clima de instabilidade política e militar, até a eleição de Carlos Alberto Arroyo Del Rio, em janeiro de 1940. O segundo colocado era Velasco, que acusou Arroyo de vencer à custa de fraude. Apesar disso, Arroyo conseguiu permanecer quase quatro anos no poder, graças à ajuda econômica dos Estados Unidos, como compensação pelas contribuições do Equador no esforço de guerra dos Aliados.

Foi durante o governo de Arroyo que ocorreu a guerra fronteiriça com o Peru, entre 5 e 31 de julho de 1941. Tropas peruanas invadiram o território equatoriano, após uma série de conflitos isolados na fronteira e o fracasso nas negociações iniciadas três anos antes. Embora os combates tenham cessado em poucas semanas, a ocupação pelas tropas do Peru só terminou em janeiro de 1942, quando foi assinado o Tratado do Rio de Janeiro, que estabelecia a paz e um novo traçado fronteiriço. Pelos termos do tratado, o Equador renunciou à reivindicação de uma faixa territorial de 200 mil quilômetros quadrados. Logo após a assinatura, o governo equatoriano deu sinais de arrependimento por ter aceitado os termos do acordo. A oposição acusava Arroyo de não ter defendido a "honra nacional" e desencadeou uma campanha que iria levar a um levante militar contra o governo. Por trás da campanha, estava Velasco Ibarra. Enfraquecido, Arroyo renunciou em 1944, poucos antes do fim de seu mandato.

Velasco foi eleito, pela segunda vez, após uma campanha em que prometia a "ressurreição nacional", justiça social e punição da "corrupta oligarquia liberal". No discurso de posse, em 31 de maio de 1944, disse que os equatorianos estavam testemunhando o nascimento de uma revolução popular. Um de seus primeiros atos foi mandar prender os partidários de Arroyo. Também se voltou contra empresários e políticos conservadores, aos quais atribuía a maior parte dos males do país. Em maio de 1945, um ano após a posse, Velasco entrou em conflito com o Parlamento e começou a substituir a base, inicialmente composta pela esquerda, pelos conservadores. Mais um ano se passou e a base do governo já era assegurada pela direita que ele tanto criticara ao assumir o governo. O Congresso redigiu uma nova

Constituição, ao gosto do presidente, que lhe dava amplos poderes e tinha um caráter autoritário.

Após três anos de governo, Velasco não apenas deixou de cumprir as promessas de melhoria da situação das camadas mais pobres da população como mergulhou o país numa crise econômica por conta dos enormes gastos com uma máquina estatal ineficiente e investimentos improdutivos. A crise provocou a alta da inflação e a escassez de alimentos, o que levou a uma onda de descontentamento popular que se refletiu nos quartéis. Velasco foi deposto pela segunda vez por um golpe militar, em agosto de 1947. O desgaste era tanto que não se ouviram vozes em defesa do governo no Parlamento ou nas ruas. Nos 12 meses seguintes, o país teve três governos provisórios, até a eleição de Galo Plaza, à frente de uma coalizão de centro-esquerda. Galo Plaza tomou posse em setembro de 1948, iniciando um período de estabilidade constitucional.

Plaza tinha um perfil diferenciado da maioria dos políticos equatorianos. Filho do ex-presidente Leónidas Plaza Gutiérrez (1901-1905; 1912-1916), estudou em universidades norte-americanas e foi embaixador em Washington. Lançou um programa de desenvolvimento econômico e convidou especialistas estrangeiros para elaborar sugestões de reformas. Mas todas as sugestões, principalmente aquelas voltadas para a racionalização e o enxugamento da máquina administrativa do governo, foram barradas pelo Legislativo. Apesar disso, o governo conseguiu controlar a inflação e equilibrar as contas do país. Uma das grandes contribuições de Plaza foi seu apego aos princípios democráticos e à liberdade de imprensa. Políticos de todas as correntes podiam se manifestar, inclusive para criticar o governo, sem medo de ir parar na cadeia. Entre suas metas, Plaza anunciou que pretendia permanecer no poder até o último dia do mandato e transferir a presidência a um sucessor eleito democraticamente, o que não acontecia no Equador desde 1924.

Em 1952, Plaza conseguiu atingir seu objetivo e o sucessor foi, mais uma vez, Velasco Ibarra, eleito para o terceiro mandato. Com uma retórica radical, ele acusava Plaza de ser "um lacaio do imperialismo". No fim do governo de Plaza, os cofres do Tesouro estavam cheios, graças à política econômica do governo e ao aumento nas exportações. Velasco aproveitou para investir em obras de grande visibilidade, como pontes, viadutos e monumentos. Dessa vez, lembrou-se de agradar aos militares, que o haviam deposto duas vezes: liberou grandes verbas para a compra de armamentos e concedeu aumentos nos soldos.

Velasco procurou vincular o período de prosperidade à sua imagem e criou para ele mesmo o título de representante da Personificação Nacional. Decidido a não dividir com ninguém o capital político do período de esbanjamento econômico, passou a perseguir os próprios companheiros de partido. Uma das primeiras vítimas foi Carlos Guevara Moreno, líder da Concentração de Forças Populares (CFP), a coalizão de partidos pela qual ele se candidatara. Guevara Moreno foi deportado. Outros integrantes da coalizão foram presos ou convidados a deixar o país.

Mais uma vez, Velasco repetiu o esquema anterior. Elegeu-se com base numa coalizão de partidos de esquerda, depois afastou-se deles, buscando apoio parlamentar entre os conservadores ou até da extrema-direita, como a Ação Revolucionária Nacionalista Equatoriana (Arne), que incluía simpatizantes do fascismo. Nas manifestações de rua, os militantes da Arne agiam como tropa de choque do governo, para agredir estudantes, sindicalistas e a imprensa.

CIÚMES E TRAIÇÕES

As eleições de 1956 foram marcadas por denúncias de fraude. O eleito para a presidência era um ex-ministro de Velasco Ibarra, Camilo Ponce Enríquez, candidato do Movimento Social Cristão. Embora tenha apoiado inicialmente a eleição de Ponce, Velasco parecia enciumado com o fato de um ex-integrante de seu gabinete chegar ao cargo de presidente. Logo ele assumiu a liderança da oposição ao ex-aliado. Prejudicado pela queda nos preços das exportações, uma crise econômica interna e o aumento do desemprego, o governo de Ponce foi uma presa fácil para o discurso de Velasco. À custa do massacre verbal contra seu ex-ministro, o velho caudilho iria se eleger pela quarta vez, em 1960. Ponce estava tão indignado com os ataques desfechados por Velasco durante a campanha que renunciou um dia antes do término do mandato para não ter de participar da cerimônia de transmissão do cargo. No discurso de posse, Velasco denunciou o Tratado do Rio, de 1942, e reabriu, oficialmente, o conflito fronteiriço com o Peru, além de criticar os patrocinadores do acordo, Brasil, Argentina, Chile e Estados Unidos. Apesar da crise, Velasco acenava com promessas de rápida melhoria nas condições de vida da população.

No Congresso, o novo governo deveria se apoiar numa coalizão que incluía conservadores, moderados, socialistas e até comunistas radicais. Esses grupos logo entraram em disputa pelos melhores cargos no governo. A coalizão se rompeu em julho de 1961 e o vice-presidente, Carlos Julio Arosemena Monroy, presidente da Câmara dos Deputados e ex-aliado de Velasco, assumiu a liderança da oposição à esquerda do governo.

Com o agravamento da crise econômica, o governo recorreu ao aumento de impostos. O reajuste nas taxas e as promessas não cumpridas levaram a uma série de greves e protestos em várias cidades. Na tentativa de controlar a crise, Velasco mandou prender opositores, entre eles o vice-presidente Arosemena. Convencidos de que Velasco mais uma vez iria tentar assumir poderes ditatoriais, os militares o derrubaram pela terceira vez, em 8 de novembro de 1961, quatorze meses após a posse. O vice-presidente Arosemena, o sucessor constitucional, assumiu o poder.

Embora tido por alguns setores como um perigoso comunista e simpatizante de Cuba e da antiga União Soviética, Arosemena formou um gabinete integrado por liberais e conservadores. A recusa de Arosemena de romper relações com Cuba, como pretendiam os Estados Unidos e também os conservadores equatorianos, provocou uma nova crise interna. Em março de 1962, uma ala do Exército se rebelou e forçou o presidente a romper não apenas com Cuba, mas também com a Polônia e a antiga Tchecoslováquia. Com a imagem bastante desgastada, Arosemena recolheu-se ao palácio, onde passava parte do tempo embriagado. Nas poucas vezes em que participou de cerimônias oficiais, chegou a se apresentar completamente alcoolizado, a ponto de precisar da ajuda de assessores para se manter de pé. O surgimento de um pequeno movimento guerrilheiro e ataques terroristas da extrema-direita serviram para acelerar a queda do governo. Em 11 julho de 1963, Arosemena foi deposto por um golpe militar.

Um triunvirato assumiu o poder e advertiu que o país não iria retornar a um quadro constitucional antes que fossem feitas as reformas econômicas prometidas e não cumpridas pelos governos anteriores. O fracasso na adoção dessas reformas tinha contribuído para estimular a frustração das camadas mais pobres da população, que ficavam "expostas à ilusão do comunismo", segundo os militares. Líderes de partidos de esquerda foram presos ou forçados a partir para o exílio. Dificuldades econômicas, provocadas principalmente pela queda nas exportações de banana, voltaram a criar um cenário de dificuldades, agravado por uma onda de protestos de trabalhadores e estudantes. Na tentativa de controlar a situação, a junta militar ordenou a invasão da Universidade Central de Quito, em 29 de março de 1966. Houve choques entre a polícia e estudantes e dezenas de jovens ficaram feridos.

O desgaste para o governo foi imediato. No dia seguinte ao ataque à universidade, em 30 de março de 1966, a junta militar renunciou e devolveu o poder aos civis. O ex-ministro da Economia, Clemente Yerovi Indaburu, empresário do setor bananeiro, assumiu o governo interinamente. Em outubro, uma assembleia constituinte elegeu Otto Arosemena Gómez — primo do ex-presidente Carlos Julio — como presidente provisório. A assembleia promulgou uma nova Constituição e convocou eleições para junho de 1968. Mais uma vez, os equatorianos se deixaram seduzir pelo discurso populista de Velasco Ibarra, então com 75 anos. Era a quinta vez que ele chegava ao poder, mas com apenas um terço dos votos, em meio a uma disputa que envolveu cinco candidatos. A divisão se refletiu nas duas casas do Congresso, nas quais o governo não conseguiu garantir maioria. Novamente iria se repetir a cena na qual o próprio Velasco havia sido ator principal ou coadjuvante em outros tempos. O vice-presidente Jorge Zavala Baquerizo, ex-companheiro de chapa, voltou-se contra ele e passou a liderar a oposição. Uma onda de instabilidade cercava o governo, incluindo a troca constante de ministros. Gastos oficiais exagerados e descontrole da máquina administrativa intensificaram a crise.

Velasco fechou o Congresso e a Suprema Corte. Em seguida, baixou uma série de decretos com medidas econômicas impopulares. Desvalorizou a moeda (sucre), criou impostos e aumentou os já existentes. Impôs um controle ao câmbio e aumentou as tarifas de importação. Para um país que produzia bananas, café e cacau e dependia da importação da maioria dos produtos alimentícios, a decisão era um remédio amargo demais. A instabilidade interna coincidiu com a retomada de um conflito externo, iniciado em 1963, quando o Equador apreendeu o primeiro barco pesqueiro norte-americano que operava dentro do limite marítimo de 200 milhas territoriais. Entre 1963 e 1971, 28 navios pesqueiros dos Estados Unidos foram apreendidos em águas equatorianas, como parte da chamada Guerra do Atum. Em 1971, Velasco ordenou a expulsão de diplomatas norte-americanos e, em represália, os Estados Unidos suspenderam a ajuda militar e econômica ao país. Apesar da impopularidade do governo, Velasco Ibarra mantinha-se no poder graças ao apoio de uma ala do Exército, liderada por seu sobrinho e ministro da Defesa, general Jorge Acosta Velasco.

UM PASSO EM FALSO E A QUEDA

Em abril de 1971, Velasco Ibarra e o sobrinho tentaram afastar comandantes militares que não demonstravam simpatia pelo governo. Houve resistência e quem acabou caindo foi o próprio Acosta. Sem o apoio do sobrinho, Velasco ficou exposto aos humores do Alto-Comando.

O candidato apontado como favorito nas eleições previstas para 1972 era Assad Bucaram, um ex-camelô que conseguira se eleger duas vezes prefeito de Guayaquil, a cidade mais próspera do país. Bucaram era visto com reservas pelos militares, que o achavam corrupto e oportunista e se perguntavam o que ele poderia fazer com os milhões de dólares que o país estava perto de receber graças às concessões para exploração de petróleo.

Em 15 de fevereiro de 1972, quatro meses antes das eleições, os militares derrubaram Velasco Ibarra pela quarta vez. Ele foi despachado para seu último exílio e substituído por um triunvirato chefiado pelo general Guillermo Rodríguez Lara. Na onda de repressão que se seguiu, dezenas de dirigentes políticos foram parar na cadeia.

O governo militar lançou um programa de investimentos em infraestrutura, que incluía projetos de eletrificação, construção civil e rodovias. Em 1972, foi fundada a Corporação Estatal Petrolífera Equatoriana, para cuidar da exploração das reservas petrolíferas, e no ano seguinte o país entrou para a Organização dos Países Exportadores de Petróleo (Opep). O petróleo se tornou a principal fonte de divisas do país, deixando para trás os tempos de banana, café e cacau. Mas os enormes recursos gerados não seriam aplicados para promover o desenvolvimento. O governo liberou as importações, aumentou os gastos internos e os investimentos improdutivos. Dois anos depois, o país entrou em crise econômica, com inflação em alta e desvalorização dos salários. Na tentativa de contornar a crise, o governo baixou um imposto de 60% sobre os produtos importados. A crise se agravou e alcançou o campo político.

Uma frustrada rebelião contra o governo, em setembro de 1975, custou a vida de 22 pessoas. Na segunda tentativa, em 11 de janeiro de 1976, Rodríguez Lara foi deposto e substituído por outra junta militar. A tarefa principal da junta, segundo o anúncio oficial, era preparar o país para a volta ao regime constitucional. Apesar desse compromisso, isso só aconteceu quase quatro anos após o golpe. Durante esse tempo, os militares tentaram impedir a vitória de duas forças políticas que eles não toleravam: a esquerda com tempero populista ligada a Velasco Ibarra, de um lado, e Assad Bucaram, que tinha um discurso de direita ou esquerda, dependendo da plateia.

ACIDENTE SUSPEITO

Em 15 de janeiro de 1978, os equatorianos aprovaram uma nova Constituição, em plebiscito. Em seguida, foi convocada a eleição presidencial para 16 de julho. Os militares impediram a candidatura de Bucaram, ameaçando-o com processos por corrupção. Ele foi substituído por seu braço direito, Jaime Roldos, que venceu com 27% no primeiro turno. Em segundo, ficou o representante de uma coalizão de partidos direitistas, Sixto Duran Ballén, com 24%. O segundo turno só foi realizado nove meses depois, em 29 de abril de 1979. Apesar das manobras da junta militar, o vencedor foi Jaime Roldos, que obteve 68% dos votos.

Nos três meses que antecederam a posse, o país viveu uma intensa onda de instabilidade. Roldos só assumiu graças às pressões feitas pelo presidente Jimmy Carter, dos Estados Unidos. Ele tomou posse em 10 de agosto, depois de concordar com uma série de exigências dos militares, que não abriam mão da escolha do novo ministro da Defesa e dos principais cargos nas empresas estatais, especialmente no setor petrolífero. Também não iriam permitir investigações sobre denúncias de violações dos direitos humanos pela ditadura.

No curto período em que esteve no poder, o governo de Roldos foi marcado pela disputa entre os partidos que o impediam de governar. A campanha mais virulenta foi desfechada por seu ex-aliado Assad Bucaram, que conseguiu se eleger para o Legislativo e se tornou presidente do Congresso unicameral. A princípio, Bucaram tentou transformar Roldos em marionete. Rechaçado, passou a se dedicar em tempo integral a impedir a aprovação dos projetos do governo.

Depois de um ano de batalhas políticas no Parlamento, Roldos conseguiu formar uma nova coalizão e eleger outro presidente para o Congresso. Mas não teve tempo para garantir a aprovação das reformas que defendia. Morreu num acidente, quando o avião em que viajava caiu, em 24 de maio de 1981, no sul do país, matando ele, a mulher e outros integrantes do governo.

A morte de Roldos deixou muitas dúvidas. Além dos militares que não o queriam no poder e da corrente liderada por Bucaram, existiam outros suspeitos. O avião caiu na região da fronteira com o Peru, onde quatro meses antes as duas nações haviam travado novos conflitos como parte da eterna disputa fronteiriça. A hipótese de que o aparelho tenha sido derrubado nunca foi descartada.

Com a morte de Roldos, assumiu o vice-presidente, Osvaldo Hurtado, que se deparou com uma grave crise econômica, provocada pelo fim do *boom* do petróleo. Os governos anteriores, incluindo os militares e o próprio Roldos, haviam feito grandes empréstimos no exterior, confiando nos ingressos com o petróleo. Mas a queda nas exportações no início da década de 1980 levou o país a uma situação crítica, com o aumento na dívida externa e um desequilíbrio nos gastos do governo. O ano de 1983 marcou o recorde de inflação no país: 52,5%.

Para enfrentar a crise, o governo recorreu a medidas impopulares, por conta de um acordo com o FMI: eliminou os subsídios dos produtos da cesta básica e desvalorizou a moeda. O desemprego em alta e as medidas de austeridade acabaram provocando uma onda de descontentamento que alcançou os governos seguintes. Em 1984, os equatorianos elegeram o empresário conservador Leon Febres Cordero, do Partido Social Cristão; em 1988, o social-democrata Rodrigo Borja; em 1992, Sixto Durán Ballén, que representava uma coalizão de centro-esquerda. Todos enfrentaram problemas com inflação, desemprego e dívida externa em alta, além das eternas questões sociais.

BUCARAM, *EL LOCO*

Após uma campanha repleta de promessas de difícil realização, o populista Abdalá Bucaram, sobrinho do ex-presidente do Congresso Assad Bucaram, foi eleito para a presidência do Equador, em 1996. Com menos de um ano no poder, foi afastado, em 6 de fevereiro de 1997, depois que o Congresso aprovou moção declarando sua "incapacidade mental" para o exercício da presidência. Entre outras denúncias, era acusado de insanidade, corrupção e comportamento inadequado para um chefe de Estado. Essa última acusação era a tradução, na linguagem oficial, para as festas que dava no palácio, nas quais costumava se embriagar e ser visto na companhia de mulheres contratadas por seus assessores. Bucaram admitia que gostava de beber, cantar e tocar guitarra. Chegou a gravar um disco com baladas românticas e rock e a se apresentar em programas de auditório na televisão. Ele sabia que seu apelido era *El Loco*. Costumava repetir que era mesmo um louco, *pero el loco que ama*.

Na época em que foi chefe de polícia de Guayaquil, Bucaram sobrinho ficou conhecido por mandar prender prostitutas e homossexuais. Além de seu tio Assad, Abdalá teve outro padrinho político. Sua irmã, Marta, era casada com o ex-presidente Jaime Roldos, o que lhe valeu outro apelido, "O Grande Cunhado", uma referência às portas que abria e aos negócios que facilitava. Nos poucos meses em que permaneceu no poder como presidente, nomeou irmãos, primos e cunhados para cargos no governo. Todos foram acusados de desvio de verbas públicas. Funcionários do palácio disseram ter visto assessores de Bucaram enchendo malas com pacotes de dólares antes de ele deixar o país. Bucaram exilou-se no Panamá, de onde tentou retomar a presidência, mas acabou sendo condenado pela Corte Suprema a dois anos de prisão, que nunca cumpriu.

TRÊS PRESIDENTES

Entre 6 e 7 de fevereiro de 1997, o Equador teve três presidentes. Bucaram, que foi afastado mas se recusava a deixar o palácio; a vice-presidente Rosália Arteaga, que reivindicava o cargo por direito constitucional; e o presidente do Congresso, Fabian Alarcón. Por entender que o afastamento de Bucaram deixava um "vazio constitucional", a maioria do Parlamento decidiu declarar Alarcón presidente interino com a missão de convocar novas eleições.

Alarcón ocupou a presidência até as eleições de 1998, que levaram ao poder o ex-prefeito de Quito, Jamil Mahuad, candidato da Democracia Popular. Mahuad não ficou nem dois anos no cargo. Foi obrigado a renunciar depois que um grupo militar, liderado pelo coronel Lucio Gutiérrez, organizou uma campanha contra o governo que incluía greves, protestos de rua e até a mobilização de populações indígenas. Gutiérrez tentou assumir o poder, mas o vice-presidente, Gustavo Noboa, tomou posse em janeiro de 2000 e cumpriu o mandato previsto até 2002.

Depois de ser processado por incitar a rebelião contra um governo constitucional, Lucio Gutiérrez foi eleito, em novembro de 2002, e tomou posse em janeiro do ano seguinte. Entre outras medidas controvertidas, Gutierréz tentou forçar a Justiça a anular a condenação, por corrupção, do ex-presidente Abdalá Bucaram. Embora no exílio, Bucaram tinha forte influência no Congresso, no qual Gutiérrez buscava maioria. Ao enfrentar resistência entre os juízes, assinou decreto ordenando o fechamento da Corte Suprema. A decisão provocou uma revolta popular, agravada pelo descontentamento com a inflação e a alta de preços dos alimentos. A revolta cresceu a tal ponto que Gutiérrez teve de abandonar o palácio de helicóptero, para não ser linchado por uma multidão que cercava o prédio. Deposto, em 20 de abril de 2005, pediu asilo na Embaixada do Brasil e, mais tarde, acabou se instalando na Colômbia. Meses depois, ao retornar ao Equador, foi preso e passou a responder a vários processos por corrupção. Após a fuga de Gutiérrez, o vice-presidente Alfredo Palacio assumiu o governo.

Palacio garantiu a realização das eleições de novembro de 2006, quando foi eleito Rafael Correa, com 56% dos votos. Correa tomou posse em 15 de janeiro de 2007, para cumprir o mandato até janeiro de 2011, prometendo conduzir o país ao "socialismo do século XXI", a exemplo de seu vizinho e mentor, Hugo Chávez, da Venezuela. Foi também de Chávez que copiou a ideia dos plebiscitos, que permitem mudanças constitucionais sem depender do Legislativo, um caminho mais fácil para a perpetuação no poder, principalmente quando apoiado no assistencialismo.

Após o primeiro ano de governo, Correa propôs a convocação de uma assembleia constituinte e, ao enfrentar resistência no Congresso, cassou o mandato de 57 deputados que votaram contra. Para o lugar deles, indicou suplentes escolhidos entre os aliados do governo. Em seguida, demitiu ministros da Corte Suprema que tentaram devolver o mandato aos deputados cassados. Correa também entrou em conflito com a imprensa equatoriana, que chamou de "corrupta, mentirosa e medíocre", depois que um comunicado da Associação dos Editores de Jornais denunciou pressões do governo contra os meios de comunicação. Em 28 de setembro de 2008, os equatorianos aprovaram em plebiscito o texto da nova Constituição, que zerou todos os mandatos eletivos. Em 26 de abril de 2009, Correa foi reeleito para um novo mandato até 2013, com direito a uma nova reeleição. Em 2011, em mais uma demonstração de intolerância contra a liberdade de imprensa, Rafael Correa decidiu processar o jornalista Emílio Palácio e os proprietários do jornal *El Universo*, exigindo indenização de 40 milhões de dólares. O alto valor da indenização indicava uma tentativa de quebrar o jornal. Esse foi o terceiro processo de Correa contra o periódico, que sempre tentou denunciar as tendências autoritárias do regime.

Em 1º de março de 2008, tropas militares da Colômbia atacaram um acampamento das Forças Armadas Revolucionárias da Colômbia (Farc), no território do Equador, matando o segundo homem na hierarquia do grupo guerrilheiro, Raul Reyes, e mais 24 pessoas. A guerrilha utilizava o território equatoriano como refúgio e base de operações para os ataques e sequestros praticados no lado colombiano. A operação desencadeou um conflito diplomático entre os dois países, envolvendo também a Venezuela, que saiu em apoio ao Equador e chegou a mobilizar tropas na fronteira.

GOLPES, CAUDILHOS E FRAUDES

Depois de se libertar do domínio espanhol, em 1822, o território que mais tarde ganharia o nome de Equador e na época era conhecido como Quito foi integrado pelas forças de Simón Bolívar à chamada Grande Colômbia. A batalha final, que resultou na expulsão dos espanhóis, foi vencida pelo lugar-tenente de Bolívar, o general José de Sucre. Só em 1830, sob a liderança do general venezuelano Juan José Flores, o território conquistou a independência com o nome de Equador. Desiludido com o fim do sonho da Grande Colômbia, Bolívar declarou em seus últimos momentos: "A América é ingovernável. Aqueles que serviram à revolução semearam no mar." A afirmação parecia premonitória em relação aos mais de vinte golpes militares registrados na história do Equador, que levaram à transferência do poder pela força das armas.

O general Flores foi o homem-forte do Equador nos primeiros quinze anos após a independência. Governou diretamente nos primeiros cinco anos. Em seguida, escolheu o novo presidente, José Vicente Rocafuerte, mas dava as cartas nos bastidores, na condição de principal chefe militar. Rocafuerte seria lembrado por uma frase: "O passado do Equador torna necessário um despotismo esclarecido." No fim do mandato de Rocafuerte, em 1839, Flores retomou a chefia do governo. Quatro anos depois, convenceu o Congresso a redigir uma nova Constituição, que lhe garantia mais oito anos no poder. Em 1843, escapou de uma tentativa de assassinato. O agressor era um jovem estudante que, mais tarde, se tornaria bastante conhecido no país: Gabriel García Moreno.

A insistência de Flores em se perpetuar no poder acabou provocando uma revolta, em março de 1845, que forçou o ditador a abandonar o país. Nos 15 anos seguintes, empresários e militares se revezaram no governo, à custa de golpes ou eleições fraudulentas, até que o ex-estudante e então dirigente político Gabriel García Moreno liderou uma rebelião que o levou ao poder. Ao assumir a cadeira presidencial, que iria ocupar por 15 anos, García Moreno deixou de lado algumas ideias delirantes, entre elas a de transformar o Equador em protetorado da França. Com apenas um ano de governo, em 1861, impôs uma nova Constituição, de caráter autoritário, que centralizava o poder em suas mãos.

MACHADADAS

Conservador e católico fervoroso, García Moreno assinou, em 1863, um acordo com o Vaticano que dava amplos poderes à Igreja Católica no Equador, principalmente com respeito à educação. Seu fanatismo o levou a ordenar a substituição dos padres equatorianos por outros, estrangeiros, por acreditar que a Igreja equatoriana estava falhando em relação à disciplina e devoção. Embora fervoroso na crença, não costumava observar o princípio do perdão e o mandamento "Não matarás". Diante de uma rebelião contra o governo, em 1864, mandou matar a maioria dos rebeldes capturados e desencadeou uma violenta repressão contra os supostos inimigos do regime. Depois de anunciar que deixaria o poder em 1865, escolheu pessoalmente o sucessor. Não satisfeito, dois anos depois afastou o escolhido e impôs outro nome. Outros dois anos se passaram e, em 1869, depôs novamente o governante que havia indicado. Em seguida, obrigou o Legislativo, cuja maioria dos integrantes ele próprio havia nomeado, a aprovar outra Constituição, que lhe dava mais seis anos no poder e a possibilidade de reeleição ilimitada. Qualquer voz que se levantasse contra isso, dentro ou fora do Parlamento, seria silenciada pelas armas.

Em 1875, García Moreno completou o mandato de seis anos estabelecido pela nova Carta e preparava-se para iniciar outro. Mas sua trajetória foi interrompida de forma surpreendente. Ele foi morto a machadadas na escadaria do palácio presidencial, em Quito. O assassino, um colombiano, foi abatido a tiros pela guarda palaciana.

Após a morte de García Moreno, cinco presidentes ocuparam o poder nos últimos anos do século XIX, quase todos derrubados por golpes militares. Em 1895, o general José Eloy Alfaro Delgado tomou o poder, governou por seis anos e passou a faixa presidencial, em 1901, ao general Leónidas Plaza Gutiérrez, eleito para um mandato de quatro anos.

LINCHAMENTO

Plaza conseguiu eleger um sucessor, que mal chegou a esquentar a cadeira presidencial. Em 1906, eis que surge novamente em cena o general Alfaro, à frente de um golpe militar. Alfaro assumiu a presidência até ser deposto em 1911, ao se recusar a transferir o poder a Emilio Estrada, a quem ele próprio havia indicado como herdeiro. Estrada governou por apenas quatro meses e morreu de ataque cardíaco. A disputa que se seguiu pelo poder, entre partidários de Alfaro e Plaza, acabou provocando uma curta guerra civil. Alfaro assumiu o comando das tropas aquarteladas em Guayaquil, enquanto Plaza comandava suas forças a partir de Quito. Alfaro foi derrotado e preso. Levado para Quito, foi linchado em praça pública por uma multidão instigada pelas forças de Plaza.

Terminado o conflito, Plaza assumiu a chefia do governo, no qual ficou até 1916, e entregou o poder a um sucessor eleito, inaugurando uma série de governos constitucionais, entre 1916 e 1925. Esse período, dominado pela chamada *argolla* (anel), uma aliança entre banqueiros e grandes proprietários, ficou marcado pelas denúncias de corrupção. O predomínio dessa elite chegou a tal ponto que todos os candidatos a qualquer cargo político de importância — presidente, senador e deputado — precisavam ter um carimbo de aprovação do Banco do Comércio e Agricultura de Guayaquil, principal representante do grupo.*

Em 1931, um golpe de Estado derrubou o governo de Isidro Ayora, que havia sido colocado no poder pela *argolla*. No ano seguinte, a população elegeu Neptali Bonifaz Ascázubi, que deveria tomar posse em agosto de 1932. Dias antes, uma força paramilitar, financiada pela *argolla* e pelo Partido Liberal, impediu a posse e lançou uma violenta ofensiva contra os legalistas, que deixou dezenas de mortos e feridos. O comando do Exército equatoriano manteve as tropas nos quartéis, em lugar de tentar defender o presidente eleito. Outra eleição, realizada dois meses depois, garantiu a vitória, à custa de fraude, do candidato do Partido Liberal, Juan de Dios Martínez Mera. Mas o novo presidente iria enfrentar um adversário poderoso, que despontava para a vida política do Equador e iria impedi-lo de governar. Esse homem se chamava José María Velasco Ibarra.

---

* O historiador Oscar Efrén Reyes relata com detalhes esse período no livro *Breve historia general del Equador*, 1978.

HONDURAS

BANANAS, BÊNÇÃO OU CASTIGO?

Tiburcio Carías Andino chegou à presidência de Honduras pelo voto, em 1933, com apoio dos Estados Unidos. Agarrou-se ao poder por 16 anos e só o largou em 1949, depois de fazer o sucessor. Carías foi o dirigente hondurenho que permaneceu mais tempo no poder. Para isso, mudou a Constituição e criou um legislativo no qual os deputados eram pré-escolhidos e só aprovavam o que ele mandava. Quem discordasse era afastado e corria o risco de ser preso ou desaparecer.

Na primeira reeleição, Carías convocou uma assembleia constituinte, selecionou pessoalmente os candidatos e ditou o que deveria ser aprovado. A primeira providência foi eliminar o artigo que proibia a reeleição. A segunda ampliava o mandato presidencial de quatro para seis anos. A nova Carta restabelecia a pena de morte, reduzia os poderes do Legislativo e retirava o direito de voto das mulheres. Os eleitores sofriam tantas pressões — quase todos trabalhavam nas plantações de banana da norte-americana United Fruit — que votavam no governo por temer perder o emprego, como insinuava a propaganda oficial.

Com esses métodos, Carías assegurou sucessivos mandatos até 1949. Nas eleições de 1948, ele não se candidatou, mas indicou o representante do partido do governo: Juan Manuel Gálvez, ministro da Guerra e segundo homem do regime desde 1933. A oposição boicotou as eleições diante das evidências de fraude. O governo anunciou uma vitória "esmagadora" de Gálvez e ele tomou posse em janeiro de 1949.

Entre o fim do século XIX e a primeira metade do XX, Honduras era praticamente uma extensão dos domínios das companhias norte-americanas Standard Fruit, United Fruit e Cuyamel Fruit, pioneira no país. Essas empresas controlavam a produção de banana, as ferrovias e as exportações do único produto do país. Seus executivos ditavam as leis e escolhiam ou davam o carimbo de aprovação aos governantes, assim como faziam em outros países da América Central. Em 1924, os Estados Unidos invadiram Honduras, para proteger interesses norte-americanos, durante um período de instabilidade política interna. Pouco depois, a United Fruit comprou as concorrentes e passou a deter o monopólio da produção e exportação de bananas.

A exportação para o mercado norte-americano acabou marcando de forma triste a história dos países da América Central. Como essa era a única opção, os camponeses eram forçados a aceitar os baixos salários e as péssimas condições de trabalho. Os ditadores de plantão cuidavam para que os interesses das empresas não fossem ameaçados e para que não houvesse qualquer tipo de mobilização.

Em Honduras, quem tentasse mobilizar os trabalhadores contra as condições impostas certamente cairia nas garras de uma organização chamada Mancha Brava, grupo paramilitar que perseguia, ameaçava, sequestrava e matava quem tentasse sair em defesa dos camponeses.

Ao longo de todo o século XX, foram raros os governantes eleitos em Honduras e mais raros ainda aqueles que conseguiam concluir o mandato. A maioria tomou o poder pela força. Um deles foi o coronel Oswaldo López Arellano, que comandou um golpe militar e se proclamou presidente em 3 de outubro de 1963.

GUERRA DO FUTEBOL

Foi durante o regime do coronel Arellano que Honduras viveu um dos períodos mais absurdos de sua história: a chamada Guerra do Futebol, contra o vizinho El Salvador. Ao longo de 1968, o país enfrentava mais um de seus períodos de instabilidade política e econômica. Além dos problemas internos, milhares de refugiados de El Salvador tinham cruzado a fronteira para fugir da fome e dos conflitos militares. Não demorou muito para que o governo passasse a culpar os imigrantes salvadorenhos pelo desemprego e a desvalorização dos salários. Já que não conseguia resolver os problemas econômicos e sociais, era muito conveniente arranjar um bode expiatório.

As tensões aumentaram em 1969, quando as equipes de futebol dos dois países disputavam as eliminatórias para a Copa de Mundo de 1970, no México. Houve choques entre torcedores após o primeiro jogo, em Tegucigalpa, e a situação se agravou durante a segunda partida, em San Salvador. Torcedores hondurenhos foram agredidos e a bandeira de Honduras foi queimada. Em resposta, salvadorenhos residentes em Honduras passaram a ser alvo de agressões. Muitos foram mortos ou feridos. Outros começaram a cruzar a fronteira de volta a seu país. Em meio a um clima de histeria, acirrado por políticos oportunistas, Honduras rompeu relações com El Salvador.

Na manhã de 14 de julho de 1969, a Força Aérea de El Salvador bombardeou alvos em Honduras, enquanto o Exército lançou uma ofensiva em território hondurenho. Maior e mais bem equipado, o Exército de El Salvador forçou as tropas hondurenhas a recuarem quase 10 quilômetros além da fronteira. Em seguida, aviões hondurenhos bombardearam depósitos de combustíveis de El Salvador e cortaram as linhas de comunicação. As forças salvadorenhas em território inimigo ficaram sem combustíveis e suprimentos.

Um cessar-fogo só foi obtido a 18 de julho, graças à intervenção da Organização dos Estados Americanos (OEA), mas El Salvador resistiu durante semanas às pressões para a retirada de tropas. A guerra durou quatro dias, o suficiente para provocar a morte de dezenas de civis hondurenhos, enquanto outros perderam suas casas durante os bombardeios.

Na batalha nos gramados, a seleção de El Salvador acabou se classificando para a Copa no México, mas foi eliminada logo na primeira fase.

INSTABILIDADE

Depois de comandar uma ditadura por oito anos, Arellano permitiu a realização de eleições, em 1971. A vitória coube a Ramón Ernesto Cruz, candidato da oposição, que se equilibrou apenas um ano na cadeira presidencial.

Arellano não conseguiu ficar longe do poder. Mobilizou a tropa, depôs Cruz e reassumiu a presidência, mas por pouco tempo. Investigações feitas nos Estados Unidos sobre as atividades da United Fruit em Honduras revelaram que Arellano recebeu suborno de 1,25 milhão de dólares (5 milhões em 2010) para impedir a aprovação de leis que aumentavam os impostos sobre as atividades da empresa. O Exército se rebelou, o presidente foi deposto e substituído pelo coronel Juan Melgar Castro. Mais tarde revelou-se que ele ainda tinha uma segunda parcela a receber, de 1,25 milhão de dólares.

Em 1978, o chefe do Exército, general Policarpo Paz Garcia, tomou o poder e manteve, por três anos, um regime de linha dura. Finalmente, em 1981, ele foi substituído por um presidente eleito: Roberto Suazo Córdova, que assumiu em janeiro de 1982.

Ao longo de toda a década de 1980, o país enfrentou forte instabilidade política interna, provocada por grupos paramilitares e esquadrões da morte. Ao mesmo tempo, os Estados Unidos passaram a utilizar o território de Honduras como base para sustentar a rebelião contra o governo sandinista da Nicarágua. Cerca de 15 mil rebeldes nicaraguenses, conhecidos como "contras", se instalaram no lado hondurenho, de onde lançavam ataques contra alvos nicaraguenses. Os "contras" eram treinados e armados pelos Estados Unidos.

Honduras só veio a ter alguma estabilidade política a partir dos anos 1990 e na virada do século alcançou a marca de seis governos eleitos consecutivos. Essa relativa estabilidade foi alcançada, em grande parte, graças a um artigo da Constituição que proibia a reeleição de presidentes. Depois de décadas de governos corruptos, que sempre tentaram se perpetuar no poder, o Parlamento incluiu na Carta uma lei que não apenas vetava a reeleição como previa punições para governantes que insistissem nesse caminho. Foi o que acabou acontecendo com o presidente Manuel Zelaya. Eleito em 2005, ele ignorou o texto e tentou convocar um plebiscito para garantir mais um mandato. Por ordem da Corte Suprema, foi deposto e em seu lugar assumiu o presidente do Parlamento, Roberto Micheletti, como previa a legislação. Mas os militares que cumpriram a ordem do tribunal, em vez de manterem Zelaya à disposição da Justiça, acabaram despachando-o, ainda de pijamas, para a Costa Rica, em 28 de junho de 2009, o que acabou caracterizando um golpe. Zelaya retornou ao país, com apoio da Venezuela, e instalou-se na Embaixada do Brasil, de onde — contrariando as normas diplomáticas — tentou promover um levante popular que garantisse seu retorno ao poder. Não conseguiu. Então, tentou organizar um boicote às eleições marcadas para 29 de novembro de 2009. Também fracassou, e os hondurenhos acabaram elegendo o candidato do Partido Nacional, conservador, Porfírio Lobo, de oposição ao Partido Liberal, de Zelaya e Micheletti. Lobo tomou posse em 27 de janeiro de 2010. Na mesma data, Zelaya partiu para o exílio, inicialmente na República Dominicana.

EL SALVADOR

TERRA BANHADA EM SANGUE

O massacre aconteceu em 22 de janeiro de 1932. As tropas do Exército salvadorenho e da Guarda Nacional, apoiadas por milícias formadas pelos grandes fazendeiros, investiram contra os trabalhadores rurais que haviam se rebelado contra a miséria em que viviam. Em poucos dias, milhares de pessoas foram mortas a tiros, decapitadas ou pisoteadas por cavalos. Os líderes do movimento eram pendurados em árvores e enforcados. Na investida das tropas, não importava se os camponeses estavam ou não armados, se participavam do levante e se eram mulheres ou crianças. O número real nunca foi apurado. Historiadores calculam que o total de vítimas ficou entre 15 mil e 20 mil pessoas, mas há quem acredite que chegou a 30 mil.*

Na história de El Salvador, o episódio ficou conhecido como *La matanza* e seus efeitos sobre os camponeses perduraram durante décadas, tornando-os mais submissos às condições de indigência impostas pelos proprietários de terras. A história era contada de pai para filho, sempre com detalhes assustadores e como um exemplo de que ninguém deveria se rebelar contra as condições existentes no campo. Por trás do massacre estava a figura do ditador de plantão na época, general Maximiliano Hernández Martinez. Ele era odiado pelo povo, admirado pelos grandes fazendeiros e dono de uma ignorância monumental, que o levou a mandar acender lâmpadas coloridas

---

* O historiador Alastair White, no livro *El Salvador*, Nova York, Praeger, 1973, faz um relato do episódio, que inclui o cálculo do número de vítimas entre 15 mil e 20 mil pessoas. O assunto também foi tema para o livro de Thomas P. Anderson: *Matanza: El Salvador's Communist Revolt of 1932*, Lincoln, University of Nebraska Press, 1971.

nas ruas da capital, San Salvador, por acreditar que aquilo era suficiente para combater uma epidemia de varíola.

A revolta dos camponeses salvadorenhos começou com a decisão dos proprietários de terras de cortar os salários em mais de 50%. A depressão de 1929 devastou a economia salvadorenha. Na época, o país dependia de apenas um produto: o café. Os preços no mercado internacional despencaram, agravando a situação dos trabalhadores. Uma vez que as terras cultiváveis eram utilizadas para a produção de café, o país era obrigado a importar os demais produtos alimentícios, o que se tornou inviável após a depressão.

Em meio à crise econômica, explodiu outra de caráter político e institucional. Um golpe militar, em 1931, depôs o presidente eleito Arturo Araújo. O general Maximiliano Hernández Martínez tomou o poder, alegando que Araújo não estava preparado para enfrentar a situação. Para surpresa geral, Martínez (ele era conhecido pelo sobrenome materno, que nos países de língua espanhola fica no fim do nome, e não no meio) manteve as eleições municipais previstas para aquele ano e permitiu a participação de candidatos do Partido Comunista. Mas assim que foram divulgados os resultados, o general — um admirador confesso de Hitler e Mussolini — impediu que os candidatos da esquerda assumissem suas funções.

O corte nos salários e a decisão de Martínez de impedir a posse dos eleitos ajudaram a criar um clima de revolta, estimulado por grupos de orientação marxista. Movidos mais pela fome do que pela ideologia, os camponeses aceitaram a liderança dos movimentos de esquerda que prometiam um mundo melhor, no qual eles seriam donos das terras. Um desses líderes era Agustin Farabundo Martí, que havia passado pela Universidade de El Salvador, no qual teve acesso a teorias marxistas. Embora Martí tenha sido preso em 18 de janeiro de 1932, os preparativos para o levante popular prosseguiram. Armados com facões e porretes, os camponeses chegaram a ocupar algumas cidades. Foi então que se deu a matança.

Após o massacre, Martínez tornou-se um herói da extrema-direita salvadorenha e, nos anos 1970, seu nome foi dado a um dos esquadrões da morte que atuaram durante o período de maior violência política no país. O golpe de 1931 marcou o início de um período de regimes militares que iria se estender por mais de meio século. Em 1935, Martínez foi eleito para um mandato de quatro anos, em eleições marcadas pela fraude. O mesmo ocorreu em 1939, quando, além de nova reeleição, ele arrancou de um Legislativo dócil a ampliação do mandato para seis anos. Quando explodiu a Segunda Guerra, Martínez teve que engolir sua admiração por Hitler e Mussolini e foi forçado pelos Estados Unidos a aderir à causa dos Aliados, fornecendo café para as tropas. Do contrário, perderia a ajuda econômica norte-americana e o acesso ao mercado importador do país.

Em 1943, depois de dez anos no poder, Martínez não estava satisfeito e queria mais. Mas deu um passo em falso ao tentar aumentar o imposto sobre as exportações do café, o que despertou a ira dos produtores, que se juntaram aos militares insatisfeitos porque não puderam aderir à causa do Eixo e começaram a preparar um golpe. Quando Martínez anunciou que pretendia permanecer mais seis anos na presidência, foi deposto em maio de 1944.

Após a queda de Martínez, durante décadas o país enfrentou uma nova série de golpes de Estado ou trocas de governo feitas a partir de eleições fraudulentas. Nos anos 1960 e 1970, os sequestros e as execuções praticados pelos esquadrões da morte da extrema-direita criaram um clima de terror no país. A guerrilha esquerdista respondia com atentados a bomba e a tiros. Os personagens que se movimentavam nesse cenário eram militares apoiados pelos Estados Unidos: a ultradireita, que não gozava da simpatia de Washington; e a guerrilha esquerdista, dividida em vários grupos, como o Exército Revolucionário do Povo (ERP) e a Frente Farabundo Martí de Liberação Nacional (FMLN). Outros grupos menores se intitulavam maoistas e trotskistas.

A escalada de ataques de todos esses grupos desencadeou uma guerra civil, que se estendeu por doze anos (1980-1992). Em 24 de março de 1980, o arcebispo de San Salvador, monsenhor Oscar Romero, foi assassinado enquanto celebrava uma missa, em atentado atribuído à extrema-direita. Monsenhor Romero era um defensor do respeito aos direitos humanos e denunciava com frequência os sequestros e assassinatos.

O governo dos Estados Unidos só despertou para o grau de violência em El Salvador quando quatro freiras norte-americanas foram assassinadas, em 1980. O presidente Jimmy Carter suspendeu a ajuda militar e exigiu uma investigação sobre a morte das religiosas, também atribuída aos esquadrões da morte direitistas. Mas os comandantes militares salvadorenhos, alguns estreitamente ligados aos esquadrões, impediram a investigação.

Carter até tentou pressionar em favor da contenção da violência, mas estava em fim de mandato e logo seria substituído por Ronald Reagan, que não tinha assuntos como direitos humanos entre suas principais preocupações. Ao assumir a presidência, em janeiro de 1981, Reagan retomou a ajuda militar ao Exército salvadorenho, convencido de que esse era um ponto decisivo no combate ao comunismo na América Central.

Em março de 1984, em meio aos combates travados no campo e os atentados na cidade, foram realizadas eleições presidenciais, vencidas pelo democrata-cristão Napoleón Duarte, contestadas pela extrema-direita e boicotadas pela esquerda. Duarte era o candidato dos Estados Unidos. Nas eleições de 1989, a vitória coube ao candidato da Aliança Republicana Nacionalista (Arena), de extrema-direita, Alfredo Cristiani. A Arena tinha entre seus líderes o major Roberto D'Aubuisson, acusado de planejar os atentados praticados pela ultradireita.

Em 1991, representantes do governo de Cristiani e da FMLN iniciaram, no México, as negociações que iriam levar à assinatura do acordo de paz que pôs fim à guerra civil. Esse acordo foi assinado em 1º de janeiro de 1992, em Nova York. Terminava assim o conflito que deixou 70 mil mortos, 10 mil desaparecidos e um milhão de refugiados. Nas primeiras eleições realizadas após o fim da guerra civil, em março de 1994, a vitória coube ao candidato da Arena, Armando Calderón. Ele derrotou uma frente de esquerda, integrada entre outros grupos pela FMLN, que havia se transformado em partido político. Já sem a marca da direita radical, a Arena voltou a vencer as eleições presidenciais de 1999 e 2004. Nas eleições de 15 de março de 2009, o candidato de centro-esquerda Maurício Funes foi eleito presidente, à frente de uma coalizão liderada pela FMLN, acabando com vinte anos de hegemonia da direita no país.

BRASIL

Quem pratica a tortura se bestializa, sente prazer físico e psíquico tamanho que é capaz de torturar até as pessoas mais delicadas da própria família.
Palavras de um general, ditas ao ex-cardeal-arcebispo de São Paulo, dom Paulo Evaristo Arns, sobre as torturas praticadas durante o regime militar

Nosso mal foi ter durado tanto tempo.
Desabafo do ex-presidente Ernesto Geisel, em 1987, referindo-se à ditadura

TEMPO DE CONTRADIÇÕES

Os gritos das vítimas das torturas certamente ainda são ouvidos pelos sobreviventes. De um lado, estavam adversários do regime ou, seguindo o padrão das ditaduras da época, parentes dos procurados pela polícia, amigos e, em alguns casos, até vizinhos, sósias e homônimos. Havia, ainda, os supostos inimigos pegos ao acaso, como uma professora que dissesse em classe algo contra as autoridades do momento. Um aluno comentava com o pai, que, por sua vez, levava a informação a alguém ligado ao aparelho de segurança da ditadura. Era o bastante. Foi assim que muitos foram parar nos cárceres. Sem nunca terem militado, lido Marx ou pego em armas. Apenas por uma crítica banal.

Do outro lado, estavam os carrascos. Movidos a ódio e radicalismo, alimentados por ressentimentos e, quando policiais, habituados ao massacre impune de presos comuns. Muitos foram instruídos pela CIA em técnicas de tortura, aprendendo a infligir dor e arrancar confissões, mantendo o preso vivo enquanto interessava. A partir dos anos 1960, a Agência Central de Inteligência dos Estados Unidos espalhou seus especialistas em torturas pelos países do continente para ensinar a lidar com os presos políticos. Um desses mestres em tortura passou pelo Brasil e chamava-se Dan Mitrione.*

Os especialistas se preocupavam com técnicas para torturar sem deixar marcas. Os policiais pouco se importavam com isso. Em casos extremos, o mais importante era arranjar uma desculpa, ainda que pouco convincente, para explicar os supostos suicídios. As sessões de interrogatório se transformavam em rituais de socos, pontapés, choques elétricos e estupros. Presos nus, algemados, encapuzados ou amarrados em paus de arara eram submetidos a todo tipo de violência física e verbal. Os que não perdiam a consciência podiam ouvir as gargalhadas dos torturadores. Muitos devem ouvi-las até hoje.

O regime instalado em 1º de abril de 1964, após o golpe militar que derrubou o governo eleito de João Goulart, o Jango, anunciava ter vindo para salvar a democracia. O movimento se propunha a evitar a implantação de um regime comunista. Instalava-se uma ditadura para impedir a chegada de outra ditadura. E essa não seria a única grande contradição daqueles tempos.

Os dados levantados por grupos de defesa dos direitos humanos falam em 272 mortos, centenas de torturados e desaparecidos.** Mas os números jamais vão refletir a tristeza e a dor das vítimas e de seus parentes e amigos. Inicialmente repressiva no campo político, a ditadura instaurada em 1964 logo adotou as piores práticas dos regimes habituados a violar sistematicamente os direitos humanos. O ex-cardeal-arcebispo de São Paulo, dom Paulo Evaristo Arns, registrou a conversa com um general integrante do regime militar, cujo nome não foi revelado, que declarou: "Quem uma vez pratica a ação [a tortura] se transtorna diante do efeito da desmoralização infligida.

---

* Ver capítulo sobre o Uruguai.
** Uma descrição das torturas e dos abusos contra os direitos humanos durante o regime militar pode ser lida em *Brasil: nunca mais — Um relato para a História*, Petrópolis, Vozes, 1985. Trata-se de levantamento feito com base em processos da Justiça Militar e depoimentos de sobreviventes, com prefácio de dom Paulo Evaristo Arns. De acordo com relatório da Secretaria de Direitos Humanos publicado em 2007, sob o título *Direito à memória e à verdade*, foram 339 os casos de mortos e desaparecidos.

Quem repete a tortura se bestializa, sente prazer físico e psíquico tamanho que é capaz de torturar até as pessoas mais delicadas da própria família." Essa, sem dúvida, foi a pior herança do regime militar que dominou o país por duas décadas.

Os autores do golpe prometiam, a princípio, respeitar as instituições e colocar o país no caminho da redemocratização. Mas, aos poucos, acabaram cedendo às tentações da tirania. Primeiro, pela suspensão do Estado de direito e das liberdades fundamentais, entre elas a da livre expressão. Depois, partiram para a repressão e a eliminação dos opositores, pela prisão, pela morte ou pelo banimento político. Nessa trajetória, acabaram se juntando ao que de pior havia no aparelho policial, incluídas figuras ligadas aos esquadrões da morte. Instalações do Exército, da Marinha e da Aeronáutica, além da Polícia Civil, habituada a esses afazeres, se tornaram centros de tortura. As denominações eram muitas: Operação Bandeirantes (Oban); Destacamento de Operações de Informações — Centro de Operações de Defesa Interna (DOI-Codi); Centro de Informações do Exército (Ciex); Centro de Informações da Marinha (Cenimar); e Centro de Informações da Aeronáutica (Cisa), além das delegacias locais utilizadas para a repressão política em vários estados.

Oficiais das Forças Armadas, formados para servir à pátria, se integraram aos aparelhos de repressão e viraram gerentes dos porões onde os presos políticos eram eliminados sem direito à proteção do Estado ou a julgamento justo. Nas prisões ou nas ruas, as vítimas eram muitas. Entre os mais conhecidos, Rubens Paiva, frei Tito, Vladimir Herzog, Stuart e Zuzu Angel e Manoel Fiel Filho.

Mas os militares não tramaram o golpe sem o apoio dos civis. Muito antes, políticos e empresários percorriam os quartéis acenando com a ameaça do comunismo. O fato é que boa parte da classe política, da imprensa, do empresariado e da Igreja Católica, alguns deles financiados pela CIA, defendia o golpe.

As forças que se uniram para depor o governo de João Goulart eram heterogêneas. Entre os políticos predominavam aqueles mais interessados em encurtar o caminho para o poder. Entre os militares, uma ala acreditava na necessidade de livrar o país do comunismo e devolver o poder aos civis quanto antes. Esse grupo defendia a realização de eleições, primeiro em

1965, depois em 1966. Mas essa não era a intenção da direita radical, que mais tarde iria prevalecer e assumir o controle do governo.

Três governadores apoiaram abertamente a derrubada de Goulart: Carlos Lacerda, da Guanabara; Magalhães Pinto, de Minas Gerais; e Adhemar de Barros, de São Paulo. Todos pretendiam se candidatar à presidência nas eleições então previstas para 1965. Nos planos deles, os militares se livrariam de Goulart e manteriam o calendário eleitoral, quando eles esperavam disputar o poder. De quebra, afastariam um poderoso rival: Leonel Brizola, deputado, ex-governador do Rio Grande do Sul e cunhado de Goulart. Lacerda era o mais afoito. Sua metralhadora verbal fez mais estragos contra o governo Goulart do que as armas mobilizadas pelos militares.

Os conspiradores não aceitavam a implantação do programa de reforma agrária anunciado por Goulart, a nacionalização das refinarias e as mudanças na política externa, em direção à China, a Cuba e à União Soviética. Eram os tempos da Guerra Fria, e os Estados Unidos não iriam admitir que países do continente adotassem uma política externa independente. Para eles, bastava Cuba. Qualquer passo fora do alinhamento automático com Washington era considerado um desafio. Aos empresários, o que mais incomodava era a tentativa do governo de controlar as remessas de lucros para o exterior.

Outro fator decisivo para o golpe foi a politização nas Forças Armadas. Oficiais do Alto-Comando manifestavam enorme preocupação com os casos de quebra de hierarquia e indisciplina. Em 1963, ocorreu a rebelião dos suboficiais na Marinha e Aeronáutica, conhecida como Revolta dos Sargentos. Desencadeado a princípio com o objetivo de defender a candidatura de suboficiais a cargos no Legislativo, o que era proibido pela Constituição de 1946, então em vigor, o movimento passou a incluir inúmeras reivindicações. Havia até quem pretendesse pegar em armas para forçar o governo a aprovar as chamadas reformas de base, incluindo a agrária. O movimento resultou na prisão de centenas de cabos e sargentos e na condenação de dezenove deles à prisão.

Outra quebra de hierarquia foi a Revolta dos Marinheiros, iniciada em 25 de março de 1964. Cerca de 2 mil marinheiros, liderados por José Anselmo dos Santos, o Cabo Anselmo — que mais tarde se revelou um agente a serviço da ditadura —, se reuniram na sede do Sindicato dos Metalúrgicos do Rio de Janeiro para comemorar o aniversário da Associação dos Marinheiros e Fuzileiros Navais, entidade considerada ilegal. O ministro da Marinha, Silvio Mota, ordenou a prisão dos organizadores do encontro, mas eles resistiram e passaram a contar com o apoio do contra-almirante Cândido Aragão, conhecido como O Almirante Vermelho. Líderes sindicais, estudantes e políticos, entre eles Leonel Brizola, compareceram ao local para estimular a revolta. O ministro Mota pretendia ordenar a invasão do sindicato, mas foi impedido por Goulart. Mota renunciou e, após um acordo negociado pelo governo, os marinheiros abandonaram o prédio e foram detidos por poucas horas, até serem anistiados pelo presidente. O episódio agravou a crise nas Forças Armadas, oferecendo argumentos aos que defendiam a derrubada do governo.

Esses fatos foram se encadeando como se fizessem parte de um roteiro para o golpe. O auge da tensão ocorreu durante o chamado Comício da Central, que reuniu 150 mil pessoas nas imediações da principal estação ferroviária do Rio de Janeiro, em 13 de março de 1964, organizado como uma demonstração de força do governo. Jango falou para a multidão convocada pelas centrais sindicais, pelos partidos políticos, pelas associações de servidores públicos, estudantes e militares. No discurso de uma hora, reafirmou a intenção do governo de prosseguir com a nacionalização das refinarias de petróleo e a desapropriação de terras para início de um programa de reforma agrária.

Antes dele, falou Leonel Brizola, que praticamente defendeu um autogolpe, ao sugerir a criação de um governo que funcionasse à revelia do Congresso, com a participação direta do povo, via assembleia constituinte. Esse regime teria a participação de operários, camponeses e suboficiais das Forças Armadas. O discurso foi encarado, entre os adversários do governo, como uma espécie de sinal de alerta para o golpe. Ou seja, se era para haver um golpe, eles queriam sair na frente. Uma semana depois do Comício da Central, em 19 de março, foi realizada, em São Paulo, a Marcha da Família com Deus pela Liberdade, que teve apoio da Igreja Católica, da imprensa e também o envolvimento da CIA, como se revelou mais tarde. Os organizadores, entre eles o ex-governador Adhemar de Barros, procuravam levantar a opinião pública contra o governo e alertar para o "perigo comunista".

Esse era o lado dos que defendiam o golpe por temer a implantação de um regime de esquerda. No outro extremo estavam aqueles dispostos a pegar em armas justamente para levar o país a um regime comunista, tendo como modelo Cuba, a China e a União Soviética. Mais de dez organizações estiveram empenhadas nesse objetivo, ao longo de décadas, antes e depois do golpe militar. Várias delas com apoio de Havana, Pequim e Moscou.

Para muitos militares ainda estava viva na memória a lembrança da Intentona de 1935, a rebelião militar desencadeada pelo Partido Comunista do Brasil e liderada por Luiz Carlos Prestes. A geração de oficiais em postos de comando nos anos 1960 era formada em academias nas quais eram cultuados como heróis aqueles que resistiram ao levante de novembro de 1935 em Natal, Recife e no Rio de Janeiro. Esses oficiais viam com enorme preocupação os casos de indisciplina militar e politização das Forças Armadas e para eles era preciso agir antes que a esquerda tentasse novamente a tomada do poder pelas armas. No começo dos anos 1960, a ameaça não vinha mais do Partido Comunista do Brasil (PCB), que nessa época se chamava Partido Comunista Brasileiro. Em 1958, o PCB publicou a "Declaração de Março", na qual reconhecia que as "transformações" no Brasil poderiam ser alcançadas na legalidade, sem o recurso às armas. Portanto, naquela altura, o PCB já se recusava a participar da luta armada.

Depois que Nikita Khruschev fez o seu famoso discurso no XX Congresso do Partido Comunista soviético, em 25 de fevereiro de 1956, denunciando os crimes de Stalin, o movimento comunista no Brasil passou por uma grande transformação. Muitos dirigentes entendiam que não fazia sentido impor um regime que, para se sustentar no poder, precisava esmagar a população. As provas eram incontestáveis: mais de 20 milhões de mortos, entre as vítimas da coletivização forçada no campo e da repressão desencadeada por Stalin, que incluía a internação dos adversários políticos em clínicas psiquiátricas. Milhares de dissidentes eram enviados para locais isolados na Sibéria, onde morriam congelados ou sobreviviam em condições sub-humanas.*

Outros militantes já haviam se desiludido com o stalinismo ao se confirmarem os detalhes da morte de Leon Trotsky, exilado no México, mantidos

---

* Relatos desse período foram feitos pelo escritor Alexander Solzhenitsyn no livro *Arquipélago Gulag*.

durante longo tempo sob uma cortina de desconfiança erguida pelos stalinistas. O fato é que o espanhol Ramon Mercader, o visitante que, na tarde de 20 de agosto de 1940, entrou na casa de Trotsky na Cidade do México com a missão de matá-lo, era um agente da NKVD, a polícia secreta de Stalin. Trotsky foi morto pelas costas, com uma picareta de alpinismo que perfurou seu crânio. Mercader cumpriu pena de vinte anos no México, depois viajou para Havana e Moscou, onde recebeu homenagens da KGB, o serviço secreto soviético, que então havia mudado de nome. Era considerado um herói na União Soviética e foi sepultado com honras em Moscou. Essa era uma face oculta do stalinismo que muitos militantes se recusavam a aceitar. Como ocorreu com os massacres de 1956, na Hungria, e de 1968, na antiga Tchecoslováquia, quando os tanques soviéticos esmagaram o movimento pela democratização dos dois países, à custa de milhares de mortos. Para muitos seguidores dos partidos comunistas em todo o mundo, era preciso buscar o poder pela via democrática.

Essa não era a posição de alguns militantes comunistas no Brasil, que optaram por se manter fiéis ao stalinismo, entre eles João Amazonas, Pedro Pomar e Diógenes de Arruda Câmara. Expulsos do Comitê Central do PCB, eles acabaram fundando o Partido Comunista do Brasil (PCdoB) e mantiveram a opção pela luta armada.

Em outra frente, as Ligas Camponesas, lideradas por Francisco Julião, articulavam apoio da China e de Cuba para desencadear a luta armada no campo, como primeira etapa para levar a revolução comunista a todo o país. Julião discutiu o assunto em viagem à China, em 1961. Naquele mesmo ano, militantes das Ligas seguiram para Havana, para receber treinamento de guerrilha. Esse e outros grupos de esquerda sonhavam com uma revolução que seria lançada, inicialmente, em alguns países e, mais tarde, sob a liderança de Ernesto Che Guevara, deveria se estender a todo o continente.

O APOIO AMERICANO

A operação Brother Sam, organizada pela CIA e pelo Departamento de Estado para garantir apoio militar ao golpe contra o governo de João Goulart, começou com o deslocamento do porta-aviões Forrestal, acompanhado por quatro contratorpedeiros e pelo menos um submarino. A força naval foi despachada para o litoral de Santos e deveria fornecer apoio aos golpistas em caso de resistência. Numa avaliação equivocada da CIA e do embaixador dos Estados Unidos, Lincoln Gordon, o golpe seria sangrento e Jango teria apoio de forças leais ao governo, que iriam dificultar a tomada do poder. A operação era coordenada, no Brasil, pela embaixada americana e pelo escritório local da CIA. Dezenas de agentes do serviço secreto norte-americano se movimentavam entre Brasília, São Paulo, Rio de Janeiro e outras capitais, estabelecendo uma rede de informações entre civis e militares. À frente de toda a operação estava o coronel Vernon Walters, adido militar dos Estados Unidos e velho conhecido dos militares brasileiros que haviam servido na Itália durante a Segunda Guerra. O embaixador Gordon sabia de todos os detalhes dos preparativos para o golpe e transmitia informes diários a Washington. Outra frente, aberta a pedido do próprio Gordon, era a ponte aérea e naval que começou a ser montada nos dias que antecederam o golpe, a partir de Nova Jersey. Naquela cidade, foram estocadas armas e munições que seriam transportadas para o Brasil.

Em telegrama ao Departamento de Estado, datado de 27 de março de 1964, o embaixador Gordon recomendava que fossem tomadas "medidas para garantir a entrega clandestina de armas aos partidários de Castello Branco, em São Paulo". Gordon sugeria que as armas também poderiam ser transportadas por um submarino *unmarked* — ou seja, sem a bandeira norte-americana — e descarregadas durante a noite em pontos isolados do litoral de São Paulo, ao sul de Santos. Os locais escolhidos eram Iguape e Cananeia. O embaixador confirmou a atuação da CIA em operações encobertas para "estimular as forças de resistência". Essas ações incluíam apoio às manifestações de rua e incentivo aos líderes anticomunistas no Congresso, nas Forças Armadas, nos sindicatos, nas organizações estudantis, na Igreja e entre os empresários. Quatro dias antes do golpe, Gordon informou a Washington que talvez fosse necessária uma "modesta suplementação de fundos" para financiar outras operações encobertas, que não chegou a revelar quais eram.

Documentos oficiais confirmam que o serviço secreto norte-americano financiou a campanha de adversários do governo de João Goulart nas eleições municipais de 1962. Da mesma forma, a agência admite que, antes do golpe de 1964, distribuiu dinheiro para "movimentos sociais" que se mobilizavam contra Goulart. Transcrições de uma conversa ao telefone entre o presidente Lyndon B. Johnson e o subsecretário de Estado norte-americano George Ball, em 31 de março de 1964, revelam o grau de envolvimento do governo dos Estados Unidos. Quando Ball telefonou de Washington para o rancho de Johnson, no Texas, fazendo um resumo da situação no Brasil e alertando para a importância de garantir o êxito da operação, ou seja, a derrubada de Goulart, Johnson respondeu: "Eu colocaria nisso todos que têm imaginação e habilidade... McCone [o diretor da CIA, John McCone]... McNamara [o secretário de Defesa, Robert McNamara]." Na verdade, quando Ball fez esse contato com Johnson, a CIA e o Pentágono, comandado por McNamara, já haviam mobilizado um grande poder de fogo para a intervenção militar no Brasil. Um relatório da CIA alertava para a possibilidade de que a ação militar não terminasse rapidamente e fosse sangrenta. *"The revolution will not be resolved quickly and will be bloody"*, dizia um informe da agência, de 30 de março de 1964. Memorandos do embaixador Lincoln Gordon para o Departamento de Estado e a Casa Branca defendiam a intervenção direta de forças norte-americanas em apoio aos golpistas. Gordon via o risco de o Brasil cair nas garras do comunismo e se transformar em uma nova China: *"... our influence is to be brought to help avert a major disaster here, which might make Brazil the China of the 1960s"*.

O fato é que não houve resistência e as armas e a munição dos Estados Unidos não chegaram a ser utilizadas. Apesar da precipitação do general Olympio Mourão Filho, comandante militar de Minas Gerais, que pôs as tropas nas ruas em 31 de março de 1964, antes de receber sinal verde do comando da conspiração, o golpe foi um passeio. Em questão de horas estava tudo resolvido. Uns poucos oficiais isolados estavam dispostos a lutar, no Rio Grande do Sul, onde Brizola tentou organizar um movimento para se opor ao golpe. Mas a ordem do presidente João Goulart, transmitida pelo chefe da Casa Militar, general Argemiro de Assis Brasil, era para evitar derramamento de sangue. O governo caiu com enorme facilidade e Goulart fugiu para o Uruguai, pela fronteira com o Rio Grande do Sul, em 4 de abril de 1964, na companhia de Assis Brasil. O general iria pagar caro por essa lealdade. Ao retornar ao Brasil, foi preso e afastado do Exército, com a perda de todos os direitos, só recuperados com a anistia, quinze anos depois.

A ESQUERDA ARMADA

Após o golpe de 1964, diversos grupos pegaram em armas contra o regime Alguns deles caíram na mesma contradição que havia engolido os responsáveis pela derrubada de Goulart. Diziam que estavam lutando contra uma ditadura, mas o fato é que pretendiam trocar uma ditadura de direita por uma de esquerda. Entre os grupos que se organizaram para a guerrilha e enviaram militantes para treinar em Cuba estavam a Ação Libertadora Nacional (ALN), comandada por Carlos Marighella, que planejava uma ação revolucionária em todo o continente; o Movimento de Libertação Popular (Molipo), no qual atuou o ex-ministro José Dirceu, surgido a partir de uma dissidência da ALN; a Vanguarda Popular Revolucionária (VPR), que teve entre seus militantes o capitão Carlos Lamarca, desertor do Exército; a Vanguarda Armada Revolucionária (VAR-Palmares, homenagem ao Quilombo dos Palmares), fundada a partir de uma dissidência da VPR com integrantes de grupos regionais, principalmente de Minas Gerais; e o Movimento Revolucionário 8 de Outubro (MR-8), no qual também atuou Lamarca (a data refere-se a 8 de outubro de 1967, quando Guevara foi preso na Bolívia). A VAR-Palmares protagonizou, em 1969, o maior assalto já realizado por um grupo guerrilheiro no país. O grupo levou 2,5 milhões de dólares (15,8 milhões em 2010) de um cofre descoberto na casa de Ana Capriglione, apontada como amante do ex-governador de São Paulo, Adhemar de Barros, e conhecida pelo codinome de Dr. Rui. O dinheiro tinha origem desconhecida, o que reforçava as suspeitas sobre as atividades de Adhemar de Barros, a quem o embaixador Lincoln Gordon se referiu da seguinte forma em memorando enviado a Washington: "*He steals, but he is our friend.*" Ele rouba, mas é nosso amigo.*

Existiam, ainda, o Partido Comunista Brasileiro Revolucionário (PCBR); o Comando de Libertação Nacional (Colina); a Ação Popular (AP), movimento que se originou em meios católicos e universitários e chegou a controlar a União Nacional dos Estudantes (UNE); a Organização Revolucionária Marxista-Política Operária (Polop); e o Partido Operário Revolucionário Trotskista. A maioria desses grupos teve suas dissidências, o que eleva o to-

---

* O memorando que contém essa frase pode ser lido no National Archive, em Maryland, nos Estados Unidos.

tal de organizações engajadas na luta marxista a quase vinte. Todos sonhavam com a implantação de um regime comunista no país, uns poucos pela via pacífica, mas a maior parte pela força das armas. Seus planos de ação incluíam objetivos como estes: "Formação do Estado socialista, dirigido pelo Governo Revolucionário dos Trabalhadores, expressão da ditadura do proletariado." Ou ainda: "Constituir-se-á um governo de transição para a ditadura do proletariado e para a etapa socialista." A primeira proposta era da VAR-Palmares e a segunda do PCdoB-Ala Vermelha. Ao longo dos anos 1970, esses grupos foram desmantelados pela repressão desencadeada pelo regime militar. Marighella, que à frente da ALN foi um dos mais atuantes chefes da guerrilha urbana, morreu durante cerco policial comandado pelo delegado Sergio Fleury, figura-chave da repressão, em 4 de novembro de 1969, em São Paulo.

Além dos sequestros, assaltos a bancos e quartéis, os grupos armados tentaram lançar dois focos de guerrilha no campo: o primeiro na Serra de Caparaó, em Minas Gerais, organizado pelo Movimento Nacional Revolucionário (MNR), que chegou a receber apoio financeiro de Cuba e tinha, entre seus mentores, o ex-governador Leonel Brizola. O grupo se inspirava na Revolução Cubana e acreditava que seria possível repetir no Brasil a experiência de Fidel Castro, iniciando uma guerrilha no campo, para depois ocupar as cidades. Esse grupo foi dizimado em 1967, com apenas um ano de atividade. Mais tarde, o PCdoB lançou a Guerrilha do Araguaia, que se estendeu entre 1972 e 1975 e teve apenas algumas dezenas de combatentes, entre eles o homem trinta anos mais tarde seria o presidente do Partido dos Trabalhadores (PT), José Genoíno, capturado pelo Exército em 1972.

Documentos publicados pelo jornal *O Estado de S. Paulo* em junho de 2009 revelam que o Exército executou 41 guerrilheiros, entre 1973 e 1975, quando já não ofereciam risco às tropas, como parte de uma política destinada a eliminar totalmente os adversários da ditadura. A revelação foi feita com base nos arquivos de Sebastião Curió Rodrigues de Moura, o Major Curió, oficial do Exército que participou das operações e guardou registros dos fatos ocorridos na época.* Foram mortos 67 guerrilheiros, alguns em

---

* O depoimento de Sebastião Curió Rodrigues de Moura foi dado ao repórter Leonencio Nossa, em reportagem publicada por *O Estado de S. Paulo* em 21 de junho de 2009.

combate. O movimento não chegou a ter cem combatentes filiados ao PCdoB. Entre os engajados na luta estavam alguns camponeses da região, que ajudavam, mas às vezes também passavam informações ao Exército. Tanto em Caparaó como no Araguaia, os guerrilheiros não levaram em conta a diferença entre as dimensões territoriais do Brasil e de Cuba e as condições socioeconômicas e de urbanização já avançadas das cidades brasileiras na época.

Nem toda a contestação ao regime militar foi feita pela esquerda. A oposição à ditadura, no campo das ideias, reuniu alguns dos mais brilhantes intelectuais da época, como o advogado Sobral Pinto, o professor Goffredo da Silva Telles, da Faculdade de Direito da USP, e inúmeros escritores, cientistas e professores, além de setores da imprensa e do meio artístico. Uma ala da Igreja Católica, liderada pelo então cardeal-arcebispo de São Paulo, dom Paulo Evaristo Arns, teve papel decisivo na luta pela redemocratização do país. Sob violenta pressão e até ameaças de morte, dom Paulo e outros representantes da Igreja saíram em defesa dos presos políticos e do respeito aos direitos humanos. Participaram da mobilização pela busca dos desaparecidos e da proteção aos parentes das pessoas perseguidas pelo regime. A ação da Igreja foi fundamental no combate à ditadura.

A DIREITA E A CIA

Enquanto a esquerda se dividia entre grupos ativistas e organizações armadas, a direita se concentrava em partidos, como a antiga União Democrática Nacional (UDN), e organizações como o Instituto de Pesquisas e Estudos Sociais (Ipes) e o Instituto Brasileiro de Ação Democrática (Ibad). Este último foi fechado, em 1963, por ordem da Justiça, depois que se comprovaram inúmeras atividades ilegais, entre elas a distribuição de dinheiro de procedência estrangeira, principalmente da CIA, a partidos políticos, o que a legislação da época já proibia. De acordo com o ex-agente da CIA Philip Agee,* o Ibad e a Ação Democrática Popular (Adep) distribuíram pelo me-

---

* Philip Agee trabalhou para a CIA no Equador, Uruguai e México. Depois de se afastar da agência, publicou o livro *Diário da CIA, por dentro da companhia*, Rio de Janeiro, Civilização Brasileira, 1976.

nos 12 milhões de dólares (86 milhões em 2010) aos partidos opositores de Goulart antes das eleições de 1962.

Fundado em 1961 por um grupo de empresários, entre os quais se destacava o milionário do setor de mineração Augusto Trajano de Azevedo Antunes, o Ipes reunia os adversários do governo de João Goulart e se tornou um dos principais centros de articulação para o golpe de Estado. A direção do instituto foi entregue ao general Golbery do Couto e Silva, que participou dos preparativos para a derrubada do governo em 1964. Golbery destacou-se como uma espécie de teórico do golpe, ao defender o conceito de "segurança e desenvolvimento", um dos slogans do regime militar no Brasil. A maioria das grandes empresas nacionais e estrangeiras que atuava no país na época deu dinheiro para a manutenção do Ipes. Defensores da derrubada de Jango, os empresários, políticos e militares que formavam a linha de frente do golpe acabaram se tornando, mais tarde, ativos participantes ou cúmplices da radicalização do regime. Não foram poucos os empresários que chegaram a frequentar os porões da ditadura e recolheram ou fizeram doações para financiar o aparelho da repressão.

Vitoriosos, os golpistas não demoraram a mostrar a verdadeira face do regime imposto, supostamente, para defender a democracia e que iria se estender por 21 anos.* Em 9 de abril de 1964, o Ato Institucional nº 1 suspendeu as garantias constitucionais, estabeleceu a eleição indireta para a presidência da República e anunciou as primeiras cassações de direitos políticos, entre as quais as de Goulart e Brizola. O general Humberto de Alencar Castello Branco foi empossado como presidente, por decisão de uma junta militar, em 15 de abril. Em 8 de junho, o governo anunciou a cassação de direitos de mais quarenta pessoas, entre elas o ex-presidente Juscelino Kubitschek.

Em outubro de 1965, após a vitória da oposição nas eleições regionais em cinco estados, o regime apertou o controle sobre a sociedade. Castello Branco assinou o Ato Institucional nº 2, que extinguia os partidos políticos, cassava mais mandatos e declarava que as decisões do regime militar estavam acima da apreciação da Justiça. Em fevereiro, novo passo rumo ao endurecimento: o Ato Institucional nº 3 criou a figura dos prefeitos e governa-

---

* Um relato abrangente desse período pode ser lido na série escrita pelo jornalista Elio Gaspari, que teve acesso ao arquivo pessoal do general Golbery do Couto e Silva. A série, publicada pela Companhia das Letras, inclui os títulos *A ditadura envergonhada*, *A ditadura escancarada*, *A ditadura derrotada* e *A ditadura encurralada* (São Paulo, 2002, 2003, 2004).

dores biônicos, ou seja, nomeados pela ditadura ou eleitos por assembleias legislativas manipuladas. Um dos destaques dessa galeria foi Paulo Maluf, prefeito biônico de São Paulo entre 1969 e 1971, por escolha dos militares, e governador indireto, eleito pela Assembleia Legislativa, em 1978.

Enquanto tratava da consolidação do regime na frente política, Castello Branco cuidava de reorganizar a economia e abrir caminho para o crescimento econômico pretendido pelo governo militar. Nesse período, o governo lançou um programa voltado para o combate à inflação e a criação de condições para a expansão da indústria de base, a siderurgia, a energia e a petroquímica. Ao mesmo tempo, iniciou a reorganização dos sistemas financeiro e tributário.

Castello Branco ficou três anos no poder, até 15 de março de 1967, bem menos do que seus sucessores. A insistência dele em promover a institucionalização do regime levou os setores mais radicais a escolher um sucessor afinado com a linha dura. Daí a indicação do marechal Arthur da Costa e Silva para assumir a chefia do governo, após um simulacro de eleição indireta no Congresso, em 3 de outubro de 1966, na qual só votaram os representantes do partido do governo, a Aliança Renovadora Nacional (Arena), na verdade um aglomerado de ex-integrantes de antigos partidos, a maioria formada por oportunistas a serviço do regime. A oposição, representada pelo Movimento Democrático Brasileiro (MDB), se recusou a participar da encenação. Esses dois partidos tinham sido criados após a decretação do AI-2, no ano anterior. Naquele mesmo ano, no Rio de Janeiro, um grupo de líderes partidários lançou uma ofensiva pela redemocratização. Era a Frente Ampla, que tinha entre seus criadores o ex-presidente Juscelino Kubitschek e o ex-governador Carlos Lacerda, além de Jango.

Costa e Silva tomou posse em 15 de março de 1967, na mesma data em que entrou em vigor uma nova Carta constitucional, de caráter autoritário. Pouco antes, o governo havia baixado uma lei de imprensa que estabelecia a censura e previa penas rigorosas para os jornalistas e proprietários de veículos de comunicação que violassem a nova legislação.

Quatro meses depois de deixar o governo, Castello Branco morreu num desastre aéreo. O avião em que viajava, um bimotor Piper Aztec pertencente ao governo do Ceará, foi abalroado no ar por um caça da Força Aérea, que participava de treinamento, em 18 de julho de 1967. O choque ocorreu numa manhã de céu azul e a esquadrilha da FAB era formada por três aparelhos T-33. O bimotor foi atingido pela asa do caça e caiu em parafuso. O avião do ex-presidente tinha um pouso previsto no aeroporto de Fortaleza em horário que coincidia com o treinamento.

O ANO DE 1968

O clima de liberdade que se espalhou por todo o mundo em 1968 levou à revolta dos estudantes na França e em dezenas de países. O anseio pela liberdade, que se espalhava por todos os continentes, chegou ao Brasil. O movimento estudantil passou a organizar uma série de manifestações contra o regime. Numa delas, em 28 de março de 1968, o estudante Edson Luís de Lima Souto foi morto a tiros pela Polícia Militar durante protesto pelas condições do restaurante estudantil Calabouço, no Rio.

Três meses depois, a ditadura enfrentou a maior demonstração de rejeição por parte da sociedade. Em 26 de junho de 1968, 100 mil pessoas saíram às ruas do Rio de Janeiro em defesa da democracia. Era a Passeata dos Cem Mil. A manifestação causou preocupações no governo, a ponto de levar o presidente Costa e Silva a receber uma comissão de estudantes, integrada, entre outros, por Franklin Martins e Marcos Medeiros, e de intelectuais, representados pelo psicanalista Hélio Pellegrino. A comissão foi encarregada de levar uma série de reivindicações, que começava pela libertação de nove estudantes presos. Costa e Silva admitia a hipótese de libertar cinco, alegando que os outros quatro estavam sendo julgados e que ele não poderia interferir na decisão da Justiça. Mas, em troca, exigiu o fim das passeatas, o que os estudantes não aceitavam. Estabelecido o impasse, Marcos Medeiros perdeu a paciência: "Escuta aqui, professor, eu quero saber o seguinte: o senhor vai ou não vai soltar nossos companheiros?" Costa e Silva levantou-se, deu um tapa na mesa e gritou: "Eu não aceito ultimato, nem desrespeito. A dignidade da presidência não admite ameaças. Está encerrada a reunião." O grupo deixou a sala e o clima de antagonismo entre estudantes e o regime continuou.*

---

* Diálogo extraído de Zuenir Ventura, *1968, o ano que não terminou — Aventura de uma geração*, Rio de Janeiro, Nova Fronteira, 1988.

TRAMA DIABÓLICA

Em junho de 1968, no Rio de Janeiro, um grupo de oficiais da Aeronáutica, chefiados pelo brigadeiro João Paulo Burnier, planejou um ato terrorista que ficaria conhecido como o Caso Para-SAR (nome de um grupo de elite da Aeronáutica especializado em operações de resgate). O plano consistia em explodir o gasômetro do Rio de Janeiro, o que poderia provocar a morte de milhares de pessoas, além do pânico na cidade. O atentado seria atribuído à esquerda, para mostrar como era "importante" o trabalho dos militares que "combatiam o comunismo". Na lógica do absurdo daquele grupo, eles iam promover uma matança para "provar" como era necessário manter a linha dura.

O plano só não foi adiante graças à coragem de um homem, o capitão Sérgio Miranda de Carvalho (conhecido pelo apelido de "Sérgio Macaco"), que ameaçou denunciar Burnier e os demais envolvidos na conspiração. O capitão Sérgio pagou caro pela iniciativa de conter aquele bando de desatinados. Foi afastado da Aeronáutica, tachado de louco e teve sua carreira militar interrompida.

Em São Paulo, um grupo autodenominado Comando de Caça aos Comunistas (CCC), formado por estudantes de universidades particulares, com apoio da polícia, passou a ameaçar e agredir opositores do regime. Em 18 de julho de 1968, militantes do CCC invadiram o Teatro Ruth Escobar, em São Paulo, e agrediram os atores da peça *Roda viva*, de Chico Buarque. Em 12 de outubro de 1968, a polícia prendeu 1.200 estudantes que participavam do 30º Congresso da União Nacional dos Estudantes (UNE), no município de Ibiúna, em São Paulo. O clima de tensão se espalhava pelo país e iria levar a um mergulho ainda mais fundo no radicalismo.

A data de 13 de dezembro de 1968 marcou o calendário nacional como uma das mais tristes na história do país. Nesse dia, Costa e Silva assinou o Ato Institucional nº 5, que fechou o Congresso Nacional e reduziu os já escassos direitos individuais, proibindo até a concessão de *habeas corpus* em casos considerados crimes políticos. A decisão ocorreu na sequência de uma série de atos de contestação ao regime, principalmente um discurso do então deputado Márcio Moreira Alves. A Câmara dos Deputados se recusou a conceder autorização para que ele fosse processado pelo teor do pronunciamento, em que criticava os militares, e esse fato foi utilizado como pretexto.

O AI-5 também apertou a censura à imprensa. Um editorial publicado por *O Estado de S. Paulo*, em 13 de dezembro de 1968, intitulado "Instituições em frangalhos" entrou para a história do jornalismo no país, ao reagir duramente contra a ditadura e defender a volta ao estado de direito. Por causa do editorial, a edição foi apreendida. A primeira edição de *Veja* após o AI-5, de 18 de dezembro de 1968, que continha uma reportagem sobre o ato, também foi apreendida.

Depois do AI-5, jornais e revistas passaram a conviver com a censura diariamente. O grau de cerceamento variava de acordo com a determinação com que seus diretores desafiavam as proibições, tentando, na medida do possível, passar as notícias aos leitores. *O Estado de S. Paulo* foi o jornal que teve por mais tempo a presença de censores na redação — só suspensa em 1975, no governo Geisel. A revista *Veja*, além de ter edições apreendidas, enfrentou outras formas de censura, desde listas de assuntos proibidos até o envio, a cada semana, do material para censura prévia na Polícia Federal, o que provocava enormes transtornos a cada edição. O *Jornal do Brasil* foi obrigado a conviver, inicialmente, com censores na redação; depois de alguns meses, passou a receber o mesmo tratamento dado aos demais jornais e às emissoras de rádio e TV: todos eram informados dos assuntos proibidos por meio de telefonemas ou telex. Em muitas ocasiões, os jornalistas tomavam conhecimento da explosão de bombas ou de assaltos a bancos por esses telefonemas, mas não podiam divulgá-los.*

Antes do AI-5, o regime militar já havia asfixiado até a morte o *Correio da Manhã*, que apoiara o golpe de 1964, mas depois se opôs abertamente a ele. Além de suspender a publicidade oficial, o governo ordenou um boicote dos anúncios das grandes empresas, para matar o jornal pela via econômica. A diretora e proprietária do jornal, Niomar Muniz Sodré, foi presa e sofreu várias ameaças. Isso ocorreu durante os governos de Castello Branco e Costa e Silva. Após o afastamento da proprietária, o jornal foi arrendado a um grupo de empreiteiros a serviço do regime e, mais tarde, fechado. A censura

---

* Um relato sobre o cerceamento dos meios de comunicação entre 1968 e 1978 pode ser lido em Paolo Marconi, *A censura política na imprensa brasileira*, 1980.

prévia e o cerceamento econômico também aniquilaram a *Tribuna da Imprensa*, editada no Rio de Janeiro por Helio Fernandes.

Em outra frente, os chamados "nanicos", como os semanários *Opinião*, *Pasquim* e *Movimento*, além de *O São Paulo*, publicado pela Arquidiocese de São Paulo, travaram longas batalhas contra a censura. Tiveram edições apreendidas, sofreram atentados a bomba e seus editores foram presos, ameaçados e convocados para interrogatórios. Mas, ainda assim, conseguiram exercer um papel destacado, tanto na exposição das mazelas da ditadura como na ridicularização dos donos do poder.

Em 1976, uma bomba explodiu na sede do *Opinião*, no Rio de Janeiro. Panfletos deixados no local reivindicavam o atentado em nome de um grupo autodenominado Aliança Anticomunista Brasileira (AAB). "A hora da verdade está chegando, Fernando Gasparian e asseclas! Estejam certos de que pagarão com a própria vida a traição à pátria que estão cometendo. Morte à canalha comunista!", dizia o texto dos panfletos, com ameaças diretas ao fundador do jornal. Além desse tipo de ameaça, o jornal sofreu boicote de publicidade, por meio de pressão sobre os anunciantes. Numa das ocasiões em que foi preso, Gasparian ouviu a seguinte frase de um inspetor da Polícia Federal, identificado como Costa Sena: "O senhor tome jeito, seu Gasparian... se o senhor continuar desse jeito, eu lhe dou um tiro na cara."*

O RIDÍCULO E O ABSURDO

Desde o início do regime militar a censura já era exercida de diversas formas e a ação dos agentes encarregados de cercear os meios de comunicação ou a atividade artística acabou produzindo um farto material de caráter anedótico, embora ao mesmo tempo trágico.

Em junho de 1965, agentes do Departamento de Ordem Política e Social (Dops), a polícia política de São Paulo, receberam a missão de prender o autor de uma peça considerada subversiva que estava sendo encenada no Teatro Municipal. Para os censores, uma peça que tem como tema a vingança de dois

---

* Os detalhes da luta do *Opinião* contra a censura podem ser lidos em J.A. Pinheiro Machado, *Opinião x Censura*, 1978.

irmãos contra a mãe pelo assassinato do pai deles só poderia ter sido escrita por alguém interessado na destruição da família. E o objetivo maior da subversão, na visão dos guardiões da pátria, era a destruição dos valores familiares e do regime. Os policiais se apresentaram no teatro durante o ensaio e foram informados pelo elenco de que Sófocles, o autor da peça *Electra*, um clássico do teatro grego, que pretendiam prender, havia morrido em 406 a.C.*

Em Porto Alegre, no mesmo ano de 1965, a polícia saiu à caça do dramaturgo Georges Feydeau. Precursor do teatro do absurdo e autor de comédias como *Com a pulga atrás da orelha* e *A viagem*, Feydeau também foi considerado suspeito de utilizar o teatro com fins subversivos. Só que prendê-lo seria impossível. Seu último endereço é o Cemitério de Montmartre, em Paris, onde foi sepultado em 1921.

Tarefa mais fácil coube aos que saíram às ruas para apreender o livro *O vermelho e o negro*, do francês Stendhal. Para os censores, aquele vermelho do título só poderia ter algo a ver com o comunismo. Escrito em 1830, o romance conta a história de Julien, um rapaz pobre do interior da França que busca a ascensão social pelas mãos das mulheres com quem se relaciona. Ao mesmo tempo, vive dividido entre a carreira militar a eclesiástica. A chave para o título está nesta divisão: o vermelho é o amor e a carreira militar (o uniforme) e o negro é a batina ou a morte na guerra.

Em Niterói, os agentes da repressão apreenderam exemplares da encíclica *Mater et Magistra*, do Papa João XXIII. Já em várias capitais, a *Populorum Progressio*, do Papa Paulo VI, também esteve na mira dos censores. Os textos tratam do papel social da Igreja, da desigualdade e da necessidade de mudanças.

Do ridículo a censura saltava para o absurdo. Censores retiraram da edição de 26 de julho de 1974 de *O Estado de S. Paulo* reportagem sobre uma epidemia de meningite que, até aquela data, já havia provocado a morte de 200 pessoas. Em seguida, a Polícia Federal proibiu a divulgação de notícias sobre meningite em todo o país. Para esconder a precariedade do sistema preventivo, o governo colocava em risco a saúde da população, que, desinformada, ficava mais exposta aos riscos.

---

* Exemplos das ações desastradas de representantes do regime militar foram reunidos pelo jornalista e escritor Sérgio Porto e seu *alterego* Stanislaw Ponte Preta, na série de livros denominada *Febeapá — O Festival de Besteiras que Assola o País*, 2006.

Os mesmos agentes do obscurantismo cuidavam de proteger policiais denunciados por torturas, casos de corrupção envolvendo integrantes do regime militar e até acusados de crimes de estupro e assassinato. Em setembro de 1973, um crime chocou a opinião pública. Uma menina de sete anos, Ana Lídia, foi encontrada morta, em Brasília, com sinais de violência sexual. Além de costelas quebradas e marcas de tortura espalhadas por todo o corpo, o laudo apontava as causas da morte: "Asfixia por sufocação, lesões vaginais e retais e sevícias posteriores." A imprensa só conseguiu cobrir o fato nos primeiros dias. Quando surgiram os nomes dos suspeitos de terem cometido o assassinato, a censura proibiu todo o noticiário a respeito. Os suspeitos eram Alfredo Buzaid Jr., filho do ministro da Justiça, Alfredo Buzaid, e Eurico Rezende Filho, filho do senador Eurico Rezende, ex-líder do governo no Senado e mais tarde governador biônico do Espírito Santo. O caso, nunca esclarecido, foi arquivado.

Da mesma forma, o governo mobilizou sua máquina para proteger o delegado Sergio Fleury. Além de expoente da repressão política em São Paulo, Fleury era acusado de chefiar um esquadrão da morte formado por policiais que se confundiam com bandidos e estavam habituados a matar impunemente. Denunciado, entre outros crimes, pela morte de um traficante de drogas, Fleury teve sua prisão preventiva decretada em novembro de 1973. Primeiro a notícia da prisão foi censurada. Depois o governo tratou de impedir que o delegado ficasse na prisão. O Código Penal foi modificado às pressas, garantindo a liberdade a todos os criminosos primários "com bons antecedentes". A emenda, batizada como Lei Fleury, passou a ser utilizada em inúmeras ocasiões para garantir a liberdade de criminosos de toda espécie, inclusive alguns já condenados.

Entre os participantes do campeonato de sandices disputado naquele período incluíam-se ministros, comandantes militares, chefes dos serviços de censura, governadores, senadores, deputados, secretários de segurança e prefeitos de cidades do interior. Nesse torneio, um dos destaques vai para o ex-ministro do Exército, general Milton Tavares de Souza. Em outubro de 1976, ele alertou: "O movimento hippie foi criado em Moscou [...] a mais abominável tática dos comunistas é a disseminação das drogas [...] existe um fundo ideológico no tráfico de tóxicos no país, através do interesse dos comunistas em corromper as mentes jovens, para destruí-las [...]."

O TERROR

Ainda como desdobramento do AI-5, um mês depois o governo cassou o mandato de 43 pessoas, entre elas o deputado paulista Mário Covas. Costa e Silva foi afastado após sofrer um derrame, em agosto de 1969. Ele morreu em 17 de dezembro daquele ano. Em 7 de setembro de 1969, o embaixador americano no Brasil, Charles Burke Elbrick, sequestrado por um grupo da Ação Libertadora Nacional (ALN), foi libertado em troca de quinze presos políticos, que puderam viajar para o México. Em seguida, ocorreram os sequestros do cônsul japonês em São Paulo, Nobuo Okushi, trocado por cinco presos, em março de 1970; do embaixador alemão, Ehfried Von Holleben, libertado em troca de quarenta presos, em junho do mesmo ano, no Rio de Janeiro; e do embaixador da Suíça, Giovanni Enrico Bucher, também no Rio, trocado por setenta presos, em dezembro.

O escolhido para substituir Costa e Silva foi o general Emílio Garrastazu Médici, também eleito indiretamente pelo Congresso, num jogo de cartas marcadas. Ele tomou posse em 30 de outubro de 1969. O governo Médici se destacou pelo aumento da repressão. No começo dos anos 1970, o regime liquidou com os grupos de oposição armada e se voltou contra os críticos do governo. As prisões dos órgãos de segurança ficaram lotadas. Parentes buscavam notícias dos presos que desapareciam sem deixar vestígios. Uma das vítimas nesse período foi Tito de Alencar Lima, frei dominicano e ativista político, que foi parar nos porões da Operação Bandeirantes (Oban), núcleo da repressão em São Paulo. As descrições das torturas sofridas por Frei Tito nos porões da Oban percorreram o mundo.* Deportado para o Chile, em 1971, ele seguiu mais tarde para a Itália e a França. Depois de passar por tratamentos psiquiátricos para tentar se livrar do trauma que o levou à loucura — ele chegava a sonhar que seus parentes no Brasil estavam sendo torturados pelo delegado Sergio Fleury, um de seus carrascos em São Paulo —, Frei Tito foi encontrado morto, enforcado, em 10 de agosto de 1974, na cidade francesa de Lyon. Seu corpo estava pendurado em uma árvore. Ele teria se suicidado.

---

* A prisão e os sofrimentos de Frei Tito estão descritos em Frei Betto, *Batismo de sangue*, Rio de Janeiro, Rocco, 2006.

O ex-deputado Rubens Paiva — pai do escritor Marcelo Rubens Paiva —, que figurou entre os primeiros políticos cassados em 1964, também foi capturado naquele período. Preso em 20 de janeiro de 1971, passou por instalações militares do Exército, da Aeronáutica e do DOI-Codi, onde foi torturado. Depoimento do ex-agente do DOI-Codi Marival Chaves, incluído no documentário *Perdão, Mister Fiel*,* que tem como tema central a morte do operário Manoel Fiel Filho, indica que Rubens Paiva foi esquartejado. Seu corpo nunca foi encontrado.

O governo Médici foi à época do chamado "milagre econômico", quando o país registrou níveis de crescimento nunca vistos. Nos primeiros anos da década de 1970, o PIB cresceu a uma taxa média de 10%, enquanto a inflação oscilava entre 15% e 20% ao ano. O regime procurou tirar proveito do desempenho da economia e estimulou uma onda de ufanismo, traduzida pelo bordão "Brasil, ame-o ou deixe-o". O crescimento ocorreu à custa de um forte endividamento externo, agravado pelo empenho do governo na construção de grandes obras, para tentar ofuscar com a expansão econômica o vergonhoso quadro político. Médici morreu no Rio de Janeiro, em 9 de outubro de 1985.

ABERTURA LENTA E GRADUAL

Em pleno regime de linha dura, os militares buscavam um sucessor para Médici entre aqueles comprometidos com a continuidade da ditadura. O general Ernesto Geisel, gaúcho como Médici, conservador e descendente de alemães, parecia a escolha certa. Além disso, era irmão do ministro do Exército, Orlando Geisel, expoente da linha dura. Mas a escolha recaiu justamente sobre o homem que iria promover a reabertura política, embora ao longo de um trajeto que incluiu muitas prisões, torturas e mortes. Geisel tomou posse em 15 de março de 1974 e deixou claro que estava disposto a impor uma marca própria ao governo. Na política externa, rompeu com o alinhamento automático com os Estados Unidos. A diplomacia brasileira votou várias vezes contra posições assumidas pelos Estados Unidos na ONU, entre elas pela condena-

---

* O documentário, dirigido pelo cineasta Jorge Oliveira, foi lançado em novembro de 2009.

ção ao regime do *apartheid* na África do Sul. Geisel reatou relações com a China e promoveu a aproximação com a África.

Em 1975, Geisel suspendeu um acordo nuclear assinado com os norte-americanos — que permitiu a construção da usina nuclear de Angra I — e assinou outro com a Alemanha, que oferecia melhores garantias de transferência de tecnologia. O resultado desse acordo foi a construção da usina de Angra II. O programa nuclear, alvo de duras críticas na época, principalmente da esquerda, foi retomado três décadas depois, em 2007. Outra realização do governo Geisel que seria adotada pelos governos posteriores foi o ProÁlcool.

No plano político, Geisel lançou a chamada abertura lenta e gradual. Retirou os censores das redações e devolveu, aos poucos, a liberdade de imprensa. Por isso, sofreu forte oposição dos setores radicais das Forças Armadas. A principal resistência à abertura vinha da ala ligada à repressão. Seus integrantes temiam ser julgados pelos assassinatos e torturas cometidos nos porões da ditadura. Também havia oposição entre os que haviam se instalado em cargos bem-remunerados nas empresas estatais e não queriam perder os privilégios.

Chefe do Gabinete Militar no governo de Castello Branco, Geisel tinha acompanhado de perto as pressões pelo endurecimento após o golpe de 1964. Ele sabia que era preciso manejar com muito cuidado para levar adiante seus planos de abertura, sem correr o risco de ficar emparedado. Daí as recaídas autoritárias naquele período.

Em aberto desafio ao projeto de Geisel, os setores da repressão desencadearam uma campanha contra os grupos de oposição, principalmente o Partido Comunista Brasileiro. As prisões dos órgãos de repressão, como a Oban e DOI-Codi, ficaram lotadas. Pessoas eram presas e torturadas pelo simples fato de se opor ao governo. A tensão aumentou após a morte do jornalista Vladimir Herzog, em 1975.* A versão oficial, que caiu em total descrédito, dizia que ele havia se suicidado. Geisel, a princípio, tentou se manter distante desses fatos e até procurou minimizá-los. Mas a morte do operário Manoel Fiel Filho, em 1976, nas mesmas circunstâncias, provo-

---

* Um relato desse período pode ser lido em Paulo Markun, *Meu querido Vlado — A história de Vladimir Herzog e do sonho de uma geração*, 2005.

cou, finalmente, a reação do governo. Geisel afastou o comandante do II Exército, general Ednardo D'Ávila Melo. Para o posto nomeou o general Dilermando Reis Monteiro e, com o objetivo de neutralizar qualquer tentativa de reação, designou homens de sua confiança para as principais unidades militares da região.

Ao tentar se contrapor ao projeto de abertura de Geisel, a linha dura do Exército sofreu mais uma baixa. Em outubro de 1977, Geisel demitiu o ministro do Exército, general Sylvio Frota, que insistia em desafiar o governo ao defender a perpetuação da ditadura. Frota pretendia ser o sucessor de Geisel e, para isso, tinha o apoio dos setores radicais das três armas.

A demissão de Frota representou um dos momentos de maior tensão naquele período e foi cercada de uma estratégia desenhada pelo próprio Geisel, com a ajuda do chefe da Casa Civil, Golbery do Couto e Silva. Os comandantes militares foram convocados a Brasília e, ao desembarcar, eram recebidos por oficiais de confiança do presidente. Ainda no aeroporto, longe da tropa, eles tinham de declarar de que lado estavam. Na dúvida, todos ficavam com o poder estabelecido.

Frota foi chamado para uma conversa a sós com o presidente, que pôs as cartas na mesa, explicando que não admitia ser desafiado. Ele ainda tentou resistir, mas Geisel foi inflexível. Em seguida, o presidente nomeou um general da linha dura, Fernando Bethlem, para o posto de ministro do Exército, e providenciou para que se espalhasse a notícia de que esse era o nome escolhido para a sucessão. A notícia acalmou a extrema-direita e permitiu um alívio na crise. Mas Geisel sabia que Bethlem não era o escolhido.

TENEBROSAS DISTORÇÕES

O projeto de concessão de abertura gradual e o temor de que o processo pudesse escapar do controle do governo levaram Geisel a lançar o chamado Pacote de Abril. Um dos motivos para esse retrocesso, que levou o regime aos piores tempos da ditadura, era a aproximação das eleições de 1978 para os governos estaduais, que deveriam ser diretas. Temendo a derrota, o governo precisava agir para evitar um desastre nas urnas. A recusa do Congresso em aprovar um projeto do governo de reforma do Judiciário foi a desculpa utilizada para o anúncio do pacote. Assim, a 1º de abril de 1977, o governo decretou o fechamento do Congresso, que durou duas semanas.

Nesse período, foi gerada uma enorme distorção da qual o próprio Geisel viria a se arrepender mais tarde: as bancadas dos estados do Norte e Nordeste, onde o governo obtinha melhores resultados eleitorais, foram aumentadas de forma desproporcional na Câmara dos Deputados, para garantir os dois terços de votos necessários à aprovação dos projetos do Executivo. Com essa manobra, o voto de um eleitor do Acre, por exemplo, passou a valer 18 vezes mais do que o de um de São Paulo.* Esse desequilíbrio não foi corrigido nem pela Constituição de 1988.

O mesmo pacote estabelecia que um terço dos senadores passaria a ser eleito de forma indireta. Eram os chamados biônicos. O mandato presidencial teria seis anos de duração, a partir do sucessor de Geisel, e as eleições para os governos estaduais seriam indiretas. O pacote também impunha novas limitações à propaganda eleitoral, de acordo com a chamada Lei Falcão, criada em 1976 com o objetivo de dificultar a campanha da oposição. A lei era batizada com o nome do ministro da Justiça, Armando Falcão, integrante da linha de frente do obscurantismo.

Além do Pacote de Abril, 1977 seria marcado por mais dois acontecimentos. Em 8 de agosto, no pátio da Faculdade de Direito da USP, no Largo São Francisco, em São Paulo, o professor Goffredo da Silva Telles Júnior leu a célebre "Carta aos brasileiros", que defendia a redemocratização e a volta ao estado de direito. A leitura significou um ato de coragem, que só poderia ter sido levado adiante por uma figura da estatura do professor Goffredo. Se a ditadura não pôde reagir a esse desafio, não demoraria muito para que reagisse a outro. Em 22 de setembro, soldados da Polícia Militar de São Paulo, comandados pelo coronel Erasmo Dias, então secretário de Segurança, invadiram o campus da Pontifícia Universidade Católica (PUC), na rua Monte Alegre, agrediram e prenderam estudantes que tentavam promover um congresso da União Nacional dos Estudantes (UNE).

O impacto da crise do petróleo de 1973, o crescente endividamento externo e a falta de recursos para investimentos impediram que o governo

---

* Após a ditadura, Geisel defendeu a mudança nas bancadas no Congresso e admitiu que estados como São Paulo deveriam ter um número maior de deputados, proporcional à sua população.

alcançasse as metas previstas no II Plano Nacional de Desenvolvimento Econômico (II PND). Com esse plano, Geisel esperava reduzir a dependência do país de fontes externas de energia e promover o desenvolvimento dos setores de petróleo, petroquímica, siderurgia, ferrovias e comunicações. Mas a inflação em alta, que beirava os 40% ao ano em 1976, a escassez de recursos e o pagamento dos juros da dívida externa, em parte herdada do governo Médici, compunham um quadro econômico repleto de dificuldades. As taxas de crescimento caíram de forma acentuada e o governo passou a apostar no aumento nas exportações na tentativa de mudar o quadro. Embora tenha registrado aumentos significativos em índices como a produção de petróleo (73% na capacidade de refino, além da descoberta de novas reservas) e da potência instalada de energia elétrica (65%), o governo Geisel aproximou-se do fim com outros indicadores preocupantes: inflação de 42% em 1978 e dívida externa de 42 bilhões de dólares (que iria mais do que duplicar nos governos posteriores). Foi no governo Geisel, em maio de 1978, que se registrou a primeira greve dos operários do ABC, que não cruzavam os braços desde 1964. À frente do movimento estava o sindicalista Luiz Inácio Lula da Silva.

ABERTURA E SUCESSÃO

Em dezembro de 1977, Geisel anunciou a escolha de seu sucessor, o general João Batista Figueiredo, chefe do Serviço Nacional de Informações (SNI), indicado à revelia da linha dura, que preferia o ex-ministro do Exército Sylvio Frota. Até a posse de Figueiredo, em março de 1979, Geisel enfrentou pressões de setores das Forças Armadas que pretendiam influir no processo sucessório e não estavam satisfeitos com a escolha de Figueiredo. Pelo caminho ficaram, além de Frota, os generais Hugo Abreu e Euler Bentes Monteiro, que disputavam a indicação.

Geisel acreditava que Figueiredo era o homem para levar adiante o processo de abertura lenta e gradual. Antes de passar o poder a seu sucessor, anunciou duas medidas destinadas a manter o rumo da abertura: em dezembro de 1978, o governo suspendeu o banimento que atingia dezenas de exilados políticos até então impedidos de retornar ao país. Não se tratava, ainda, da anistia defendida pela oposição, mas rejeitada pela linha dura. Em 31 de dezembro de 1978, foi anunciado o passo decisivo na distensão: a extinção do AI-5. Geisel alcançava, assim, um dos seus objetivos: a entrega ao sucessor de um regime abrandado, mais próximo da redemocratização.

Em desabafo feito em julho de 1987, oito anos depois de deixar o governo, Geisel afirmou que o regime militar deveria ter sido encerrado muito antes: "Nosso mal foi ter durado tanto tempo. Nós não tínhamos um programa. Nosso programa era ser contra... contra a corrupção, contra isso, contra aquilo..." Ele fez essa afirmação ao visitar o general Golbery do Couto e Silva, companheiro na estratégia de distensão lenta e gradual, que estava internado no Hospital Sírio-Libanês, em São Paulo, onde havia se submetido a uma cirurgia do aparelho digestivo.* Geisel morreu em 12 de setembro de 1996, aos 88 anos, de câncer generalizado.

No discurso de posse, perante o Congresso, em 15 de março de 1979, Figueiredo prometeu manter a abertura "lenta e gradual" iniciada por Geisel e anunciou a intenção de "fazer deste país uma democracia", para irritação dos setores radicais. Em agosto daquele ano, Figueiredo sancionou a Lei da Anistia, beneficiando todas as pessoas que haviam sido punidas pelos atos de exceção desde o início do regime militar, em abril de 1964. Entre os anistiados estavam políticos, militares, professores, estudantes e ativistas políticos, num total de mais de 4 mil pessoas. Só não foram incluídos, numa primeira etapa, os envolvidos em atos terroristas que tivessem resultado em mortes.

Em novembro de 1979, caía outra marca da ditadura. O Congresso aprovou projeto do governo determinando o fim do bipartidarismo. Em pouco tempo, formaram-se o Partido do Movimento Democrático Brasileiro (PMDB), criado a partir do antigo MDB; o Partido Democrático Social (PDS), formado pelos ex-integrantes da Arena; o Partido Trabalhista Brasileiro (PTB), de Leonel Brizola — que fundou o Partido Democrático Trabalhista (PDT) depois de perder a sigla do PTB na Justiça para a ex-deputada Ivete Vargas —, e o Partido dos Trabalhadores (PT), liderado pelo dirigente sindical Luiz Inácio Lula da Silva.

---

* Reportagem de Roberto Lopes para a *Folha de S. Paulo*, edição de 2 de agosto de 1987.

O ritmo da abertura, embora lento, incomodava os setores radicais, que não demoraram a se manifestar. Durante 1980, foram registradas dezenas de explosões de bombas, no Rio de Janeiro e em São Paulo, a maioria em bancas de jornais. Num dos ataques, os terroristas enviaram uma carta-bomba à sede da Ordem dos Advogados do Brasil (OAB), no Rio de Janeiro, provocando a morte da secretária da entidade, Lyda Monteiro da Silva.

SURTO DE INSANIDADE

Em 30 de abril de 1981, a extrema-direita lançou o maior desafio ao governo de Figueiredo. Um grupo de oficiais do Exército pretendia explodir uma bomba no Riocentro, durante show de música popular em comemoração ao Dia do Trabalho. No local, estavam mais de 20 mil pessoas e, se os terroristas tivessem conseguido levar adiante o plano, uma tragédia de consequências imprevisíveis poderia ter ocorrido. Uma das bombas, porém, explodiu antes da hora, dentro de um carro, no estacionamento do Riocentro, onde se encontravam dois dos participantes da trama. A bomba estava no colo do sargento Guilherme Pereira do Rosário, que teve o corpo destroçado e morreu na hora. Ao volante estava o capitão Wilson Luís Chaves Machado, que ficou gravemente ferido. Os dois serviam no setor de repressão do Exército, no Rio. Uma segunda bomba explodiu perto de uma caixa de energia elétrica, nas proximidades do Riocentro, mas não conseguiu cortar o fornecimento e deixar o local do show na escuridão, como pretendiam os extremistas.

A exemplo do que havia ocorrido com o Caso Para-SAR, em 1968, a extrema-direita planejara um massacre para atribuir a culpa à esquerda e tentar convencer a sociedade da suposta necessidade de impedir a redemocratização. O Inquérito Policial-Militar (IPM) instaurado para apurar o atentado do Riocentro se transformou, na prática, no acobertamento oficial dos autores do atentado, e o coronel encarregado da tarefa, Job Lorena de Sant'Anna, mais tarde ganhou a patente de general. O caso foi arquivado, apesar de todas as evidências contra os implicados na explosão. Reaberto dezoito anos depois, só resultou na atribuição da culpa a um oficial que havia morrido dois anos antes.

ELEIÇÕES DIRETAS

Em 1982, nas eleições diretas para os governos estaduais, que marcaram um momento importante na reabertura política, a oposição venceu em onze estados, dez com o PMDB e um com o PDT — Leonel Brizola, no Rio de Janeiro —, enquanto o partido do governo, o PDS, ficou com 12. Mas o mapa eleitoral mostrava que o regime só vencia nos estados mais atrasados do Norte e Nordeste, onde os eleitores são mais vulneráveis à influência do poder econômico e ao assistencialismo. Estimulada pela vitória, a oposição se empenhou em novas conquistas. Em 1983, teve início a campanha das Diretas-Já, que defendia o voto direto para o sucessor de Figueiredo. O movimento, que começou em pequena escala, em São Paulo, logo se espalhou por todo o país. No ano seguinte, milhares de pessoas saíram às ruas em manifestações para exigir a devolução do direito de escolha dos governantes. O líder da campanha, que ficou conhecido como "O Senhor Diretas", era o deputado Ulysses Guimarães, do PMDB.

Apesar da pressão popular, o projeto de lei apresentado pelo deputado Dante de Oliveira não alcançou a maioria de dois terços no Congresso, exigida por se tratar de mudança na Constituição. Prevaleceu a eleição indireta e o vencedor, no Colégio Eleitoral, foi o candidato da oposição, Tancredo Neves, que representava o PMDB e a Frente Liberal, dissidência do PDS. O candidato do governo era Paulo Maluf. Tancredo deveria ser o primeiro presidente civil após 21 anos de regime militar, mas morreu vítima de uma infecção generalizada e quem acabou assumindo foi seu vice, José Sarney, neopeemedebista egresso do PDS e da Arena.

Figueiredo se recusou a entregar a faixa presidencial a Sarney na posse, em março de 1985, e a atitude se somou a outras que demonstravam um caráter imprevisível, revelado pelas frases que marcaram seu período à frente do governo, entre elas: "Quem for contra a abertura eu prendo e arrebento"; "Se ganhasse salário mínimo eu dava um tiro no coco"; e "Prefiro o cheiro de cavalo ao cheiro do povo". Por último, ao deixar o governo, pediu: "Eu quero que me esqueçam."

O governo Figueiredo deixou uma herança econômica caótica para seus sucessores. A inflação chegou a 100% e a dívida externa mais do que dobrou em relação ao governo Geisel, fechando em perto de 90 bilhões de dólares (189 bilhões em 2010) em 1984. O próprio partido do governo, o PDS, cobrava explicações do então ministro do Planejamento, Delfim Netto, tido como o grande cérebro econômico do período.

O regime militar iniciado em 1964 que saiu de cena em 1985 não foi o único período ditatorial na história do país. Décadas antes, outra ditadura já havia se instalado por aqui.

A ERA VARGAS

Getúlio Vargas chegou ao poder com a Revolução de 1930, movimento que prometia derrubar as estruturas de poder mantidas pela chamada República Velha, que governou o país após a queda do Império e nas primeiras três décadas do século XX. Vargas acabou agarrando-se ao poder, no qual permaneceu por quinze anos, da mesma forma que faziam as oligarquias da República Velha, tão criticadas por ele. (Mais tarde, ficou mais quatro anos.) Com a vitória da revolução que derrubou o governo de Washington Luiz (1926-1930), ele foi designado presidente provisório, até 1934.* Naquele ano, foi eleito por uma assembleia constituinte para um mandato de quatro anos.

A Revolução de 1930 não foi motivada apenas por ideais democráticos e de combate às oligarquias. Uma das principais causas do movimento foi a insistência do presidente Washington Luiz em romper com a política do café com leite, que assegurava a alternância do poder entre São Paulo e Minas Gerais à custa da corrupção e de fraudes eleitorais. Eleito por São Paulo, Washington Luiz deveria ceder a vez a um mineiro, de acordo com as regras do jogo. Mas ele insistiu na eleição de outro paulista, Julio Prestes, que derrotou o gaúcho Getúlio Vargas, em março de 1930, graças à manipulação dos resultados.

Vargas não aceitou a derrota e mobilizou o Rio Grande do Sul, com apoio de Minas Gerais e da Paraíba, para derrubar o governo. A revolta tinha outros componentes, até de origem econômica, como a Crise de 1929, que derrubou os preços do café no mercado internacional. Havia, ainda, a influência do te-

---

* O historiador Boris Fausto é autor de um dos mais importantes livros sobre esse período, *A Revolução de 1930*, 1970.

nentismo, movimento surgido nas fileiras do Exército, entre jovens oficiais revoltados com as práticas da República Velha, que governava para as elites e aceitava a corrupção como se fosse parte do exercício do poder.

Vargas atraiu a adesão dos tenentes, nomeou vários deles para cargos importantes no primeiro governo da revolução, mas logo que pôde se afastou do movimento em função de um projeto pessoal de poder.* Os próprios tenentes não defendiam a democracia plena, por entender que o voto direto e o funcionamento do Legislativo só favoreciam as elites. A pregação do tenentismo admitia que, para que fossem alcançados seus objetivos de governar para a maioria, as liberdades democráticas teriam de ser sacrificadas. O tenentismo abrigava diversas correntes, como a liderada por Luiz Carlos Prestes, o comandante da chamada Coluna Prestes,** que decidiu não participar da revolução por entender que, mesmo com uma eventual vitória, o movimento iria carregar os vícios da República Velha. Prestes decidiu lutar pela implantação de um regime comunista no país. Outros tenentes na época eram Eduardo Gomes, que mais tarde seria um dos líderes da União Democrática Nacional (UDN) e duas vezes candidato à presidência (1945 e 1950), e Juarez Távora, que viria a exercer forte influência na política dos estados do Nordeste e disputaria a presidência com Juscelino Kubitschek em 1955.

A morte do companheiro de chapa de Vargas, João Pessoa, assassinado a tiros por pistoleiros, na Paraíba, foi o estopim da revolta que levou à Revolução de 1930. Ao mobilizar as massas e as forças militares no Rio Grande do Sul, Vargas falava em "reconquistar a liberdade e restaurar a pureza do regime republicano", objetivos que ficaram bem distantes ao longo dos quinze anos em que ocupou o poder.

Líder da Aliança Liberal, que centralizava o movimento, Vargas tomou posse em 3 de novembro de 1930, à frente de um governo provisório. Revogou a Constituição de 1891 e passou a governar por decreto, o que provocou as primeiras desconfianças em relação ao novo governo. A decepção

---

* Um relato detalhado da Era Vargas pode ser lido em Thomas Skidmore, *Brasil: de Getúlio a Castelo*, 1982.

** A Coluna Prestes foi um movimento que partiu de São Paulo em 1924 e percorreu vários estados, em defesa de reformas sociais e contra os governos de Arthur Bernardes e Washington Luiz. Seus integrantes, que enfrentavam principalmente forças regionais dos estados, prometiam combater as injustiças, o que valeu a Prestes o título de "O Cavaleiro da Esperança".

cresceu com a nomeação de interventores para os estados que não haviam apoiado a revolução.

Dois anos depois, explodiu a Revolução Constitucionalista de 1932, em São Paulo. Seus líderes defendiam a elaboração de uma nova Carta constitucional e o fim das intervenções nos estados. A Revolução de 1932 foi derrotada no campo militar, mas o governo cedeu no plano político e permitiu a aprovação de uma nova Constituição, que entrou em vigor em 1934. A mesma Constituinte que redigiu a nova Carta acabou elegendo Vargas para mais um mandato, até 1938.

Nas duas ocasiões em que conquistou os primeiros mandatos, em 1930 e 1934, Vargas mostrou-se um hábil negociador, que sabia aglutinar as diversas forças políticas cooptadas pela Aliança Liberal. Essa coalizão ia de cafeicultores conservadores paulistas, descontentes com o governo de Washington Luiz — que suspendeu a compra de excedentes e não pôde evitar a queda de preços provocada pela crise de 1929 — aos comunistas e integralistas. Essas adesões foram ficando pelo caminho à medida que Vargas foi se consolidando no poder. Primeiro foram os comunistas. Diante do crescimento da Aliança Nacional Libertadora (ANL), braço legalizado do Partido Comunista que passou a atrair milhares de simpatizantes, Vargas decidiu que deveria agir contra a "ameaça bolchevique", na expressão utilizada na época. A oportunidade não demorou muito. Em julho de 1934, Luiz Carlos Prestes, líder da ANL, defendeu publicamente a queda do governo, que qualificou de "fascista e odioso". Vargas ordenou o fechamento da ANL e a prisão de seus principais líderes.

Barrados da disputa pelo poder pela via eleitoral, os comunistas decidiram tentar a luta armada. Em novembro de 1935 eclodiu a rebelião nos quartéis de Natal, Recife e Rio de Janeiro, batizada pelos militares de Intentona Comunista. A revolta foi esmagada e o governo assumiu poderes de emergência, incluindo o estado de sítio. A repressão política e a censura à imprensa se intensificaram. Durante 1936, milhares de pessoas foram presas sob a acusação de militância comunista.

Com a aproximação das eleições previstas para 1938, Vargas começou a se mostrar inquieto com a possibilidade de ter que transferir o poder a um sucessor eleito. Os candidatos com maiores chances eram o paulista Armando de Salles Oliveira e o paraibano José Américo de Almeida, ex-tenente, que integrou o primeiro governo da Aliança Liberal. José Américo apresentou-se inicialmente como candidato do governo. Vargas procurou manter distância dele, deixando claro que não estava interessado em fazer o sucessor, mas em se manter no poder.

O GOLPE E O ESTADO NOVO

Em setembro de 1937, o governo desencadeou a trama que iria levar à suspensão das eleições e ao golpe de Estado. Com a ajuda dos integralistas, ávidos para se livrar de seus principais adversários, o governo denunciou a existência de um suposto plano dos comunistas para a tomada do poder. Tratava-se de um documento grosseiramente falsificado por Olympio Mourão Filho — que desencadeou o golpe de 1964 — chamado Plano Cohen. Era a desculpa que Vargas procurava para o golpe. Inicialmente, o Congresso aprovou a suspensão dos direitos constitucionais e ampliou os poderes do Executivo. Na sequência, Vargas fechou o Congresso e suspendeu todos os partidos, inclusive a Ação Integralista, que havia ajudado a forjar o Plano Cohen.

Os integralistas, liderados por Plínio Salgado, esperavam fazer parte do governo após o golpe e foram surpreendidos com a decisão. Decepcionados, tentaram invadir o Palácio Guanabara, no Rio, em maio de 1938, mas foram expulsos. No dia 10 de novembro de 1937, Vargas desfechou o golpe que levou à implantação do Estado Novo, um regime fascista, inspirado na ditadura de Mussolini, na Itália. Nos oito anos seguintes, o país viveu um período de total obscurantismo, com a suspensão do estado de direito, das liberdades individuais e com uma brutal censura à imprensa. Além de cercear a atividade dos meios de comunicação, o governo criou novos veículos, rádios e jornais oficiais, para facilitar a divulgação de sua própria versão dos fatos.

O Departamento de Imprensa e Propaganda (DIP) tentava controlar toda informação que circulava no país, além de estender seus tentáculos ao cinema, teatro e rádio, o veículo de maior impacto na época. O programa *A Voz do Brasil* foi criado naquele período. Gigantescas verbas oficiais eram despejadas nos meios de comunicação para garantir uma imagem favorável ao governo. Até sobre as canções populares e no carnaval o DIP, dirigido pelo notório Lourival Fontes, conseguia estender sua influência, estimulando a produção de músicas que exaltassem os valores defendidos pelo regime.

Para funcionar, os jornais eram obrigados a ter um registro no DIP, que poderia ser cancelado se o proprietário não demonstrasse total obediência à censura. Os jornalistas também eram obrigados a se registrar. O cerceamento aumentou em 1940, com a lei que exigia um novo registro para a importação de papel de imprensa. Só com essa medida a ditadura forçou o fechamento de dezenas de publicações que não obtiveram a licença. O jornal *O Estado de S. Paulo* foi o que mais sofreu com as perseguições da ditadura Vargas. Diante da recusa da direção a se submeter à censura, o governo decretou a intervenção no jornal, que se estendeu por cinco anos e forçou seus proprietários, Júlio de Mesquita Filho e Francisco Mesquita, a partirem para o exílio.

A QUEDA DA DITADURA

Em agosto de 1942, o Brasil entrou na guerra, com o envio de tropas da Força Expedicionária Brasileira (FEB) para lutar ao lado dos Aliados na Itália. Antes disso, Vargas flertou abertamente com a Alemanha nazista, para a qual entregou a militante comunista Olga Benário, com uma espécie de passaporte para a morte. Judia, militante comunista e mulher de Prestes, Olga morreu num campo de concentração. Para implantar a legislação trabalhista brasileira, Vargas inspirou-se na Carta del Lavoro, de Mussolini. A opção pelos aliados resultou das pressões dos Estados Unidos e de uma barganha que resultou na cessão de bases para as forças navais norte-americanas no Nordeste, em troca de ajuda para instalação de uma siderúrgica em Volta Redonda, no Estado do Rio de Janeiro, primeiro passo decisivo para a industrialização no país.

Com a derrota do nazifascismo na Europa, os militares brasileiros que voltaram da guerra se deram conta de que haviam lutado num país estrangeiro por uma liberdade que não existia em seu próprio país. Essa contradição logo se espalhou entre as tropas que não participaram da luta e o desgaste do regime ocorreu de forma acelerada. A mobilização pelo fim da ditadura ganhou as ruas com o apoio dos intelectuais e da classe política. Em fevereiro de 1945, o paraibano José Américo de Almeida defendeu publicamente a realização de eleições livres e lançou a candidatura do brigadeiro Eduardo Gomes, pela oposição. Em maio, o governo anunciou um calendário eleitoral que previa eleições presidenciais para dezembro daquele ano. Logo se formaram novos partidos que iriam dominar a cena política nacional durante décadas.

A oposição se juntou na União Democrática Nacional (UDN). As forças ligadas ao governo se dividiram em dois partidos que procuravam tirar proveito da máquina governamental: o Partido Social Democrático (PSD) e o Partido Trabalhista Brasileiro (PTB). Eduardo Gomes era o candidato da UDN e o general Eurico Gaspar Dutra, ex-ministro da Guerra, do PSD. O PTB permaneceu como uma espécie de reserva para o governo, caso Vargas decidisse tentar a candidatura. Em vez de se lançar abertamente, Vargas estimulou um movimento chamado "queremismo", que aglutinava setores beneficiados pela ditadura e que pretendiam garantir a permanência do regime. A palavra de ordem desse grupo era "Queremos Getúlio".

A decisão de Vargas de nomear seu irmão Benjamin,* conhecido pelo primarismo de raciocínio e pela rudeza no comportamento, como chefe de polícia, em outubro de 1945, foi interpretada pela oposição como um sinal de que Vargas preparava outro golpe como o de 1937. Antes que isso ocorresse, ele foi deposto pelos militares, em 29 de outubro de 1945. O principal responsável pelo golpe foi o ministro da Guerra, general Góes Monteiro. A notícia de que estava sendo deposto foi levada a Vargas primeiro pelo seu ex-ministro Eurico Dutra, depois, pelo general Oswaldo Cordeiro de Farias, a mando de Góes Monteiro. Sem apoio para resistir, Vargas partiu para sua fazenda em São Borja, no Rio Grande do Sul.

A principal marca deixada pelo Estado Novo foi a da opressão. A polícia política de Vargas, chefiada pelo sinistro Filinto Müller, prendeu milhares de opositores do regime, e torturou, matou e forçou outros a partirem para o exílio. O número de pessoas mortas nas prisões do Estado Novo,

---

* Apelidado de Bejo, o irmão de Getúlio era famoso pela prepotência e pelo uso do poder para fins pessoais. Uma piada corrente na época dizia que, quando ele jogava roleta no Cassino da Urca, os crupiês sempre davam um jeito para que ele vencesse, ainda que tivessem de gritar: "Vermelho para todo mundo e preto para o doutor Bejo."

vítimas de tortura, nunca foi apurado. Era um tempo em que não se contavam os mortos. E a imprensa, censurada, não podia denunciar.

Embora marcada pela ditadura do Estado Novo, a Era Vargas registrou avanços em diversos setores. Entre eles incluem-se o direito de voto feminino, aprovado em 1932; a criação do Instituto Nacional de Estatística, embrião do atual IBGE, em 1934; a regulamentação do salário mínimo, em 1938; a inauguração da Justiça do Trabalho, em 1941; a criação da Companhia Siderúrgica Nacional, também em 1941; do Senai, em 1942; da Fundação Getúlio Vargas, em 1944; e da Petrobras, em 1953. Vargas também criou as primeiras leis que garantiam direitos aos trabalhadores. Entretanto, ao mesmo tempo ajudou a organizar uma estrutura sindical viciada, que deu origem ao chamado peleguismo. Pelegos* eram os dirigentes sindicais a serviço da ditadura e, mais tarde, dos demais governos que se encastelavam no comando dos sindicatos, sempre prontos para o trabalho sujo de manipulação em favor dos governantes de plantão. Exemplares dessa espécie se eternizaram no poder, tirando proveito dos cofres dos sindicatos, das federações e confederações.

NOVA CONSTITUIÇÃO

Deposto Vargas, o presidente do Supremo Tribunal Federal, José Linhares, assumiu interinamente a presidência, com a missão de garantir as eleições programadas para 2 de dezembro de 1945. O vencedor foi o general Eurico Gaspar Dutra, que conquistou 55% dos votos contra 35% de Eduardo Gomes. Dutra tomou posse em janeiro de 1946. Uma das primeiras iniciativas do novo governo foi abrir caminho para uma nova Constituição, em substituição à Carta de 1937, de caráter ditatorial. O Congresso assumiu as funções de assembleia constituinte e o novo texto foi aprovado em setembro de 1946.

O governo Dutra marcou um período de relativa tranquilidade no plano político e o presidente conseguiu cumprir o mandato de cinco anos. Em

---

* Nome da manta que se coloca entre a sela e o dorso do cavalo, para aliviar o atrito. Expressão de origem gaúcha, porque o Rio Grande do Sul, além de terra natal de Vargas, era o berço do trabalhismo. Pelego seria, então, o dirigente sindical que amortecia os conflitos entre empresários e trabalhadores, em vez de lutar pelos interesses de sua categoria profissional.

1950, a campanha para as eleições presidenciais estava a pleno vapor. Getúlio Vargas, que após o golpe ainda conseguira se eleger para o Senado, era o candidato de uma aliança entre o PTB, o PSD e outros partidos de importância regional, como o Partido Social Progressista (PSP), dominado pelo paulista Adhemar de Barros. Com um discurso populista, recheado de promessas, Vargas bateu facilmente o brigadeiro Eduardo Gomes, da UDN. O resultado das urnas foi 48% a 29%.

Vargas tomou posse em 31 de janeiro de 1951, recebendo a faixa presidencial de Dutra. Na única vez que chegou ao poder pelo voto direto, estava destinado a pagar um preço alto por ter atropelado a democracia nos regimes anteriores. Seu governo começou sob a marca da desconfiança de que iria utilizar o trampolim das urnas para dar um golpe e implantar outra ditadura.

A DIREITA ENSANDECIDA

Alegando supostas ameaças à ordem constitucional, mas ao mesmo tempo inconformada por não ter conquistado o poder, a oposição, comandada pela UDN, desfechou uma violenta campanha contra o governo. O jornal *Tribuna da Imprensa*, dirigido por Carlos Lacerda, era o porta-voz dessa campanha e castigava o governo, diariamente, com pesadas manchetes que falavam em conspirações palacianas, tramas golpistas e casos de corrupção. Ao mesmo tempo que denunciava a suposta intenção do governo de planejar um golpe, Lacerda defendia, abertamente, nas páginas de seu jornal, a derrubada do governo.

Sem as armas da censura dos tempos do Estado Novo, o governo tentava influir na imprensa despejando patrocínios milionários. Mas nem todos os jornais se deixavam cooptar. Além da *Tribuna da Imprensa*, os *Diários Associados*, *O Globo* e *O Estado de S. Paulo* mantinham uma cobertura crítica ao governo. Na tentativa de se contrapor a essa ofensiva, em 1953, o governo Vargas decidiu criar sua própria cadeia de jornais e convocou o jornalista Samuel Wainer para fundar uma rede chamada *Última Hora*. O dinheiro para esse projeto saiu de empréstimo do Banco do Brasil, e esse fato detonou uma nova campanha de denúncias de corrupção e má utilização do dinheiro público. Em meio a esse clima, a campanha pela criação da Petrobras, que acabou sendo efetivada em 1953, havia se tornado outra fonte de conflito. Parte da imprensa considerava a iniciativa, que contrariava interesses de empresas estrangeiras, suspeita.

Além da cerrada oposição na frente política, Vargas enfrentou desde o início uma série de problemas econômicos. O crescimento não era suficiente para ampliar a oferta de trabalho às massas urbanas. Ao mesmo tempo, Vargas abriu outras duas frentes de conflito com o empresariado ao restringir a oferta de crédito e ao indicar para o Ministério do Trabalho o gaúcho João Goulart, que anunciou, entre suas primeiras medidas, a intenção de aumentar o salário mínimo em 100%. Esse aumento iria disparar ainda mais a espiral inflacionária, que já castigava os trabalhadores. Vargas insistia na ideia de que eram os preços que aceleravam a inflação, e não os salários. Nomeado em junho de 1953, Jango não ficou nem um ano no cargo. Caiu em fevereiro de 1954. Logo depois, a oposição, sentindo-se fortalecida, tentou aprovar uma proposta de impeachment do governo, mas o Congresso rejeitou a medida. Naquele mesmo ano, a situação econômica tornou-se crítica, com a queda nas exportações de café, provocada pelo boicote de importadores norte-americanos, irritados com a insistência do governo em manter os preços acima dos níveis do mercado.

O anúncio de que o governo pretendia conceder 100% de aumento no salário mínimo provocou forte reação nos meios militares. Em janeiro de 1954, foi divulgado um manifesto de coronéis e tenentes que defendia um aumento imediato de soldos e fazia severas críticas ao governo.

Apesar do afastamento de Jango, Vargas insistia no aumento de 100%, que acabou sendo concedido em 1º de maio de 1954. No início do segundo semestre de 1954, Vargas tinha contra ele o empresariado, que tentava na Justiça impedir o aumento do salário mínimo, e os militares. No Congresso, o apoio ao governo se reduzia, já que muitos políticos anteviam a queda de Vargas e tratavam de se bandear para outra canoa mais promissora.

Não bastassem esses problemas, Vargas foi surpreendido por outro ainda maior quando setores ligados ao governo tramaram o assassinato do jornalista Carlos Lacerda. Na madrugada de 5 de agosto de 1945, um pistoleiro tentou matá-lo quando ele chegava ao apartamento onde morava na rua Tonelero, em Copacabana, no Rio de Janeiro. Lacerda sofreu apenas um disparo de raspão, mas o atentado resultou na morte do major Rubens Vaz, que integrava um corpo de oficiais da Aeronáutica encarregado da segurança do líder da UDN.* A prisão do pistoleiro e a comprovação de que o atentado teve entre seus mentores o chefe da Guarda Presidencial, Gregório Fortunato, braço direito de Vargas, caíram como uma tempestade sobre o governo.

Era o que Lacerda esperava para desencadear a ofensiva final contra Vargas. O crime teve forte repercussão nos meios militares, onde já se registravam focos de rebelião. Ao ser informado de que a ordem para o atentado partira de seus próprios assessores, Vargas reagiu assim: "Essa bala não era dirigida ao Lacerda, mas a mim." Apesar da resistência do ministro da Guerra, general Zenóbio da Costa, que defendia a obediência à Constituição e, portanto, a permanência de Vargas na presidência até o fim do mandato, em 1955, a revolta se espalhou rapidamente pelos quartéis.

Na manhã de 24 de agosto de 1954, Vargas foi informado de que os militares exigiam seu afastamento. Em seguida, trancou-se em seus aposentos, apontou uma arma contra o peito e disparou. Cumpria a promessa feita horas antes em nota dirigida aos ministros que haviam participado da última reunião do gabinete: "Se vierem para me depor, encontrarão meu cadáver."

Na carta-testamento, Vargas denunciou que ao longo do seu último governo havia enfrentado uma violenta campanha de grupos nacionais e estrangeiros contrários às leis de proteção aos trabalhadores, à limitação das remessas de lucros das empresas estrangeiras e à criação da Petrobras. No fim da carta, ele dizia serenamente que dava o primeiro passo no caminho da eternidade. E concluía: "Saio da vida para entrar na história."

A notícia do suicídio despertou uma onda de indignação entre a população em todos os estados. Multidões saíram às ruas em protesto contra a oposição e apedrejaram o prédio da Embaixada dos Estados Unidos e veículos de entrega dos jornais que faziam oposição ao governo. Lacerda se escondeu, temendo represálias.

O vice-presidente Café Filho assumiu a presidência com a missão de completar o mandato constitucional e garantir a realização das eleições em

---

* Os oficiais da Aeronáutica que cuidavam da segurança de Lacerda faziam parte da chamada República do Galeão, nome derivado da Base Aérea do Galeão, onde os militares dessa arma estavam em assembleia permanente contra Vargas.

outubro de 1954 para o Congresso e no ano seguinte para a presidência. No início de 1955, a campanha para as eleições presidenciais começou a ganhar as ruas. O PSD lançou Juscelino Kubitschek em chapa com o PTB, que indicou João Goulart como candidato a vice. O candidato da UDN, o general Juarez Távora, ex-tenente e ex-aliado de Vargas, não era uma figura popular. Adhemar de Barros lançou sua candidatura pelo partido que controlava, o PSP. Por último, até o integralista e simpatizante do fascismo Plínio Salgado se lançou na disputa.

Prevendo a derrota da UDN, Lacerda lançou uma campanha pela suspensão das eleições e a convocação de um governo de emergência encarregado de "reformar a democracia". De sua trincheira na *Tribuna da Imprensa*, descarregava pesadas acusações contra Juscelino. "Condensador da canalhice nacional" era uma delas. Tratamento ainda mais violento era reservado a Jango. Manchete da *Tribuna da Imprensa* de 15 de setembro de 1955 dizia: "Jango explora o lenocínio", referindo-se a uma suposta vinculação entre João Goulart e uma boate de São Borja, no Rio Grande do Sul, que nunca veio a se confirmar. Dois dias depois, na edição de 17 e 18 de setembro, a manchete do mesmo jornal atacava: "Eis a prova da traição de Jango." O título se referia a um documento — que logo se comprovou ter sido forjado — para tentar envolver João Goulart com a compra de armas de Perón, na Argentina, que seriam destinadas a criar milícias operárias quando ele era ministro do Trabalho, em 1953. O próprio Exército se encarregou de provar que a chamada Carta Brandi — o nome vinha de um deputado argentino, Antonio Jesus Brandi, que teria assinado o documento — era uma falsificação grosseira.

Café Filho enfrentou violentas pressões, mas não suspendeu as eleições. Apurados os resultados, Juscelino venceu com 36% dos votos, contra 30% de Juarez Távora, 26% de Adhemar de Barros e 8% de Plínio Salgado. Inconformado com a derrota, Lacerda subiu o tom e passou a defender abertamente um golpe militar para impedir a posse de Juscelino. Em 14 de outubro de 1955, a manchete da *Tribuna* apelava: "Não esperem solução da Justiça Eleitoral." O texto dizia que as Forças Armadas "têm de impedir" a posse de Juscelino e ameaçava: "Ou os chefes militares agem imediatamente ou haverá luta e sangue."

Diante da resistência do ministro da Guerra, general Henrique Teixeira Lott, que defendia a obediência à Constituição, Lacerda tentou outro caminho. Alegou que Juscelino não havia obtido maioria absoluta, embora esse requisito não fosse exigido pela legislação da época. Diante da decisão da Justiça Eleitoral de garantir a posse dos eleitos, Lacerda entrou em desespero. Acusou Juscelino de ter sido eleito com apoio dos comunistas, criou uma "cruzada anticomunista" e intensificou os contatos com militares insatisfeitos, tentando arregimentar forças para o golpe.

Abatido pelas pressões cada vez mais fortes, o presidente Café Filho sofreu um ataque cardíaco e teve de deixar o cargo. Assumiu a presidência o presidente da Câmara dos Deputados, Carlos Luz, adversário de Juscelino dentro do PSD. Luz entrou em conflito com o general Lott, que insistia em garantir a posse. Lott renunciou ao Ministério da Guerra, e Luz aproveitou para colocar em seu lugar um general da linha dura, Fiúza de Castro, simpatizante dos golpistas.

Embora nem toda a liderança da UDN defendesse o golpe militar e o próprio general Juarez Távora tivesse repudiado publicamente essa ideia, Lacerda não desistia. Em 9 de novembro de 1955, a *Tribuna da Imprensa* publicou editorial na primeira página que se referia a Juscelino e Jango e advertia: "Esses homens não podem tomar posse, não devem tomar posse, não tomarão posse."

Inconformado com a posição de Luz, cada vez mais inclinado a atender aos golpistas, o general Lott, na condição de ex-ministro da Guerra, mobilizou as forças do Exército, no Rio de Janeiro, e derrubou o presidente interino, em 11 de novembro. A princípio, unidades da Marinha e da Aeronáutica tentaram resistir ao golpe, mas logo acabaram aderindo. Luz, Lacerda e integrantes do Ministério embarcaram no cruzador *Tamandaré*, que partiu para Santos, na tentativa de resistir ao golpe. Instigado por Lacerda, Luz enviava repetidos telegramas, do navio da Marinha, afirmando que pretendia permanecer no cargo. Enquanto isso, Lott manobrava para oferecer uma saída "legal" para o golpe. Por sugestão do general, a presidência da República foi entregue ao presidente do Senado, Nereu Ramos.

Diante das evidências de que não teria qualquer apoio militar para tentar voltar ao poder, Luz descansou uns dias a bordo do *Tamandaré* e uma semana depois já estava de volta à Câmara dos Deputados. Porém, desgastado, teve de abandonar a presidência da Casa. Por sua vez, Lacerda desembarcou no Porto do Rio e seguiu diretamente para a Embaixada de Cuba, onde pediu asilo político. De lá seguiu para o exílio, de onde continuou enviando artigos de jornal acusando Juscelino e Jango de "corruptos e malfeitores".

OS ANOS JK

Serenados os ânimos temporariamente, Juscelino e Jango tomaram posse em 31 de janeiro de 1956. Ao contrário do que previa Lacerda, o governo de Juscelino Kubitschek foi um dos mais democráticos e prósperos na história do país. Com seus discursos marcados por um tom otimista, o sorriso franco e uma paciência infinita para suportar todos os tipos de ataques da oposição, tentativas de golpe e conspirações, Juscelino conquistou imenso apoio popular.

Na tentativa de desarmar os espíritos, JK pediu ao Congresso, no dia da posse, a suspensão do estado de sítio. Também acabou com a censura à imprensa. Mas não foi o suficiente para aplacar o ódio dos golpistas. Apenas dez dias após a posse, militares da Aeronáutica se rebelaram e tomaram a base de Jacareacanga, no sul do Pará. De lá, enviavam mensagens procurando sublevar outras guarnições militares, mas tiveram poucas adesões. Três semanas depois, os rebeldes, liderados pelo major Haroldo Veloso, foram derrotados. Em mais uma demonstração de boa vontade, Juscelino enviou ao Congresso uma proposta de anistia aos rebeldes, aprovada sem dificuldades.

Juscelino Kubitschek lançou o Plano de Metas, que deveria proporcionar "cinquenta anos de progresso em cinco de governo". O plano previa grandes investimentos em setores de infraestrutura, mas foi apenas parcialmente realizado, por causa da falta de capital. Cinco anos depois, no fim do governo JK, o crescimento industrial batia a marca dos 100%. A taxa média de crescimento do PIB naquele período ficou acima de 7%, mas a inflação chegou a 20% no fim do governo.

Em 2 de dezembro de 1959, mais uma vez oficiais da Aeronáutica tentavam um golpe militar. Liderados pelo mesmo coronel Haroldo Veloso, então promovido apesar da rebelião anterior, os amotinados se concentraram em Aragarças, no interior de Goiás, de onde esperavam iniciar um movimento para derrubar o governo. Ao contrário da revolta anterior, que se estendera por três semanas, dessa vez o motim foi dominado em três dias e os rebeldes fugiram para a Bolívia e o Paraguai, de onde só retornaram depois que Juscelino deixou o poder.

Com a aproximação das eleições de 1960, os adversários de JK tinham dois flancos para atacar o governo. Primeiro, a situação econômica, que não era das melhores para os assalariados, por conta da inflação. Já o plano de industrialização, que gerava empregos e mostrava resultados — a produção de carros chegava a 100 mil unidades por ano, entre outras conquistas — era criticado pela direita e pela esquerda. O governo era acusado de "entregar o país ao imperialismo", na linguagem comum da época. A direita, liderada por Carlos Lacerda, tachava o governo de "corrupto e traidor".

Nesse clima, foram realizadas as eleições de outubro de 1960. O candidato do governo, pela aliança PSD e PTB, era o marechal Henrique Teixeira Lott, enquanto a UDN apostava suas fichas em Jânio Quadros. Jânio venceu com 48% dos votos, contra 28% de Lott e 23% de Adhemar de Barros. O vice-presidente eleito era João Goulart, que não pertencia à chapa de Jânio. A Constituição da época permitia que os eleitores votassem em candidatos de diferentes partidos para presidente e vice. Juscelino passou a faixa presidencial a Jânio em 31 de janeiro de 1961.

O governo de Juscelino promoveu grandes mudanças ao colocar o país no caminho da industrialização, interrompida após os primeiros passos dados por Getúlio Vargas. Os anos JK entraram para a história como um tempo de prosperidade e esperança.

Jânio Quadros assumiu com um discurso populista, prometendo "varrer a corrupção e a ineficiência, acabar com a inflação e combater o imperialismo". Tantas promessas e tanta desilusão. Apenas sete meses depois, em agosto de 1961, ele renunciou à presidência, em meio a uma tentativa de autogolpe para obter poderes excepcionais. A renúncia desencadeou a crise que quase impediu a posse do vice-presidente João Goulart e acabou levando, mais tarde, ao golpe militar de 1964.

Com o fim do regime militar, em 1985, o país retomou a estabilidade política, numa sequência que começou com Sarney, 1985-1989 e continuou com Fernando Collor, 1990-1992; Itamar Franco, 1992-1994; Fernando Henrique Cardoso, 1994-1998 e 1998-2002; Luiz Inácio Lula da Silva, 2002-2006 e 2006-2010; e Dilma Rousseff, 2011-2014.

Os valores democráticos

Ao longo dos séculos, o continente viu passar um interminável desfile de caudilhos, ditadores, oligarcas e oportunistas de todos os matizes. Trata-se de um ciclo perverso entre ditaduras, elites conservadoras que governam para si próprias quando se alternam no poder e regimes populistas ou messiânicos. A maioria tentando impor ideias que não resistem ao choque da teoria com a realidade. O fracasso desses regimes é comprovado pelos devastadores índices de pobreza que assolam o continente. A realidade mostra que os problemas continuam os mesmos: déficits habitacionais, favelas gigantescas; sistema tributário escorchante e desigual; analfabetismo; saúde pública em níveis africanos; transporte vergonhoso; altas taxas de criminalidade e substituição da presença do Estado pelo crime organizado na periferia das grandes cidades.

Na ânsia pela perpetuação no poder, caudilhos e populistas atropelam valores democráticos como a soberania popular, a igualdade entre os cidadãos, a liberdade de expressão e a alternância no governo. Multiplicam-se pelo continente os grupos autoritários, sempre prontos para impor métodos ditatoriais e aceitar desvios de ética e corrupção, quando lhes favorecem. E prontos para condená-los, quando se trata do adversário. A obediência aos princípios da ética, no discurso desses grupos, foi reduzida a "uma farsa das elites". Da mesma forma, desprezam a liberdade de imprensa, especialmente quando utilizada para denunciar malfeitorias ou desmandos do partido a que estão atrelados. Mas não se incomodam se a imprensa for usada como um porrete contra os adversários. Quando estão no poder se esquecem de quantas vezes desfrutaram da liberdade dos meios de comunicação e tentam submetê-los ao jugo da censura ou de conselhos formados para ditar normas.

A história mostra que nenhum regime de extrema-direita ou de extrema-esquerda obteve êxito na solução dos problemas fundamentais de seus povos. Da mesma forma, também fracassaram aqueles que insistiram em ignorar o sistema representativo, apelando para as diversas formas da democracia adjetivada. Nesse receituário pode-se encontrar a chamada "democracia plebiscitária" ou "democracia direta", que passa por cima do Legislativo para tentar impor a vontade de uma minoria em consultas de fácil manipulação. Há, ainda, quem prefira democracia à moda "bolivariana". O objetivo é sempre o mesmo: destruir o sistema de representação política assentado na independência entre os poderes e abrir caminho para a criação de um Estado totalitário, no qual a oposição é, na melhor das hipóteses, consentida. O fato é que as poucas conquistas obtidas pelos países do continente surgiram a partir de governos eleitos livremente, que respeitaram os princípios democráticos, sem procurar adjetivá-los.

Bibliografia

FONTES DE CONSULTA

Biblioteca do Congresso dos Estados Unidos (Washington); Arquivo Nacional dos Estados Unidos (Maryland); Biblioteca Pública de Nova York; bibliotecas nacionais de Buenos Aires, Montevidéu, Santiago do Chile, Lima, Bogotá, Caracas e Cidade do México; Biblioteca Nacional, no Rio de Janeiro; Anistia Internacional; Human Rights Watch.

JORNAIS

O Estado de S. Paulo, *Folha de S. Paulo*, *O Globo*, *Jornal do Brasil*, *Tribuna da Imprensa*, *The New York Times*, *The Washington Post*, *Los Angeles Times*, *El País* (Madri), *Clarín*, *La Nación* e *La Prensa* (Buenos Aires), *La Tercera* (Santiago do Chile), *El Comercio* (Lima), *El Universal* (Caracas).

REVISTAS

Veja e *Time*.

REFERÊNCIAS BIBLIOGRÁFICAS

ABBOTH, Elizabeth. *Haiti: Duvaliers and Their Legacy*. Nova York: Simon & Schuster, 1988.

ACKER, Alison. *The Making of a Banana Republic*. Boston: South end Press, 1988.

AGEE, Philip. *Diário da CIA, por dentro da companhia*. Rio de Janeiro: Civilização Brasileira, 1976.

ANDERSON, Thomas P. *Matanza: El Salvador's Communist Revolt of 1932*. Lincoln: University of Nebraska Press, 1971.

ANTENAZA ERGHETA, Luis. *Hernán Siles Zuazo, la estrategia de la contrarrevolución*. La Paz: Editorial Luz, 1979.

ARGUEDAS, Alcides. *Historia General de Bolivia, el Processo de Nacionalidad — 1809-1921*. La Paz: Arno Hermanos Editores, 1922.

——. *Los Caudillos Bárbaros*. La Paz: Editorial Gisbert, 1975.

ARRUBLA, Mario. *Colombia Hoy*. Bogotá: Siglo Veintiuno Editores, 1978.

ATKINS, G. Pope e WILSON, Larman C. *The United States and the Trujillo Regime*. Nova Jersey: Rutgers University Press, 1972.

BARHONA, Fernando Alonso. *Perón, el espíritu del pueblo*. Madri: Editorial Critério Libros, 2003.

BELLO LÓPEZ, André. *Resumen de la historia de Venezuela*. Caracas: La Casa de Bello, 1978.

BERMANN, Karl. *Under the Big Stick: Nicaragua and the United States*. Boston: South End Press, 1986.

BETANCOURT, Ingrid. *Cartas à mãe, direto do inferno*. Rio de Janeiro: Agir, 2008.

BETANCOURT, Rómulo. *La revolución democrática en Venezuela, 1959-1964*. Caracas: Imprenta Nacional, 1968.

BETHEL, Leslie. *Cuba: a Short History*. Nova York: Cambridge University Press, 1993.

BLUM, William. *Killing Hope: US Military and CIA Interventions since World War II*. Connecticut: Common Courage Press, 2003.

Brasil: nunca mais, um relato para a História, prefácio de dom Paulo Evaristo Arns. São Paulo: Editora Vozes, 1985.

BRUSCHERA, Oscar. *Las décadas infames, 1967-1985*. Montevidéu: Librería Linardi y Risso, 1986.

BURR, Robert N. *By Reason or Force*. Berkeley: University of California Press, 1965.

BUSCIO, Jorge. *José Batlle y Ordóñez, Uruguay a la vanguardia del mundo*. Montevidéu: Editorial Fin de Siglo, 2004.

BUSHNELL, David. *Colombia, una nación a pesar de sí misma*. Bogotá: Editorial Planeta Colombiana, 2007.

CAETANO, Gerardo e RILLA, José. *Breve historia de la dictadura, 1973-1985*. Montevidéu: Ediciones de la Banda Oriental, 1987.

CALDERÓN, Fernando e DANDLER, Jorge (eds.). *Bolivia: la fuerza histórica del campesinado*. Genebra: United Nations Research Institute for Social Development, 1984; atualizado em 1986 por Marshall Wolfe.

CARDOSO RUIZ, René Patrício. *Cuba: historia, nación y cultura*. Toluca: Universidad Autónoma de México, 2005.

CATALÁ, José Agustín. *Pérez Jiménez, el dictador que en 40 años olvidó sus crímenes*. Caracas: El Centauro Ediciones, 1997.

CAVALLO, Arconio; SALAZAR, Manuel e SEPÚLVEDA, Oscar. *La historia oculta del régimen militar*. Santiago de Chile: Ediciones La Epoca, 1988.

CONTRERAS, Carlos e CUETO, Marcos. *Historia del Perú contemporáneo*. Lima: Instituto de Estudios Peruanos, Universidad del Pacífico, 2007.

CRASSWELLER, Robert D. *Trujillo. The Life and Times of a Caribbean Dictator*. Nova York: Macmillan, 1966.

DE LAS CASAS, Bartolomé. *A Short Account of the Destruction of the Indies*. Londres: Penguin Books, 1992.

Diccionario Enciclopédico del Peru. Lima: Editorial Mejía Baca, 1966-1967.

DIEDERICH, Bernard e BURT, Al. *Papa Doc: The Truth About Haiti Today*. Nova York: McGraw-Hill, 1969.

DORATIOTO, Francisco. *Maldita guerra*. Companhia das Letras, 2002.

DRAKE, Paul W. e JAKSIC, Iván. *The Struggle for Democracy in Chile, 1982-1990*. Lincoln: University of Nebraska Press, 1995.

FAUSTO, Boris. *A Revolução de 1930*. São Paulo: Brasiliense, 1970.

———. *História concisa do Brasil*. São Paulo: Edusp, 2001.

FREI BETTO. *Batismo de sangue*. Rio de Janeiro: Rocco, 2006.

TUTINO, John. *From Insurrection to Revolution in Mexico*. Princeton University Press, 1986.

GAMBINI, Hugo. *Historia del Peronismo*. Buenos Aires: Javier Vergara Editor, 2007.

GASPARI, Elio. *A ditadura envergonhada, A ditadura escancarada, A ditadura encurralada, A ditadura derrotada*. São Paulo: Companhia das Letras, 2002, 2003, 2004.

GILMORE, Robert L. *Caudillism and Militarism in Venezuela, 1810-1910*. Athens: Ohio University Press, 1964.

GOOTENBERG, Paul E. *Between Silver and Guano*. Princeton: Princeton University Press, 1989.

GORRIARAN MERLO, Enrique. *Memorias*. Buenos Aires: Editora Planeta, 2003.

GOTT, Richard. *Cuba, uma nova história*. Rio de Janeiro: Jorge Zahar Editor, 2006.
GRANDIN, Greg. *The Blood of Guatemala: a History of Race and Nation*. Duke University Press, 2000.
HOLT, Pat M. *Colombia Today and Tomorrow*. Nova York: Praeger, 1964.
KATZ, Friedrich. *The Life and Times of Pancho Villa*. Palo Alto: Stanford University Press, 1998.
KEMPE, Frederick. *Divorcing the Dictator — America's Bungled Affair with Noriega*. Nova York: I.B. Tauris, 1990.
KNIGHTLEY, Phillip. *The First Casualty*. Orlando: Harcourt Brace Jovanovich Publishers, 1975.
KOSTER, R.M. e SÁNCHEZ, Guillermo. *In the Time of Tyrants*. Nova York: Norton & Company, 1991.
LANGGUTH, A.J. *Hidden Terrors*. Nova York: Pantheon Books; 1978.
LORA, Guillermo e WHITEHEAD, Laurence. *A History of the Bolivian Labour Movement*, 1848-1971. Nova York: Cambridge University Press, 1977.
MACARTHUR, Brian (ed.). *Historic Speeches*. Londres: Penguin Books, 1996.
MANZ, Beatriz. *Paradise in the Ashes: a Guatemalan Journey of Courage, Terror, and Hope*. Berkeley: University of California Press, 2004.
MARCONI, Paulo. *A censura política na imprensa brasileira, 1968-1978*. São Paulo: Global, 1980.
MARKUN, Paulo. *Meu querido Vlado, a história de Vladimir Herzog e do sonho de uma geração*. Rio de Janeiro: Objetiva, 2005.
MCCANN, Thomas M. *An American Company: The Tragedy of United Fruit*. Nova York: Crown, 1976.
MÉNDEZ VIVES, Enrique. *El Uruguay de la Modernización*. Montevidéu: Ediciones de La Banda Oriental, 2007.
NAHUN, Benjamin. *Historia uruguaya, la época batllista*. Montevidéu: Ediciones de La Banda Oriental, 2007.
NICHOLLS, David. *From Dessalines to Duvalier: Race, Colour, and National Independence in Haiti*. Nova Jersey: Rutgers University Press, 1996.
NORTH, Lisa L. e SIMMONS, Alan B. *Journeys of Fear: Refugee return and National Transformation in Guatemala*. Nova York: McGill-Queen's University Press, 2000.
PERON, Eva. *La Razon de Mi Vida*. Buenos Aires: C.S. Ediciones, 2006.
PIKE, Frederick B. *The United States and The Andean Republics: Peru, Bolívia and Ecuador*. Cambridge: Harvard University Press, 1977.

PINHEIRO MACHADO, J.A. *Opinião x censura*. Porto Alegre: L&PM, 1978.
PLANA, Manuel. *Pancho Villa and the Mexican Revolution*. Nova York: Interlink Books, 2002.
PORTO, Sergio (Stanislaw Ponte Preta). *Febeapá, o festival de besteiras que assola o país*. Rio de Janeiro: Agir, 2006.
QUINTERO, Rafael. *El mito del populismo en el Ecuador*. Quito: Editorial Universitária, 1980.
RAMÓN, Armando de. *Historia de Chile, desde la invasión hasta nuestros dias*. Santiago de Chile: Editorial Biblos, 2001; Catalonia, 2003.
RES, Martin. *Night of Fire: The Black Napoleon and the Battle for Haiti*. Nova York: Da Capo Press, 1993.
REYES, Oscar Efrén. *Breve historia general del Equador*. Quito: Editorial Fray Jodoco Ricke, 1978.
RIDDING, Alan. *Distant Neighbours: a Portrait of the Mexicans*. Nova York: Vintage Books, 1986.
ROA BASTOS, Augusto. *Yo el Supremo*. Buenos Aires: Siglo XXI Editores, 1974.
ROMERO, Luis Alberto. *Breve historia contemporánea de la Argentina*. Buenos Aires: Fondo de Cultura Económica de Argentina, 2007.
SÁNCHEZ, Luis Alberto. *Leguía: el dictador*. Lima: Editorial Pachacútec, 1993.
SÁNCHEZ, Yoani. *De Cuba, com carinho*. São Paulo: Contexto, 2009.
SCHUYLER, George W. *Venezuela, Hunger in a Land of Plenty*. Cambridge: Schenkman Publisher Co., 1980.
BOLÍVAR, Simon. *Escritos Fundamentales*. Caracas: Monte Ávila Editores, 1998.
SKIDMORE, Thomas. *Brasil: de Getúlio a Castelo*. São Paulo: Editora Paz e Terra, 1982.
SWANBERG, W.A. *Citizen Hearst*. Nova York: Galahad Books, 1961.
TARRUELA, Alejandro. *Historias secretas del peronismo*. Buenos Aires: Editorial Sudamericana, 2007.
TOCQUEVILLE, Alexis de. *A democracia na América*. São Paulo: Martins Fontes, 2004.
TUTINO, John. *De la insurrección a la revolución en México*. Cidade do México: Ediciones Era, 1999.
UGALDE, José Luis Valdés. *Estados Unidos, intervención y poder mesiánico: la guerra fria en Guatemala*. Cidade do México: Universidad Nacional Autônoma de México, 2004.

VALADÉS, José C. *México, Santa Anna y la guerra de Texas*. Cidade do México: Editorial Diana, 1979.
VENTURA, Zuenir. *1968, o ano que não terminou — aventura de uma geração*. Rio de Janeiro: Nova Fronteira, 1988.
VILLALOBOS, Sergio. *Breve historia de Chile*. Santiago de Chile: Editorial Universitária; 1ª ed., 1979, 22ª ed., 2008.
VILLAPANDO, José Manuel e ROSAS, Alejandro. *Historia de México a través de sus gobernantes*. Cidade do México: Editorial Planeta Mexicana, 2003.
WASHBURN, Charles A. *The History of Paraguay*. Boston: Lee & Shepard, 1871; Nova York: AMS Press, 1973.
WERLICH, David P. *Peru, a Short History*. Carbondale: Southern Illinois University Press, 1978.
WHITE, Alistair. *El Salvador*. Nova York: Praeger, 1973.
WILLIAMS, John Hort. *The Rise and Fall of the Paraguayan Republic, 1800-1870*. Austin: Institute of Latin American Studies, University of Texas, 1979.

*O texto deste livro foi composto em Sabon,
desenho tipográfico de Jan Tschichold de 1964
baseado nos estudos de Claude Garamond e
Jacques Sabon no século XVI, em corpo 10,5/15.
Para títulos e destaques, foi utilizada a tipografia
Frutiger, desenhada por Adrian Frutiger em 1975.*

*A impressão se deu sobre papel off-white 80 g/m²
pelo Sistema Cameron da Divisão Gráfica
da Distribuidora Record.*